Rechtsetzung und Rechtsbereinigung in Europa

Europäische Hochschulschriften

Publications Universitaires Européennes
European University Studies

Reihe II
Rechtswissenschaft

Série II Series II
Droit
Law

Bd./Vol. 3739

PETER LANG

Frankfurt am Main · Berlin · Bern · Bruxelles · New York · Oxford · Wien

Rut Herten-Koch

Rechtsetzung und Rechtsbereinigung in Europa

Vorschläge für eine Verbesserung der Vorbereitung von Rechtsnormen der Europäischen Kommission

PETER LANG
Europäischer Verlag der Wissenschaften

Bibliografische Information Der Deutschen Bibliothek
Die Deutsche Bibliothek verzeichnet diese Publikation in der
Deutschen Nationalbibliografie; detaillierte bibliografische
Daten sind im Internet über <http://dnb.ddb.de> abrufbar.

Zugl.: Berlin, Freie Univ., Diss., 2002

Gedruckt auf alterungsbeständigem,
säurefreiem Papier.

D 188
ISSN 0531-7312
ISBN 3-631-51177-9

© Peter Lang GmbH
Europäischer Verlag der Wissenschaften
Frankfurt am Main 2003
Alle Rechte vorbehalten.

Printed in Germany 1 2 3 4 5　7

www.peterlang.de

5

Inhalt

8

Einleitung: „Eine bessere Rechtsetzung"

Seit 1996 berichtet die Kommission alljährlich unter dem Titel „Eine bessere Rechtsetzung"[1] an den Europäischen Rat über Maßnahmen und Fortschritte hinsichtlich der Qualität europarechtlicher Regelungen. Bislang aber scheint diese „bessere" Rechtsetzung eher dem Traum von einer „besseren Welt" als einer realistischen Zukunftsperspektive zu entsprechen.

1. Fragestellung und Vorgehensweise

Spätestens seit dem „legislativen Marathon" zur Vollendung des europäischen Binnenmarktes 1992 sind die Mängel europäischer Normen zunehmend ins Blickfeld von Wissenschaft und Politik gerückt.[2] Kritisiert wird dabei neben dem Problem der „Normenflut" vor allem die Unverständlichkeit vieler allzu komplexer und detaillierter europäischer Regelwerke sowie die fehlende Einheitlichkeit und Systematik des europäischen Rechts.[3] Die aus den verschiedensten nationalen Rechtsordnungen zusammengestückelte supranationale Rechtsordnung wird vom französischen *Conseil d'État* als „droit bâtard" - d.h. als Bastard-Recht beschimpft[4] oder von *Adrienne Héritier* etwas freundlicher als regulativer „Patchwork" bezeichnet[5]. Beide Begriffe weisen auf das Problem einer europäischen Rechtsangleichungspolitik hin, die in vielen Bereichen eher von Rechtszersplitterung als von Rechtseinheit gekennzeichnet ist. Besonders augenfällig wird diese Problematik - jedenfalls für die Mitgliedstaaten mit Rechtssystemen kontinental-europäischer Prägung - dort, wo europäische Regelungen in den Bereich des allgemeinen Zivilrechts hineinwirken. In diesem durch die klassischen Kodifikationen, wie etwa dem Code Civil oder dem BGB, geprägten Rechtsgebiet wird der pointillistische Ansatz des Europarechts besonders deutlich. Der Entwicklung und Vorbereitung des Gemeinschaftsprivatrechts soll daher auch im Rahmen der vorliegenden Arbeit besondere Bedeutung zukommen.

---

[1] Bericht der Kommission an den Europäischen Rat „Eine bessere Rechtsetzung" – 1996, KOM (96) 7 endg. – im folgenden immer zitiert als „Rechtsetzungsbericht"; Rechtsetzungsbericht 1997, KOM (97) 626 endg.; Rechtsetzungsbericht 1998, KOM (98) 715 endg.; Rechtsetzungsbericht 1999, KOM (99) 562 endg.; Rechtsetzungsbericht 2000, KOM (00) 772 endg..

[2] Piris, Quality of Community Legislation, S. 25 ff, 26; Timmermans, Quality of Community Legislation, S. 39 ff, 39.

[3] Beschluss des Rates vom 08.06.1993 über die Qualität der Gemeinschaftsrechtsetzung, Abl. 1993 Nr. C 166, S.1; Zwischenbericht der Kommission an den Europäischen Rat von Stockholm "Verbesserung und Vereinfachung der Rahmenbedingungen für die Rechtsetzung" vom 07.03.2001, KOM (01) 130 endg., S. 4, im Folgenden zitiert als Bericht „Rahmenbedingungen für die Rechtsetzung".

[4] Conseil d'État, Considérations générales, S. 15 ff, 42.

[5] Héritier, Koordination von Interessenvielfalt im Europäischen Entscheidungsprozeß, S. 261 ff, 261; ebenfalls von einem «Flickenteppich-Ansatz» spricht Staudenmayer, EuZW 2001, S. 485 ff, 486.

Die europäische Debatte um die Normqualität bezieht sich vorrangig auf Aspekte der Rechtsetzung, die eher dem formellen als dem materiellen Bereich zuzuordnen sind. Die angestrebte und von der Kommission alljährlich versprochene „bessere Rechtsetzung" zielt nicht in erster Linie auf eine gerechtere, ausgewogenere oder innovativere sondern vor allem auf eine einfachere und verständlichere Gesetzgebung. Es hat sich die Erkenntnis durchgesetzt, dass die Intransparenz des europäischen Rechts kein reines Juristenproblem ist. Vielmehr berührt der Zustand der gemeinschaftsrechtlichen Regelungen sowohl den Grundsatz der Rechtssicherheit als auch die Wettbewerbsfähigkeit der europäischen Union.[6] So kam eine von der Generaldirektion Binnenmarkt in Auftrag gegebene Studie zu dem Ergebnis, dass die Kosten der Regulierung in der Gemeinschaft sich auf 4 % des Bruttoinlandprodukts (BIP) beliefen und durch eine bessere Rechtsetzung 0,6 des BIP, d.h. insgesamt ca. 50 Milliarden Euro eingespart werden könnten.[7] Es handelt sich mithin um eine Frage von maßgeblicher Bedeutung für die Zukunft der Gemeinschaft.

In einer ganzen Reihe von Berichten und Resolutionen der europäischen Institutionen bzw. der von ihnen eingesetzten Arbeitsgruppen wurden daher inzwischen auch Maßnahmen zur Verbesserung der Rechtsetzung angemahnt oder angekündigt.[8] All diese Bekundungen guten Willens können jedoch nicht darüber hinwegtäuschen, dass europäische Normen immer noch in vielerlei Hinsicht mangelhaft sind und jedenfalls die Kommission keine ernstzunehmenden Lösungsvorschläge zur Verbesserung ihrer Rechtsetzung anzubieten hat.[9] Vorschläge zu institutionellen Reformen aber, wie sie etwa der französische Conseil d'État, die Koopmans- oder die Sutherland-Arbeitsgruppe vorgelegt haben,[10] stießen bislang weitgehend auf taube Ohren.

---

[6] Jacobs, Rfap 1997, S. 291 ff (der Autor ist Verantwortlicher für Rechtsreformen bei der OECD); Xanthaki, CML Rev. 2001, S. 651 ff, 652 f; UNICE-Report, S. 11 ff, 46; zur Rechtssicherheit: Punkt 2 der inter-institutionellen Vereinbarung vom 22.12.1998, Abl. 1999 Nr. C 73, S. 1.

[7] EOS Gallup Europe, September 2001: Single Market Monitor Survey, ausgeführt im Auftrag der Europäischen Kommission GD Binnenmarkt, die Ergebnisse sind wiedergegeben in: Binnenmarktanzeiger Nov. 2001, N° 9, S. 23 ff

[8] Beschluss des Rates vom 08.06.1993 über die Qualität der Gemeinschaftsrechtsetzung, Abl. 1993 Nr. C 166, S. 1; Molitor-Report, KOM (95), 288 endg.; Sutherland-Report; Bericht, Rahmenbedingungen für die Rechtsetzung, KOM (01) 130 endg., S. 6, 11; Mitteilung, Vereinfachung und Verbesserung des Regelungsumfelds, KOM (01) 726 endg., S. 10 f; sowie die jeweiligen Rechtsetzungsberichte der Kommission von 1996 bis 2000 (s.o.); Mandelkern Group on Better Regulation – Final Report, 13. Nov. 2001 (im folgenden: Mandelkern-Bericht); Ziffer 4 der Schlussfolgerungen des Europäischen Rats von Laeken am 15.12.2001, SN 300/1/01 REV 1; vgl. auch Übersichten bei Piris, Quality of Community Legislation, S. 25 ff, 25, 26 und Clariana, Comment, S. 60 ff, 61.

[9] Von Borries, ZG 2001, S. 79 ff, 84.

[10] S.u. 4. Teil, II.

Es liegt der Verdacht nahe, dass es allen Beteiligten leichter fällt, Unzulänglichkeiten der europäischen Rechtsnormen zu benennen, als praktikable Ideen zu ihrer Beseitigung zu entwickeln. So fehlt es bereits an einer systematischen Analyse der Ursachen für die allseits beklagten Schwächen der gemeinschaftsrechtlichen Gesetzgebung, geschweige denn, dass es eine vertiefte Debatte über die bislang vorgelegten Reformvorschläge gegeben hätte.[11] Hier ein wenig Licht ins Dunkel zu bringen, soll Aufgabe der vorliegenden Arbeit sein.[12]

Zu diesem Zwecke soll – nach einigen grundsätzlichen Vorüberlegungen - zunächst ein Blick auf die institutionelle Ausgestaltung der Entwurfserstellung sowie die bestehenden Qualitätssicherungsmechanismen in den Regierungen der drei Mitgliedstaaten Deutschland, Frankreich und England geworfen werden. Dieser Vergleich erscheint in zweierlei Hinsicht sinnvoll: zum einen dienen die politischen Systeme v.a. Deutschlands und Frankreichs, später aber auch Englands, als Vorbild für die Ausgestaltung der Kommissionsstrukturen. Zum anderen wird in der Debatte um die Reform der Kommission ebenfalls immer wieder auf nationale Modelle zurückgegriffen. Nach einer kurzen Zusammenfassung der wesentlichen Gemeinsamkeiten und Unterschiede der nationalen Rechtssetzungs- und Rechtsbereinigungsmechanismen soll eine Darstellung der Kommissionsorganisation sowie ein möglichst genaue Untersuchung der Gesetzesvorbereitung auf europäischer Ebene erfolgen. Am Schluss der Arbeit soll nach der Analyse des Zusammenhangs zwischen institutioneller Ausgestaltung und Normqualität europäischer Rechtsetzung eine Bewertung der bisherigen Reformvorschläge stehen. Anschließend sollen die nationalen Systeme daraufhin untersucht werden, ob und inwieweit die dort gefundenen Lösungen der Rechtsetzungs- und Rechtsbereinigungsprobleme Modellcharakter für eine europäische Reform haben können. Ausgehend von den dabei gewonnen Erkenntnissen soll ein eigener Ansatz zur Verbesserung der Rechtsetzungs- und Rechtsbereinigungsmechanismen auf europäischer Ebene entwickelt werden.

2. Normqualität und Gesetzesvorbereitung

Interessanterweise gibt es bislang weder auf europäischer noch auch auf nationaler Ebene eine grundlegendere Untersuchung zum Zusammenhang zwischen (formeller) Normqualität und institutioneller Ausgestaltung der Gesetzesvorbereitung. Dies dürfte unter anderem darauf beruhen, dass es sich bei Fragen der Gesetzgebung um einen Grenzbereich zwischen Rechts- und Politikwissenschaft handelt, der zumeist von beiden Disziplinen eher stiefmütterlich behandelt wird. Die Rechtswissenschaft beschäftigt sich in der Regel vorrangig mit Fragen der

---

[11] Dies beklagt auch Xanthaki, CML Rev. 2001, S. 651 ff, 653.

[12] Dabei wird der Bereich der delegierten Rechtsetzung außen vor bleiben. Zwar verfügt auch die Kommission (ebenso wie alle nationalen Regierungen)[12] über eine eigene Rechtsetzungs-Kompetenz (vgl. Art. 202 Spiegelstrich 3 EGV). Diese spielt jedoch für den Bereich des Gemeinschaftsprivatrechts, dem hier – aus gleich noch näher zu erläuternden Gründen - besondere Aufmerksamkeit gewidmet werden soll, keine Rolle.

Rechtsanwendung.[13] Untersucht wird mithin nicht die Gesetzgebung, sondern die Rechtsprechung. Wenn und soweit sich Juristen Fragen der Normqualität widmen, so geschieht dies häufig im Rahmen der sog. „Legistik", die der Frage nach dem „guten Gesetz" nachgeht.[14] Die Gesetzgebungslehre zeichnet sich dadurch aus, dass sie eine Vielzahl von Forderungen an den Gesetzgeber richtet, wie das Endprodukt „Gesetz" auszusehen habe, die Frage aber, wie ein solches Ergebnis in der Praxis zu erreichen sein könnte, vielfach von ihren Betrachtungen ausschließt.[15] Die Politikwissenschaft dahingegen richtet ihr Hauptaugenmerk auf die inhaltliche Ausrichtung von Gesetzen im Rahmen der politischen Entscheidungsfindung. Sie untersucht zwar den Zusammenhang zwischen dem Gesetzgebungsprozess und den daraus hervorgehenden inhaltlichen Entscheidungen,[16] nicht jedoch die Auswirkungen auf die formelle Ausgestaltung der Gesetze.

Hinzu kommt, dass viele politik- wie rechtswissenschaftliche Arbeiten sich dann, wenn sie sich mit den Abläufen der Gesetzgebung befassen, auf die Legislative, also das Parlament, und ihr Verhältnis zur Regierung konzentrieren.[17] Geht man jedoch – wie später zu zeigen sein wird – richtigerweise davon aus, dass viele wesentliche gesetzgeberische Entscheidungen während der Erstellung der Entwürfe in der Regierungs- bzw. Kommissionsbürokratie getroffen werden, so muss die Fokussierung auf den parlamentarischen Gesetzgeber zwangsläufig auch zu verkürzten Ergebnissen führen.

Ein weiterer Grund für die eher dürftige wissenschaftliche Ausbeute zu den praktischen Fragen der Gesetzesvorbereitung dürfte schließlich darin zu sehen sein, dass die weitgehend nicht-öffentlichen Abläufe innerhalb der Regierungs- oder Kommissionsbürokratien nur schwer empirisch zu erfassen sind.[18] So be-

---

[13] Smeddinck/Tils, Die informalen Rechtsmacher, S. 53 ff, 68.

[14] Vgl. zum Beispiel Beiträge in Schreckenberger (Hrsg.), Gesetzgebungslehre sowie in Karpen, Legislation in European Countries; Hill, Einführung in die Gesetzgebungslehre; Karpen, Current Problems of Legislation, S. 197 ff.

[15] Behrens, DVBl 2001, S. 438 ff, 439; Oberreuter, Entmachtung des Bundestags, S. 121 ff, 121; Schultze-Fielitz, Theorie und Praxis parlamentarischer Gesetzgebung, S. 32.

[16] So zum Beispiel Eichener, Das Entscheidungssystem der Europäischen Union; Majone, Regulating Europe, S. 159 ff; Scharpf, PVS 1985, S. 323 ff; von Beyme, Der Gesetzgeber.

[17] Von Bogdandy, Gubernative Rechtsetzung, S. 6 f mwN; Eine Ausnahme stellt hier zum Beispiel die Arbeit von Mengel, Gesetzgebung und Verfahren dar, in der auch der intraministerielle Prozess der Gesetzgebung erfasst ist, wenn auch nur für ein Bundesland und nur für die Entstehung des Hess.HochschulG, so dass fraglich ist, inwieweit die Ergebnisse verallgemeinerungsfähig sind.

[18] Smeddinck/Tils, Die informalen Rechtsmacher, S. 53 ff, 54 im Zusammenhang mit einem an der Universität Lüneburg durchgeführten Forschungsvorhaben „Die Bedeutung des administrativen Binnenbereichs für die Entstehung von Normen – dargestellt am Beispiel des Bundesbodenschutzgesetzes"; für Großbritannien vgl. Smith/Marsh/Richards,

ruht ein nicht unwesentlicher Teil an Literatur zu Fragen der Gesetzesvorbereitung auf nationaler wie auf europäischer Ebene auf Erfahrungsberichten der beteiligten Beamten oder Politiker, denen möglicherweise die erforderliche wissenschaftliche Distanz zu ihrem Tun fehlt. Im Wissen um die Problematik dieses Vorgehens soll dennoch der Versuch unternommen werden, aus dem vorhandenen Material Rückschlüsse zu ziehen und eigene Vorschläge zu entwickeln. Die Aufgabe einer empirischen Prüfung der so gefundenen Ergebnisse muss weiteren Arbeiten überlassen bleiben.

Central Government and the Policy Process, S. 38 ff mit einem kritischen Überblick über die Forschungsarbeiten zu den Departments bis 1995, S. 39 ff.

1. Teil: Grundannahmen der Arbeit

Der Fragestellung dieser Arbeit liegen drei wesentliche Annahmen zugrunde: Erstens beruht sie auf der These, dass die europäische Gesetzgebung, insbesondere auf dem Gebiet des Gemeinschaftsprivatrechts zu einem Maß an Rechtsunklarheit geführt hat, das die Rechtssicherheit und -praxis nicht unerheblich beeinträchtigt und es daher geboten ist, Reformen zur Verbesserung der Rechtsetzungs- und Rechtsbereinigungsmechanismen zu ergreifen. Zweitens wird davon ausgegangen, dass europäische Rechtsetzung - obwohl sie im Rahmen einer nicht-staatlichen Organisation erfolgt - mit nationaler Gesetzgebung vergleichbar ist und mit den selben Fragestellungen analysiert werden kann. Die vorliegende Arbeit kann somit dem sog. comparative-politics-Ansatz zugeordnet werden. Schließlich liegt der Arbeit die Behauptung zugrunde, dass die Form eines Gesetzes wesentlich im Rahmen seiner Vorbereitung in der Regierungs- bzw. Kommissionsbürokratie bestimmt wird, sich die Untersuchung daher weitgehend auf dieses Stadium der Gesetzgebung beschränken und die Beratung in Rat und Parlament außer Acht lassen kann.

I. Rechtssystematik und Rechtsklarheit im Bereich des Gemeinschaftsprivatrechts

Die eingangs aufgestellte These, dass europäische Rechtsvereinheitlichung auf dem Gebiet des Privatrechts vielfach zu Rechtsunklarheit führt, bedarf der näheren Erläuterung. Denn die Auseinandersetzung mit der Reformierung der europäischen Gesetzesvorbereitung kann nur dann sinnvoll sein, wenn die Ergebnisse dieses Vorbereitungsprozesses tatsächlich als so mangelhaft eingestuft werden können, dass Reformen geboten sind. Schließlich soll in diesem Teil der Arbeit ein Blick auf die rechtlichen Möglichkeiten der Europäischen Union zur Beseitigung der systematischen Mängel, d.h. insbesondere zur Verabschiedung einer europäischen Vertragsrechts-Kodifikation, geworfen werden.

1. Kriterien formeller Normqualität

Wie oben bereits erwähnt, werden in formeller Hinsicht vor allem der Umfang europäischer Rechtsetzung, die mangelnde sprachliche Klarheit und die fehlende Systematik kritisiert. Obwohl diese drei Punkte in der europäischen Reformdebatte meist in einem Atemzug genannt werden, handelt es sich um ganz verschiedene Probleme mit unterschiedlichen Ursachen. Die vorliegende Arbeit soll sich vor allem der Frage der Rechtszersplitterung im Bereich des Gemeinschaftsrechts widmen. Zum einen liegt hier das Kernproblem europäischer Normqualität, zum anderen bestehen auf diesem Gebiet am ehesten sinnvolle Möglichkeiten, mit institutionellen Reformen Verbesserungen zu erreichen.

a. Umfang europäischer Rechtsetzung

Die Frage der sog. „Normenflut" stellt sich auf europäischer Ebene heute nicht mehr mit der selben Schärfe wie noch Ende der 80er oder Anfang der 90er Jahre. Mit der Vollendung des Binnenmarktes hat dieses Thema an Brisanz verloren, da die Kommission inzwischen weitaus zurückhaltender bei der Initiierung neuer Vorschläge geworden ist. So konnte sie ihre Vorschlagstätigkeit in der Zeit von 1995 bis 1999 im Vergleich zu den vorausgegangenen Jahren mehr als halbieren[19] - eine Bilanz, die wohl kaum einer der Mitgliedstaaten vorzuweisen hat. Eine weitere Reduktion der Gesetzestexte um 25 % strebt die Kommission bis zum Jahr 2005 an. Als ersten Schritt hierfür will sie zunächst 100 Vorschläge aus der Zeit vor 1999, die sich mittlerweile als überholt erwiesen haben, zurückziehen.[20] Abgesehen von dieser Tendenz, die Rechtsetzungsaktivitäten auf Gemeinschaftsebene zurückzuschrauben, ist anzumerken, dass sich die Regelungsdichte generell nur sehr bedingt mit institutionellen Gegebenheiten erklären lässt. Es ist vielmehr anerkannt, dass die auch in den Mitgliedstaaten beklagte[21] erhöhte Produktion an Rechtsnormen größtenteils auf die Zunahme an öffentlichen Aufgaben im sozialen Wohlfahrtsstaat zurückzuführen ist.[22]

b. Sprachliche Klarheit

Auch die sprachlichen Mängel europäischer Rechtsetzung können allenfalls teilweise mit der institutionellen Ausgestaltung des Gesetzgebungsprozesses in Zusammenhang gebracht werden. Einer der wesentlichen Gründe für ungenaue oder missverständliche Formulierungen liegt vielmehr darin, dass alle Rechtstexte in elf Amtssprachen übersetzt werden müssen, was zwangsläufig zu Transparenzverlusten führen muss. Als weitere Ursache kann die zwischen den im Rat vertretenen Mitgliedstaaten vorherrschende diplomatische Verhandlungslogik genannt werden, die es mit sich bringen kann, dass im Rahmen der Gesetzgebung nach Kompromissen gesucht werden muss und vielfach absichtlich mit schwammigen Formulierungen die noch bestehenden politischen Differenzen überdeckt werden.[23] Die Situation im Rat gehört zwar zu den institutionellen Rahmenbedingungen der Rechtsetzung, ist jedoch allenfalls auf lange Sicht reformierbar. Kurzfristig ist nicht damit zu rechnen, dass die Mitgliedstaaten von ihren Versuchen, nationale Interessen im Gesetzgebungsprozess durchzusetzen, Abstand nehmen werden. Es ist daher müßig, sich darüber zu beklagen, dass das

---

[19] Bericht „Rahmenbedingungen für die Rechtsetzung" KOM (01) 130 endg., S. 4: Von 1990 bis 1994 legte sie 250 Vorschläge vor; von 1995 bis 1999 nur noch 96.

[20] Mitteilung, Vereinfachung und Verbesserung des Regelungsumfelds, KOM (01), 726 endg., S. 6.

[21] Karpen, Less Quantity – More Quality, S. 479 ff, 481.

[22] Vgl. statt vieler Gündisch/Mathijsen, Rechtsetzung und Interessenvertretung in der europäischen Union, S. 211; Trnka, The Law in Theory and in Practice in France Today, S. 162 ff, 166 ff.

[23] Bates, Stat.L.R. 1983, S. 24 ff, 32; Clariana, Comment, S. 60 ff, 62; Conseil d'État, Considérations générales, S. 15 ff, 49; de Wilde, Journal of European Law Reform 2000, S. 293 ff, 301; Eichener, Das Entscheidungssystem der Europäischen Union, S. 216; Staudenmayer, EuZW 2001, S. 485 ff, 487; Timmermans, Quality of Community Legislation, S. 39 ff, 41 und ders., Probleme der EG-Rechtsetzung, S. 21 ff, 25.

europäische Recht teilweise einem „droit diplomatique"[24] gleicht. Bei der Suche nach sinnvollen, in absehbarer Zeit realisierbaren Reformvorschlägen, ist das Augenmerk vielmehr auf die Vorbereitungsphase in der Kommission zu richten.

c. Systematik und Kohärenz

Hinsichtlich der Frage der fehlenden Rechtssystematik lässt sich am ehesten ein Zusammenhang zwischen institutioneller Ausgestaltung der Vorbereitungsprozesse und Normqualität herstellen. Verkürzt kann man sagen: Je fragmentierter die Entscheidungsprozesse sind und je mehr Akteure in der Vorbereitungsphase beteiligt sind, desto weniger Kohärenz und Systematik kann in einer Rechtsordnung entstehen.

Unter dem Oberbegriff der Rechtszersplitterung können verschiedene Probleme zusammengefasst werden: So sind europäische Normen oft *vertikal* zersplittert. Es fehlt an konsolidierten Textfassungen, die sowohl den Ursprungstext als auch alle Änderungen enthalten.[25] Das hat zur Folge, dass die Norm nach der 10. oder 20. Änderung erst wie bei einem Puzzlespiel zusammengesetzt werden muss, bevor man den derzeit gültigen Rechtstext zur Verfügung hat.[26] Diesem Problem kann man noch relativ leicht und ohne größere institutionelle Reformen abhelfen, da es zur Beseitigung der vertikalen Zerstückelung einheitlicher Regelungen lediglich erforderlich ist, dass die Änderungen jeweils – zumindest nachrichtlich – in den Basistext eingearbeitet wird. Auf diesem Gebiet sind die Bemühungen der Kommission auch schon relativ weit fortgeschritten (s.u.).

Schwieriger zu beheben ist dagegen die *horizontale* Zergliederung des europäischen Rechts. Diese weist wiederum mehrere Facetten auf: Zum einen fehlt es bereits an der erforderlichen Einheitlichkeit und Kohärenz auf europäischer Ebene. Die Anwendungsbereiche der Richtlinien sind häufig nicht klar von einander abgegrenzt, die darin enthaltenen Regelungen widersprüchlich und die Begriffsverwendung von Norm zu Norm unterschiedlich. Zum anderen führt das Nebeneinander von europäischen und nationalen Regelungen zu Inkonsistenzen, da in den Mitgliedstaaten bislang einheitlich kodifizierte Rechtsgebiete teilweise überlagert oder europäische Richtlinien unterschiedlich umgesetzt werden. In der Beseitigung oder jedenfalls Milderung dieser horizontalen Rechtszersplitterung liegt eine der wesentlichen Herausforderungen europäischer Rechtsetzung. Sie soll daher im Folgenden am Beispiel des Gemeinschaftsprivatrechts näher erläutert werden.

---

[24] Conseil d´État, Considérations générales, S. 15 ff, 49.

[25] Timmermans, Quality of Community Legislation, S. 39 ff, 43.

[26] Beschluss des Rates vom 08.06.1993 über die Qualität der Gemeinschaftsrechtsetzung, Abl. 1993 Nr. C 166, S. 1; Müller-Graff, The Quality of European and National Legislation, S. 111 ff, 112; Piris, Quality of Community Legislation, S. 25 ff, 32; Timmermans, Quality of Community Legislation, S. 39 ff, 57.

2. Rechtszersplitterung im Gemeinschaftsprivatrecht

Mag auch zweifelhaft sein, ob angesichts des nur punktuellen Charakters der Rechtsvereinheitlichung bereits von einem „Europäischen Privatrecht" gesprochen werden kann,[27] so steht doch außer Frage, dass mittlerweile nicht unwesentliche Bereiche des Privatrechts europarechtlich beeinflusst oder überlagert sind.[28] Müller-Graff prägte hierfür den Begriff des „Gemeinschaftsprivatrechts"[29]. Erfasst werden hiervon unter anderem das Gesellschafts- und Unternehmensrecht, das Individualarbeitsrecht, der gewerbliche Rechtschutz, das Urheberrecht sowie das (Verbraucher-)Vertragsrecht. Die Diskussion um die Gefahren europäischer wie nationaler Rechtszersplitterung bezieht sich vor allem auf die dem Schuldrecht zuzuordnenden gemeinschaftsrechtlichen Regelungen.[30] Hierzu zählen insbesondere die Richtlinien zu Fragen der Haustürgeschäfte[31], der Allgemeinen Geschäftsbedingungen,[32] des Verbraucherkredits[33], der Produkthaftung[34], des Reisevertragsrechts[35], der Timesharing-Verträge[36], der Fernabsatzverträge allgemein[37] und speziell von Finanzdienstleistungen[38] sowie

---

[27] Siehe zu dieser Frage Basedow, AcP 2000, S. 445 ff, 448.

[28] Überblicke unter anderem bei Basedow, a.a.O., S. 449 f; Müller-Graff, Privatrecht und Europäisches Gemeinschaftsrecht, S. 267 ff, 272 f; Ein Überblick zu europäischen Richtlinien mit vertragsrechtlichen Inhalten findet sich in der Mitteilung der Kommission an den Rat und das Europäische Parlament über Europäisches Vertragsrecht vom 11.07.2001, KOM (01) 398 endg., Anhang I, S. 23 ff – im folgenden zitiert als: „Europäische Vertragsrechts-Mitteilung".

[29] Vgl. etwa Müller-Graff, a.a.O., S. 267 ff.

[30] Basedow, AcP 2000, S. 445 ff, 450.

[31] RL 85/577/EWG des Rates vom 20.12.1985 betreffend den Verbraucherschutz im Falle von außerhalb von Geschäftsräumen geschlossenen Verträgen, Abl. 1985 Nr. L 372, S. 31.

[32] RL 93/13/EWG des Rates vom 05.04.1993 über missbräuchliche Klauseln in Verbraucherverträgen, Abl. 1990 Nr. C 243, S. 2.

[33] RL 87/102/EWG des Rates vom 22.12.1986 zur Angleichung der Rechts- und Verwaltungsvorschriften der Mitgliedstaaten über den Verbraucherschutz, Abl. 1987 Nr. L 42, S. 48.

[34] RL 85/374/EWG des Rates vom 25.07.1985 zur Angleichung der Rechts- und Verwaltungsvorschriften der Mitgliedstaaten über die Haftung für fehlerhafte Produkte, Abl. 1985 Nr. L 210, S. 29.

[35] RL 90/314/EWG des Rates vom 13.06.1990 über Pauschalreisen, Abl. 1990 Nr. L 158, S. 59.

[36] RL 94/47/EG des Europäischen Parlaments und des Rates vom 26.10.1994 zum Schutz der Erwerber im Hinblick auf bestimmte Aspekte von Verträgen über den Erwerb von Teilzeitnutzungsrechten an Immobilien (Timesharing-RL), Abl. Nr. L 280, S. 83.

[37] RL 97/7/EG des Europäischen Parlaments und des Rates vom 20.05.1997 über den Verbraucherschutz bei Vertragsabschlüssen im Fernabsatz, Abl. 1997 Nr. C 156, S. 14.

[38] Vorschlag der Kommission für eine RL über den Fernabsatz von Finanzdienstleistungen für Verbraucher, KOM (98) 468 endg., geändert durch Vorschlag KOM (99) 385 endg., beschlossen am 27.09.01 im Rat für Binnenmarkt, Tourismus und Verbraucherfragen.

schließlich zu Fragen des Kaufgewährleistungsrechts[39], des Zahlungsverzugs[40] und des elektronischen Geschäftsverkehrs.[41] Auch wenn damit bereits viele Fragen des allgemeinen wie besonderen Schuldrechts erfasst werden, sind die europäischen Regelungen von einer konsistenten Regelung des Obligationenrechts noch weit entfernt.

a. Begrenzter Anwendungsbereich der Regeln und Begrifflichkeiten

Der punktuelle Charakter des Gemeinschaftsprivatrechts schlägt sich insbesondere auch im vielfach eingeschränkten Anwendungsbereich der Normen nieder. Die europäischen Regelungen sind im Hinblick auf die Vertragsarten, den erfassten Sachbereich oder die Adressaten begrenzt. So gilt die Richtlinie über Haustürgeschäfte nicht für Versicherungs-, Grundstücks- und Bauverträge, die Fernabsatzrichtlinie nicht für Grundstücks- und Bauverträge und nicht für Finanzdienstleistungen, die nun von der Richtlinie zum Fernabsatz von Finanzdienstleistungen erfasst werden, die Verbrauchsgüterkaufrichtlinie nur für den Kaufvertrag über bewegliche Sachen zwischen Verbrauchern und gewerblichen Verkäufern, die Timesharing-Richtlinie nur für Verträge, die für eine Dauer von mindestens drei Jahren geschlossen wurden, und die Richtlinie über den Zahlungsverzug erfasst keine Verbraucherverträge.[42] Die Kommission weist zu Recht darauf hin, dass diese Eingrenzungen teilweise nicht sinnvoll erscheinen und daher über eine Ausweitung der Anwendungsbereiche auf Verträge mit ähnlichen Merkmalen, wie die bereits erfassten, nachgedacht werden sollte.[43] Auch bei den Richtlinien, die sich jeweils speziell auf den Schutz der Verbraucher beschränken und andere Personengruppen von ihrem Anwendungsbereich ausnehmen, stellt sich die Frage, ob diese Einschränkungen – etwa im Bereich des AGB-Rechts - durch sachliche Gründe gerechtfertigt sind.[44]

Der relativ begrenzte Anwendungsbereich vieler europäischer Regelungen führt dazu, dass auch allgemeine Begriffe, wie etwa jener des Schadens oder des Verbrauchers, deren sie sich notwendigerweise bedienen müssen, jeweils auf

---

[39] RL 99/44/EG des Europäischen Parlaments und des Rates vom 25.05.1999 zu bestimmten Aspekten des Verbrauchsgüterkaufs und der Garantien für Verbrauchsgüter, Abl. 1999 Nr. L 171, S.12.

[40] RL 2000/35/EG des Europäischen Parlaments und des Rates vom 29.06.2000 zur Bekämpfung von Zahlungsverzug im Geschäftsverkehr, Abl. 2000 Nr. L 200, S. 35.

[41] RL 2000/31/EG des Europäischen Parlaments und des Rates über bestimmte rechtliche Aspekte der Dienste der Informationsgesellschaft, insbesondere des elektronischen Geschäftsverkehrs vom 08.06.2000, Abl. 2000 Nr. L 178, S. 1 und RL 1999/93/EG von Europäischem Parlament und Rat über gemeinschaftsrechtliche Rahmenbedingungen für elektronische Signaturen, Abl. 1999 Nr. L 13, S. 12.

[42] Europäische Vertragsrechts-Mitteilung, KOM (01) 398 endg. Rn. 60, Fn. 35.

[43] Europäische Vertragsrechts-Mitteilung, a.a.O. Rn. 60.

[44] Kieninger/Leible, EuZW 1999, S. 37 ff, 39.

den Zweck der Richtlinie hin definiert werden.[45] Dies bringt es mit sich, dass ein und derselbe Begriff je nach Richtlinie einen anderen Bedeutungsgehalt hat. Die Kommission ist sich dieses Problems zwar offensichtlich bewusst, will aber wohl nichts desto trotz an der bisherigen Regelungspraxis festhalten. So heißt es in ihrer Mitteilung zum Europäischen Vertragsrecht im Zusammenhang mit der unterschiedlichen Verwendung abstrakter Begriffe:

„Im Allgemeinen lassen sich unterschiedliche Richtlinienvorschriften dadurch erklären, dass die Richtlinien unterschiedliche Probleme lösen sollen. Man kann also nicht verlangen, dass ein zur Lösung eines bestimmten Problems verwendeter Begriff genauso ausgelegt und angewandt werden muss, wenn es um einen anderen Zusammenhang geht. Unterschiede bei Begriffen und Konzepten, die sich nicht durch unterschiedliche Problemstellungen erklären lassen, sollten indessen beseitigt werden.“[46]

Probleme ergeben sich auch daraus, dass die Richtlinien mit ihrem eingeschränkten Anwendungsbereich in Konflikt zu bestehenden nationalen Regelungen treten.[47] Dies ist etwa der Fall bei § 823 BGB und den Regelungen der Produkthaftung oder bei den Regeln der Klausel-Richtlinie im Verhältnis zum AGB-Gesetz. Die weitgehend zufällige und unsystematische Rechtsangleichung im Bereich des Gemeinschaftsprivatrechts[48] wird vor allem in den Mitgliedstaaten, die über Zivilrechtskodifikationen verfügen, äußerst kritisch beobachtet. Hier besteht die Befürchtung, dass sich die europäische Rechtszersplitterung auch im nationalen Recht fortsetzt und dadurch eine Art „Flickwerk“[49] aus nationalem und europäischem Recht entsteht, das Systematik und Struktur der Zivilrechtskodifikationen beeinträchtigt.[50]

b. Unklare Anwendungsbereiche der Richtlinien und widersprüchliche Regelungen

Des weiteren gibt es eine Vielzahl von widersprüchlichen und sich überlagernden Regelungen.[51] Ein Beispiel, das die Kommission selbst anführt,[52] ist das Verhältnis der Timesharing- zur Haustürgeschäfte-Richtlinie. Da die Richtlinien unter bestimmten Umständen nebeneinander anwendbar sind, kann es zu Unklarheiten hinsichtlich des Rücktrittsrechts kommen, da die Fristen für die Aus-

---

[45] Kieninger/Leible, a.a.O, S. 37, zum Verbraucherbegriff, 39.

[46] Europäische Vertragsrechts-Mitteilung, KOM (01) 398 endg. Rn. 37.

[47] Basedow, AcP 2000, S. 445 ff, 451 f.

[48] Müller-Graff, NJW 1993, S. 13 ff, 19.

[49] Hübner, EuZW 1999, S. 481.

[50] Müller-Graff, The Quality of European and National Legislation, S. 111 ff, 112.

[51] Conseil d'État, Considérations générales, S. 15 ff, 30.

[52] Europäische Vertragsrechts-Mitteilung, KOM (01) 398 endg. Rn. 35; vgl. hierzu auch Staudenmayer, EuZW 2001, S. 485 ff, 487.

übung dieses Rechtes jeweils unterschiedlich lang sind.[53] Sich überschneidende Regelungen gibt es auch im Bereich von Direktvertrieb und E-Commerce, die sowohl von der Haustürgeschäfte-Richtlinie als auch von der Fernabsatz- und der E-Commerce-Richtlinie erfasst werden. Abgesehen von der Frage, ob es nicht willkürlich ist, vergleichbare Sachverhalte jeweils unterschiedlichen Regelungen (insbesondere hinsichtlich der Informationspflichten und Widerrufsfristen)[54] zu unterwerfen, ergeben sich hier nicht unwesentliche Abgrenzungsprobleme, wenn Firmen – wie in der Praxis vielfach üblich – Formen des Fernabsatzes mit dem Direktvertrieb von Waren kombinieren.[55]

c. Uneinheitliche Umsetzung in den Mitgliedstaaten

Bislang vollzog sich die Privatrechtsvereinheitlichung vor allem über Richtlinien.[56] Dieses Vorgehen bringt jedoch nicht unerhebliche Probleme für die Rechtseinheit, Rechtssystematik und Rechtsklarheit mit sich,[57] da die Umsetzung der europäischen Vorgaben wieder zu unterschiedlichen Regelungen in der Gemeinschaft führt. Teilweise sind die auf europäischer Ebene erlassenen Regeln auch lückenhaft. Auffällig ist dies beispielsweise im Bereich der Sanktionen für die Verletzung der in den Verbraucherschutz-Richtlinien enthaltenen Verpflichtungen.[58] Die Richtlinien, wie zum Beispiel die Fernabsatz- und die Verbrauchsgüterkaufrichtlinie,[59] beschränken sich hier darauf, vorvertragliche Informationspflichten zu normieren, überlassen es jedoch den nationalen Rechtsordnungen, Antworten darauf zu finden, was im Falle einer Pflichtverletzung passieren soll. Es versteht sich von selbst, dass die Rechtslage sich in diesen Fällen von Mitgliedstaat zu Mitgliedstaat stark unterscheiden kann.

Ein weiteres Problem, das unabhängig von den Besonderheiten der Richtlinien besteht, ist darin zu sehen, dass europäische Regeln zum Vertrags- und Haftungsrecht notwendigerweise auf allgemeine, auch dem nationalen Recht bekannte Begriffe, wie etwa Rücktritt, Widerruf, Wirksamkeit, Fälligkeit oder Schaden zurückgreifen,[60] ohne dass es hierfür bereits eine einheitliche europäische Begriffsbildung gäbe. Eine kürzlich vom Europäischen Parlament in Auf-

---

[53] EuGH Rs. C-423/97 Travel-Vac S.L. und Manuel José Antelm Sanchís, Slg. 1999, I-2195.

[54] Micklitz, EuZW 2001, S. 133 ff, 133, S. 134, der auch darauf hinweist, dass die Kommission im Bereich der Widerrufsfristen von Fernabsatz- und Haustürgeschäfte-RL eine Angleichung plant.

[55] Micklitz, EuZW 2001, S. 133 ff, 133, S. 134.

[56] Müller-Graff, NJW 1993, S. 13 ff, 22.

[57] Zur Ungeeignetheit der Richtlinie als Mittel der Rechtsvereinheitlichung auch Hayder, Kommentar, S. 237 ff, 239 (Autor = Mitglied der GD Binnenmarkt).

[58] Europäische Vertragsrechts-Mitteilung, KOM (01) 398 endg., Anhang I, S. 23 ff.

[59] Micklitz, EuZW 2001, S. 133 ff, 139; ders., Die Verbrauchsgüterkaufrichtlinie, EuZW 1999, S. 485 ff, 488 f.

[60] Kieninger/Leible, EuZW 1999, S. 37 ff, 37.

trag gegebene Studie unabhängiger Rechtsexperten stellte fest, dass es kein europaweit einheitliches Verständnis des „Schadens" gebe und auch die europäischen Richtlinien unterschiedliche oder keine Definitionen enthielten (vgl. Art. 9 der Produkthaftungsrichtlinie, Art. 17 Abs. 2 der Handelsvertreterrichtlinie und Art. 5 Abs. 2 der Pauschalreiserichtlinie).[61] Dies hat zur Folge, dass unterschiedliche Rechtspraktiken in den verschiedenen Mitgliedstaaten entstehen.[62] So ist etwa im Bereich der Handelsvertreterrichtlinie Schadensregulierung in Frankreich und Großbritannien bei vergleichbaren Sachverhalten vollkommen unterschiedlich ausgestaltet[63] und im Bereich der Pauschalreiserichtlinie kann in manchen Ländern der Ersatz des immateriellen, in anderen dagegen nur der des materiellen Schadens verlangt werden[64]. Noch gravierender werden die Probleme bei der Verwendung klassischerweise offener Rechtsbegriffe, wie etwa „Treu und Glauben" in Art. 3 der Klauselrichtlinie (umgesetzt in § 9 AGBG). Da es gerade zum Wesen solcher Begriffe gehört, dass jeweils die spezifischen Wertvorstellungen einer Rechtsordnung einfließen, liegt es auf der Hand, dass es zu stark unterschiedlichen Anwendungen derartiger Regelungen kommen muss.[65]

3. Die Idee einer europäischen Vertragsrechtskodifikation

Wie aus der vorausgegangenen Darstellung ersichtlich, fehlt es bislang an einer strukturierten Ordnung des Gemeinschaftsprivatrechts und erst recht an einer Kodifikation auf diesem Gebiet. Unter Kodifikation soll hierbei in Anlehnung an die klassischen europäischen Kodifikationen, wie den Code Civil und das BGB, eine grundlegende und grundsätzlich auf Dauer angelegte Neuordnung und Systematisierung eines bislang gar nicht oder rechtlich verstreut geregelten gesellschaftlichen Teilbereichs, die auch inhaltliche Anpassungen einzelner Regelungen umfasst, verstanden werden.[66] Zu den Besonderheiten von Kodifikati-

---

[61] Studie des Europäischen Parlaments "Vergleichende Untersuchung der Privatrechtsordnungen der Mitgliedstaaten der EU im Hinblick auf Diskriminierungen und die Schaffung eines Europäischen Zivilgesetzbuchs", PE 168.511, S. 56.

[62] Europäische Vertragsrechts-Mitteilung, KOM (01) 398 endg. Rn. 38.

[63] Bericht der Kommission über die Anwendung der Handelsvertreter-Richtlinie vom 23.07.1996, KOM (1996) 346 endg.

[64] Staudenmayer, EuZW 2000, S. 485 ff, 488; zur Frage des Schadensbegriffs in der Pauschalreiserichtlinie vgl. auch Rs. C-168/00, Simone Leitner ./. TUI Deutschland.

[65] Kieninger/Leible, EuZW 1999, S. 37 ff, 39; Taschner, Privatrechtsvereinheitlichung durch die Europäische Gemeinschaft, S. 225 ff, 231 verweist darauf, dass es einer im Rahmen der justitiellen Zusammenarbeit im Bereich Justiz und Inneres einberufenen Arbeitsgruppe nicht gelungen sei, gemeinsame Definitionen für die Begriffe „Sittenwidrigkeit" und „Treu und Glauben" zu erarbeiten.

[66] Schmidt, Die Zukunft der Kodifikationsidee, S. 39, S. 78; Schultze-Fielitz, Theorie und Praxis parlamentarischer Gesetzgebung, S. 89, S. 92; Sommermann, Codification: Examples and Limits, S. 47 ff, 47; zum Begriff der codification réformatrice oder créatrice vgl. Bécane/Couderc, La Loi, S. 353; Braibant, Rfap 1997, S. 165 ff, 165.

onsgesetzen in diesem klassischen Sinne gehört, dass Fragen der Rechtssystematik eine mindestens ebenso große Rolle in der Gesetzgebungsdebatte spielen wie inhaltliche Probleme.[67] Dies unterscheidet Kodifikationen auch von Reformgesetzen. Bei letzteren werden zwar auch grundlegende Änderungen eines Gesetzes vorgenommen. Sie fügen sich jedoch in die bestehende Systematik ein und begründen sie nicht neu.[68] Tatsächlich lag auch der Verdienst der großen Kodifikationen des 19. Jahrhunderts nicht im Bereich der inhaltlichen Neuerungen, sondern in der Vereinheitlichung, Systematisierung und Rationalisierung der Rechtsordnung.[69] Kodifikation kann somit kurz gefasst auch als Teilrechtsbereinigung der Rechtsordnung verstanden werden.[70]

Mag es auch zu früheren Zeiten noch zweifelhaft gewesen sein, ob sich aus den nur punktuell angeglichenen Privatrechtsregelungen bereits allgemeine Prinzipien ableiten lassen konnten,[71] so ist nunmehr davon auszugehen, dass das europäische Zivilrecht, insbesondere durch die verstärkte Rechtsetzungstätigkeit auf dem Bereich des Verbraucherschutzrechts, einen Grad an Verdichtung erreicht hat, der es erlaubt, aus den bestehenden Einzelregelungen (jedenfalls im Bereich des Vertragsrechts) Prinzipien abzuleiten und zu kodifizieren.[72]

a. Europäische Initiativen für eine Vereinheitlichung des Vertragsrechts

Nicht nur von Seiten der Wissenschaft[73] wurde vielfach die Verabschiedung eines Europäischen Zivilgesetzbuchs jedenfalls für den Bereich des Schuldrechts, für den zwei unabhängige Kommissionen europäischer Wissenschaftler bereits

---

[67] Schultze-Fielitz, a.a.O., S. 92.

[68] Ebd.

[69] Noll, Gesetzgebungslehre, S. 215.

[70] Ebd.

[71] Zweifelnd Taschner, Privatrechtsvereinheitlichung durch die Europäische Gemeinschaft, S. 231 ff auf einem 1993 gehaltenen Vortrag; auch Müller-Graff, NJW 1993, S. 13 ff, 23 war der Auffassung, dass die Kodifikationsfrage erst dann aktuell würde, wenn „unter dem Banner des Verbraucherschutzes" weite Teile des klassischen Vertragsrechts auf die europapapolitische Agenda gesetzt würden.

[72] Basedow, AcP 2000, S. 445 ff, 453; Schulte-Nölke, JZ 2001, S. 917 ff, S. 920; wohl ebenso Hübner, EuZW 1999, S. 481; Die Kommission hat bereits den Versuch unternommen, übergreifende Strukturen des bisherigen Gemeinschaftsprivatrechts herauszuarbeiten, Europäische Vertragsrechts-Mitteilung, KOM (01) 398 endg., Anhang III.

[73] Basedow, Über Privatrechtsvereinheitlichung und Marktintegration, S. 363; Tilmann, Eine Privatrechtskodifikation für die Europäische Gemeinschaft ?, S. 579 ff; ders., ZEuP 1995, S. 534 ff; kritisch dagegen Taupitz, Europäische Rechtsvereinheitlichung heute und morgen, S. 41 ff, 69 ff; Sandrock, JZ 1996, S. 1 ff, 7 ff; Zur Debatte um Sinn und Zweck sowie mögliche Inhalte einer Privatrechtskodifikation vgl. auch die Beiträge in Hartkamp u.a. (Hrsg.), Towards a European Civil Code.

Vorarbeiten geleistet haben,[74] angeregt. Auch das Europäische Parlament forderte die Kommission auf, einen Entwurf für eine Europäische Zivilrechtskodifikation vorzulegen und einen europäischen wissenschaftlichen Ausschuss zur Unterbreitung von Vorschlägen für die Privatrechtsangleichung einzusetzen bzw. eine Studie zur verstärkten Harmonisierung des bürgerlichen Rechts im Binnenmarkt auszuarbeiten.[75] Neben den Aspekten der Rechtseinheit und Rechtsklarheit werden als Argumente für eine europäische Schuldrechtskodifikation auch ihr Beitrag zur Schaffung einer europäischen Identität sowie zur Juristenausbildung in Europa genannt.[76] Spätestens mit der Aufforderung des Europäischen Rats von Tampere vom 15. und 16.10.1999, zu prüfen, ob im Bereich des materiellen Zivilrechts zur Beseitigung von Markthindernissen die zivilrechtlichen Vorschriften der Mitgliedstaaten angeglichen werden müssten[77] und der daraus resultierenden Mitteilung der Kommission zum Europäischen Vertragsrecht vom 11.07.2001[78] hat die Frage einer Privatrechtskodifikation jedenfalls für den Bereich des Schuld- sowie für Teile des Mobiliarsachenrechts an Bedeutung und Aktualität[79] gewonnen. Allerdings lassen die Stellungnahmen zu dieser Mitteilung darauf schließen, dass hier noch eine lange Debatte bevorsteht.[80]

b. Gemeinschaftskompetenz ?

Die Debatte um die Kompetenzgrundlage für ein europäisches Zivil- oder Vertragsgesetzbuch ist im vorliegenden Zusammenhang in zweierlei Hinsicht interessant. Zum einen verbirgt sich hinter der juristischen Diskussion um Zuständigkeiten und „Binnenmarktbezug" letztlich nichts anderes als die politische Frage nach Sinn und Zweck eines gemeinschaftlichen Schuldrechts. Zum anderen spiegelt sich – wie später zu sehen sein wird – das Kompetenzproblem auch in der institutionellen Ausgestaltung der Normvorbereitung in der Kommission wider und stellt so einen der wesentlichen Hinderungsgründe für effektive Kodifikationsarbeiten dar. Allerdings ist davon auszugehen, dass die Frage der Gemeinschaftszuständigkeit für ein europäisches Privat- oder Vertragsrecht im

---

[74] Lando/Beale (Hrsg.), Principles of European Contract Law, Parts I and II, Nijmegen 2000; Academy of European Private Lawyers, European Contract Code – Preliminary Draft, Pavia 2001.

[75] Entschließungen des Europäischen Parlaments vom 26.05.1989, Abl. 1989 Nr. C 158, S. 400 = ZEuP 1993, 613; Entschließungen des Europäischen Parlaments vom 06.05.1994, Abl. 1994 Nr. C 205, S. 518 = ZEuP 1995, 669; Abl. 2000 Nr. C 377, S. 323.

[76] Basedow, AcP 2000, S. 480; Müller-Graff, NJW 1993, S. 13 ff, 22.

[77] Europäischer Rat von Tampere, 15./16.10.1999, Schlussfolgerungen des Vorsitzes, SI (1999) 800, Punkt 39

[78] Europäische Vertragsrechts-Mitteilung, KOM (01) 398 endg..

[79] Die gesetzgebungspolitische Aktualität war dem Vorhaben „Europäische Zivilrechtskodifikation" lange abgesprochen worden, so Müller-Graff, NJW 1993, S. 13 ff, 23; Remien, ZfRV 1995, S. 116 ff, 120; Sandrock, JZ 1996, S. 1 ff, 9.

[80] Stellungnahmen zum Europäischen Vertragsrecht, www.europa.eu.int/comm/consumers/policy/developments/contract-law/comments, Stand 09.02.02.

Zweifel auf einer der nächsten Regierungskonferenzen durch eine Vertragsänderung gelöst wird. Die bisherige Diskussion soll daher nur in ihren Grundzügen und ohne Anspruch auf Vollständigkeit dargestellt werden.

aa. Funktionale Kompetenzverteilung

Da der EGV weder einen Kompetenzkatalog noch eine Zuordnung der Kompetenzen nach Rechtsgebieten, wie Strafrecht, Zivilrecht, öffentlichem Recht etc.[81] kennt, fehlt es an einer ausdrücklichen Ermächtigung zur Privatrechtsangleichung im Vertrag.[82] Dies bedeutet jedoch nicht, dass der Gemeinschaft keine solche Kompetenz zur Verfügung stünde. Sie besteht allerdings entsprechend der funktionalen Kompetenzzuweisung des Vertrags nur dort, wo sie zur Verwirklichung der jeweiligen Politiken erforderlich ist.[83] Privatrechtsetzung kann etwa der Realisierung des gemeinsamen Marktes bzw. des Binnenmarktes, der Verwirklichung der vier Grundfreiheiten, dem Schutze der Verbraucher oder der Vermeidung von Wettbewerbsverzerrrungen dienen.[84] Da die Fragen des Verbraucherschutzes sowie der Grundfreiheiten jeweils nur bestimmte Aspekte zivilrechtlicher Gestaltungsmöglichkeiten betreffen, kommen als Kompetenzgrundlagen einer umfassenderen, mehrere Marktsegmente umfassenden Privatrechts-Regelung nur die für den gemeinsamen bzw. Binnen-Markt geltenden Art. 94, 95 EGV, der für die justitielle Zusammenarbeit in Zivilsachen geschaffene Art. 65 EGV sowie die Auffangklausel des Art. 308 EGV in Betracht.[85] Nicht ohne Grund wurden jedoch bislang die meisten der das Privatrecht betreffenden Rechtsakte auf die Art. 94, 95 EGV gestützt.[86]

---

[81] Eine solche Zuordnung wäre auch schwer realisierbar, da die Abgrenzung dieser Rechtsgebiete je nach Mitgliedstaat ganz unterschiedlich ist. So stammt etwa im Common Law die Trennung zwischen öffentlichem und privatem Recht erst aus dem Jahre 1982, vgl. Usher, Community Law and Private Law, S. 241 ff, 241.

[82] Basedow, AcP 2000, S. 445 ff, 473; Engel, ZfRV 1999, S. 121 ff, 122; Kieninger/Leible, EuZW 1999, S. 37 ff, 37; Müller-Graff, NJW 1993, S. 13 ff, 16; Taschner, Privatrechtsvereinheitlichung durch die Europäische Gemeinschaft, S. 225 ff, 225.

[83] Basedow, a.a.O., S. 473; Engel, a.a.O. S. 122; Hayder, Kommentar, S. 237 ff, 238; Kieninger/Leible, a.a.O., S. 37; Müller-Graff, a.a.O., S. 17; Taschner, a.a.O., S. 225.

[84] Müller-Graff, a.a.O., S. 17, wobei er den Verbraucherschutz nicht nennt.

[85] Basedow, AcP 2000, S. 445 ff, 474; Leible, EWS 2001, S. 471 ff, 479; Staudenmayer, EuZW 2001, S. 485 ff, 489 (= Mitglied der ressortübergreifenden Arbeitsgruppe zum Europäischen Vertragsrecht); die Erwartung von Tilmann, Eine Privatrechtskodifikation für die Europäische Gemeinschaft ?, S. 579 ff, 580, dass die Frage der Rechtsgrundlage eines einheitlichen Zivilrechts nach dem Jahr 2000 keine Rolle mehr spielen werde, hat sich damit nicht bewahrheitet.

[86] Basedow, a.a.O., S. 474, zuletzt zum Beispiel wieder die Richtlinie zum Verbrauchsgüterkauf, vgl. hierzu Hübner, EuZW 1999, S. 481.

Art. 308 EGV wird nämlich nicht zur Rechtsvereinheitlichung, sondern nur zur Schaffung neuer und zusätzlicher Rechtsinstitute, wie der Europäischen Marke[87] und der Europäischen Wirtschaftlichen Interessengemeinschaft[88], herangezogen.[89] Hinzu kommt, dass Art. 308 EGV eine Auffangregelung darstellt und daher hinter den spezielleren Binnenmarktregelungen der Art. 94, 95 EGV zurücktreten muss.[90] Auch Art. 65 EGV stellt keine geeignete Kompetenzgrundlage für eine mögliche Zivilrechtskodifikation dar. Die Norm ist vielmehr auf die Angleichung verfahrens- und kollisionsrechtlicher Vorschriften sowie auf grenzüberschreitende Sachverhalte beschränkt[91] und wird auch von den europäischen Institutionen nur für diese Bereiche herangezogen.[92]

Es herrscht daher jedenfalls bei den Verfechtern der Idee einer Europäischen Zivil- oder Privatrechtskodifikation weitgehende Einigkeit, dass eine umfassendere europäische Privatrechtssetzung wenn überhaupt, dann auf Art. 95 EGV zu stützen ist.[93] Die Tatsache, dass Art. 95 EGV nur von „Rechtsangleichung" und

---

[87] VO (EG) Nr. 40/94 des Rates vom 20.03.1993 über die Gemeinschaftsmarke, Abl. 1994 Nr. L 11, S. 1.

[88] VO (EWG) Nr. 2137/85 des Rates vom 25.07.1985 über die Schaffung einer europäischen wirtschaftlichen Vereinigung, Abl. 1985 Nr. L 199, S. 1.

[89] Basedow, AcP 2000, S. 445 ff, 478; Taschner, Privatrechtsvereinheitlichung durch die Europäische Gemeinschaft, S. 225 ff, 225.

[90] Bardenhever/Piperkorn in Groeben/Thiesing/Ehlermann, EGV, Bd. 2 II, 5. Aufl. 1999, Art. 100 a Rn. 50; Jürgen Basedow, CML Rev. 1996, S. 1169 ff, 1186 f; Engel, ZfRV 1999, S. 121 ff, 123.

[91] Basedow, AcP 2000, S. 445 ff, 477; Grabitz/Hilf-Röben, Art. 65 Rn. 1Rn. 10; Leible, EWS 2001, S. 471 ff, 479.

[92] Vgl. Verordnung über die gerichtliche Zuständigkeit und die Anerkennung und Vollstreckung von Entscheidungen in Zivil- und Handelssachen, Verordnung des Rates Nr. 44/2000 vom 22.12.2000, Abl. 2001 Nr. L 12, S. 1; Verordnung über die Zuständigkeit und die Anerkennung und Vollstreckung von Entscheidungen in Ehesachen und in Verfahren betreffend die elterliche Verantwortung für die gemeinsamen Kinder der Ehegatten, Verordnung des Rates Nr. 1347/2000 vom 29.05.2000, Abl. 2000 Nr. L 160; Verordnung über Insolvenzverfahren, Verordnung des Rates Nr. 1347/2000 vom 29.05.2000, Abl. 2000 Nr. L 160; Verordnung über die Zustellung von Schriftstücken, Verordnung (EG) des Rates Nr. 1348/2000 vom 29.05.2000, Abl. 2000 Nr. L 160; Vorschlag einer Verordnung über die Zuständigkeit und die Anerkennung und Vollstreckung von Urteilen über die elterliche Verantwortung, Kommissionsvorschlag vom 07.09.01, KOM (01) 50501; Arbeitsprogramm der Kommission für 2001, KOM (01) 28 endg., Annex 1, Vorschläge 77 – 96; Mitteilung der Kommission an den Rat und das Europäische Parlament „Anzeiger der Fortschritte bei der Schaffung eines „Raumes der Freiheit, der Sicherheit und des Rechts" in der Europäischen Union (Stand 1. Halbjahr 2001) vom 23.05.2001, KOM (01) 278 endg., S. 18 f; Grünbücher der Kommission zu Prozesskostenhilfe in Zivilsachen KOM (00) 51 endg. und Entschädigung der Opfer von Straftaten KOM (01) 536 endg. Letzteres betrifft den Bereich der justitiellen Zusammenarbeit in Strafsachen gem. Art. 31 EUV; hier ist eine Rechtsangleichung gem. Art. 34 Abs. 2 c) ohnehin ausgeschlossen.

[93] Basedow, Über Privatrechtsvereinheitlichung und Marktintegration, S. 347 ff, 359; ders. CML Rev. 1996, S. 1169 ff, 1187 f; Engel, ZfRV 1999, S. 121 ff, 122; Schulte-Nölke, JZ

nicht von „Rechtsvereinheitlichung" spricht, steht einer Anwendung dieser Norm als Kompetenzgrundlage einer Privatrechtskodifikation nicht entgegen.[94] Die Vereinheitlichung stellt kein „aliud" zur Angleichung sondern lediglich eine intensivere Form derselben dar.[95] Dass auf Basis des Art. 95 EGV auch eine vollständige Vergemeinschaftung bestimmter Rechtsbereiche möglich sein muss, ergibt sich unter anderem daraus, dass hier – im Gegensatz zu Art. 94 EGV[96] – die unmittelbar geltende Verordnung als Rechtsetzungsmittel zugelassen ist. Dies ist insbesondere deshalb von Bedeutung, weil das Mittel der Verordnung für die Realisierung einer europäischen Zivilrechtskodifikation besonders geeignet ist.[97] Sie kann die erforderliche Transparenz und Einheitlichkeit sichern.[98] Die Zweistufigkeit des Richtlinienverfahrens mit der Notwendigkeit der Anpassung an die mitgliedstaatliche Systematik und Begrifflichkeit ist mit dem Wesen der Kodifikation, deren Charakteristikum es ist, selbst system- und begriffsbildend zu wirken, schwer vereinbar.[99] Die anlässlich der Verabschiedung der EEA abgegebene Erklärung der Regierungsvertreter, bei Maßnahmen im Rahmen des Art. 95 Abs. 1 EGV (damals noch Art. 100 a EWG) dem Instrument der Richtlinie den Vorzug zu geben,[100] schließt den Erlass von Verordnungen nicht aus,[101] sondern begründet lediglich einen besonderen Rechtfertigungszwang für die Anwendung dieses Instruments.[102]

2001, S. 917 ff, 920; Staudenmayer, EuZW 2001, S. 485 ff, 489; Tilmann, Eine Privatrechtskodifikation für die Europäische Gemeinschaft ?, S. 579 ff, 580 für den Bereich des Kaufrechts; a.M. Taschner, Privatrechtsvereinheitlichung durch die Europäische Gemeinschaft, S. 225 ff, 225 f.

[94] So aber Taschner, Privatrechtsvereinheitlichung durch die Europäische Gemeinschaft, S. 225 ff, 226.

[95] Engel, ZfRV 1999, S. 121 ff, 127.

[96] Vgl. zu dem insoweit unterschiedlich zu verstehenden Begriff der Angleichung in Art. 94 und 95 EGV Grabitz/Hilf-Langeheine, EGV, Art. 100 a Rn. 40.

[97] Basedow, AcP 2000, S. 445 ff, 479; ders., Über Privatrechtsvereinheitlichung und Marktintegration, S. 347 ff, 363; Schulte-Nölke, JZ 2001, S. 917 ff, S. 920; in diesem Sinne wohl auch Tilmann, Eine Privatrechtskodifikation für die Europäische Gemeinschaft ?, S. 579 ff, 580.

[98] Molitor-Report, KOM (95), 288 endg., Vorschlag 15; Europäische Vertragsrechts-Mitteilung, KOM (01) 289 endg., Rz. 64; Bericht „Rahmenbedingungen für die Rechtsetzung", KOM (01) 130 endg., S. 9

[99] Basedow, AcP 2000, S. 445 ff, 480.

[100] Erklärung Art. 100 a des EWG-Vertrages in der Schlussakte der Regierungskonferenz von 1986, ABl. 1987 Nr. L 169, S. 2 und Bull. EG Beil. 2/86, S. 24.

[101] Bardenhever/Piperkorn in Groeben/Thiesing/Ehlermann, EGV, Bd. 2 II, 5. Aufl. 1999, Art. 100 a Rn. 37; Geiger, EUV/EGV, Art. 95 EGV Rn. 4; Grabitz/Hilf-Langeheine, EGV, Art. 100 a Rn. 45; Müller-Graff, Privatrecht und Europäisches Gemeinschaftsrecht, S. 267 ff; S. 291.

[102] Streinz, Europarecht, Rn. 962.

bb. Binnenmarktbezug

Da Art. 95 EGV verlangt, dass alle auf diese Norm gestützte Regelungen zur Verwirklichung des Binnenmarktes erforderlich sind,[103] sind sich auch die Befürworter einer gemeinschaftsrechtlichen Privatrechtskodifikation weitgehend einig, dass auf der Basis der bestehenden Kompetenzgrundlagen vor allem an ein europäisches Vertragsrecht zu denken ist.[104] Unter dem Gesichtspunkt der Regelungskompetenz kraft Sachzusammenhangs wird zudem die Auffassung vertreten, dass das außervertragliche Schuldrecht[105] sowie das „schuldrechtsnahe Sachenrecht"[106], das etwa Fragen rechtsgeschäftlicher Übertragung von Sachenrechten und gutgläubigen Erwerbs[107] sowie der Kreditsicherungsrechte an Mobiliarsachen[108] umfassen soll, in den Kompetenzbereich der Gemeinschaft fällt. Weitgehend[109] abgelehnt werden dagegen gemeinschaftsrechtliche Rechtsetzungsbefugnisse im Bereich des Familien- und Erbrechts[110].

---

[103] Vgl. hierzu Basedow, AcP 2000, S. 445 ff, 474; Engel, ZfRV 1999, S. 121 ff, 126; Müller-Graff, NJW 1993, S. 13 ff, 17 f. Taschner, Privatrechtsvereinheitlichung durch die Europäische Gemeinschaft, S. 225 ff, 226.

[104] Basedow, a.a.O., . 474 f; Engel, a.a.O., S. 126; Tilmann, ZEuP 1995, 534 ff, 540 f; ders., Eine Privatrechtskodifikation für die Europäische Gemeinschaft ?, S. 579 ff, 588 ff; a.M. Remien, ZfRV 1995, S. 116 ff, 121 soweit die schuldvertraglichen Regelungen dispositiver Natur sind. In diesen Bereichen könnten sich die Betroffenen selbst – gemeint ist wohl durch Rechtswahl – helfen.

[105] Basedow, a.a.O., S. 475; Mitteilung der Kommission über ein europäisches Vertragsrecht, KOM (01) 289 endg., Rz. 13; Müller-Graff, Privatrecht und Europäisches Gemeinschaftsrecht, S. 267 ff, 295 trotz seiner auf S. 290 geäußerten Bedenken; Sonnenberger, JZ 1998, S. 982 ff, 988; Tilmann, Eine Privatrechtskodifikation für die Europäische Gemeinschaft ?, S. 579 ff, 590 f.

[106] Eine umfassende Vereinheitlichung des Sachenrechts wird dagegen für nicht erforderlich oder jedenfalls schwierig erachtet, vgl. Basedow, AcP 2000, S. 445 ff, 475; zweifelnd auch Müller-Graff, Privatrecht und Europäisches Gemeinschaftsrecht, S. 267 ff, 295; Tilmann, Eine Privatrechtskodifikation für die Europäische Gemeinschaft ?, S. 579 ff, 588.

[107] Engel, ZfRV 1999, S. 121 ff, 126; Müller-Graff, NJW 1993, S. 13 ff, 15; Tilmann, Eine Privatrechtskodifikation für die Europäische Gemeinschaft ?, S. 579 ff, 590.

[108] Basedow, AcP 2000, S. 445 ff, 475; Müller-Graff, a.a.O., S. 15; Remien, ZfRV 1995, S. 116 ff, 121; Mitteilung der Kommission über ein europäisches Vertragsrecht, KOM (01) 289 endg., S. 8, Rz. 13; Sonnenberger, JZ 1998, S. 982 ff; S. 988; Tilmann, Eine Privatrechtskodifikation für die Europäische Gemeinschaft ?, S. 588; wohl auch Engel, ZfRV 1999, S. 121 ff, 126, der jedoch nur allgemein von dinglichen Sicherheiten spricht; für diesen Bereich gab es in den 70er Jahren bereits umfangreiche Vorarbeiten in der Kommission, vgl. Kieninger/Leible, EuZW 1999, S. 37 ff, 38.

[109] Nachweise für die gegenteilige Position finden sich bei Remien, ZfRV 1995, S. 116 ff, 121, Fn. 73 – 77.

[110] Basedow, AcP 2000, S. 445 ff, 475 f; Engel, ZfRV 1999, S. 121 ff, 126; Hondius, Towards a European Civil Code, S. 1 ff, 4; die europäische Vertragsrechts-Mitteilung, KOM (01) 289 endg., Rz. 14, klammert jedenfalls das Familienrecht aus; das Erbrecht findet keine ausdrückliche Erwähnung.

Kritiker dagegen verneinen entweder bereits die Erforderlichkeit einer Privatrechtskodifikation für die Verwirklichung des Binnenmarktes i.S.d. Art.
95 EGV[111] oder halten jedenfalls die im Rahmen der Anwendung des Verhältnis-
mäßigkeits- und Subsidiaritätsprinzips gemäß Art. 5 Abs. 2, Abs. 3 EGV zu prü-
fende Erforderlichkeit einer einheitlichen Privatrechtssetzung für nicht gegeben[112]. Da zweifelhaft ist, ob den Prinzipien der Verhältnismäßigkeit und Subsidiarität neben der bereits im Rahmen des Tatbestands des Art. 95 EGV zu unter-
suchenden Erforderlichkeit eigenständige Bedeutung zukommt,[113] wird im Folgenden das Problem allein unter dem Gesichtspunkt des Binnenmarktbezugs
dargestellt. Die bereits erwähnte Mitteilung der Kommission zum Europäischen
Vertragsrecht zielte auch darauf ab, Tatsachenmaterial zusammenzutragen, um
nachweisen zu können, dass der derzeitige Rechtszustand tatsächlich zu Wett-
bewerbs- und Markthindernissen führt und eine vertiefte Rechtsvereinheitlichung zur Realisierung des Binnenmarktes erforderlich ist. Da nach der Rechtsprechung des EuGH zur sog. Tabak-Richtlinie die Erforderlichkeit einer europaweiten Regelung in Bezug auf die Errichtung oder das Funktionieren des Binnenmarktes nicht generell unter Hinweis auf die Lästigkeit von Regelungsunter-
schieden begründet werden kann,[114] sieht sich die Kommission hier einem besonderen Begründungserfordernis gegenüber. Sie muss darlegen, dass die geplante Regelung auf die Beseitigung wirklicher oder jedenfalls wahrscheinlicher
Hindernisse für das reibungslose Funktionieren des Binnenmarktes oder auf die
Vermeidung von Wettbewerbsverzerrungen abzielt.[115] Ein Argument, das hier
für die Erforderlichkeit eines einheitlichen europäischen Vertragsrechts sprechen könnte, wären etwa die aufgrund der verschiedenen Regeln anfallenden
Informationskosten.[116] Der Binnenmarktbezug scheidet dabei nicht schon dann
aus, wenn rein innerstaatliche Fälle betroffen sind, da auch dort Wettbewerbsverzerrungen durch Inländerbenachteiligung möglich sind.[117] Hinzu kommt,
dass eine Begrenzung auf grenzüberschreitende Fälle vielfach mit einer rechts-

---

[111] Z.B. Stellungnahme des Bayerischen Staatsministeriums der Justiz zur Mitteilung der
Kommission über ein europäisches Vertragsrecht vom 15.10.2001, Gz. 3420-I-7125/2001,
S. 4, www.europa.eu.int/comm/consumers/policy/developments/contract-law/comments,
Stand: 09.02.02.

[112] Engel, ZfRV 1999, S. 121 ff, 128 ff, 13; Hayder, Kommentar zu Taschner, S. 237 ff, 239;
Leible, EWS 2001, S. 471 ff, 479, Fn. 98; Stellungnahme des Bayerischen Staatsministeriums der Justiz über die Mitteilung der Kommission über ein europäisches Vertragsrecht vom
15.10.2001, a.a.O, S. 5.

[113] Vgl. zu diesem Problem Engel, a.a.O., S. 126.

[114] EuGH Deutschland ./. Parlament und Rat (Tabak-Urteil), EuZW 2000, S. 694 ff, 699 f;
ebenso Engel, ZfRV 1999, S. 121 ff, 125; Müller-Graff, Privatrecht und Europäisches
Gemeinschaftsrecht, S. 267 ff, 290.

[115] EuGH, a.a.O., S. 699, 700; Müller-Graff, NJW 1993, S. 13 ff, 18.

[116] Europäische Vertragsrechts-Mitteilung, KOM (01) 289 endg., Rz. 31.

[117] Müller-Graff, NJW 1993, S. 13 ff, 18.

komplizierenden Aufspaltung des materiellen Rechts erkauft würde.[118] Erforderlichkeit ist aber dann nicht mehr gegeben, wenn es nur zu geringfügigen Störungen der Binnenmarktfunktion kommt oder andere, besser geeignete Handlungsformen wie Konventionen, Uniform-Codes oder gegenseitige Anerkennung zivilrechtlicher Institute vorliegen.[119]

Letztlich kann die Debatte über die Kompetenzfrage nicht darüber hinwegtäuschen, dass es bei der Frage, ob Europa eine Vertragsrechtskodifikation braucht, weniger um eine rechtliche als vielmehr um eine politische Frage handelt. Die Grundsatzfrage, ob eine solche Kodifikation von allen europäischen Staaten, d.h. insbesondere auch von den Ländern mit Common-Law Rechtssystemen,[120] gewollt ist, sollte daher nicht den Juristen überlassen, sondern auf politischer Ebene durch die Schaffung einer entsprechenden ausdrücklichen Kompetenzgrundlage auf der nächsten Regierungskonferenz 2004 entschieden werden.[121] Da davon auszugehen ist, dass es sich bei der Verabschiedung einer europäischen Zivilrechtskodifikation um ein langfristig angelegtes Vorhaben handelt, das keinesfalls vor dem Jahr 2004 abgeschlossen sein wird, erscheint es zulässig, an dieser Stelle die Kompetenzfrage nach geltendem Recht unentschieden zu lassen.[122]

4. Fazit

Der vorausgegangene Abschnitt hat gezeigt, dass die auf europäischer Ebene bestehende Rechtszersplitterung, insbesondere auch auf dem Gebiet des Gemeinschaftsprivatrechts, deutlich über das in den Mitgliedstaaten bekannte Maß hinausgeht und die daraus resultierende Intransparenz des Rechts auf Dauer sowohl rechtsstaatlich als auch wirtschaftlich bedenklich ist. Das Problem hat dabei zwei Facetten: Zum einen sind die bestehenden Rechtsetzungsmechanismen offenbar nicht geeignet, von vorneherein kohärentes Recht zu schaffen. Zum anderen fehlt es wohl an einer dauerhaften Überarbeitung und Bereinigung der zunehmend fragmentierten Normen. Zwar gab es jedenfalls im Bereich des europäischen Vertragsrechts immer wieder Kodifikationsinitiativen. Diese stießen jedoch bei der allein initiativberechtigten Kommission lange Zeit auf taube Ohren. Ob und inwieweit die im Jahr 2001 gestartete Umfrage der Kommission zu diesem Thema nun tatsächlich dazu führt, dass ein Entwurf eines gemeinschaftlichen Zivilrechts vorgelegt wird, ist fraglich. Abgesehen davon, dass weiterhin unklar ist, ob ein solches Projekt hinreichende politische Unterstützung erhalten würde, besteht auch der Verdacht, dass es in der

---

[118] Ebd., S. 19.

[119] Ebd., S. 18.

[120] Auf dieses Problem weist unter anderem auch Legrand, Rfap 1997, S. 227 ff, 228 ff hin.

[121] Schulte-Nölke, JZ 2001, S. 917 ff, 920; auch Leible, EWS 2001, S. 471 ff, 479 geht davon aus, dass dann, wenn der politische Wille vorhanden ist, eine entsprechende Rechtsgrundlage geschaffen wird.

[122] Ebenso Staudenmayer, EuZW 2001, S. 485 ff, 489.

würde, besteht auch der Verdacht, dass es in der Kommission – anders als in den Mitgliedstaaten – an einer effizienten und mit juristischem Sachverstand ausgestatteten Koordinationsstelle fehlt, die in der Lage wäre, das Kodifikationsvorhaben steuernd zu begleiten. Bevor dieser Frage näher nachgegangen werden kann, ist jedoch zunächst zu klären, ob das hier gewählte Vorgehen, die Gesetzesvorbereitung der europäischen Union mit derjenigen in den Mitgliedsstaaten zu vergleichen, wissenschaftlich sinnvoll ist.

II. Zum Comparative-Politics-Ansatz

Es ist allgemein anerkannt, dass sich die Europäische Gemeinschaft zwar möglicherweise in Richtung eines Bundesstaates entwickelt, zum jetzigen Zeitpunkt jedoch noch kein Staat, sondern vielmehr eine supranationale Einrichtung bzw. ein Rechtsgebilde sui generis ist.[123] Der Begriff der Supranationalität dient dazu, das Zwischenstadium zwischen Staat und internationaler Organisation, das die EU einnimmt, zu beschreiben.[124]

Es stellt sich nunmehr die Frage, wie der Einzigartigkeit der Union bei ihrer Untersuchung Rechnung getragen werden kann und muss. Insbesondere wird zu klären sein, ob das hier gewählte Vorgehen eines Vergleichs zwischen den Regierungssystemen und der Europäischen Union angesichts des supranationalen Charakters der Union zu angemessenen Ergebnissen führen kann.

1. Internationale Theorien und Comparative-Politics-Ansatz

Das Problem des richtigen Forschungsansatzes in Bezug auf die europäische Union wird in der politikwissenschaftlichen Forschung eingehend diskutiert. Dabei wird vor allem die Frage aufgeworfen, ob europäische Entscheidungsprozesse eher mit den Mitteln internationaler Theorien oder mit denjenigen des „comparative-politics-Ansatzes" analysiert und erklärt werden können.

Traditionell wurden Untersuchungen der europäischen Union auf der Grundlage internationaler Theorien durchgeführt.[125] Dabei wurde die EU eher als internationale Organisation behandelt und es standen Fragen der nationalen Interessen und Einflüsse im Vordergrund. Insbesondere Neofunktionalismus und Neorealismus stritten sich darum, welche Faktoren die Integration insgesamt fördern bzw. hemmen würden. Untersucht wurden dabei vor allem die „großen" Integrationsentscheidungen, wie etwa die Einheitliche Europäische Akte (EEA), der Maastrichter und der Amsterdamer Vertrag.

In jüngster Zeit verwendet die Wissenschaft zunehmend Fragestellungen aus dem Bereich der „comparative politics"[126].[127] D.h. die interne politische Arena

---

[123] Streinz, Europarecht, Rn. 115 ff.

[124] Ebd., Rn. 116 ff.

[125] Hix, WEP 1994, S. 1 ff, 1 mit Nachweisen aus der Forschung; Lequesne, Rfsp 1996, S. 389 ff, 391 f mwN; Peterson, Journal of European Public Policy 1995, S. 69 ff, 70.

[126] Zum Begriff: politics = politische Prozesse und politisches Verhalten, die Übersetzung mit dem Begriff „vergleichende Regierungslehre", der in Deutschland üblicherweise verwendet wird, ist daher nicht adäquat, da letzterer wieder zu stark die Regierung als Institution und weniger das Prozesshafte von Politik fokussiert.

[127] Hix, WEP 1994, S. 1 ff, 1 mit Nachweisen aus der Forschung, z.B. Sbragia, S. 1 ff bzw. 257 ff; Peters, Journal of European Public Policy 1994, S. 9 ff, 10; Nugent, The Govern-

der EU wird mit den selben Methoden und Fragestellungen untersucht, die auch beim Vergleich nationaler Regierungs- bzw. Entscheidungssysteme Anwendung finden. Dem liegt die These zugrunde, dass sich trotz der mangelnden Staatsqualität der EU ihre politischen Prozesse im Bereich der politischen Entscheidungsfindung im Rat und in der Kommission nicht wesentlich von denen nationaler Regierungen in demokratischen Systemen unterscheiden.[128] Wie in allen modernen Regierungssystemen seien die europäischen Entscheidungsprozesse geprägt von Fragen der Repräsentation und Partizipation, der Ressourcenverteilung sowie der politischen und administrativen Effizienz. Bei diesen Problemkreisen aber versagten die Theorien der internationalen Beziehungen, da sie Konflikte immer nur mit dem Interesse der Staaten an einer Förderung bzw. Reduktion der Integration erklären könnten. Bei vielen sozio-ökonomischen Themen bewege sich die politische Auseinandersetzung auf einer anderen Ebene, die mit den Begriffen der comparative-politics besser erfasst werden könne.[129]

2. Die verschiedenen Analyseebenen

Der Streit zwischen internationalen und vergleichenden Theorien entschärft sich jedoch, wenn man erkennt, dass die verschiedenen Ansätze sich weniger widersprechen als vielmehr ergänzen. Keine der Theorien kann allein die europäischen Entscheidungsprozesse erklären. Vielmehr hat jede Theorie ihre Qualitäten auf einer ganz bestimmten Ebene der Analyse bzw. für bestimmte Fragestellungen.[130]

Hierbei ist es hilfreich, auf das von *John Peterson* entwickelte Modell zurückzugreifen.[131] Er unterscheidet drei Analyseebenen des europäischen Entscheidungsprozesses:

(1) „Super-Systemic-Level": Hier werden die geschichtsträchtigen politischen Entscheidungen über die Zukunft der Union im Europäischen Rat, den nationalen Regierungen und dem Europäischen Gerichtshof getroffen.

(2) „Systemic-Level": Auf dieser Ebene werden Beschlüsse über die politische Agenda der Union im Ministerrat, im Ausschuss der Ständigen Vertreter (AstV) bzw. teilweise auch im Europäischen Rat gefasst.

(3) „Sub-Systemic" oder „Meso-Level": Hier werden die Entscheidungen über die konkrete Form und Ausgestaltung der politischen Vorhaben in der Kommission, den Ausschüssen und den Gruppen innerhalb des Rats getroffen. Es han-

---

ment and Politics of the European Union, S. 336; weitere Nachweise finden sich bei Lequesne, Rfsp 1996, S. 389 ff, 396.

[128] Hix, a.a.O., S. 1; Peters, a.a.O., S. 10; Peterson, Journal of European Public Policy 1995, S. 69 ff, 70; für vergleichende Untersuchungen sprechen sich auch aus: Coombes, Politics and Bureaucracy, S. 320; von Bogdandy, Gubernative Rechtsetzung, S. 13, 495; Ziller, Administrations comparées, S. 475.

[129] Hix, WEP 1994, S. 1 ff, 2.

[130] Peterson, Journal of European Public Policy 1995, S. 69 ff, 83.

[131] Ebd., S. 71.

delt sich somit um die Ebene der Politik-Formulierung im Gegensatz zur Ebene der Beschlussfassung in Rat und AStV. Anders als im Rat wird das Vorgehen auf dieser Stufe des Entscheidungsprozesses weniger von politischen als vielmehr von technischen und administrativen Vorgaben bestimmt.

Den genannten drei Ebenen können auch jeweils Theorie-Stränge zugeordnet werden: dem Super-Systemic-Level die internationalen Theorien, dem Systemic- und Meso-Level die „Comparative-Politics" Theorien. Von den Comparative-Politics-Ansätzen beschäftigen sich vor allem die institutionalistischen Ansätze mit dem Systemic-Level[132] und die Policy-Network- und neoinstitutionalistischen Ansätze mit dem Meso-Level[133].

Da sich die vorliegende Arbeit mit der Gesetzesvorbereitung in der Kommission, also mit der untersten Entscheidungsebene, befasst, ist mithin die vergleichende Methode angemessen.[134] Hier folgt der Entscheidungsprozess vielfach bürokratischen Regeln, die sich nicht grundlegend von ähnlichen Abläufen in nationalen Ministerien unterscheiden, und bleibt weitgehend unbeeinflusst von der Logik internationaler Politik, die auf den höchsten Entscheidungsebenen der Gemeinschaft dominiert. Zwar mag es Fälle geben, in denen ein zunächst für eher politisch uninteressant gehaltenes Problem sich zum integrationspolitischen Thema auswächst,[135] so dass politische und diplomatische Entscheidungslogik zusammenspielen. Die von *Andrew Hurrell* und *Arnand Menon* sowie *José I. Torreblanca* vertretene Auffassung, dass die strikte Trennung zwischen internationalen und Comparative Politics-Theorien generell unhaltbar sei,[136] scheint jedoch zu weit gegriffen. Bei einem nicht unwesentlichen Teil der auf europäischer Ebene behandelten Themen ist nahezu auszuschließen, dass sie auf oberster diplomatischer Ebene entschieden werden.[137] Dafür sorgt unter anderem auch das vielschichtige „Filtersystem", das einen Großteil der Fragen auf unterer E-bene vorabentscheidet und nur wenige brisante Punkte nach „oben" weiterleitet (s.u.). Schließlich besteht vielfach ein Interesse der politischen Akteure daran, Entscheidungen auf bürokratischem Niveau zu treffen, da im Ministerrat häufig mit den von *Fritz W. Scharpf* in seiner Politikverflechtungstheorie beschriebenen politischen Blockaden[138] zu rechnen ist.[139]

---

[132] Ebd., S. 81, 84.

[133] So selbst Kassim, WEP 1994, S. 15 ff, 16, der ansonsten diesem Ansatz eher skeptisch gegenübersteht, wenn auch mit im Großen und Ganzen wenig schlagkräftigen Argumenten, Vgl. Peterson, WEP 1995, S. 389 ff.

[134] Vgl. zu der unzureichenden Einschätzung der Kommission durch internationale Theorien auch Schmidt, PVS 2001, S. 173 ff, 174.

[135] Hurrell/Menon, WEP 1996, S. 386 ff, 387 ff; Torreblanca, WEP 1998, S. 134 ff, 135.

[136] Hurrell/Menon, a.a.O., S. 386 ff; Torreblanca, a.a.O., S. 134 ff.

[137] Peters, WEP 1997, S. 22 ff, 25, 29.

[138] Scharpf, PVS 1985, S. 323 ff; ders. Optionen des Föderalismus in Deutschland und Europa; ähnlich auch Sbragia, Euro-Politics, S. 1 ff, 257 ff, die ebenfalls den Nationalstaaten

Genauso wie der Scharpfsche Ansatz dort seine Grenzen hat,[140] wo es nicht um den Stillstand sondern um die Fortschritte europäischer Politik geht,[141] sind die klassischen institutionalistischen Theorien allgemein nicht geeignet, die Gegebenheiten europäischer Rechtsetzung zu erklären. Bei den Vertretern dieser Richtung steht vor allem das Zusammenwirken von Nationalstaaten und europäischer Gemeinschaft sowie der europäischen Institutionen (Rat, Kommission und Parlament) untereinander im Fokus der Untersuchungen.[142] Insbesondere juristische Arbeiten wählen häufig Fragestellungen, die das Verhältnis der europäischen Organe zueinander betreffen.[143] Die Kommission wird dabei in der Regel als monolithische Einheit gesehen, die nach außen hin bestimmte, klar definierte Interessen vertritt. Vernachlässigt wird dabei der Umstand, dass in ihrem Inneren verschiedene Strömungen und Machtgefüge existieren, die sowohl ihr Verhalten nach außen als auch die Politikergebnisse nicht unmaßgeblich beeinflussen.[144] Zudem ist darauf hinzuweisen, dass die Entscheidungsprozesse rund um die Ratsentscheidung, auf die die institutionalistischen Ansätze sich vor allem konzentrieren (s.o. im Modell),[145] nur einen kleinen Ausschnitt des Gesetzgebungsverfahrens darstellen. Wesentliche Grundentscheidungen sind dann, wenn der Rat auf den Plan tritt – wie unten zu zeigen sein wird –, bereits gefallen.

3. Die Untersuchung des Meso-Levels

Auf dem Meso-Level, jenseits der „high politics" gelten andere Bedingungen als bei den von den Vertretern des institutionellen Ansatzes untersuchten Rats-Entscheidungen. Hier sind die beteiligten Akteure nicht Regierungsvertreter, die dem Parteienwettbewerb unterliegen und von daher gezwungen sind, vorrangig die Interessen ihres Mitgliedstaates und nicht die der Gemeinschaft zu vertreten, sondern Vertreter der nationalen und europäischen Bürokratie, von Unternehmen, Verbänden oder Interessengruppen.[146] Zudem befinden sich die Akteure hier nicht, wie im Rat, in einer Situation von „Zwangsverhandlungen", in denen

---

eine große Rolle im Entscheidungsprozess einräumt und eine Analyse mit den Mitteln der vergleichenden Föderalismusforschung vornimmt.

[139] Peters, WEP 1997, S. 22 ff, 27.

[140] Benz, PVS 1998, S. 558 ff; Hix, WEP 1994, S. 1 ff, 15; Peters, a.a.O., S. 22 ff.

[141] Eichener, Das Entscheidungssystem der Europäischen Union, S. 136 f.

[142] Sbragia, Euro-Politics, S. 4, 270, 289; Peters, Bureaucratic Politics, S. 75 ff, 106 f, Peterson, Journal of European Public Policy 1995, S. 69 ff, 81.

[143] Lequesne, Rfsp 1996, S. 389 ff, 390 f; Beispiele für solche Arbeiten zur Rolle der Kommission sind etwa die Beiträge in Schwarze/Bieber (Hrsg.), Gesetzgebung in der Europäischen Gemeinschaft.

[144] Lequesne, a.a.O., S. 391.

[145] Hix, WEP 1994, S. 1 ff, 18 f. mit Nachweisen aus der Forschung, zum Beispiel Sbragia, Euro-Politics, S. 257 ff, 270; Peters, Bureaucratic Politics and the Institutions of the European Community, S. 75 ff, 106 ff.

[146] Benz, PVS 1998, S. 558 ff, 562.

alle Beteiligten zum Konsens gezwungen und autonome Entscheidungen teilweise schwierig sind.[147] Vielmehr zeichnet sich die untere politische Ebene durch eine Vielzahl unterschiedlich miteinander verflochtener Entscheidungsebenen aus, die weitaus dynamischer sind als die Verhandlungssituation im Rat.[148]

Die Vorgänge auf dem „Meso-Level", d.h. der Ebene, auf der die genauen Formen und Inhalte von Politik in den Generaldirektionen der Kommission oder den Ausschüssen von Rat und Kommission bestimmt und die politischen Vorschläge vorbereitet werden, werden vor allem von den Policy-Network-Theorien[149] unter die Lupe genommen. Diese Ansätze untersuchen das Beziehungsgeflecht zwischen staatlichen und nicht-staatlichen Akteuren im Rahmen von Netzwerk-Analysen, um einen Zusammenhang zwischen Organisation der Interessen und Politik-Ergebnissen herzustellen. Die Vertreter dieser Richtung gehen davon aus, dass die politischen Ergebnisse in demokratischen Systemen durch den Wettstreit ökonomischer und sozialer Interessen bestimmt werden. Ihre Interpretationen des europäischen Entscheidungsprozesses betonen, dass die Einflussmöglichkeiten organisierter Interessen in der EU größer sind als in den Mitgliedstaaten und dass die Institutionalisierung von Entscheidungsprozessen auf europäischer Ebene noch relativ schwach ausgeprägt ist.[150] Auch diese akteursorientierten Netzwerkansätze beleuchten wiederum nur einen Teil der Entscheidungsprozesse, da sie die Institutionen lediglich als Arenen des Interessenwiderstreits sehen. Unberücksichtigt bleibt dabei, dass Institutionen nie politisch neutral sind, sondern jeweils bestimmte Interessen privilegieren, Wahlmöglichkeiten der Bürger und der unmittelbar am Entscheidungsprozess Beteiligten reduzieren und Anreize für ein bestimmtes Verhalten geben.[151]

An dieser Stelle setzen die neoinstitutionalistischen Fragestellungen an. Im Gegensatz zum „klassischen" Institutionalismus, der in der Rechtswissenschaft vorherrscht, beziehen sie die Errungenschaften der politischen Soziologie und der Behavioristen in ihre Forschungen mit ein und erkunden das Verhalten innerhalb von Institutionen durch sog. „decision-making-studies".[152] Dem liegt die Erkenntnis zugrunde, dass nicht alle Ergebnisse des Entscheidungsprozesses mit institutionellen Gegebenheiten erklärt werden können.[153] Vielmehr werden Insti-

---

[147] Ebd., S. 562.

[148] Ebd., S. 562 f.

[149] Peterson, Journal of European Public Policy 1995, S. 69 ff; grundlegend Rhodes, Journal of Theoretical Politics 1990, S. 293 ff.

[150] Peters, Journal of European Public Policy 1994, S. 9 ff, 11; Peterson, a.a.O., S. 82; Sbragia, Euro-Politics, S. 257, 270.

[151] Grundlegend hierzu March/Olsen, Rediscovering Institutions, S. 17 f, 159 f.

[152] Von Beyme, Die politischen Theorien der Gegenwart, S. 70.

[153] Ebd., S. 75 f.

tutionen nur als eine von vielen das Ergebnis beeinflussenden Faktoren analysiert. Gleichzeitig wird der Institutionen-Begriff nunmehr weiter gefasst. Er umfasst alle bedeutsamen politischen Verfahren, Beziehungen und Organisationen[154] und richtet daher seinen Blick auch auf bürokratische Strukturen[155].

4. Fazit

Europäische Gesetzgebung als politisches Alltagsgeschäft, dass sich größtenteils auf den unteren bürokratischen Ebenen der Gemeinschaft abspielt, kann mit der vergleichenden Methode analysiert werden, auch wenn die Gemeinschaft noch keine Staatsqualität erreicht hat und die Kommission noch nicht in allen Bereichen einer Regierung gleichzusetzen ist. Unter den Comparative-Politics-Ansätzen kann die vorliegende Fragestellungen am ehesten der neo-institutionalisten Richtung zugeordnet werden, da nicht das Verhältnis europäischer Institutionen zueinander oder zu den Mitgliedstaaten, sondern die Entscheidungsprozesse innerhalb der Kommission und ihr Zusammenwirken mit externen Akteuren im Mittelpunkt der Untersuchungen stehen sollen. Netzwerk-Analysen können dabei jedoch einen wichtigen Beitrag zur Bedeutung von Verbänden und Interessengruppen im Rechtsetzungsprozess liefern.

---

[154] Peterson, Journal of European Public Policy 1995, S. 69 ff, 81
[155] Egeberg, Public Administration 1999, S. 150 ff.

III. Die Rolle der Gubernative bei der Gesetzgebung

Der Fragestellung dieser Arbeit liegt die These zugrunde, dass der Vorbereitung der Gesetze innerhalb von Regierung und Kommission wesentliche Bedeutung für ihre spätere Form zukommt. Gleichzeitig impliziert diese Annahme, dass in den späteren Stadien der Gesetzgebung, d.h. insbesondere auch in der Parlamentsphase, nur noch geringfügige Änderungen vorgenommen werden. Diese Annahme soll im Folgenden näher belegt werden, indem ein kurzer Überblick über die Initiativ- und Änderungsrechte sowie –möglichkeiten der am Gesetzgebungsprozess beteiligten Institutionen gegeben wird. Mit der Verwendung des von *Armin von Bogdandy* geprägten Begriffs der „Gubernative"[156] für die Regierungen bzw. die europäische Kommission und die ihnen zugeordneten Verwaltungsstrukturen anstelle der sonst üblichen Bezeichnung als „Exekutive" soll von vorneherein die eher politische als verwaltende Rolle dieser Institutionen betont werden. Es ist *von Bogdandy* zuzustimmen, wenn er sagt: *„Sämtliche Verfassungsordnungen haben die Regierung in einer Weise zum bewegenden Moment des Verfassungslebens werden lassen, dass die Bezeichnung als Exekutive schlichtweg entstellend ist."*[157]

1. Die Gesetzgebungsinitiative

Das Initiativrecht ermöglicht es der vorschlagsberechtigten Institution, den Zeitpunkt eines neuen Vorhabens ebenso wie Form und Inhalt des Gesetzesentwurfs, der der in den anderen Organen folgenden Diskussion zugrunde liegt, zu bestimmen. Damit kommen Initiativrecht und Initiativpraxis eine nicht unwesentliche Bedeutung auch für die endgültige Form eines Gesetzes zu.

a. Das Initiativmonopol der Kommission

Auf europäischer Ebene verfügt die Kommission über ein nahezu ausschließliches Initiativrecht (vgl. Art. 251 EGV i.V.m. den jeweiligen Kompetenznormen). Ausnahmen bestehen lediglich im Bereich der Gemeinsamen Außen- und Sicherheitspolitik (Art. 22 Abs. 1 EUV) und der Zusammenarbeit im Bereich Justiz und Inneres (Art. 67 Abs. 1 EGV). Im Bereich dieser sog. zweiten und dritten Säule der Union verfügen auch die Mitgliedstaaten über das Recht, Vorschläge für den Erlass europäischer Normen zu machen.[158] Für die gemeinsame Justiz- und Innenpolitik ist die Einschränkung des Initiativmonopols der Kommission jedoch gemäß Art. 67 Abs. 1 EGV auf einen Übergangszeitraum von

---

[156] Von Bogdandy, Gubernative Rechtsetzung.

[157] Ebd., S. 113.

[158] Dass sie von diesem Recht auch Gebrauch machen, zeigt die Mitteilung der Kommission an den Rat und das Europäische Parlament „Anzeiger der Fortschritte bei der Schaffung eines Raumes der Freiheit, der Sicherheit und des Rechts" in der Europäischen Union (Stand 2. Halbjahr 2001) vom 30.10.2001, KOM (01) 628 endg., S. 61, die 14 Initiativen der Mitgliedstaaten ausweist.

fünf Jahren nach Inkrafttreten des Amsterdamer-Vertrages, d.h. bis zum 01.05.2004, begrenzt.[159]

Der Sinn des Initiativmonopols liegt darin, dass die im Rat vertretenen zentrifugalen und die in der Kommission repräsentierten zentripetalen Interessen jeweils in gleichem Maße an der Beschlussfassung beteiligt sein sollen.[160] Neben den supranationalen soll die Kommission auch die Interessen kleinerer Mitgliedstaaten wahren, die ansonsten im Rat bei Mehrheitsentscheidungen infolge der unterschiedlichen Stimmengewichtung gemäß Art. 205 Abs. 2 EGV[161] überstimmt würden.[162]

Minister-Rat und Parlament haben lediglich die Möglichkeit, die Kommission aufzufordern, Vorschläge vorzulegen (Art. 208 EGV, Art. 192 EGV). Die Kommission ist allerdings nicht an diese Aufforderung gebunden, sondern kann nach freiem Ermessen entscheiden, ob sie ihnen folgen will.[163] Eine andere Frage ist, ob und inwieweit die anderen Organe ihre Forderungen als politische Druckmittel einsetzen können.[164]

Auch die sog. „Impulse" und „allgemeinen politischen Zielvorstellungen", die der Europäische Rat gemäß Art. 4 S. 1 EUV festlegt, entfalten grundsätzlich[165] keinerlei juristische Bindungswirkung für die Kommission.[166] Allerdings ist davon auszugehen, dass von den Beschlüssen des Europäischen Rates ein nicht unerheblicher politischer Druck ausgeht, da dem aus den Staats- und Regierungschefs der Mitgliedstaaten sowie dem Präsidenten der Kommission zusammengesetzten Rat (vgl. Art. 4 S. 2 und 3 EUV) eine besonders hohe politische Autorität zukommt. Die Kommission wird sich mithin den vom Europäischen Rat ausgehenden Impulsen in aller Regel nicht verschließen.

---

[159] In Kraft getreten am 01.05.1999, vgl. Bekanntmachung vom 06.04.1999, BGBl 1999 II, S. 296.

[160] Davignon, Die Herausforderungen, vor denen die Kommission steht, S. 12 ff, 13 f, 19 (Autor = ehemaliger Kommissar); Dewost, La Commission ou comment s´en débarasser ?, S. 181 ff, 189 (Autor = früherer Generaldirektor des juristischen Dienstes); Schmitt von Sydow, EGV, Art. 155 Rn. 35.

[161] Die großen Länder (Deutschland, Frankreich, Italien, Großbritannien) haben 10 Stimmen, die kleinen Länder (Dänemark, Irland, Finnland) nur 3, Luxemburg sogar nur 2 Stimmen. Die übrigen Staaten haben 4 (Österreich, Schweden), 5 (Belgien, Griechenland, Niederlande, Portugal) oder 8 (Spanien) Stimmen.

[162] Schmitt von Sydow, EGV, Art. 155 Rn. 49; Spierenburg-Report, S. 112.

[163] Schmitt von Sydow, a.a.O., Rn. 39.

[164] Peters, Journal of European Public Policy 1994, S. 9 ff, 15.

[165] Auf Ausnahmen im Bereich der GASP soll hier nicht näher eingegangen werden.

[166] Streinz, Europarecht, Rn. 279.

b. Die Gesetzesinitiative in den Vergleichsstaaten

Anders als auf europäischer Ebene steht in den Vergleichsstaaten Deutschland, England und Frankreich das Initiativrecht nicht nur der Gubernative sondern auch dem Parlament zu (Art. 76 Abs. 1 GG, Art. 39 Abs. 1 der französischen Verfassung, im folgenden abgekürzt Const.). In Deutschland hat daneben gemäß Art. 76 Abs. 1 GG auch der Bundesrat ein Initiativrecht, von dem er allerdings nur äußerst selten Gebrauch macht, da die Schaffung oder Veränderung von Bundesgesetzen nicht zur vorrangigen Aufgabe der im Bundesrat vertretenen Landesregierungen gehört.[167]

Während in Deutschland und England Regierung und Parlament im Hinblick auf ihre Initiativrechte gleichberechtigt nebeneinander stehen, wurde das Initiativrecht des französischen Parlaments nach negativen Erfahrungen mit einer allzu mächtigen Legislative in der IV. Republik[168] durch die Verfassung von 1958 nicht unerheblich eingeschränkt.[169] Man spricht daher in Frankreich auch von einem „parlamentarisme rationalisé"[170]. Die Einbringung von Parlamentsinitiativen unterliegt hier zwei verfassungsrechtlichen Schranken. Gemäß Art. 40 Const. dürfen sie sich nicht - d.h. nach der Rechtsprechung jedenfalls nicht unmittelbar -[171] auf den öffentlichen Haushalt auswirken und gemäß Art. 41 Const. dürfen sie sich nicht auf Bereiche beziehen, deren Regelung der Regierung von Verfassungs wegen durch Erlass von Verordnungen vorbehalten ist.

Unabhängig davon, wie die Initiativmöglichkeiten rechtlich ausgestaltet sind, geht in der Praxis jedoch in allen Ländern der Großteil der erfolgreichen Gesetzesinitiativen von den Regierungen aus. Zwar bringen sie nicht viel mehr oder teilweise sogar weniger Initiativen ein als die Parlamente.[172] Sie haben jedoch Erfolgsquoten von rund 80 % zu verzeichnen.

So wurden zum Beispiel in Deutschland in der 8. Wahlperiode von den Entwürfen aus der Mitte des Bundestages nur 11,4 % verabschiedet.[173] Bei den Statisti-

---

[167] Maurer, Mitwirkung der Exekutive bei der Gesetzgebung, S. 109 ff, 115.

[168] Meny, Le système politique français, S. 77.

[169] Fournier, Le travail gouvernemental, S. 80.

[170] Meny, Le système politique français, S. 79.

[171] Conseil Constitutionel vom 23.07.1975 (Nr. 75 - 57), Rec. 24.

[172] Vgl. Zahlen für Deutschland: allgemein Schindlers Datenhandbuch 1949 bis 1999; Busse, Gesetzgebungsarbeit der Bundesregierung, S. 47 ff, 47 mit Zahlen von 1990 bis 1998; Fliedner, Ministerialbürokratie und Gesetzgebung, S. 165 ff, 166, mit Zahlen bis zur 10. WP; Schneider, Gesetzgebung, § 5 Rn. 93 mit Zahlen von 1949 bis 1987; für England: Bates, United Kingdom, S. 429 ff, 435; Leruez, Gouvernement et politique en Grande-Bretagne, S. 34; Loewenstein, Staatsrecht und Staatspraxis von Großbritannien, S. 320; Miers/ Page, Legislation, S. 5; Zander, The Law-Making Process, S. 13; für Frankreich: Maus (Hrsg.), Pratique constitutionelle, S. 194 f.

[173] Schneider, Gesetzgebung, § 5 Rn. 93.

ken zu Anzahl und Erfolg von Parlaments- und Regierungsinitiativen ist zudem zu beachten, dass sich hinter den Entwürfen aus den Reihen der Parlamentarier teilweise auch Regierungsinitiativen verbergen,[174] so dass der Einfluss der Gubernativen in Wahrheit häufig noch größer ist, als es die Zahlen auf den ersten Blick zeigen[175]. Solche „unechten Parlamentsinitiativen" können etwa in Deutschland dazu dienen, das Verfahren zu beschleunigen, da die parlamentarische Initiative im Vergleich zur Regierungsinitiative den Vorteil hat, dass sie nicht zuvor gemäß Art. 76 Abs. 2 GG den Bundesrat passieren muss.[176] In England gehen im Schnitt zwischen 72 % und 90 % der erfolgreichen Initiativen auf die Regierung zurück.[177] Hinzu kommt, dass hier die vom Parlament eingebrachten Entwürfe meist nur 1/3 so lang sind wie die Gesetzesentwürfe der Regierung, somit auch vom Gesamtvolumen der Gesetzgebung her nur einen kleinen Anteil darstellen.[178] Auch in Frankreich sind im Schnitt nur ca. 9 % - 15 % der Parlamentsinitiativen, die die Hürde der Art. 40, 41 Const. nehmen, erfolgreich.[179] Ein wesentlicher Grund für die geringen Erfolgsquoten der Nicht-Regierungsinitiativen ist darin zu sehen, dass die meisten Vorschläge aus den Reihen des Parlaments auf die Opposition zurückgehen, da die Parlamentsmehrheit aufgrund ihrer engen Verbindungen zur Regierung vielfach den einfacheren Weg wählt, direkt eine Regierungsvorlage anzufordern.[180] Der Opposition aber fehlt per definitionem die parlamentarische Mehrheit zur Realisierung ihrer Vorschläge. Eine weitere Ursache sowohl für die Seltenheit als auch für die Erfolglosigkeit von Parlamentsinitiativen ist die mangelnde Ausstattung und die feh-

---

[174] Für Deutschland: Busse, Gesetzgebungsarbeit der Bundesregierung, S. 47 ff, 48; Schneider, Gesetzgebung, § 5 Rn. 93; von Beyme, Der Gesetzgeber, S. 176; für England: Jann, Parlamente und Gesetzgebung. Akteure und Ressourcen der parlamentarischen Gesetzgebung, S. 338 f; für Frankreich fehlt es an entsprechenden Untersuchungen.

[175] Bundesministerium der Justiz (Hrsg.), Handbuch der Rechtsförmlichkeit, Rn. 3 mit Zahlen zur 13. WP.

[176] für Deutschland: Busse, Gesetzgebungsarbeit der Bundesregierung , S. 47 ff, 48; Bryde, Stationen, Entscheidungen und Beteiligte im Gesetzgebungsverfahren, S. 858 ff, 869 f; Maurer, Mitwirkung der Exekutive bei der Gesetzgebung, S. 109 ff, 114; von Beyme, Der Gesetzgeber, S. 176; für England: Jann, Parlamente und Gesetzgebung, S. 349; David Marsh/Melvyn Read, Private Member Bills, Cambridge/New York unter anderem 1988, S. 48; Zander, The Law Making Process, S. 69.

[177] Vgl. Zahlen bei Bates, United Kingdom, S. 435; Jann, Parlamente und Gesetzgebung, S. 348; Leruez, Gouvernement et politique en Grande-Bretagne, S. 34; Oberreuter, Das Parlament als Gesetzgeber und Repräsentativorgan, S. 307 ff, 323; Zander, The Law Making Process, S. 70.

[178] Zander, The Law Making Process, S. 70.

[179] Ardant, Les institutions de la Ve République, 1993, S. 106; Bécane/Couderc, La Loi, S. 132; Fournier, Le travail gouvernemental, S. 59, S. 81; Grote, Regierungssystem der V. französischen Republik, S. 114; Trnka, Law in Theory and Practice, S. 162 ff, 179.

[180] Maurer, Mitwirkung der Exekutive bei der Gesetzgebung, S. 109 ff, 114; Oberreuter, Entmachtung des Bundestags, S. 121 ff, 129; von Beyme, Der Gesetzgeber, S. 181.

lende Kontinuität der Parlamente.[181] Die Ausarbeitung von Gesetzestexten ist in der Regel zeit- sowie arbeitsaufwendig und erfordert ein gewisses Maß an inhaltlicher wie juristischer Spezialisierung. Hier sind die Parlamente jedoch – selbst dann, wenn sie, wie der deutsche Bundestag, über einen kleinen wissenschaftlichen Dienst[182] und ein relativ ausdifferenziertes Ausschusswesen verfügen – zumeist nur unzureichend gewappnet. Jedenfalls in Frankreich und England können schließlich auch verfahrensrechtliche Hindernisse dem Erfolg von Parlamentsinitiativen entgegenstehen, da hier die Regierungen über die Möglichkeit verfügen, in erheblichem Umfang auf Verfahren und Zeit der parlamentarischen Arbeit Einfluss zu nehmen.[183] Sie können so die erforderliche parlamentarische Debatte von Nicht-Regierungs-Entwürfen blockieren.[184]

Im Ergebnis kommt daher auch den Gubernativen der Mitgliedstaaten eine Quasi-Monopol-Stellung bei der Gesetzesinitiative zu.

2. Änderungen an den Vorschlägen der Gubernative

Der aufgrund ihres Initiativrechts von der Gubernative ausgehende Gesetzesvorschlag ist um so bedeutsamer für Form und Inhalt des verabschiedeten Gesetzes, je geringer die Änderungen an diesem Vorschlag in den späteren Phasen des Gesetzgebungsprozesses sind. Dabei können die Änderungsrechte der anderen an der Rechtsetzung beteiligten Organe ebenso wie ihre Initiativrechte entweder rechtlich oder faktisch beschränkt sein.

a. Änderungen an den Rechtsetzungsvorschlägen der Kommission

Nach Verabschiedung eines Vorschlags durch das Kollegium der Kommissare wird der Text an den Rat sowie je nach Regelungsbereich an das Parlament, den Wirtschafts- und Sozialausschuss und den Ausschuss der Regionen weitergeleitet. Den genannten Ausschüssen kommt gemäß Art. 257, Art. 263 EGV ohnehin nur beratende Funktion zu. Auch hier ist ihre Bedeutung eher gering, da der Großteil der Abstimmungen mit externen Interessenvertretern bereits im Rah-

---

[181] Für England: Bates, United Kingdom, S. 429 ff, 437; Jann, Parlamente und Gesetzgebung, S. 349; für Frankreich: Trnka, Law in Theory and Practice, S. 172; für Deutschland: Maurer, Mitwirkung der Exekutive bei der Gesetzgebung, S. 109 ff, 114 f.

[182] Maurer, Mitwirkung der Exekutive bei der Gesetzgebung, S. 109 ff, 114.

[183] Für England: Bates, United Kingdom, S. 433, S. 436; Hansard-Society-Report, Rn. 505; Jann, Parlamente und Gesetzgebung, S. 342 f; Leruez, Gouvernement et politique en Grande-Bretagne, S. 32; Zander, The Law Making Process, S. 84 f.; für Frankreich: vgl. Regelungen in Art. 38, 43 I, 45 II, IV, 48 I, 49 III Const. sowie Darstellungen bei Fournier, Le travail gouvernemental, S. 82, 90, 252 f; Grote, Das Regierungssystem der V. französischen Republik, S. 120 ff; Ségur, La Ve République, S. 125.

[184] Für England: Jann, Parlamente und Gesetzgebung, S. 340; Zander, The Law Making Process, S. 68; für Frankreich: Grote, Das Regierungssystem der V. französischen Republik, S. 127, Trnka, Law in Theory and Practice, S. 181 f.

men der vielfältigen Beratungsgremien, deren sich die Kommission bedient, erfolgt (s.u.).[185]

Aber auch das Parlament ist grundsätzlich – abgesehen von seinen Rechten im Rahmen des Vermittlungsausschussverfahrens i.S.d. Art. 251 EGV (s.u.) - nicht berechtigt, Änderungen an den Vorschlägen der Kommission zu beschließen. Es kann lediglich gemäß Art. 53 Geschäftsordnung des Parlaments (GOEP) Änderungen vorschlagen, die jedoch gar nicht so selten Berücksichtigung finden.[186]

Änderungsrechte stehen allein dem Rat zu. Allerdings sind auch seine Rechte hier insoweit eingeschränkt als er gemäß Art. 250 Abs. 1 EGV grundsätzlich jede auch noch so geringe Änderung des von der Kommission vorgeschlagenen Textes im Gesetzgebungsverfahren – ungeachtet der ansonsten geltenden Mehrheitsregelungen des Vertrages - nur einstimmig beschließen darf. Diese Regelung dient dazu, den Schutz der kleinen Mitgliedstaaten zu erhalten. Da der Vertrag davon ausgeht, dass ihre Interessen eher durch den allein dem Gemeinschaftsinteresse verpflichteten Vorschlag der Kommission als durch jenen des nationalen Interessen folgenden Rates gewahrt werden, soll die intendierte Interessengewichtung nicht im Nachhinein durch die Mehrheitsentscheidung des Rates gestört werden.[187]

Bei einer Annahme ohne Änderungen hingegen richtet sich die Mehrheit nach der jeweiligen Kompetenznorm, so dass oft Mehrheitsentscheidungen zulässig sind. Die Einschränkung des Art. 250 Abs. 1 EGV hatte lange Zeit keine besonders einschneidenden Wirkungen, da ohnehin die meisten Entscheidungen einstimmig zu treffen waren.[188] Seit dem Inkrafttreten der EEA wurde der Bereich der Mehrheitsentscheidungen jedoch beständig ausgeweitet,[189] so dass inzwischen die Mehrzahl aller Entscheidungen nur noch einer qualifizierten Mehrheit bedarf.[190] Mit der Zunahme der Mehrheitsentscheidungen im Rat aber wächst die Bedeutung des Kommissionsvorschlags, da hier keine späteren Abänderungen mehr möglich sind.[191]

---

[185] Hrbek, Relations of Community Bureaucray, S. 105 ff, 114; Grote, Steuerungsprobleme, S. 227 ff, 239; Kohler-Koch, Interessen und Integration, S. 81 ff, 89 f; Pedler, Lessons from EU Lobby Cases, S. 303 ff, 308; zum Spannungsverhältnis zwischen Beratungsgremien und WSA auch Schwaiger/Siebeke in Groeben/ Thiesing/Ehlermann, EGV, Bd. 4, 5. Aufl. 1999, vor Art. 193 bis 198 Rn. 19 f.

[186] Eichener, Das Entscheidungssystem der Europäischen Union, S. 198 f; Rabe, NJW 1993, S. 1 ff, 4.

[187] Geiger, EUV/EGV, Art. 250 Rn. 2.

[188] Schmitt von Sydow, EGV, Art. 155 Rn. 51.

[189] Schmitt von Sydow, a.a.O., Rn. 53; Streinz, Europarecht, Rn. 262.

[190] Streinz, a.a.O., Rn. 266.

[191] Rometsch/Wessels, The Commission and the Council of Ministers, S. 202 ff, 211; Schmidt, PVS 2001, S. 173 ff, 174.

Eine Ausnahme von der Regel, dass Änderungen des Kommissionsvorschlags nur einstimmig beschlossen werden dürfen, stellt allein die Beschlussfassung im Vermittlungsausschuss gemäß Art. 251 Abs. 4 EGV im Rahmen des Mitentscheidungsverfahrens dar (vgl. auch Art. 251 Abs. 1 EGV). In diesem aus den Mitgliedern des Rates (bzw. deren Vertretern) und ebenso vielen Vertretern des Europäischen Parlaments bestehenden Ausschuss erfolgt nämlich die Entscheidung über den Entwurf mit der qualifizierten Mehrheit der Mitglieder des Rates und der absoluten Mehrheit der abgegebenen Stimmen des Parlaments (Art. 251 Abs. 4 S. 1 EGV). Bei Einigkeit zwischen Rat und Parlament können hier Vorschläge somit grundsätzlich auch gegen den Willen der Kommission ohne Einstimmigkeit im Rat angenommen werden.[192] Der Kommission verbleibt jedoch immer noch die Möglichkeit, den Vorschlag zurückzuziehen. Dies ergibt sich aus Art. 251 Abs. 2 EGV. Danach kann die Kommission solange bis ein Beschluss des Rates ergangen ist, ihren Vorschlag jederzeit im Verlauf des Verfahrens zur Annahme eines Rechtsaktes ändern - und das heißt auch zurücknehmen.[193] Von Rechts wegen bedarf es hierfür keiner besonderen Formalitäten, insbesondere müssen Rat und Parlament nicht konsultiert werden.[194] Politisch ist es jedoch unerlässlich, ihnen diese Konsequenz zuvor anzudrohen.[195] In der Praxis ist die Möglichkeit, einen Vorschlag wieder zurückzuziehen und damit dem Rat die Gesetzgebungsmöglichkeit zu entziehen, auf besonders schwere Ausnahmesituationen beschränkt.[196] Die Kommission hat in vielfältiger Weise am Entscheidungsprozess im Rat teil und nutzt das Machtpotential, das sie mit der Rücknahme eines Vorschlages hätte, selten aus.[197]

In seinem Zwischenbericht an den Europäischen Rat von Stockholm über die Verbesserung und Vereinfachung der Rahmenbedingungen für die Rechtsetzung vom 07.03.2001 kündigt die Kommission jedoch an, sie werde künftig prüfen, ob sie nicht Vorschläge zurückziehen solle, wenn diese durch den von Rat oder Parlament angestrebten Kompromiss rechtlich so kompliziert würden, dass dies mit den Grundsätzen des Vertrags insbesondere mit dem Grundsatz der Verhältnismäßigkeit und der Subsidiarität oder mit den Zielen des Vorschlags selbst nicht mehr vereinbar wäre.[198] Es bleibt abzuwarten, ob sie diese Ankündigung auch in die Praxis umsetzen wird.

---

[192] Emmert, Europarecht, S. 194.

[193] Emmert, a.a.O.; Schmitt von Sydow, Art. 155 EGV Rn. 44.

[194] EuGH Deutschland ./. Rat C-280/93, Slg. 1994 I – 4973; Schmitt von Sydow, a.a.O.

[195] Schmitt von Sydow, EGV, Art. 155 Rn. 47.

[196] Schmitt von Sydow, a.a.O., Rn. 7.

[197] Rometsch/Wessels, Commission and Council of Ministers, S. 202 ff, 221.

[198] Bericht „Rahmenbedingungen für die Rechtsetzung", KOM (01) 130 endg., S. 10; ebenso auch Mitteilung, Vereinfachung und Verbesserung des Regelungsumfelds, KOM (01) 726 endg., S. 10.

Eine weitere Einschränkung des Änderungsrechts des Rates liegt darin, dass er den Vorschlag nicht vollständig neu fassen kann.[199] Die Grenzziehung zwischen weitreichender Änderung und Neufassung mag zwar im Einzelfall schwierig sein, ist aber dogmatisch zwingend, da der Rat ansonsten auf diesem Wege ein Initiativrecht erhielte, das ihm nach dem Vertrag eben gerade nicht zustehen soll.

Schließlich ist noch anzumerken, dass in der Gesetzgebungspraxis der Rat von seinem Änderungsrecht häufig gar keinen Gebrauch machen muss, sondern die Kommission von sich aus gemäß Art. 251 Abs. 2 EGV Anpassungen ihres Vorschlags entsprechend den Beratungen im Rat vornimmt, um diesem die Annahme des Vorschlags zu erleichtern.[200] Sofern es sich um wesentliche Änderungen handelt, kann eine erneute Beteiligung von Parlament, Wirtschafts- und Sozialausschuss und Ausschuss der Regionen erforderlich werden.[201]

b. Änderungen an den Gesetzgebungsentwürfen der Regierung in den Vergleichsstaaten

Anders als auf europäischer Ebene verfügen in Deutschland und England die anderen am Gesetzgebungsverfahren beteiligten Organe über umfassende Änderungsrechte.[202] Verfassungsrechtliche Beschränkungen dieser Befugnis kennt von den hier zum Vergleich herangezogenen Ländern nur Frankreich. Hier sind die Änderungsrechte des Parlaments – ebenso wie sein Initiativrecht - gemäß Art. 40 und Art. 41 Const. von vornherein dahingehend eingeschränkt, dass sie sich nicht auf den öffentlichen Haushalt auswirken und nicht auf Bereiche beziehen dürfen, deren Regelung der Regierung durch Erlass von Verordnungen vorbehalten ist. Des weiteren sind dem Parlament auch insoweit Grenzen gesetzt, als es gemäß Art. 42 Abs. 1 Const. bei Regierungsentwürfen nur diese als Diskussionsgrundlage heranziehen darf. D.h. es kann keinen eigenen Gegenvorschlag neben dem Regierungsentwurf entwickeln, es sei denn dies geschieht in Form detaillierter Änderungsvorschläge zum Regierungsentwurf (Art. 98 Abs. 4 GO der Assemblée nationale). Zudem gibt Art. 44 Abs. 3 Const. der Regierung das Recht zu verlangen, dass das Parlament bei der Abstimmung über ein Gesetz nur die von der Regierung eingebrachten oder akzeptierten Änderungsvorschläge berücksichtigt (sog. vote bloqué). Weiterhin kann sich die Regierung gemäß Art. 44 Abs. 2 Const. jeglichem Änderungsantrag widersetzen, der nicht zuvor in einem Ausschuss geprüft wurde. Schließlich sind auch bei dem vom Vermittlungsausschuss der beiden Kammern (Assemblée Nationale und Sénat) erarbeiteten Text, der ihnen wiederum zur Entscheidung vorgelegt werden muss,Ände-

---

[199] Schmitt von Sydow, EGV, Art. 155 Rn. 43.

[200] Rabe, NJW 1993, S. 1 ff, 4.

[201] Geiger, EUV/EGV, Art. 250 Rn. 4.

[202] Für England: Oberreuter, Parlament als Gesetzgeber, S. 307 ff, 318; für Deutschland: Maunz/Dürig, GG, Art. 77 Rn. 4; Schneider, Gesetzgebung, § 6 Rn. 119.

rungen an dieser Entscheidungsgrundlage nur mit Zustimmung der Regierung möglich (Art. 45 Abs. 3 S. 2 Const.).

Trotz der größeren Beteiligungsmöglichkeiten im Gesetzgebungsverfahren werden auch in Deutschland und England die Gesetzesentwürfe der Regierung nur selten maßgeblich verändert. Zwar schlagen die Ausschüsse des deutschen Bundestags bei den meisten Regierungsvorlagen Änderungen vor.[203] Dabei handelt es sich jedoch nur selten um grundlegende Änderungen.[204] Zumeist werden nur Details korrigiert, etwa der Wortlaut von Paragraphen verständlicher gefasst oder Verfahrensregeln vereinfacht.[205] Teilweise handelt es sich aber auch bei diesen Änderungen lediglich um Nachbesserungen der Regierungsbürokratie.[206]

Anders als in der Öffentlichkeit teilweise wahrgenommen, scheitern auch nur wenige Gesetzesvorschläge des Bundestages an der fehlenden Zustimmung des Bundesrates, die bei rund der Hälfte aller Bundesgesetze gemäß Art. 77 Abs. 2 GG erforderlich ist.[207] So konnten von 3.444 Gesetzesvorlagen, die zwischen 1949 und 1979 dem Bundesrat vorgelegt wurden, nur 30 Vorlagen diese Hürde nicht passieren.[208] Auch die Anzahl an Gesetzen, die in diesem Stadium noch verändert werden, ist eher gering. So wurden zum Beispiel in der 9. Legislaturperiode von insgesamt 136 Gesetzen nur 10 im Vermittlungsausschussverfahren verändert.[209] Dass der Bundesrat dennoch vielfach als faktische zweite Kammer gesehen und ihm ein nicht unwesentlicher Einfluss zugeschrieben wird, liegt daran, dass diejenigen Gesetze, die dort auf Widerstand stoßen, in aller Regel zu den politisch besonders bedeutsamen Vorhaben gehören.[210]

Auch in England finden kaum substantielle Änderungen an Gesetzesentwürfen statt. So ergab eine Studie von *J.A.G. Griffith* für die Zeit von 1969 bis 1972, die jedoch noch immer Geltung beanspruchen kann,[211] dass nur bei 11 Gesetzen (von 186) im parlamentarischen Verfahren relevante Änderungen erreicht wurden.[212] Zudem wies *Griffith* nach, dass im Ergebnis die Mehrzahl der Änderun-

---

[203] Andrews, Organisation und Verfahren der Entwurfsausarbeitung, S. 50 ff, 71; Bryde, Gesetzgebungsverfahren, S. 858 ff, 863.

[204] Grawert, ZG 1991, S. 97 ff, 107.

[205] Schneider, Gesetzgebung, § 6 Rn. 131.

[206] Schultze-Fielitz, Theorie und Praxis parlamentarischer Gesetzgebung, S. 305 f.

[207] Schneider, Gesetzgebung, § 6 Rn. 144.

[208] Ebd., Rn. 148 mit weiteren Zahlen zur 7., 8., 9. und 10. WP.

[209] Schultze-Fielitz, Theorie und Praxis parlamentarischer Gesetzgebung, S. 365.

[210] Schneider, Gesetzgebung, § 6 Rn. 148; Schultze-Fielitz, a.a.O., S. 368.

[211] Jedenfalls wird sie von vielen Autoren, die sich mit dem Thema befassen zitiert Bates, United Kingdom, 437; Jann, Parlamente und Gesetzgebung, 359; Leruez, Gouvernement et politique en Grande-Bretagne, 34; Zander, The Law Making Process, S. 74.

[212] Griffith, Parliamentary Scrutiny of Government Bills, S. 207.

gen, nämlich im Unterhaus 93,7 % aller Änderungen und im Oberhaus 88 %, auf die Regierung zurückgeht.[213] Teilweise (nach *Griffith* in rund einem Drittel aller Fälle) reagierte sie damit zwar auf die Diskussion in den Ausschüssen, in der Mehrzahl jedoch auf die Einflussnahme von Interessengruppen oder auf nachträgliche Verbesserungswünsche aus den eigenen Reihen.[214]

Ein wesentlicher Grund für die allgemein eher zurückhaltende Änderungspraxis ist – neben den bereits im Zusammenhang mit der Initiativpraxis erwähnten Zeit- und Ressourcenproblemen der Parlamente – die in allen drei Vergleichsstaaten herrschende Regierungsdisziplin. Die enge Verbindung von Mehrheitsfraktion und Regierung in den hier untersuchten Mitgliedstaaten führt dazu, dass bei Regierungsentwürfen in aller Regel nicht mit großem Widerstand im Parlament zu rechnen ist.[215] Am ausgeprägtesten ist diese Regierungsdisziplin wohl in England. Zum einen wird die Qualität eines Ministers daran gemessen, ob er das von ihm vorgelegte Gesetz weitgehend unverändert durchs Parlament bringt.[216] Zum anderen entspricht es britischem Verfassungs- ebenso wie dem Selbstverständnis der Mehrheitsfraktion, dass ihre Aufgabe im Wesentlichen darin besteht, die Regierung zu stellen und die Kontrolle der Regierungsarbeit der Opposition zu überlassen.[217] Schließlich wird die auch in den anderen Ländern bestehende enge Verbindung zwischen Regierung und Mehrheitsfraktion in Großbritannien noch dadurch verstärkt, dass eine relativ große Zahl von Parlamentariern Regierungsfunktionen oder regierungsnahe Ämter, wie die der privaten parlamentarischen Staatssekretäre, innehat, die nicht nur mit Karrierechancen sondern auch mit unmittelbaren finanziellen Vorteilen verbunden sind. Die Angst vor dem Verlust dieser Ämter stärkt die Neigung, im Sinne der Regierung abzustimmen, was als „pay roll vote" bezeichnet wird.[218] Die Regierung kann sich daher auf ein hohes Maß an Regierungsdisziplin verlassen. Die Dominanz der Regierung im parlamentarischen Stadium der Gesetzgebung führt dazu, dass die Gesetzgebung in der politikwissenschaftlichen Literatur teilweise nicht einmal zu den Parlamentsfunktionen gerechnet wird.[219] Aber auch in Frankreich und Deutschland kommt es eher selten vor, dass ein Gesetzgebungsvorhaben der Regierung nicht durchs Parlament kommt. Zwar gehören Gesetzgebung und

---

[213] Ebd., S. 197 ff.

[214] Ebd., S. 197.

[215] Für England: Miers/Page, Legislation , S. 6; für Frankreich: Ardant, Institutions de la Ve République, S. 108; Fournier, Le travail gouvernemental, S. 81; für Deutschland: Fliedner, Ministerialbürokratie und Gesetzgebung, S. 165 ff, 168; von Beyme, Der Gesetzgeber, S. 198.

[216] First Report of the Select Committee on Modernisation of the House of Commons, 1997, Punkt 7, Quelle: www.publications.parliament.uk/pa/cm/modern.htm, Stand: 15.12.2001.

[217] Jann, Parlamente und Gesetzgebung, S. 174.

[218] Leruez, Gouvernement et politique en Grande-Bretagne, S. 114.

[219] Jann, Parlamente und Gesetzgebung, S. 345.

Kontrolle der Regierung nach dem Selbstverständnis französischer und deutscher Parlamente sehr wohl zu ihren Aufgaben. Ihre Handlungsmöglichkeiten werden jedoch begrenzt durch die medienvermittelte Wahrnehmung des politischen Geschehens. Da Regierung und Parlamentsmehrheit (in Deutschland die Koalitionsfraktionen) in der Öffentlichkeit in der Regel als Einheit angesehen werden, werden größere Abweichungen von der Regierungsvorlage als Koalitionskrisen oder Unentschlossenheit interpretiert und sind daher politisch nicht opportun.[220] Das, was in England bereits als Verfassungsverständnis vorgegeben ist, wird somit in Deutschland und Frankreich über die „Medienlogik" erreicht.

3. Fazit

Im Ergebnis ist daher festzuhalten, dass trotz der unterschiedlichen rechtlichen Ausgestaltung von Initiativ- und Änderungsrechten auf europäischer wie nationaler Ebene in allen Vergleichssystemen eine deutliche Dominanz der Vorbereitungsarbeit in der Gubernative zu erkennen ist. Da der Vorschlag der Kommission auch im Rechtsetzungsverfahren der Gemeinschaft bereits in allen Details die Form des zu erlassenden Rechtsaktes und theoretisch sofort verabschiedungsfähig ist,[221] spielt die Kommission daher eine entscheidende Rolle für die Qualität der Gesetzgebung.[222] R. Hull's These,[223] dass ein Vorschlag, wenn er die Kommission verlässt, bereits zu 80 % unveränderbar ist, mag zwar etwas übertrieben sein. Richtig daran ist jedoch, dass ein nicht unwesentlicher Teil der Entscheidungen bereits in der Kommission getroffen wird. Es ist daher gerechtfertigt, im folgenden allein die Vorbereitungsphase in der Kommission zu untersuchen und diese mit der Ausarbeitung der Gesetzesentwürfe in den Mitgliedstaaten zu vergleichen.

---

[220] Bischoff/Bischoff, Parlament und Ministerialverwaltung, S. 1457 ff, 1472; Fliedner, Ministerialbürokratie und Gesetzgebung, S. 168 f; Helmrich, Politische Grundsatzdiskussion oder Verbesserung der Regelungstechnik als Aufgabe der Bundestagsausschüsse, S. 149 ff, 172; von Beyme, Der Gesetzgeber, S. 136 f, 198; Zeh, Impulse und Initiativen zur Gesetzgebung, S. 33 ff, 44.

[221] Schmitt von Sydow, EGV, Art. 155 Rn. 42.

[222] Piris, Quality of Community Legislation, S. 25 ff, 28.

[223] Hull, Lobbying Brussels, S. 82 ff, 83.

2. Teil: Entwurfserstellung und Rechtsbereinigung in den Mitgliedstaaten

Im Folgenden soll der Frage nachgegangen werden, welcher institutionellen Mittel sich die hier zum Vergleich herangezogenen Mitgliedstaaten bedienen, um die rechtstechnische Qualität ihrer Gesetze zu gewährleisten. Untersucht wird dabei jeweils die Entwurfserstellung, die Wahrnehmung von spezifisch rechtlichen Koordinations- und Kontrollaufgaben sowie die Rechtsbereinigung und hier insbesondere die Kodifikation. Soweit es in den einzelnen Mitgliedstaaten Debatten über die Ausgestaltung der Gesetzesvorbereitung gibt, sollen auch die dabei ausgetauschten Argumente Berücksichtigung finden.

I. England

Die Darstellung der englischen Gesetzesvorbereitung steht am Beginn dieses vergleichenden Teils, da sie (zumindest aus deutscher Sicht) die meisten Besonderheiten aufweist. So existiert in der britischen Regierung kein Justizministerium in unserem Sinne, und die rechtstechnische Abfassung der Entwürfe wird institutionell von der politischen Vorschlagstätigkeit getrennt.

1. Die Entwurfserstellung

Wie bereits erwähnt, fallen im englischen System - anders als in Deutschland und Frankreich - inhaltliche Ausarbeitung und rechtstechnische Formulierung von Gesetzen auseinander. Während die Inhalte in der Ministerialbürokratie erarbeitet werden, obliegt die Abfassung des eigentlichen Gesetzestextes für England und Wales dem sog. Parliamentary Counsel.[224]

a. Trennung von politischer und rechtstechnischer Entwurfserstellung

Der englischen Ausgestaltung der Entwurfsarbeit liegt die These zugrunde, dass Form und Inhalt der Gesetzgebung am besten so lange wie möglich getrennt bleiben sollten, um die politischen Optionen nicht allzu früh durch die Festlegung auf einen bestimmten Text zu beschränken. *Edward Caldwell*, Mitglied des Parliamentary Counsel führt hierzu aus: *Policy is a target, the legislative text is the weapon, designed to hit it. (...) The longer the two activities - formulation of policy and production of a legislative text (...) can be kept separate the more likely it is that the legislation will achieve the desired effect. As a general rule I would say that the moment you have a draft legislative text you are doomed. From then on more attention will be paid to the text then to the formulation of the policy.*[225]

---

[224] Internetseite des Parliamentary Counsel Office, www.parliamentary-counsel.gov.uk/1999/ what_is_pco.htm, Stand 11.11.00; für Schottland gibt es auch hier - ebenso wie beim Lord Chancellor und bei den Law Officers - eine Sondereinrichtung, das Lord Advocate's Department, vgl. Bates, United Kingdom, S. 429 ff, 452.

[225] Caldwell, Comment, S. 79 ff, 82.

Gleichzeitig soll die Übertragung der rechtstechnischen Fragen auf ein Juristen-gremium mit besonderer Expertise im Bereich der Gesetzesausarbeitung dazu dienen, die Einheitlichkeit und Kontinuität der Gesetzgebung zu gewährleis-ten.[226] Hinzu kommt, dass die Verlagerung der textlichen Arbeit auf den Parli-amentary Counsel eine effektive Nutzung begrenzter personeller Ressourcen ermöglicht.[227] Schließlich zwingt die Rollentrennung zwischen den für die poli-tischen Ziele eines Gesetzes zuständigen Ressorts und den mit der Abfassung des Textes betrauten Draftsmen die Verantwortlichen, sich über Ziele und Me-thoden genau Rechenschaft abzulegen.[228] Es wird der Dialog zwischen den bei-den Perspektiven Form und Inhalt sowie zwischen Laien- und Juristen-Sicht in-stitutionalisiert.[229]

Interessenkonflikte sind hierbei vorgegeben. So werden die Ministerialbeamten immer den Eindruck haben, die Draftsmen stellten Formfragen über den Inhalt, während die Draftsmen umgekehrt davon ausgehen, dass es den Beamten nur darauf ankommt, ihren Vorschlag - unabhängig von seiner technischen Qualität - durchs Parlament zu bringen.[230] Der Theorie nach hat das Ministerium zwar das letzte Wort in inhaltlichen Fragen und die Draftsmen bei Formfragen. In der Praxis verschwimmen diese Grenzen jedoch häufig.[231] So kann etwa die Wahl bestimmter Formulierungen auch Rückwirkungen auf politische Inhalte haben. Gleichzeitig können die Fachbeamten mit ihren Vorgaben an die Entwurfsver-fasser, den sog. „Instructions", auch den Gesetzgebungsstil beeinflussen. *Lord Renton* führt etwa die allzu große Detailliertheit der Normen unter anderem dar-auf zurück, dass die Ministerialbeamten immer darauf bestünden, dass auch noch die letzte Kleinigkeit mitgeregelt würde.[232]

b. Vorbereitung der Inhalte in den Referaten der Ministerien

Die Ausarbeitung der ersten Entwürfe zu einem neuen Gesetzesvorhaben findet in den Referaten der einzelnen Ministerien statt.[233] Hierbei handelt es sich je-doch nicht um ausformulierte Gesetzgebungsvorschläge, sondern lediglich um politische Grundsatzpapiere. Nach Abschluss der inhaltlichen Vorarbeiten erteilt das zuständige Ministerium den sog. Draftsmen des Parliamentary Counsel rela-tiv detailgenaue Anweisungen (Instructions) darüber, welche Ziele mit welchen

---

[226] Fricke, Modelle zur Institutionalisierung einer Gesetzeskontrolle, S. 68; Jann, Parlamente und Gesetzgebung, S. 357; Miers/Page, Legislation, S. 50.

[227] Miers/Page, Legislation, S. 50.

[228] Jann, Parlamente und Gesetzgebung, S. 356.

[229] Jann, a.a.O., S. 357; Lawson, The Art of Drafting Statutes, S. 879 ff, 895.

[230] Hansard-Society-Report, Rn. 176.

[231] Ebd., Rn. 176; Miers/Page, Legislation, S. 59.

[232] Äußerung Lord Rentons gegenüber der Hansard Society Kommission, Hansard-Society-Report, Rn. 168.

[233] Miers/Page, Legislation, S. 20, 39.

juristischen Methoden realisiert werden sollen.[234] Die Instruktionen werden von den Juristen der Ministerien verfasst.[235] In der Regel bekommt der Minister die Instruktionen, die sein Department an die Draftsmen sendet, vorher nicht zu sehen.[236] Da die Instruktionen der Geheimhaltung unterliegen,[237] können sie auch den Hinweis enthalten, dass eine bestimmte Passage aus politischen Gründen möglichst ungenau formuliert werden soll.[238] Eigentlich sollten die Anweisungen an die Parliamentary Counsel keine Formulierungsvorschläge oder Textentwürfe enthalten, sondern nur in allgemeinen Worten die Hintergründe und Zielvorgaben des gewünschten Gesetzes beschreiben.[239] Gerade bei besonders umstrittenen Vorhaben kommt es aber wohl vor, dass bestimmte Kompromissformeln bereits vorgegeben sind.[240]

c. Vorbereitung zivilrechtlicher Vorschläge und Rolle des Lord Chancellors

Für die inhaltliche Vorbereitung zivilrechtlicher Gesetzesentwürfe ist das Lord Chancellors-Department zuständig. Der Lord Chancellor, der wegen der Besonderheiten der schottischen Rechtsordnung nur für England und Wales, nicht aber für Schottland, zuständig ist,[241] ist abgesehen von der Krone die älteste Institution Englands.[242] Er teilt sich mit dem Rechtsberater der Regierung (Attorney General) und dem Innenminister (Home Secretary) diejenigen Aufgaben, die in den kontinentaleuropäischen Staaten der Justizminister wahrnimmt.[243] Auf dem Gebiet der Rechtsetzung ist der Lord-Chancellor für das Zivilrecht und der Home Secretary für Straf- und Polizeirecht zuständig.[244] Der Attorney General begleitet den Gesetzgebungsprozess beratend. Neben seinen Regierungsaufgaben ist der Lord Chancellor oberster Richter, oberster Dienstherr der Richter und Sprecher des House of Lords.[245] Er verbindet somit in einer Person Aufgaben der Judikative, Legislative und Exekutive.[246] Diese Zusammensetzung seiner Aufgaben führt jedoch nach englischem Verfassungsverständnis nicht zu einer Ver-

---

[234] Bates, United Kingdom, S. 429 ff, 452.

[235] Miers/Page, Legislation, S. 58.

[236] Zander, The Law Making Process, S. 13.

[237] Hansard-Society-Report, Rn. 165.

[238] Jann, Parlamente und Gesetzgebung, S. 356; Miers/Page, Legislation, S. 52.

[239] Bennion, On Statute Law, S. 13; Miers/Page, a.a.O., S. 58.

[240] Miers/Page, a.a.O., S. 58.

[241] Behrens, ZEuP 1996, S. 283 ff, 286 f.

[242] Ebd., S. 285.

[243] Loewenstein, Staatsrecht und Staatspraxis, S. 439; Internetseite des Lord Chancellors Departement, www.open.gov.uk/lcd/lc-const.htm, Stand 19.01.2000.

[244] Behrens, ZEuP 1996, S. 283 ff, 290.

[245] Behrens, a.a.O., S. 288 f; Loewenstein, Staatsrecht und Staatspraxis, S. 453 f; Internetseite des Lord Chancellors-Departement, www.open.gov.uk/lcd/lc-const.htm, Stand 19.01.2000.

[246] Loewenstein, a.a.O., S. 454.

letzung der Gewaltenteilung.[247] Seit 1885 steht dem Lord Chancellor ein organisatorischer Unterbau zur Verfügung.[248] Seine jetzige Form und Aufgabenzuwei-
sung hat das Lord Chancellors-Department seit dem Courts Act von 1971. Danach ist seine Hauptaufgabe die Justizverwaltung in England und Wales. In seinen Zuständigkeitsbereich fällt aber unter anderem auch die Reform und Erneuerung des Zivilrechts.[249] Schwerpunkte liegen dabei in den Bereichen des Fami-
lien- und Sachenrechts.[250]

Bereits seit längerem gibt es auch in England Stimmen, die die Häufung von
verschiedenen, großteils überkommenen Aufgaben beim Lord Chancellor für
problematisch halten und eine Verschlankung des Amtes empfehlen. Kritiker
sind der Meinung, dass die Stellung des Lord Chancellors zwischen allen Fron-
ten eines der Haupthindernisse für die Realisierung von größeren Reformprojekten sei.[251] So war bereits im Rahmen der großen englischen Justizreform von
1873 vorgeschlagen worden, nur die Richterfunktion und die Ernennung der
Richter beim Lord Chancellor zu belassen und die Gesetzgebungsaufgaben insgesamt dem Home Secretary zu übertragen.[252] Mittlerweile gehen die Vorschläge wohl eher dahin, aus dem Lord Chancellors Departement ein Justizministerium nach kontinentaleuropäischem Vorbild, d.h. mit einer Zuständigkeit sowohl
für Straf- als auch für Zivilrecht mit einem neuen Ressortminister neben Lord
Chancellor und Home Secretary zu machen.[253] Der Lord Chancellor wäre dann
nur noch Richter und der Innenminister nur noch für Polizei- und Ordnungsrecht
verantwortlich.[254] Der Vorschlag der Schaffung eines Ministers of Justice befindet sich auch im Parteiprogramm der Labour Party.[255]

d. Juristische Beratung bei der Entwurfserstellung

Sowohl die Beamten der Ressorts als auch die Mitglieder der Kabinettsausschüsse, in denen die Beschlüsse der Regierung vorbereitet werden, greifen bei
ihrer Gesetzesarbeit auf juristische Beratungseinheiten zurück. Hierfür besteht
ein Legal Service mit rund 1.500 Juristen, die in den verschiedenen Ministerien,

---

[247] Behrens, ZEuP 1996, S. 283 ff, 294; Internetseite des Lord Chancellors-Departement,
www.open.gov.uk/ lcd/lc-const.htm, Stand 19.01.2000.

[248] Behrens, a.a.O., S. 287; Internetseite des Lord Chancellors-Departement, a.a.O.

[249] Behrens, a.a.O., S. 287; Internetseite des Lord Chancellors-Departement, a.a.O.

[250] Ebd., S. 290.

[251] Ebd., S. 294.

[252] Ebd., S. 292.

[253] Zweifelnd zum Nutzen einer solchen Reform: Cretney, The Modern Law Review 1985,
S. 493 ff, 513 f.

[254] Behrens, ZEuP 1996, S. 283 ff, 293.

[255] Ebd., S. 294.

Ämtern und öffentlichen Einrichtungen arbeiten.[256] Sie sind für das Alltagsgeschäft der Regierung, insbesondere die Formulierung der Instructions an die Draftsmen, zuständig. An der Spitze des Legal Service steht der Treasury Solicitor.[257] Daneben verfügen alle Ministerien ebenso wie das Cabinet Office über eine „Better Regulation Unit", die jedem Rechtsetzungsvorschlag zustimmen muss, bevor der Entscheidungsprozess fortgesetzt werden kann.[258] Hier wird insbesondere die Einhaltung der in den legistischen Richtlinien[259] festgehaltenen Kriterien (Erforderlichkeit der Rechtsetzung, Alternativen u.s.w.) überprüft.

Daneben gibt es das Law Officers Department, dessen Aufgabe es ist, die Regierung und hier vor allem die Kabinettsausschüsse, in allen rechtlichen Angelegenheiten zu beraten.[260] An der Spitze dieser Rechtsberatungseinheit für England und Wales stehen zwei sog. Law Officer, nämlich der Attorney General und sein Vertreter, der Solicitor General.[261] Die Law Officer sind immer Mitglieder der Regierung und in der Regel auch des House of Commons.[262] Das Law Officers Department für England und Wales umfasst ca. 30 hochqualifizierte Juristen (Barristers oder Solicitors), von denen ca. ein Drittel zur Unterstützung aus den Departements gestellt wird.[263] Aufgrund seiner zentralen Bedeutung für die Gesetzesvorbereitung ist der Attorney General Mitglied von sechs Kabinetts-Ausschüssen, die sich mit Gesetzgebung sowie zentralen Fragen der Innen- und Außenpolitik befassen.[264] Daneben kann er als einer der wenigen Minister zur Arbeit in jedem Kabinetts-Ausschuss hinzugezogen werden, um die Ausschussmitglieder bei Rechtsfragen zu unterstützen. Dies geschieht vor allem bei ressortübergreifenden Rechtsproblemen, die die Juristen der einzelnen Ministerien nicht lösen können.[265] Seit 1974 findet eine verstärkte Einbindung der Law Officers in die Kabinettsarbeit statt. Hintergrund ist zum einen die seit 1973 bestehende EG-Mitgliedschaft, die zusätzlichen Beratungsbedarf hinsicht-

---

[256] Burch/Holliday, The British Cabinet System, S. 40; aktuelle Zahl in: www.treasury-solicitor.gov.uk/who_are_we/ agency_structure.htm, Stand, 09.01.02.

[257] www.treasury-solicitor.gov.uk/who_are_we/agency_structure.htm, Stand, 09.01.02.

[258] De Wilde, European Journal of law Reform 2000, S. 293 ff, 297.

[259] Cabinet Office, The Better Regulation Guide and Regulatory Impact Assessment, London 1999.

[260] Burch/Holliday, The British Cabinet System, S. 40; Lawson, The Art of Drafting Statutes, S. 879 ff, 882.

[261] Burch/Holliday, The British Cabinet System, S. 40; Loewenstein, Staatsrecht und Staatspraxis, S. 456; eine entsprechende Einheit ebenfalls mit zwei Law-Officer an der Spitze besteht auch für Schottland.

[262] Internetseite des Lord Chancellors Departement, www.open.gov.uk/lcd/lc-const.htm, Stand 19.01.2000.

[263] Burch/Holliday, The British Cabinet System, S. 41.

[264] Ebd., S. 40.

[265] Ebd., S. 41.

lich der Europarechts-Konformität geplanter Gesetze und sonstiger Maßnahmen schuf, zum anderen die zunehmende Tendenz englischer Gerichte, die Rechtmäßigkeit staatlicher Akte zu überprüfen.[266] Der Attorney General vertritt die Regierung zudem in Rechtsstreitigkeiten nach außen und tritt in besonders wichtigen Strafverfahren - in etwa wie der deutsche Generalbundesanwalt - als öffentlicher Ankläger auf.[267]

e. Die Arbeit des Parliamentary Counsel

Beim Office of Parliamentary Counsel handelt es sich – trotz seiner möglicherweise irreführenden Bezeichnung – nicht um eine parlamentarische, sondern um eine Regierungseinheit, deren Mitglieder Beamtenstatus haben.[268] Primäre Aufgabe dieser Einrichtung ist es, für die Einheit der Rechtsordnung zu sorgen. Sie ist daher im Rahmen der vorliegenden Arbeit von besonderem Interesse.

aa. Das Office of Parliamentary Counsel

Das Office of Parliamentary Counsel wurde 1869 zur Verbesserung der Gesetzgebung gegründet.[269] Es sollte dazu dienen, den Gesetzgebungsstil zu vereinheitlichen und für Kohärenz zwischen neuer und bereits bestehender Gesetzgebung zu sorgen. Bis zur Schaffung des Parliamentary Counsel beauftragten die Ministerien jeweils ihre eigenen Juristen mit der Erstellung der Gesetzestexte.[270] Es gab keinerlei einheitliche Vorgaben für Stil und Methodik und niemanden, der die Einpassung in das bestehende Rechtssystem überprüft hätte. Den daraus resultierenden Missständen in der Gesetzgebung sollte die neue Institution abhelfen.[271] Zunächst spielten die Ministerien und Private noch eine relativ große Rolle bei der Gesetzgebung. Seit dem Ende des 1. Weltkrieges haben die Counsels jedoch ein faktisches Monopol für die Abfassung von Gesetzesentwürfen.[272]

Mit zunehmender Bedeutung des Amtes stieg auch die Zahl der Mitarbeiter.[273] War es 1869 noch ein einziger Draftsman, der die Qualität der englischen Gesetzgebung gewährleisten sollte, sind dort inzwischen 40 Barrister und Solicitor beschäftigt.[274] Allerdings entspricht das Wachstum des Office nicht dem der Gesetzgebungsmenge. So verdoppelte sich etwa in den 80er Jahren die Zahl der zu

---

[266] Ebd.

[267] Behrens, ZEuP 1996, S. 283 ff, 285; Loewenstein, Staatsrecht und Staatspraxis, S. 457.

[268] Jamieson, Stat.L.R. 1982, S. 13 ff, 17; Miers/Page, Legislation, S. 51.

[269] Zander, The Law Making Process, S. 13.

[270] Miers/Page, Legislation, S. 48.

[271] Ebd.

[272] Ebd, S. 49; zu Ausnahmen siehe Lawson, The Art of Drafting Statutes, S. 879 ff, 883.

[273] Lawson, a.a.O., S. 883; Miers/Page, Legislation, S. 49.

[274] Bates, United Kingdom, S. 429 ff, 452; Zander, The Law Making Process, S. 13; Internetseite des Parliamentary Counsel Office, www.parliamentary-counsel.gov.uk/1999/what_is_pco.htm, Stand 11.11.00.

bearbeitenden Gesetze, während die Counsels in diesem Zeitraum lediglich von 24 auf 30 aufgestockt wurden.[275] An der Spitze der Draftsmen steht der First Parliamentary Counsel, der durch den Second Parliamentary Counsel vertreten wird. Es folgen die Parliamentary Counsel mit Vertretern und ihre Assistenten.[276] Ein Teil der Counsels (ca. fünf) wird jeweils für zwei Jahre in die Law Commission (s.u.) oder andere der Rechtsvereinfachung und -überarbeitung dienende Kommissionen entsandt.[277] Die Aufnahme in den Parliamentary Counsel erfolgt nach strengen Auswahlkriterien. Wer hier arbeitet, gehört zur Crème de la Crème der englischen Juristen und hat in aller Regel einen Studienabschluss aus Oxford oder Cambridge.[278] Dies spiegelt sich auch im Selbstverständnis der Draftsmen wieder, die sich selbst für einen Elite-Corps halten[279] und vielfach Kritik oder Anregungen von außen nicht zugänglich sind[280]. Diese Reformresistenz[281] wird noch dadurch verstärkt, dass die Counsels meist ihr ganzes Leben als Drafter arbeiten. Sie beginnen ihre Karriere mit ca. 20 Jahren und verlassen das Parliamentary Counsel Office erst mit Beginn der Rente.[282]

Das Parliamentary Counsel Office war zunächst dem Finanzministerium (der Treasury) unterstellt,[283] da ursprünglich die meisten von der Regierung ausgehenden Gesetze Haushalts- und Finanzgesetze waren. Die anderen Rechtsbereiche blieben entweder dem Common Law vorbehalten oder gingen auf die Initiative Privater zurück. Seit Mitte der 80er Jahre untersteht das Parliamentary Counsel Office direkt dem Premierminister,[284] dem auch die Besetzung der höheren Positionen obliegt.[285] Für die Ernennung der Draftsmen sowie die Finanzierung des Parliamentary Counsels ist das Cabinet Office zuständig.

bb. Entwurfserstellung durch die Draftsmen
Die Draftsmen haben einen gewissen Freiraum bei der Ausgestaltung und sind daher nicht allein auf die sprachliche Abfassung beschränkt.[286] Sie genießen na-

---

[275] Miers/Page, Legislation, S. 51.

[276] Ebd., S. 50.

[277] Ebd.; Zander, The Law Making Process, S. 13; Internetseite des Parliamentary Counsel Office, www.parliamentary-counsel.gov.uk/1999/what_is_pco.htm, Stand 11.11.00.

[278] Lawson, The Art of Drafting Statutes, S. 879 ff, 885.

[279] Ebd., S. 884.

[280] Hansard-Society-Report, Rn. 167; Zander, The Law Making Process, S. 45.

[281] Bennion, On Statute Law, S. 22 f mit Beispielen.

[282] Ebd., S. 23.

[283] Engle, Stat.L.R. 1983, S. 7 ff, 7; Jamieson, Stat.L.R. 1982, S. 13 ff, 17; Lawson, The Art of Drafting Statutes, S. 879 ff, 883; Loewenstein, Staatsrecht und Staatspraxis, S. 445; Miers/Page, Legislation, S. 49.

[284] Lord of Glaisdale, Stat.L.R. 1985, S. 133 ff, 137.

[285] Hansard-Society-Report, Rn. 197.

[286] Bates, United Kingdom, S. 429 ff, 453.

hezu vollständige Unabhängigkeit. Auch wenn sie formal dem Premierminister unterstellt sind, gibt es in der Praxis dennoch keinen Regierungsvertreter, der ihnen Anweisungen erteilen oder die Qualität ihrer Entwürfe kontrollieren könnte.[287]

Ihre Gestaltungsfreiheit wird jedoch dadurch eingeschränkt, dass sie nicht auf bestimmte Gebiete spezialisiert sind und eine solche Spezialisierung - abgesehen vom Bereich der Haushaltsgesetzgebung - auch nicht gewünscht ist[288]. Dies hat zur Folge, dass die Vertreter der Fachressorts aufgrund ihres Wissensvorsprungs relativ großen Einfluss auf die Gesetzesarbeit nehmen können.[289]

Nach Erhalt der Instructions treten die Draftsmen in einen engen Dialog mit den Juristen und den (in aller Regel nicht juristisch ausgebildeten)[290] Beamten des Departments, um den besten Weg zu finden, die politischen Vorstellungen in Gesetzesform zu gießen.[291] Dabei erstellen die Counsels, die meist in Zweier- oder Dreier-Teams arbeiten,[292] in der Regel eine ganze Reihe von Entwürfen (bis zu 12) bis es zu einer Einigung mit dem Ministerium kommt.[293] Soweit möglich, überprüft der Parliamentary Counsel bei der Entwurfserstellung auch die Übereinstimmung mit bestehendem Recht.[294] Dabei sind ihm allerdings angesichts der Kürze der Zeit, der fehlenden Spezialisierung und des schlechten Zugangs zu den Rechtsquellen erhebliche Grenzen gesetzt. Auch wenn die Draftsmen bei ihrer Arbeit auch eine gewisse Rechtmäßigkeitskontrolle vornehmen, kann *Hans-Jörg Behrens* nicht zugestimmt werden, wenn er die Arbeit des Parliamentary Counsel mit der deutschen Rechtsförmlichkeitsprüfung des Justizministeriums vergleicht.[295] Vielmehr fehlt es in England weitgehend an einer formalen Kontrolle nach Abfassung der Entwürfe. Es gibt kein Ministerium in der Regierung, das für die rechtstechnische Qualität der Entwürfe zuständig wäre, und auch keine dem französischen Conseil d'État vergleichbare Einrichtung.[296] Früher hatte das Legislation Committee, d.h. der Gesetzgebungsaus-

---

[287] Lord of Glaisdale, Stat.L.R. 1985, S. 133 ff, 137; Smith, Stat.L.R. 1980, S. 14 ff, 22; Zander, The Law Making Process, S. 44 f.

[288] Internetseite des Parliamentary Counsel Office, www.parliamentary-counsel.gov.uk/1999/what_is_pco.htm, Stand 11.11.00.

[289] Schneider, Gesetzgebung, § 5 Rn. 97.

[290] Lawson, The Art of Drafting Statutes, S. 879 ff, 881.

[291] Jann, Parlamente und Gesetzgebung, S. 356; Lawson, a.a.O., S. 885.

[292] Bates, United Kingdom, S. 429 ff, 452; Lawson, a.a.O., S. 885; Miers/Page, Legislation, S. 59; Zander, The Law Making Process, S. 13.

[293] Bennion, On Statute Law, S. 13; Miers/Page, a.a.O., S. 60.

[294] Miers/Page, a.a.O., S. 52.

[295] Behrens, ZEuP 1996, S. 283 ff, 290.

[296] Dale, Legislative Drafting, S. 334 – 336; Miers/Page, Legislation, S. 66.

schuss des Kabinetts, eine gewisse Kontrollfunktion.[297] Inzwischen aber widmet sich dieser Ausschuss nahezu ausschließlich dem Zeitmanagement des Regierungsprogramms,[298] so dass England - anders als die kontinentalen Rechtssysteme - nicht über ein zweistufiges Kontrollsystem, in dem Entwurfsabfassung und Kontrolle auseinanderfallen, verfügt. Die Draftsmen müssen vielmehr beides gleichzeitig leisten.[299]

cc. Zeitpunkt und Zeitraum der Beteiligung der Draftsmen
Das Office of Parliamentary Counsel wird meist erst dann tätig, wenn die Regierung (d.h. insbesondere das Future Legislation Commitee des Kabinetts) einen bestimmten Gesetzesvorschlag abgesegnet hat.[300] Es ist somit in aller Regel nicht von Anfang an in die Überlegungen zur Gesetzgebung eingebunden.[301] Dies beruht zum einen auf dem Grundsatz, dass die Ausarbeitung politischer Zielvorgaben und die Erstellung des eigentlichen Entwurfstextes möglichst lange getrennt bleiben sollten, zum anderen darauf, dass es schlicht nicht genügend Draftsmen gibt, um sie von Beginn an mit Beratungsaufgaben zu betrauen.[302]

Die Entwurfsverfasser werden aber nicht nur sehr spät beteiligt, ihnen steht in aller Regel auch nur sehr wenig Zeit zur Ausarbeitung der Texte zur Verfügung.[303] So hatte der Parliamentary Counsel für die Formulierung des Children Act im Jahre 1989, der sowohl neues Recht als auch Änderungen und Konsolidierungen enthielt, nur 12 Wochen Zeit. Bei weniger wichtigen Gesetzen ist der Zeitrahmen teilweise noch geringer.[304] Diese Zeitbegrenzung wirkt sich insbesondere deshalb negativ aus, weil die Drafter nicht spezialisiert sind, sich also immer erst einarbeiten müssen[305] und auch ihre Anzahl angesichts der Arbeitsbelastung eher gering erscheint[306].

Teilweise beruht der zeitliche Druck darauf, dass die Departments ihre Instructions zu spät weiterleiten, viel zu knappe Fristen setzen und politische Grundaus-

---

[297] Miers/Page, a.a.O., S. 65.

[298] Miers/Page, a.a.O., S. 66; Zander, The Law Making Process, S. 12.

[299] Hansard-Society-Report, Rn. 165.

[300] Bates, United Kingdom, S. 429 ff, 452; Hansard-Society-Report, Rn. 163; Thornton, Legislative Drafting, S. 111.

[301] Hansard-Society-Report, Rn. 201; Miers/Page, Legislation, S. 58, S. 60; Thornton, a.a.O., S. 110.

[302] Miers/Page, a.a.O., S. 60.

[303] Bates, United Kingdom, S. 429 ff, 453; Engle, Stat.L.R. 1983, S. 7 ff, 9 f; Hansard-Society-Report, Rn. 177; Miers/Page, a.a.O., S. 56; Zander, The Law Making Process, S. 13.

[304] Bates, a.a.O., S. 453.

[305] Ebd.

[306] Hansard-Society-Report, Rn. 203; Renton-Report, Rn. 8.15.

richtungen mitten im Prozess der Ausarbeitung ändern.[307] Die Ministerien tragen somit einen nicht unwesentlichen Teil der Verantwortung für die hektische und damit oft fehlerhafte Gesetzesvorbereitung.[308] Der eigentliche Hintergrund des Zeitdrucks ist jedoch die Diskontinuitätsregelung.[309] Danach verfallen automatisch alle diejenigen Gesetzesentwürfe, die nicht bis zum Ende des Sitzungsperiode verabschiedet wurden.[310] Die Sitzungsperiode (Session) entspricht jedoch nicht der Legislaturperiode, sondern dauert lediglich ein knappes Jahr, nämlich von Oktober bis Juli.[311] Für Fragen der Gesetzgebung bleiben dabei im Schnitt nur 80 Sitzungs-Tage, von denen wiederum rund ein Viertel für Haushalts- und Finanzgesetze verwendet wird.[312] Es können pro Session nur sehr wenige Gesetze ins Parlament eingebracht werden, und die Aufstellung des Gesetzgebungsprogramms der Regierung muss sich an diesem Jahresrhythmus orientieren. Die Frage, ob und wann ein Gesetz Platz im parlamentarischen Zeitplan findet, gehört daher zu den Kernproblemen englischer Rechtsetzung. Vorschläge, das parlamentarische Verfahren dahingehend zu ändern, dass Gesetze mit in die nächste Sitzungszeit hinüber „gerettet"[313] und damit auch das Programmverfahren der Regierung auf einen längeren Zeitraum hin ausgerichtet werden könnte[314], blieben bislang ohne Erfolg.[315]

Für die Erarbeitung der Instructions bedeutet diese Regelung, dass die Ministerialbeamten hierauf keinerlei Gedanken verwenden, so lange wie sie nicht sicher sind, ob ein bestimmter, von ihnen favorisierter Vorschlag seinen Platz im Legislativprogramm gefunden hat.[316] Teilweise ist der Zeitdruck so groß, dass die Drafter ihre Arbeit schon beginnen müssen, wenn die Instruktionen noch gar nicht beendet sind.[317] Anstatt ihre Vorschläge in Ruhe ausarbeiten zu können, müssen die Entwurfsverfasser daher halbfertige Gesetze ins Parlament einbringen und dann nachträglich alle erforderlichen Änderungen ausformulieren.[318]

---

[307] Ebd., Rn. 183.

[308] Ebd., Rn. 185.

[309] Ebd., Rn. 481.

[310] Loewenstein, Staatsrecht und Staatspraxis, S. 197.

[311] Engle, Stat.L.R. 1983, S. 7 ff, 11; Loewenstein, Staatsrecht und Staatspraxis, S. 196.

[312] Engle, a.a.O.

[313] Hansard-Society-Report, Rn. 490.

[314] Die Hansard-Society, schlug vor, 2-Jahres-Programme zu erstellen, ebd., Rn. 485.

[315] Miers/Page, Legislation , S. 66.

[316] Engle, Stat.L.R. 1983, S. 7 ff, 13. f

[317] Ebd., S. 14.

[318] Lawson, The Art of Drafting Statutes, S. 879 ff, 885; Zander, The Law Making Process, S. 13, 76.

f. Kritik und Änderungsvorschläge zum Parliamentary Counsel

Die Kritik an der Einrichtung der Parliamentary Counsel setzt im Wesentlichen an zwei Punkten an: Teilweise wird bereits die zugrundeliegende Annahme angezweifelt, dass es sich bei der Erstellung von Gesetzesentwürfen um eine spezielle Aufgabe handele, die am besten in die Hände von Experten gelegt werden sollte. Ganz überwiegend wird jedoch die Daseinsberechtigung der Draftsmen selbst nicht in Frage gestellt, sondern lediglich eine bessere Kontrolle ihrer Arbeit gefordert. Ergänzend wurde immer wieder vorgeschlagen, Anzahl und Ausstattung der Draftsmen zu erhöhen.[319]

aa. Abschaffung der Draftsmen?

Zu den größten Kritikern des Parliamentary Counsels gehört wohl *Sir William Dale*, der 1977 die Abschaffung dieser Einrichtung und den Übergang zur kontinentalen Praxis der Entwurferstellung in den Fachressorts forderte.[320] Er vertrat die Auffassung, die Überantwortung der Entwurfstätigkeit an spezielle „Gesetzgebungsfachleute" führe zur Unverständlichkeit der Normen. Wie alle Experten neigten auch die Draftsmen dazu, eine eigene, nur für Eingeweihte verständliche Sprache und Methodik zu entwickeln.[321] Gleichzeitig war er der Meinung, die größere Benutzerfreundlichkeit kontinentaleuropäischer Rechtsetzung sei unter anderem darauf zurückzuführen, dass die Texte von nicht auf Gesetzgebung spezialisierten Referenten erstellt würden, denen es leichter fiele, sich klar auszudrücken.[322] Da mit Abschaffung des Parliamentary Counsel auch diejenige Institution entfiele, deren Aufgabe es ist, für die Einheitlichkeit und Stimmigkeit der Rechtsetzung zu sorgen, schlug *Dale* vor, diese Aufgabe künftig einem sog. Law Council zu übertragen, der sich am Vorbild des französischen Conseil d'État orientieren sollte.[323] Anders als der Conseil d'État sollte der Law Council aber nicht nur aus Juristen, sondern auch aus Laien, wie etwa Vertretern von Verbraucherschutzverbänden oder Literatur-Professoren, bestehen.[324] Dies sollte dazu dienen, Gesetzgebung bewusst zu „entprofessionalisieren" und ihr mehr „common touch" zu verleihen.[325] Ergänzend sollten auch die parlamentarischen Ausschüsse mehr Kontrollaufgaben übernehmen.[326]

---

[319] Renton-Report, Rn. 8.22; derartige Vorschläge wurden auch vielfach an die Hansard Society Kommission herangetragen, vgl. Hansard-Society-Report, Rn. 181.

[320] Dale, Legislative Drafting, S. 338.

[321] Ebd., S. 337 f, ebenso Smith, Stat.L.R. 1980, S. 14 ff, 19 ff, 22.

[322] Ebd., S. 338.

[323] Ebd., S. 336 f.

[324] Ebd., S. 336.

[325] Dale, Stat.L.R. 1981, S. 71.

[326] Dale, Legislative Drafting, S. 340.

Dale löste mit seinem Buch zwar eine relativ breite wissenschaftliche Debatte aus, fand jedoch kaum Sympathisanten für seine Ideen.[327] Die meisten Autoren hielten an der „klassischen" Auffassung fest, dass Gesetzgebung eine Aufgabe sei, die allein von Spezialisten übernommen werden könne,[328] und zudem der Parliamentary Counsel zur Sicherung einer kohärenten Rechtsetzung erforderlich sei[329].

bb. Kontrolle der Draftsmen ?

J.A. Clarence Smith konnte sich ebenfalls für die Idee einer dem Conseil d´État vergleichbaren Einrichtung erwärmen - allerdings nicht an Stelle, sondern zusätzlich zum Parliamentary Counsel.[330] Aufgabe einer solchen Institution solle es sein, die Arbeit der Draftsmen auf die Einhaltung bestimmter Qualitätskriterien, insbesondere das Merkmal der Einfachheit und Verständlichkeit hin zu überprüfen. Ein wesentliches Problem der Draftsmen liege nämlich darin, dass sie sich hinter ihrem Expertentum verschanzten und keiner Kritik zugänglich seien.[331] In eine ähnliche Richtung gingen die Vorschläge der Anfang der 90er Jahre eingesetzten *Hansard Society Commission* zum Gesetzgebungsverfahren. Auch die Mitglieder dieser Kommission hielten die fehlende Kontrolle des Parliamentary Counsel und seine „somewhat Olympian Position" für bedenklich.[332] Ihrer Auffassung nach genüge es nicht, dass die jeweiligen Fachminister für die Gesetzesentwürfe – und damit natürlich auch für deren formale Qualität – verantwortlich seien. Es bedürfe vielmehr einer zentralen Kompetenz für diese Fragen.[333] Die „Endkontrolle" des Entwurfs vor seiner Übersendung ans Parlament, solle am besten beim Legislation Committee des Kabinetts angesiedelt werden.[334] Zudem solle die Verantwortlichkeit für die Ernennung der Draftsmen und die Finanzierung des Parliamentary Counsels vom Cabinet Office auf den Rechtsberater der Regierung, den Attorney General, verlagert werden.[335] Die Besetzung der wichtigeren Positionen solle jedoch weiterhin dem Premierminister obliegen. Der Attorney General, der für diese Position am besten geeignet

---

[327] Ablehnend etwa Hansard-Society-Report, Rn. 187, 191; Kolts, Stat.L.R. 1980, S. 144 ff, 146 f; kritisch Miers/Page, Legislation, S. 201.

[328] Kolts, a.a.O., S. 146 f.

[329] Hansard-Society-Report, Rn. 187.

[330] Smith, Stat.L.R. 1980, S. 14 ff, 22.

[331] Ebenso Zander, The Law Making Process, S. 45.

[332] Hansard-Society-Report, Rn. 192.

[333] Hansard-Society-Report, Rn. 193 f; ebenso: Lord of Glaisdale, Stat.L.R. 1985, S. 133 ff, 137.

[334] Hansard-Society-Report, Rn. 195; so zuvor schon Lord of Glaisdale, a.a.O., S. 137 f, der diese Auffassung noch einmal gegenüber der Hansard Society Kommission bekräftigte, vgl. Hansard-Society-Report, Rn. 180.

[335] Hansard-Society-Report, Rn. 197.

sei, da er bereits jetzt mit dem Gesetzgebungsverfahren befasst sei,[336] solle zudem ministerielle Verantwortung für die Qualität der Entwürfe des P.C. übernehmen.[337] Einen früheren Vorschlag von Lord Glaisdale, die Parliamentary Counsel dem Lord Chancellor zu unterstellen,[338] griff die *Hansard Society* nicht auf.

Den Ansatz, eine externe Kontrolleinheit einzurichten, hielt die Kommission jedoch für verfehlt.[339] Da im Parliamentary Counsel bereits hochqualifizierte Juristen arbeiteten, sei eine Kontrolle ihrer Arbeit schwer zu gewährleisten. Zudem sei zu besorgen, dass die Einschaltung einer weiteren Kontrolleinheit zu einer Verzögerung des Gesetzgebungsprozesses führte. Als weiteres Gegenargument wurde angeführt, es sei sinnvoller, bereits bestehende Kontrollmechanismen auszubauen, als zusätzliche bürokratische Apparate zu schaffen.[340] Schließlich wurde immer wieder vorgeschlagen, die parlamentarische Kontrolle auch und gerade der formalen Qualität der Gesetze zu verstärken. Die Vorschläge gingen dabei von der Schaffung eines speziellen parlamentarischen Kontrollverfahrens nur für die Entwurfsqualität,[341] über erleichterte Verfahrensvorschriften für die Annahme sprachlicher Änderungen an Entwürfen[342] bis zur Stärkung der Befugnisse der Ausschüsse. Keiner dieser Vorschläge wurde jedoch bisher in die Tat umgesetzt.[343]

2. Rechtsbereinigung und Reform

Die Überarbeitung und Bereinigung des Rechts ebenso wie die Vorbereitung größerer Reformvorhaben ist in England einer eigenen Regierungseinheit, der Law Commission, übertragen.

a. Die Law Commission

Die 1965 gegründete Law Commission führt viele Vorarbeiten aus, die in Deutschland im Justizministerium erledigt werden.[344] Sie besteht aus fünf Kommissaren (Law Commissioners), die dort hauptamtlich tätig sind. Der Vorsitzende ist in der Regel ein Richter eines Obergerichts.[345] Die anderen vier wa-

---

[336] In den 60er Jahren hatte Lord Gardiner vorgeschlagen, die Verantwortung für den Parliamentary Counsel dem Lord Chancellor zu übertragen, vgl. hierzu Zander, The Law Making Process, S. 45.

[337] Hansard-Society-Report, Rn. 196.

[338] Lord of Glaisdale, Stat.L.R. 1985, S. 133 ff, 137.

[339] Hansard-Society-Report, Rn. 191.

[340] Kolts, Stat.L.R. 1980, S. 144 ff, 149.

[341] Vgl. Miers/Page, Legislation, S. 67, die jedoch nicht sagen, von wem der Vorschlag kam.

[342] Renton-Report, Rn. 18.30 – 18.38.

[343] Miers/Page, Legislation, S. 67.

[344] Behrens, ZEuP 1996, S. 283 ff, 290.

[345] Zander, The Law Making Process, S. 409.

ren meist ein dem Common Law entstammender Queens-Counsel mit Erfahrungen aus dem Bereich des Zivilrechts, ein Anwalt (Solicitor) mit Erfahrungen aus dem Bereich des Sachenrechts und zwei Akademiker aus jeweils unterschiedlichen Bereichen.[346] Sie werden vom Lord Chancellor für fünf Jahre ernannt mit der Möglichkeit der Wiederwahl.[347] Von dieser Möglichkeit der Verlängerung der Amtszeit wird jedoch nur selten Gebrauch gemacht, so dass es der Kommission an Kontinuität fehlt und vielfach kurzfristige Erfolge im Vordergrund stehen.[348] Die Law Commissioner werden bei ihrer Arbeit unterstützt vom Secretary of the Commission, ca. 15 anderen entsandten Mitgliedern des Legal Service der Regierung, vier oder fünf Parliamentary Counsels und ca. 15 wissenschaftlichen Mitarbeitern. Daneben gibt es einen Bibliothekar und Verwaltungsangestellte.[349]

Aufgabe der Law Commission ist es, Rechtsreformen vorzubereiten, Gesetze zu überarbeiten und zu konsolidieren sowie die Kodifikation des Rechts zu fördern. In den Worten des Law Commission Acts von 1965, section 3.1 hört sich das so an: *It shall be the duty of each of the Commissions* (d.h. sowohl derjenigen für England und Wales als auch derjenigen für Schottland, Anm. d. Verf.) *to take and keep under review all the law with which they are respectively concerned with a view to its systematic development and reform, including in particular the codification of such law, the elimination of anomalies, the repeal of obsolete and unnecessary enactments, the reduction of the number of separate enactments and generally the simplification and modernisation of the law.*[350] Daneben gehört auch die Beratung der Regierung in juristischen Fragen zu ihren Aufgaben (Art. 3 Abs. 1a). Dies ist insofern problematisch, als die Regierungsmitglieder dazu neigen, relativ häufig auf die Expertise der Law Commission zurückzugreifen[351] und dieser daher nicht mehr ausreichend Zeit zur Vorbereitung von Reformvorhaben bleibt.[352]

---

[346] Miers/Page, Legislation, S. 27.

[347] Kerr, Law Quarterly Review 1980, S. 515 ff, 523; Zander, The Law Making Process, S. 409; Internetseite der Law Commission, www.lawcom.gov.uk/misc/about.htm, Stand 11.11.00.

[348] Samuels, New Law Journal 1986, S. 747 ff, 747.

[349] Internetseite der Law Commission, www.lawcom.gov.uk/misc/about.htm, Stand 11.11.00; Miers/Page, Legislation, S. 27; Zander, The Law Making Process, S. 412.

[350] Der Wortlaut des Law Commission Acts ist abgedruckt bei Zander, The Law Making Process, S. 409 f.

[351] Cretney, The Modern Law Review 1985, S. 493 ff, 503.

[352] Lord Scarman, Vorsitzender der Law Commission von 1965 bis 1972, unveröffentlichter Vortrag von 1979, zitiert nach Zander, The Law Making Process, S. 418.

b. Law Reform

Die Law Commission kann - anders als die anderen Reform-Ausschüsse der Regierung - zwar grundsätzlich auf eigene Initiative hin tätig werden.[353] Sie agiert jedoch insgesamt relativ vorsichtig und vermeidet alle politisch heiklen Themen, wie etwa das Arbeits-, Steuer- oder Gesellschaftsrecht.[354] Diese Tendenz wird noch dadurch verstärkt, dass die Minister gem. § 3 Abs. 1b) des Law Commission Acts über ein Vetorecht verfügen, das sie in all jenen Fällen wahrnehmen können, in denen sich die Kommission zu weit auf politisches Gebiet vorwagt.[355] Zudem haben die Minister die Möglichkeit, unliebsame Vorhaben faktisch zu blockieren, indem sie sie einfach nicht weiter bearbeiten.[356] Die Ausübung des Vetorechts durch den Lord Chancellor kam zwar bislang relativ selten vor.[357] Es spricht jedoch einiges dafür, dass dies nicht auf die Zurückhaltung der Minister, sondern eher auf den vorauseilenden Gehorsam der Law Commission zurückzuführen ist.[358] Reformarbeiten in politisch relevanten Rechtsgebieten sind daher weiterhin den Kabinetts- und Ad-hoc-Ausschüssen vorbehalten und können nur auf Initiative der Ministerien in Angriff genommen werden. Der noch verbleibende Bereich ist so eng umgrenzt, dass bereits die Sorge geäußert wurde, der Kommission würde auf Dauer die Arbeit ausgehen.[359]

Die Kommission ist in der Regel mit 20 bis 30 Reformprojekten befasst.[360] Dabei werden bestimmte Rechtsgebiete auf Mängel hin untersucht und Vergleiche zu ausländischen Rechtssystemen vorgenommen.[361] Law Reform bedeutet dabei mehr als bloße Gesetzesänderung.[362] Es geht vielmehr um substantielle Änderungen auf den klassischen Rechtsgebieten, wie zum Beispiel Vertrags-, Straf- und Familienrecht, die bislang nicht gesetzlich normiert, sondern dem Case Law vorbehalten waren.[363]

---

[353] Miers/Page, Legislation, S. 27; Zander, The Law Making Process, S. 418.

[354] Miers/Page, a.a.O. S. 29; Samuels, New Law Journal 1986, S. 747 ff, 747; Zander, a.a.O., S. 419.

[355] Miers/Page, a.a.O., S. 29.

[356] Samuels, New Law Journal 1986, S. 747 ff, 747.

[357] Cretney, The Modern Law Review 1985, S. 493 ff, 497, Fn. 18; Zander, The Law Making Process, S. 410, Fn. 7: Es gibt nur zwei bekannte Fälle eines Vetos des Lord Chancellors.

[358] Miers/Page, Legislation, S. 29.

[359] Samuels, New Law Journal 1986, S. 747 ff, 747.

[360] Internetseite der Law Commission, www.lawcom.gov.uk/misc/about.htm, Stand 11.11.00.

[361] Norman Marsh, Law Reform in the United Kingdom: A New Institutional Approach, William and Mary Law Review 1971, S. 263 ff, ausschnittsweise abgedruckt bei Zander, The Law Making Process, S. 412 f.

[362] Miers/Page, Legislation, S. 26.

[363] Ebd.

Das Ergebnis der Voruntersuchungen der Law Commission wird in einem „consultation paper" festgehalten und an praktisch wie wissenschaftlich tätige Juristen und andere betroffene Gruppen einschließlich der Medien gesandt.[364] Nach Auswertung der eingegangenen Stellungnahmen erarbeitet die Kommission einen Bericht für den Lord Chancellor mit einer abschließenden Empfehlung und beauftragt - wenn das Ergebnis der Untersuchung die Notwendigkeit einer Gesetzesänderung nahe legt - die zu ihr abgesandten Parliamentary Counsel mit der Erstellung eines Gesetzesentwurfs.[365] Auch hier sind inhaltliche Vorbereitung und Formulierung des Textes somit wieder getrennt. Die Gesetzesentwürfe, die auf diese Art erarbeitet werden, gelten im Gegensatz zu denjenigen, die im üblichen Verfahren entstehen, als technisch und politisch ausgewogen. Da die Law Commission keinem Druck ausgesetzt ist, muss sie keine „halb gebackenen" Entwürfe vorlegen, sondern hat die Zeit, ihre Vorschläge vollständig auszuarbeiten. Die *Hansard Society* stellt daher auch fest: *„In our view, Law Commission Bills are probably among the most carefully prepared of all bills; these legislative cakes are properly baked.* "[366]

c. Kodifikation

Neben der Rechtsreform sollte sich die Kommission nach den Zielen des Acts von 1965 auch der Kodifikation widmen. Gedacht war dabei nicht nur an eine Zusammenfassung bestehender Rechtsakte oder Common-Law-Regeln, sondern an eine systematische Erfassung bestimmter Rechtsgebiete nach dem Vorbild kontinentaleuropäischer Kodifikationen.[367] Unmittelbar nach ihrer Einrichtung nahm die Kommission diese Aufgabe voller Enthusiasmus an und erarbeitete Programme unter anderem zur Kodifikation des Vertrags-, Familien-, Straf- und des Mietrechts.[368] Ab Mitte der 70er Jahre musste sie jedoch erkennen, dass Kodifikation weder so einfach noch so willkommen war, wie zunächst angenommen. Von da ab konzentrierte sie ihre Bemühungen auf kurzfristigere und weniger weitreichende Ziele.[369] Die Idee einer Kodifikation des Vertragsrechts wurde ganz aufgegeben.[370] Es besteht - trotz aller Kritik an der fehlenden Systematik und Kohärenz des englischen Rechts[371] - weiterhin keine Einigkeit darüber, dass

---

[364] Internetseite der Law Commission, www.lawcom.gov.uk/misc/about.htm, Stand 11.11.00; Kerr, Law Quarterly Review 1980, S. 515 ff, 523; North, Law Quarterly Review 1985, S. 338 ff, 338 f; zum Nutzen dieser Konsultationen vgl. Zander, The Law Making Process, S. 414 ff.

[365] Internetseite der Law Commission, a.a.O.; Brooke, Statute Law Revue 1995, S. 1 ff, 2.

[366] Hansard-Society-Report, Rn. 496.

[367] Kerr, Law Quarterly Review 1980, S. 515 ff, 527.

[368] Bennion, On Statute Law, S. 74; Kerr, a.a.O., S. 515 ff, 528 f; Miers/Page, Legislation, S. 30; Zander, The Law Making Process, S. 411.

[369] Bennion, a.a.O., S. 74, S. 76; Miers/Page, a.a.O., S. 30, S. 139 f.

[370] Kerr, Law Quarterly Review 1980, S. 515 ff, 529; Samuel, Rfap 1997, S. 209 ff, 218.

[371] Dale, Legislative Drafting, S. 332; ders., Stat.L. 1981, S. 69 ff, 74 ff; Lord of Glaisdale, Stat.L.R. 1985, S. 133 ff, 135 f; Renton-Report, Rn. 6.7, 10.13.

Kodifikationen tatsächlich sinnvoll und wünschenswert wären, da sie weitreichende Folgen für die Stellung des Richters und die Rolle des Common Law hätten.[372] Auch aus der Wissenschaft erhält die Kodifikationsarbeit wenig Unterstützung.[373] Hinzu kommt, dass derart große Reformvorhaben sowohl auf zeitliche Probleme stoßen als auch mit wenig Rückendeckung aus den anderen Ministerien rechnen können. Zeitlich sind sie vor allem deshalb problematisch, weil sie nur schwer innerhalb der nur ein Jahr dauernden Legislaturperiode durchs Parlament gebracht werden können und dann der Diskontinuität zum Opfer fallen.[374] Politisch sind sie kaum durchsetzbar, weil der Lord Chancellor, der keinen Sitz im House of Commons hat, nur wenig Macht besitzt, um derartig umfangreiche und gleichzeitig politisch unspektakuläre Vorhaben[375] gegen seine Ministerkollegen und deren Pläne durchzusetzen.[376]

Bislang war die Arbeit auf dem Gebiet der Kodifikation daher relativ erfolglos.[377] Als einzigen Erfolg kann die Kommission verbuchen, dass im Familienrecht mittlerweile viel geschriebenes und überarbeitetes Recht existiert. Oder in den Worten der Law Commission: *"In family law much of the Commission's work has resulted in the production in what in effect is a code, though contained in a series of separate Acts of Parliament"*.[378] Eine Kodifikation im Sinne eines einheitlichen, systematisch geschlossenen Gesetzesbuches liegt damit aber auch im Bereich des Familienrechts noch lange nicht vor. Ein ähnliches Schicksal droht wohl dem geplanten, von drei Akademikern entworfenen[379] Criminal Code - dem bislang einzigen ernsthaften Kodifikationsvorhaben Englands -[380], der 1989 von der Kommission im Entwurf veröffentlicht wurde und seitdem in der Schublade ruht. Da die Law Commission einsehen musste, dass der Entwurf als Gesamtkodifikation allein aufgrund seines Umfangs wohl nicht durchs Parlament kommen würde, nahm sie die Arbeit nun wieder auf, um eine Reihe von

---

[372] Bates, United Kingdom, S. 431; Bennion, On Statute Law, S. 74; Kerr, Law Quarterly Review 1980, S. 515 ff, 528; Miers/Page, Legislation, S. 139; Samuel, Rfap 1997, S. 209 ff, 219; vgl. Überblick über die Kodifikationsdebatte bei Zander, The Law Making Process, S. 428 ff.

[373] Samuel, Rfap 1997, S. 209 ff, 216 f.

[374] Behrens, ZEuP 1996, S. 283 ff, 292; Bennion, On Statute Law, S. 74.

[375] Bennion, a.a.O., S. 74.

[376] Behrens, ZEuP 1996, S. 283 ff, 292; Oerton, New Law Journal 1986, S. 1071 ff, 1072.

[377] Bates, United Kingdom, S. 430, Fn. 13; Bennion, On Statute Law, S. 74.

[378] Internetseite der Law Commission, www.lawcom.gov.uk/misc/about.htm, Stand 11.11.00.

[379] Samuels, New Law Journal 1986, S. 747 ff, 747.

[380] Bates, United Kingdom, S. 429 ff, 431; Miers/Page, Legislation, S. 140; Zander, The Law Making Process, S. 448.

Einzelgesetzen auf der Basis des Codes auszuarbeiten, die dann am Ende zusammen eine Art Strafgesetzbuch ergeben sollen.[381]

d. Konsolidierungs- und Aktualisierungsarbeiten

Konsolidierungsarbeiten gab es in England zwar schon seit dem 19. Jahrhundert,[382] mit der Einrichtung der Law Commission aber erhielten sie neue Impulse und wurden durch die Statute Law Revision ergänzt,[383] so dass Gesetze, die der Konsolidierung, Überarbeitung oder Abschaffung von Normen dienen, zu einem nicht unwesentlichen Bestandteil der allgemeinen Gesetzgebungstätigkeit geworden sind.[384] Innerhalb der Law Commission kommt auf diesem Gebiet den zu ihr abgeordneten Draftsmen besondere Bedeutung zu. Von ihnen gehen die meisten Überarbeitungsvorschläge aus.[385]

aa. Consolidation and Statute Law Revision

Konsolidierung und Statute Law Revision sind einander ergänzende Instrumente zur Rechtsbereinigung, deren Besonderheit vor allem darin liegt, dass es für die Verabschiedung derartiger Reformgesetze ein spezielles, verkürztes parlamentarisches Verfahren gibt.

Die Statute Law Revision dient dazu, das teilweise 750 Jahre alte Recht zu durchforsten und überholte oder praktisch unbrauchbare Regelungen abzuschaffen.[386] Seit 1965 wurden auf diese Weise gut 5.000 Rechtsakte aufgehoben.[387] Zwar gab es bereits früher - um genau zu sein seit 1856[388] - Statute Law Revision Acts.[389] Diese dienten jedoch zunächst nur dazu, obsolet gewordene oder nutzlose Vorschriften abzuschaffen. Mit der Ausweitung auch auf Fragen der „practical utility", die die Law Commission 1965 vornahm, gewann die Statute Law Revision maßgeblich an Bedeutung.[390]

---

[381] Internetseite der Law Commission, www.lawcom.gov.uk/misc/about.htm, Stand 11.11.00; Zander, The Law Making Process, S. 448.

[382] Miers/Page, Legislation, S. 149.

[383] Ebd., S. 27, S. 143.

[384] Bates, United Kingdom, S. 429 ff, 431, zwischen 1965 und 1984: 28,5 % der Gesetzgebung; Jann, Parlamente und Gesetzgebung, S. 347: zwischen 1970 und 1975: 15 % der Entwürfe und 40 % der verabschiedeten Paragraphen; vgl. auch Zahlen bei Hansard-Society-Report, Rn. 44, 45.

[385] Miers/Page, Legislation, S. 146.

[386] Ebd., S. 144.

[387] Internetseite der Law Commission, www.lawcom.gov.uk/misc/about.htm, Stand 11.11.00.

[388] Bennion, On Statute Law, S. 73; Miers/Page, Legislation, S. 140.

[389] Sir Carleton Kemp Allen, Law in the Making, Oxford 1964, S. 442.

[390] Zander, The Law Making Process, S. 64.

Unter „Consolidation" versteht die Kommission die Neuordnung und Zusammenfassung der einzelnen Regelungen und der entsprechenden Änderungsgesetze auf einem bestimmten Rechtsgebiet zu einem oder mehreren einheitlichen Gesetzestexten ohne inhaltliche Änderungen vorzunehmen.[391] Das Konsolidierungsgesetz ersetzt dabei die vorausgehenden Gesetze.[392] Es hat mithin mehr als nur eine deklaratorische Bedeutung. Konsolidierungen waren zunächst vor allem deshalb erforderlich, weil Gesetzesänderungen früher nicht in den Text eingearbeitet wurden. Vielmehr verfasste die Regierungsbürokratie stets eigene Änderungsgesetzen, die dann zusammen mit dem Ursprungsgesetz zu lesen waren.[393] Diese Praxis wurde jedoch als Reaktion auf die entsprechende Kritik einer Anfang der 70er Jahre von der Regierung eingesetzten Expertenkommission, dem sog. *Renton-Committee,*[394] geändert,[395] so dass die Zerstückelung zwischen Ursprungs- und Änderungsgesetzen heute nur noch bei alten Normen existiert.[396] Dennoch besteht weiterhin ein Bedarf an Konsolidierung.[397] Zum einen bleibt die Aufgabe, die alten Gesetze, in die die Änderungen noch nicht integriert wurden, zu bereinigen, zum anderen kann es auch bei Anwendung des neuen Änderungsverfahrens auf Dauer zur Zerstörung der ursprünglichen Struktur eines Gesetzes kommen, so dass eine Überarbeitung geboten ist. Auch der Umstand, dass ein und dieselbe Frage in mehreren Gesetzen geregelt sein kann, ohne dass es eine systematische Verbindung der verschiedenen Regelungen gibt, kann Konsolidierungen erforderlich machen.[398] Konsolidierung bedeutet jedoch nicht notwendigerweise, dass tatsächlich alle Regeln eines Rechtsgebiets in einem neuen Gesetz zusammengefasst werden. Oft wird auch hier vielmehr wieder Stückwerk betrieben und die Wahl der zu konsolidierenden Gebiete erfolgt eher zufällig.[399] *F.A.R. Bennion* erklärt diese Praxis damit, dass es zum einen sowohl in der Law Commission als auch in den einzelnen Ressorts an geeigneten Juristen fehle, die in der Lage wären, die enorme Arbeit, die mit der Konsolidierung verbunden ist, zu bewältigen. Zum anderen besteht offensichtlich auch keine Einigkeit darüber, dass Konsolidierung auf einer „one act – one subject basis" tatsächlich ein wünschenswertes Ziel wäre. Der *Renton-Report* beispielsweise

---

[391] Internetseite der Law Commission, www.lawcom.gov.uk/misc/about.htm, Stand 11.11.00; ebenso Bennion, On Statute Law, S. 69.

[392] Bennion, On Statute Law, S. 69.

[393] Hansard-Society-Report, Rn. 208; Renton-Report, Rn. 6.15, Rn. 13.9, Rn. 42; ebenso Bennion, On Statute Law, S. 69; Lawson, The Art of Drafting Statutes, S. 879 ff, 887; Zander, The Law Making Process, S. 27.

[394] Renton-Report, Rn. 13.20.

[395] Bates, United Kingdom, S. 429 ff, 431, Fn. 20; Lord of Glaisdale, Stat.L.R. 1985, S. 133 ff, 134.

[396] Hansard-Society-Report, Rn. 461.

[397] Ebd.

[398] Bennion, On Statute Law, S. 66 ff

[399] Ebd., S. 71.

wandte sich ausdrücklich gegen eine solche Vorgehensweise, da dies zu allzu langen Gesetzen führen würde, in denen der Rechtsanwender Schwierigkeiten hätte, das von ihm Gesuchte zu finden.[400]

bb. Vereinfachtes Rechtsbereinigungsverfahren

Zu den Erfolgen der Law Commission gehört es, dass der Anwendungsbereich des seit 1892 bestehenden vereinfachten parlamentarischen Verfahrens zur Behandlung von Rechtsbereinigungsgesetzen[401] ausgedehnt wurde. Dieses Verfahren sieht vor, dass Consolidation Bills ebenso wie die Statute Law Revision Bills in einem gesonderten, gemeinsamen Ausschuss von Ober- und Unterhaus, dem „Joint Committee of Consolidation Bills of the House of the Lords and the House of the Commons", behandelt werden.[402] Den 24 Mitgliedern des Ausschusses kommt die Aufgabe zu, im Falle der Konsolidierung festzustellen, ob das Gesetz nur der formalen Rechtsbereinigung dient oder ob es auch materielle Änderungen enthält[403] und im Falle der Statute Law Revision, dass die abzuschaffenden Gesetze tatsächlich unwirksam oder überflüssig sind[404]. Werden diese Voraussetzungen bestätigt, durchläuft das Gesetz ein vereinfachtes, stark formalisiertes parlamentarisches Verfahren.[405] Dies erleichtert die Einbringung von Konsolidierungsgesetzen, da sie dann weniger wertvolle parlamentarische Zeit in Anspruch nehmen. Lange Zeit wurde das Verfahren nicht besonders intensiv genutzt, da die Definition für Konsolidierungen so eng war, dass keine Möglichkeit zur Veränderung der neu zusammengefassten Gesetze bestand.[406] Dies hatte zur Folge, dass auch dann, wenn bei der Konsolidierung eines Gesetzes Fehler oder Widersprüchlichkeiten aufgetaucht waren, diese mit in das neue konsolidierte Gesetz übernommen werden mussten, wollte man nicht auf die Erleichterungen des verkürzten Verfahrens verzichten.[407] Erst mit dem Consolidation of Enactments (Procedure) Act aus dem Jahre 1949 wurde auch die Einfügung von Korrekturen und kleineren Änderungen zugelassen.[408] Diese wurden in Abschnitt 2 des Gesetzes definiert als Änderungen, deren Zweck darauf beschränkt ist, Mehrdeutigkeiten oder Zweifel zu beseitigen, obsolete Vorschriften in Einklang mit der modernen Rechtspraxis zu bringen oder unnötige Vorschriften oder Anomalien, die ohne besondere Bedeutung sind, aufzuheben, und Änderungen, die dazu dienen, Form oder Stil des Gesetzes zu verbessern, sowie die

---

[400] Renton-Report, Rn. 14.7.

[401] Miers/Page, Legislation, S. 141.

[402] Miers/Page, a.a.O.; Zander, The Law Making Process, S. 63.

[403] Miers/Page, a.a.O., S. 148.

[404] Zander, The Law Making Process, S. 65.

[405] Bates, United Kingdom, S. 431; Miers/Page, Legislation, S. 149; vgl. im Detail hierzu: Zander, The Law Making Process, S. 64 f.

[406] Miers/Page, Legislation, S. 141 f.

[407] Bennion, On Statute Law, S. 69; Miers/Page, a.a.O., S. 142.

[408] Ebd.

Übergangsvorschriften, die infolge der genannten Änderungen erforderlich wurden, einzufügen.[409] Die Law Commission schließlich erreichte, dass sie auch weiterreichendere Änderungen im Rahmen des vereinfachten Verfahrens vorschlagen kann, wenn und soweit sie erforderlich sind, um eine zufriedenstellende Konsolidierung auf einem bestimmten Gebiet zu erreichen.[410] Auch wenn solche Vorschläge in der Praxis eher selten sind,[411] bedeutete die Ausweitung des vereinfachten Verfahrens dennoch einen Erfolg für die Rechtsbereinigungsbemühungen.

e. Die Umsetzung der Vorschläge der Law Commission

Bei der Law Commission handelt es sich um ein rein beratendes Gremium. Es besteht somit keinerlei Verpflichtung zur Annahme der Vorschläge. Hinzu kommt, dass die Kommission auch kein Beratungsmonopol für die Gesetzesbereiche hat, in denen sie tätig wird. Sie tritt vielmehr in Konkurrenz zu anderen beratenden Ausschüssen, namentlich denen des Home Office sowie dem Criminal Revision Committee.[412] Es kommt daher immer wieder vor, dass Vorschläge der Kommission gar nicht oder nur schleppend realisiert werden.[413] Lagen die Realisierungschancen bis Anfang der 80er Jahre noch bei rund 80 %,[414] nahmen sie danach kontinuierlich ab.[415] Zwar wurden bisher insgesamt ca. 2/3 der Vorschläge der Kommission zu Rechtsreformen vom Parlament umgesetzt.[416] Von den zwischen 1984 und 1992 erstellten 41 Gesetzentwürfen wurden aber 28 nicht angenommen.[417]

Teilweise wurden die Entwürfe aus politischen Erwägungen heraus abgelehnt, häufig aber einfach unbeachtet gelassen.[418] Hinsichtlich der Zurückweisung von Entwürfen aus der Law Commission ist zu bedenken, dass viele Vorhaben auch dann, wenn sie vorrangig als rechtstechnische Reformen eingestuft werden, mit

---

[409] Bennion, On Statute Law, S. 69; Miers/Page, Legislation, S. 143.

[410] Bennion, a.a.O., S. 70; Miers/Page, a.a.O., S. 145.

[411] Miers/Page, a.a.O., S. 145.

[412] Ebd., S. 30.

[413] Entsprechende Beschwerden wurden von den Vorsitzenden der Law Commissions an das Hansard Society Committee herangetragen, vgl. Hansard-Society-Report, Rn. 494; ebenso: North, Law Quarterly Review 1985, S. 338 ff, 354; Samuels, New Law Journal 1986, S. 747 ff, 748; ausführliche Nachweise zu dieser Debatte bei Zander, The Law Making Process, S. 424 ff.

[414] Cretney, Modern Law Review 1985, S. 493 ff, 498; Zander, The Law Making Process, S. 424 unter Bezugnahme auf eine nicht veröffentlichte Doktorarbeit von Helen Beynon, Independent Advice on Legislation, Oxford 1982.

[415] Miers/Page, Legislation, S. 30.

[416] Internetseite der Law Commission, www.lawcom.gov.uk/misc/about.htm, Stand 11.11.00.

[417] Hansard-Society-Report, Rn. 494.

[418] Hansard-Society-Report, a.a.O.; North, Law Quarterly Review 1985, S. 338 ff, 356 f.

Änderungen des materiellen Rechts verbunden sind, die politische Implikationen haben können.[419] Die Ablehnung eines Vorschlags aus inhaltlichen Gründen aber gehört zu den ureigensten Aufgaben eines Ministeriums, dessen Minister die Verantwortung für einen möglichen Gesetzesentwurf zu tragen hätte.[420] In der mangelnden Umsetzung der Vorschläge der Experten-Kommission spiegeln sich mithin die natürlichen Grenzen einer rein an juristischen Kriterien ausgerichteten Erarbeitung von Reformgesetzen wider.[421]

Die schlichte Ignoranz der Arbeit der Law Commissioner dahingegen ist auf die Zeitknappheit und die fehlende politische Attraktivität von eher technischen Reformvorhaben zurückzuführen.[422] Schließlich handelt es sich um meist zeitaufwendige Projekte, die den Ministern gleichzeitig keine größeren Popularitätsgewinne versprechen. Hinzu kommt, dass gerade die größeren „klassischen" Ministerien, wie etwa das Home Office, die selbst über eigene Reformausschüsse verfügen, sich eher in einem Konkurrenzverhältnis zur Law Commission sehen.[423] Dabei spielt wohl ein gewisses Hegemoniestreben dieser Ressorts eine Rolle, aber auch die durchaus verständliche Absicht, auf Gebieten, in denen man über Kompetenz und Erfahrung verfügt, die Ausarbeitung von Reformvorhaben nicht einer externen Einheit zu überlassen.[424] Dies erklärt vielleicht unter anderem auch, wieso die Reformen gerade im Bereich des Strafrechts nur schleppend vorankommen.[425]

Obwohl die Arbeit der Law Commission in vielen Bereichen weit hinter den vollmundigen Zielvorgaben des Law Commission Acts von 1965 zurückbleibt, fand *Alec Samuels,* der 1986 ihre Abschaffung sowie die Verlagerung der Aufgaben auf das Lord Chancellors Department gefordert hatte,[426] keine Unterstützung. Es wird vielmehr darauf hingewiesen, dass die fehlende Realisierung der Kommissionsvorschläge nicht der Law Commission anzulasten sei, deren inhaltliche Arbeit allgemein positiv bewertet wird.[427] Die nur begrenzte Wirkung ihrer Bemühungen sei nicht darauf zurückzuführen, dass sie als Institution zur Bewäl-

---

[419] Cretney, The Modern Law Review 1985, S. 493 ff, 500 ff mit ausführlichen Beispielen.

[420] Cretney, a.a.O., S. 507.

[421] Ebd., S. 506.

[422] Hansard-Society-Report, Rn. 497; Kerr, Law Quarterly Review 1980, S. 515 ff, 530 f; Miers/Page, Legislation, S. 31; Oerton, New Law Journal 1986, S. 1071 ff, 1072.

[423] Cretney, The Modern Law Review 1985, S. 493 ff, 509 f; North, Law Quarterly Review 1985, S. 338 ff, 354.

[424] Cretney, a.a.O., S. 509, 512 f.

[425] Ebd., S. 509.

[426] Samuels, New Law Journal 1986, S. 747 ff, 748.

[427] Cretney, The Modern Law Review 1985, S. 493 ff, 494 mwN.

tigung der Rechtsreform und –bereinigung ungeeignet sei, sondern dass sie keine hinreichende Unterstützung von den zuständigen Ministerien erhalte.[428]

---

[428] Oerton, New Law Journal 1986, S. 1071 ff, 1071.

II. Frankreich

Die institutionelle Ausgestaltung der Gesetzesvorbereitung in Frankreich ist insbesondere unter zwei Gesichtspunkten interessant: Zum einen gilt es, die Arbeit des Conseil d´État, der immer wieder als Vorbild für Reformen in anderen Systemen genannt wird, näher zu beleuchten. Zum anderen verdient die – im Ausland eher unbekannte – Commission supérieure de codification der näheren Betrachtung. Schließlich soll noch ein Blick auf den verfahrensmäßigen Trick geworfen werden, den die französische Regierung zur schnelleren Verabschiedung von Rechtsbereinigungsgesetzen anwendet.

1. Entwurfserstellung

Anders als in Großbritannien, wo die Erarbeitung von Gesetzestexten zentral beim Parliamentary Counsel angesiedelt ist, wird in Frankreich der erste Textentwurf im jeweils zuständigen Ministerium erstellt.[429] Die Ressorts verfügen zu diesem Zwecke über eigene juristische Kontroll- und Beratungseinheiten.[430] Neben dem eigentlichen Gesetzesentwurf muss das Ressort noch eine Begründung mit Motiven für die Gesetzgebung und eine Gesetzesfolgenstudie, die die administrativen, rechtlichen, sozialen, finanziellen und wirtschaftlichen Auswirkungen darstellen soll, ausarbeiten.[431] Es hat sich bei der Erstellung der Entwürfe an den vom Generalsekretariat der Regierung sowie dem Präsidenten herausgegebenen internen Richtlinien[432] zu orientieren.[433]

Die Zuständigkeit für zivilrechtliche (ebenso wie strafrechtliche) Vorhaben liegt beim Justizministerium. Die systembildende Wirkung der in den Verantwortungsbereich des Justizministeriums fallenden napoleonischen Kodifikationen spielt eine wichtige Rolle bei der interministeriellen Koordination.[434] So wirkt die Abteilung für Zivilrecht auch bei verwaltungs- und verfassungsrechtlichen

---

[429] Fournier, Le travail gouvernemental, S. 240, 241; Trnka, law in theory and practice, S. 175; vgl. auch circulaire du 6 juin relative à l´organisation du travail gouvernemental von Lionel Jospin, Punkt IV Absatz 2, Quelle: www.premier-ministre.gouv.fr/fr/p.cfm? ref=5843.

[430] Berlin, Organisation de la Commission, Fn. 89.

[431] Massot/Girardot, Le Conseil d´État, Paris 1999, S. 69 f.

[432] Premierministre, Circulaire relative à la codification des textes législatives et reglémentaires, 30.05.1996; ders., Circulaire relative aux règles d´élaboration, de signature et de publication des textes au Journal Officiel, 02.01.1993; Circulaire relative aux règles d´élaboration, de signature et de publication des textes au Journal Officiel, 21.03.1985, zitiert nach: Bécane/Couderc, La Loi, S. 123, Fn. 2; Premierministre, Circulaire relative à la codification des textes législatives et reglémentaires, J.O. vom 01.02.1997, S. 1720 ff; vgl. auch Xanthaki, CML Rev. 2001, S. 651 ff, 660, Fn. 37.

[433] Bécane/Couderc, La Loi, S. 123, Fn. 2.

[434] Robineau, Rfap 1997, S. 263 ff, 266 = Conseiller d´État und früherer rapporteur général de la Commission supérieure de codification.

Vorhaben mit.[435] Eine eigene Abteilung für Verwaltungs- und Verfassungsrecht gibt es jedoch – anders als in Deutschland (s.u.) - nicht.[436]

2. Juristische Koordination und Kontrolle

Der Conseil d´État übernimmt den wesentlichen Teil der juristischen Koordination und Kontrolle der Regierungsentwürfe. Neben ihm gibt es kein weiteres spezifisch rechtlich ausgerichtetes Kontrollgremium innerhalb der Regierung. Insbesondere nimmt das Justizministerium – anders als in Deutschland - keine Rechtsförmlichkeitsprüfung vor. Das Generalsekretariat der Regierung bekommt zwar die Mehrzahl der Entwürfe zu Gesicht und soll sie nach einer internen Richtlinie (Circulaire) von Premierminister Lionel Jospin auf ihre Verfassungsmäßigkeit hin prüfen.[437] Es verfügt jedoch weder über ausreichend Zeit noch über genügend qualifiziertes Personal, um diese Aufgabe ernsthaft wahrnehmen zu können.[438] Der folgende Abschnitt kann sich daher auf die Darstellung des Conseil d´État und seiner Arbeit beschränken.

a. Aufgaben und Rolle im Institutionengefüge

Der Conseil d´État nimmt im Wesentlichen drei Aufgaben wahr: Er ist oberster Verwaltungsgerichtshof Frankreichs, allgemeiner Rechtsberater der Regierung und Ko-Autor bei den Gesetzesvorhaben, an deren Abfassung er zwingend zu beteiligen ist. Von Interesse ist hier vor allem die Funktion, die der Conseil d´État im Rahmen der Rechtsetzung übernimmt. Seine gesetzgeberische und beratende Tätigkeit kann jedoch nicht gänzlich getrennt von seiner richterlichen Funktion gesehen werden, da sie einen Teil seiner Autorität ausmacht. So wird sich die Regierung gut überlegen, ob sie bei der Beurteilung einer Einzelmaßnahme oder einer Verordnung von der Rechtsmeinung des Conseil d´État abweicht, wenn die Möglichkeit besteht, dass dieser im Nachhinein seine Rechtsauffassung per Urteil durchsetzt.

Im Rahmen des Rechtsetzungsverfahrens fällt dem Conseil d´État die Rolle des „gardien de la qualité du droit"[439] zu. Zwei Charakteristika dieser Institution tragen zur besonderen Bedeutung ihrer Wächterrolle bei: zum einen ihre ressort- und fachübergreifende Zuständigkeit und zum anderen ihre Stabilität.[440] Der Conseil d´État ist bei seiner Prüfung weder auf bestimmte Rechts- noch Fach-

---

[435] Vgl. Organigramm und Aufgabenbeschreibung auf der Website des Justizministeriums, www.justice.gouv.fr, Stand: Sept. 2001.

[436] Vgl. Organigramm auf der Website des Justizministeriums, www.justice.gouv.fr, Stand: Sept. 2001.

[437] Circulaire du 6 juin relative à l´organisation du travail gouvernemental von Lionel Jospin, Punkt IV Absatz 5.

[438] Fournier, Le travail gouvernemental, S. 247.

[439] Robineau/Truchet, Le Conseil d´État, S. 118.

[440] Ebd., S. 118 f.

fragen beschränkt und kann daher die Gesetze unter einem umfassenderen Blickwinkel prüfen als dies den Ministerien möglich ist. Seine Unabhängigkeit von politischen Strömungen und Legislaturperioden ermöglicht es ihm, dauerhaft Wissen und Expertise zu sammeln sowie die notwendige Distanz zum politischen Alltagsgeschäft zu wahren.[441] Diese Stabilität gewinnt um so mehr an Bedeutung, je stärker die Position der Direktoren in den Ministerien geschwächt wird, die sich vielfach nur schwer gegenüber den politisch besetzten und starkem Wechsel unterworfenen Kabinetten der Minister behaupten können.[442]

Der Conseil d'État ist (im Hinblick auf seine nicht-richterlichen Abteilungen) kein Kontrollorgan, dass der Regierung als externe Institution gegenübersteht, sondern Beratungsstelle für alle juristischen Fragen, die zwar inhaltlich unabhängig ist,[443] jedoch gleichzeitig mit der Regierung in enger personeller wie funktioneller Verbindung steht.

Ein wesentliches Merkmal dieser Funktion als regierungseigene Konsultationseinheit ist die grundsätzliche Geheimhaltung der Stellungnahmen des Staatsrates gem. Art. 1 des Gesetzes vom 17.07.1978 über die Verpflichtung zur Veröffentlichung von Verwaltungsdokumenten. Sie wird damit gerechtfertigt, dass der Conseil d'État in seiner beratenden Funktion als Teil der Regierung und nicht als externes Kontrollgremium anzusehen sei. Es sei ihm leichter möglich, eine objektive und kritische Stellungnahme zu Regierungsvorhaben abzugeben, wenn er keine Rücksicht auf die Wirkung einer solchen Kritik in der Öffentlichkeit nehmen müsse.[444] Der Regierung, die als einziger Adressat der Stellungnahmen angesehen wird,[445] steht es frei, sie zu veröffentlichen. Von dieser Möglichkeit wird inzwischen auch in verstärktem Maße Gebrauch gemacht. So wurden etwa 1997 28 von 36 Stellungnahmen, mithin die Mehrheit, in der offiziellen Publikation „études et documents" veröffentlicht.[446] Auch im Tätigkeitsbericht des Conseil d'État selbst werden – mit der Zustimmung der Regierung – wichtige Stellungnahmen der Öffentlichkeit zugänglich gemacht.[447] Allerdings lässt die Regierung bis zur Veröffentlichung oder deren Genehmigung meist einige Zeit vergehen,[448] so dass eine eventuelle öffentliche Debatte um die Stellungnahme keinen Einfluss auf den Gesetzgebungsprozess mehr hat. Insbesondere stehen

---

[441] Ebd., S. 119 f.

[442] Ebd., S. 119.

[443] Stirn, Le Conseil d'État, a.a.O.

[444] De Baeque, Le Conseil d'État, S. 129 ff, 138; Robineau/Truchet, Le Conseil d'État, S. 64; Stirn, Le Conseil d'État, S. 42.

[445] Robineau/Truchet, Le Conseil d'État, a.a.O.

[446] Massot/Girardot, Le Conseil d'État, S. 61, zu dieser Entwicklung auch: dies., S. 77 f, S. 92.

[447] Ebd., S. 78; Stirn, Le Conseil d'État, S. 42.

[448] Stirn, Le Conseil d'État, a.a.O.

auch dem Parlament die Entscheidungen des Conseil d'État nicht zur Verfügung – ein Umstand, der immer wieder zu Kritik aus den Reihen der Parlamentarier geführt hat.[449] Selbst wenn somit die Geheimhaltung der Stellungnahmen von der Regel zur Ausnahme wurde, sind weder Conseil d'État noch Regierung offenbar bereit, von diesem Grundsatz Abschied zu nehmen.[450]

Ein weiteres Element der engen Verbindung zwischen Staatsrat und Regierung ist der rege Postenaustausch zwischen ihren Mitgliedern. So wechseln Conseillers, wie etwa Édouard Balladur oder Laurent Fabius in Regierungsämter und ehemalige Minister werden in den Conseil d'État gewählt.[451] Noch intensiver ist allerdings der Wechsel auf der Ebene der Kabinette und Generalsekretäre. So suchen sich die Minister ihre Kabinettsmitglieder häufig aus den Reihen des Conseil d'État, und ehemalige Kabinettsmitglieder treten in den Staatsrat ein.[452] Zudem ist der Generalsekretär der Regierung traditionell Mitglied des Conseil d'État.[453] Er stellt das wesentliche Verbindungsglied zwischen Staatsrat und Regierung dar, da er für die Organisation der Regierungsarbeit und insbesondere die Erstellung der Tagesordnung des Conseil des Ministres zuständig ist. Ihm obliegt es, dafür zu sorgen, dass alle Gesetzesvorhaben, die auf die Tagesordnung des Ministerrates gelangen, auch zuvor dem Staatsrat zur Prüfung vorgelegt wurden. Die Vorlage an den Conseil d'État hat daher auch entsprechend einem Circulaire des Premierministers vom 30.01.1997 immer durch den Generalsekretär und nicht etwa durch das zuständige Ministerium zu erfolgen.[454] Auch an der Diskussion der Entwürfe im Conseil d'État und der Entscheidung über die Frage, was von den Vorschlägen des Conseil d'État inhaltlich übernommen werden soll, ist er beteiligt (s.u.). Daher wurde es bislang immer als sinnvoll erachtet, dass der Generalsekretär mit den Regeln und Funktionsweisen des Staatsrates besonders vertraut sein und daher aus seinen Reihen rekrutiert werden sollte.[455] Diese vielfältigen persönlichen Beziehungen zwischen Conseil d'État und Regierung werden durch ihre funktionellen Bande noch verstärkt. Der Premierminister ist von Rechts wegen Präsident des Conseil d'État und die Minister können mit beschließender Stimme an der Generalversammlung des Conseil d'État teilnehmen, wenn dort Angelegenheiten beraten werden, die ihren Zuständigkeitsbereich betreffen.[456] Die Regierung ernennt einen Teil der Mitglieder des Conseil d'État (s.u.), entscheidet über die Mittelzuweisung sowie

---

[449] Massot/Girardot, Le Conseil d'État, S. 92; Robineau/Truchet, Le Conseil d'État, S. 65.

[450] Massot/Girardot, a.a.O., S. 93.

[451] Stirn, Le Conseil d'État: son rôle, sa jurisprudence, S. 110.

[452] Costa, Le Conseil d'État, S. 113; Stirn, Le Conseil d'État, S. 110.

[453] Costa, a.a.O., S. 112.

[454] Bécane/Couderc, La Loi, S. 124; Massot/Girardot, Le Conseil d'État, S. 69.

[455] Costa, Le Conseil d'État, S. 114.

[456] Stirn, Le Conseil d'État, S. 110.

über die rechtlichen Rahmenbedingungen seiner Arbeit, die in Form von Rechtsverordnungen der Regierung geregelt wird.[457]

b. Aufbau und Zusammensetzung

Der Conseil d'État besteht seit 1985 aus sechs Abteilungen, von denen zwei mit gerichtlichen Aufgaben und vier mit der Überprüfung von Gesetzesvorhaben und der Beratung der Regierung in Rechtsfragen betraut sind.[458] Die genaue Zuständigkeitsverteilung dieser vier beratenden Abteilungen wird von jeder Regierung neu – je nach ihrer Ressortverteilung – durch Beschluss des Premierministers auf Empfehlung des Justizministers hin vorgenommen.[459] Die Abteilung für Inneres ist dabei traditionell für die Vorhaben und Anfragen des Premierministers sowie des Justiz-, Innen-, Erziehungs- und Kulturministeriums zuständig.[460] Im Jahre 1998 kam noch die Zuständigkeit für das Kommunikationsministerium hinzu.[461] Betrifft eine Angelegenheit ausnahmsweise mehrere Abteilungen, so können sie gem. Art. 13 der Verordnung vom 30.07.1963 entweder gemeinsam tagen oder der Vize-Präsident des Conseil d'État kann spezielle Ausschüsse bilden, die mit den Mitgliedern der verschiedenen Abteilungen besetzt sind.[462]

Die Organisation in Abteilungen ermöglicht es den Mitgliedern des Conseil d'État, sich in gewissem Umfang zu spezialisieren.[463] Dass dennoch der Blick für das Ganze nicht verloren geht, wird dadurch gewährleistet, dass sie im Verlaufe ihrer Karriere mehrere Bereiche durchlaufen und zudem auch an den abteilungsübergreifenden Arbeiten der Generalversammlung der Commission permanente mitwirken (s.u.).[464]

Die Abteilungen bestehen jeweils aus ordentlichen und außerordentlichen Staatsräten (Conseillers d'État), von denen einer den Rang eines Präsidenten der Abteilung hat, sowie den Referenten (Maîtres de Requêtes) und den Beisitzern.[465] Im Jahr 2000 hatten sie im Schnitt 33 Mitglieder.[466] Ihre Gesamtgröße ist rechtlich nicht vorgeschrieben. Per Verordnung ist lediglich die Mindestzahl von

---

[457] Ebd., S. 111.

[458] Costa, Le Conseil d'État, S. 42; Massot/Girardot, Le Conseil d'État, S. 64.

[459] Costa, a.a.O.; Massot/Girardot, a.a.O.; Stirn, Le Conseil d'État, S. 37.

[460] Costa, Le Conseil d'État, S. 43; Stirn, Le Conseil d'État, a.a.O.

[461] Massot/Girardot, Le Conseil d'État, S. 64.

[462] Costa, Le Conseil d'État, S. 43; Massot/Girardot, Le Conseil d'État, S. 66; Stirn, Le Conseil d'État, S. 37.

[463] Massot/Girardot, Le Conseil d'État, S. 65.

[464] Ebd.

[465] Costa, Le Conseil d'État, S. 43; Stirn, Le Conseil d'État, S. 37 f.

[466] Internetseite des Conseil d'État, www.conseil-État.fr/ce-data/index2htm, Stand 01.01.2000; die Zahlen sind mithin seit 1998 nahezu unverändert geblieben, vgl. Massot/Girardot, Le Conseil d'État, S. 65 f.

7 ordentlichen Staatsräten festgelegt.[467] Anfang 2000 verfügten die Abteilungen über durchschnittlich ca. 16 ordentliche und außerordentliche Conseillers[468] wobei davon auszugehen ist, dass die Verteilung auf die verschiedenen Abteilungen relativ ungleichmäßig ist.[469] Insgesamt verfügte der Conseil d´État im Jahr 2000 über 324 Mitarbeiter auf allen Ebenen.[470] Die Mitglieder der Abteilung sind der Reihe nach jeweils für die Bearbeitung der eingehenden Anträge und Vorschläge zuständig. Bei den Entscheidungen über die neuen Gesetzesvorhaben sind die Staatsräte immer entscheidungsberechtigt, die Referenten sowie die Beisitzer nur dann, wenn es um eine Angelegenheit aus ihrem Zuständigkeitsbereich geht.[471]

Die Rekrutierung der Mitglieder des Conseil d´État erfolgt zum größten Teil über ein an sachlichen Kriterien orientiertes Auswahlverfahren, den sog. Concours. Die neuen Mitglieder beginnen auf der untersten Hierarchie-Ebene des Conseil d´État als Beisitzer 2. Grades und können dann über das interne Beförderungssystem (tour de l´intérieur) nach dem Anciennitätsprinzip schließlich bis zum Staatsrat aufsteigen.[472] Sie stammen in aller Regel aus der Eliteschule ENA (École nationale d´administration), in der ihnen neben juristischen auch wirtschaftliche, soziale und internationale Kenntnisse vermittelt werden.[473] Die erforderliche juristische Spezialisierung erwerben die Mitglieder im Lauf ihrer Tätigkeiten im Conseil d´État.[474]

Die höchsten Positionen des Conseil d´État, d.h. der Posten der Präsidenten der Abteilungen und des Vize-Präsidenten des Conseil d´État, werden jedoch in einem Wahlverfahren, auf das auch die Regierung Einfluss hat, bestimmt.[475] Trotzdem bleibt hier der politische Einfluss in aller Regel außen vor, und es überwiegen fachliche Kriterien bei der Auswahl.[476]

Ein Viertel der Maîtres de requête und ein Drittel der Conseillers stammt von außerhalb (tour de l´extérieur) und wird direkt von der Regierung ausgewählt. In

---

[467] Costa, Le Conseil d´État, S. 43; Massot/Girardot, Le Conseil d´État, S. 65.

[468] Zahlen entnommen in: Internetseite des Conseil d´État, www.conseil-État.fr/cedata/index2htm, Stand: 01.01.2000.

[469] 1998 jedenfalls schwankten die Zahlen zwischen 9 und 18 Conseillers pro Abteilung, vgl. Massot/Girardot, Le Conseil d´État, S. 65.

[470] Zahlen entnommen in: Internetseite des Conseil d´État, www.conseil-État.fr/cedata/index2htm, Stand: 01.01.2000.

[471] Massot/Girardot, Le Conseil d´État, S. 66; Stirn, Le Conseil d´État, S. 38.

[472] Costa, Le Conseil d´État, S. 83 f.

[473] Ebd., S. 89.

[474] Ebd., S. 90.

[475] Ebd., S. 88.

[476] Stirn, Le Conseil d´État, S. 111.

dieser Gruppe finden sich vor allem ehemalige Verwaltungsrichter, ehemalige Minister und Kabinettsmitglieder.[477] Hintergrund dieser externen Besetzung ist unter anderem der Gedanke, dass so ein stärkerer Praxisbezug der Arbeit des Conseil d´État hergestellt werden könnte. Besonders deutlich wird dies bei den außerordentlichen Staatsräten, die für vier Jahre ohne Möglichkeit der Wiederwahl ernannt werden können. Hier sind die verschiedensten sozialen und beruflichen Gruppen vertreten, d.h. Gewerkschafter, Ärzte, Unternehmer, Offiziere, Professoren usw.[478] Bei der Besetzung durch die „tour de l´extérieur" fließen notwendigerweise auch politische Überlegungen mit ein. Der regelmäßige politische Machtwechsel schützt den Conseil d´État jedoch davor, von einer bestimmten Richtung dominiert zu werden.[479] Zudem gilt die Auswahl Externer als unverzichtbare Bereicherung der Arbeit des Conseil d´État.

c. Beteiligung am Gesetzgebungsverfahren

Die Beratung durch den Conseil d´État bei Gesetzesvorhaben hat eine lange und ehrwürdige Tradition in der französischen Verfassungsgeschichte, die bis ins 13. Jahrhundert zurückreicht. Mit der Verfassung von 1799 nahm er in etwa die jetzige Form an. Auch die Beratungen zum napoleonischen Code Civil fanden im Conseil d´État statt.[480] Bis zum zweiten Weltkrieg war der Umfang seiner Beteiligung jedoch – je nach der Art des politischen Regimes – Schwankungen unterworfen und reichte von einer rein fakultativen Konsultation bis hin zur obligatorischen Beteiligung auch am parlamentarischen Verfahren. Die Verordnung vom 31.07.1945 wählte dann eine vermittelnde Lösung, die schließlich auch in Art. 39 der Verfassung von 1958 übernommen wurde:

aa. Art und Umfang der Beteiligung

Der Conseil d´État ist bei Gesetzesvorhaben der Regierung gem. Art. 39 Const., nicht jedoch bei Vorschlägen des Parlaments zwingend zu beteiligen. Er muss ebenfalls konsultiert werden bei Vorschlägen der Regierung für Ordonnanzen i.S.d. Art. 38 Const., bei bestimmten Verordnungen (den sog. décrets en Conseil d´État i.S.d. Art. 37 Abs. 2 Const.)[481] sowie bei Vorschlägen zu europäischen Rechtsakten, um zu prüfen, ob das Parlament hier gem. Art. 88 Abs. 4 Const. zu beteiligen ist.[482] Obligatorische Beteiligung am Rechtsetzungsverfahren bedeutet, dass der Conseil d´État als Mitautor der vorgeschlagenen Gesetze oder Verordnungen anzusehen ist.[483] Eine Verletzung der Beteiligungspflichten führt da-

---

[477] Costa, Le Conseil d´État, S. 85.

[478] Ebd., S. 87.

[479] Stirn, Le Conseil d´État, S. 111.

[480] Costa, Le Conseil d´État, S. 41.

[481] Siehe hierzu genauer Stirn, Le Conseil d´État, S. 34.

[482] Siehe hierzu genauer Massot/Girardot, Le Conseil d´État, S. 75 f

[483] Stirn, Le Conseil d´État, S. 40.

her nicht nur zu einem Verfahrens- sondern zu einem Zuständigkeitsfehler[484] und damit zur Rechtswidrigkeit der Norm.[485] Diese Unterscheidung ist deshalb von Relevanz, weil Verfahrensfehler nur dann gerichtlich überprüft werden, wenn eine der Parteien sie rügt, während Zuständigkeitsmängel ex officio geprüft werden müssen.[486] Die Zuständigkeitskontrolle von Amts wegen ist dann um so brisanter, wenn der Conseil d'État selbst eine bestimmte Norm überprüft, da es für ihn, dem alle internen Akten vorliegen, wesentlich leichter ist als für eine der Parteien, möglichen Fehlern auf die Spur zu kommen.[487]

In seinen Stellungnahmen kann sich der Conseil d'État ebenso mit rechtstechnischen und formellen wie mit materiellen Rechtsfragen, aber auch mit Zweckmäßigkeitserwägungen befassen.[488] Es findet mithin eine umfassende Überprüfung des Vorhabens statt. Dabei kann der Conseil d'État den Regierungsentwurf nicht nur ändern, sondern ihn äußerstenfalls auch im Ganzen zurückweisen.[489] So lehnte der Conseil d'État etwa den Regierungsentwurf zum sog. therapeutischen Klonen mit Entscheidung vom 14. Juni 2001 ab, woraufhin die Regierung ihren entsprechenden Vorschlag (jedenfalls vorerst) zurückzog.[490] Zu den Rechtsfragen gehört vor allem die Vereinbarkeit mit höherrangigem Recht. Der Conseil d'État prüft aber auch die Einhaltung der Verfahrens- und Zuständigkeitsregeln im internen Gesetzgebungsprozess der Regierung.[491]

Im Rahmen der Zweckmäßigkeitsprüfung geht der Conseil d'État den Fragen der Erforderlichkeit und Geeignetheit der vorgeschlagenen Regelungen nach. Bei derartigen Opportunitätsfragen hält er sich jedoch relativ stark zurück.[492] In diesem Zusammenhang wird auch geprüft, ob die verschiedenen von der Regierung getroffenen Regelungen untereinander kohärent sind oder ob inhaltliche Widersprüche zu Tage treten, d.h. ob sich die neue Regelung in das Gesamtrechtssystem einfügt.[493] Bei der rechtstechnischen Überprüfung untersucht der Staatsrat unter anderem die sprachliche Klarheit und die systematische Ordnung einer Norm. Gerade bei Texten, die in den Zuständigkeitsbereich mehrer Ministerien fallen, dient das Verfahren dazu, die Homogenität der textlichen wie in-

---

[484] Robineau/Truchet, Le Conseil d'État, S. 63; Stirn, Le Conseil d'État, S. 40.

[485] Costa, Le Conseil d'État, S. 47.

[486] Robineau/Truchet, Le Conseil d'État, S. 63; Stirn, Le Conseil d'État, S. 40.

[487] Stirn, Le Conseil d'État, S. 40.

[488] Bécane/Couderc, La Loi, S. 125; Stirn, Le Conseil d'État, S. 39.

[489] De Baeque, Le Conseil d'État, Conseil du gouvernement, S. 129 ff, 131 f.

[490] «Lionel Jospin renonce à légaliser le clonage à visée thérapeutique», Le Monde, Samstag 16.06.2001, S. 11.

[491] Stirn, Le Conseil d'État, a.a.O.

[492] Fournier, Le travail gouvernemental, S. 249.

[493] Stirn, Le Conseil d'État, S. 39.

haltlichen Abfassung der Gesetzestexte zu wahren.[494] Der Conseil d´État nimmt daher auch eine Koordinationsfunktion wahr, die er bei einer reinen Rechtmäßigkeitskontrolle nicht erfüllen könnte.[495] Denn widersprüchliche Regelungen sind zwar schlecht für das Funktionieren eines Rechtssystems. Sie führen jedoch in aller Regel nicht zur Rechtswidrigkeit einer Norm.[496]

bb. Zeitpunkt und Zeitrahmen der Überprüfung

Die Beteiligung des Conseil d´État erfolgt nach Abschluss aller Konsultationen und vor der endgültigen Beschlussfassung über den Gesetzesentwurf im Conseil des ministres und mithin auch vor Einbringung des Entwurfs ins Parlament.

Der Conseil d´État wird erst dann beteiligt, wenn der Text im zuständigen Ministerium abschließend beraten und alle Abstimmungen mit anderen Ministerien und Verbänden sowie Interessengruppen abgeschlossen sind. In der Vorlage an den Conseil d´État ist daher neben dem Gesetzesentwurf mit Begründung auch eine Kopie der schriftlichen Zustimmung der anderen betroffenen Ministerien sowie ggf. die Entscheidung einer interministeriellen Versammlung sowie die Stellungnahmen der zwingend zu konsultierenden Verbände und Interessengruppen vorzulegen.[497]

Dies birgt das Problem in sich, dass zu diesem Zeitpunkt die Kompromissbildung bereits so weit fortgeschritten ist, dass die Ratschläge des Conseil d´État teilweise nicht mehr auf fruchtbaren Boden fallen können.[498] Manchmal wird daher bei wichtigen Vorhaben auf Wunsch des zuständigen Ministeriums bereits in der Vorbereitungsphase ein Berichterstatter des Conseil d´État ernannt und dieser an der Erarbeitung des Entwurfs beteiligt.[499] Nach Auffassung des Conseil d´État wird von dieser Möglichkeit jedoch noch viel zu selten und unsystematisch Gebrauch gemacht.[500] Nach den Arbeitsanweisungen des Premierministers Lionel Jospin in seinem „Circulaire du 6 juin relative à l´organisation du travail gouvernemental" sollten die Gesetzesentwürfe dem Conseil d´État in der Regel so rechtzeitig zugeleitet werden, dass noch mindestens vier Wochen Zeit bis zur endgültigen Beratung des Gesetzesentwurfs durch den Conseil des ministres verbleiben.[501] Es ist jedoch davon auszugehen, dass die Zeitspanne häufig gerade die Mindestzeit einhält oder sogar kürzer ist. Im Jahr 1997 etwa konnte

---

[494] Fournier, Le travail gouvernemental, S. 247; Trnka, law in theory and practice, S. 176.

[495] De Baecque, Le Conseil d´État, S. 129 ff, 134 f; Stirn, Le Conseil d´État, S. 40.

[496] De Baecque, a.a.O., 135.

[497] Massot/Girardot, Le Conseil d´État, S. 69.

[498] Bécane/Couderc, La Loi, S. 125; Fournier, Le travail gouvernemental, S. 248.

[499] Robineau/Truchet, Le Conseil d´État, S. 66.

[500] Fournier, Le travail gouvernemental, S. 248, 249; ebenso Bécane/Couderc, La Loi, S. 125.

[501] Circulaire du 6 juin relative à l´organisation du travail gouvernemental von Lionel Jospin, Punkt IV Absatz 5.

der Conseil d'État von insgesamt 88 Gesetzesentwürfen nur 7 mehr als 2 Monate und 20 einen bis zwei Monate lang prüfen. Bei 42 Entwürfen standen ihm zwei bis vier Wochen zur Verfügung und bei 19 weniger als zwei Wochen.[502]

Der Conseil d'État beschwert sich daher in seinen Jahresberichten regelmäßig darüber, dass ihm zu wenig Zeit für die Prüfung der Vorhaben gelassen werde.[503] Problematisch ist die Zeitknappheit insbesondere dann, wenn er den Regierungsentwurf für vollständig ungeeignet hält, so dass eigentlich eine komplette Neubearbeitung erforderlich wäre. Da dies in der Kürze der Zeit nicht möglich ist, bleibt ihm nur die Möglichkeit, den Entwurf als Ganzes zurückzuweisen und die Regierung aufzufordern einen neuen Vorschlag auszuarbeiten.[504] Angaben dazu, ob und wie häufig dieser Fall vorkommt, finden sich allerdings in der Literatur nicht. Insgesamt besteht aber Anlass zur Befürchtung, dass der Conseil d'État der Fülle seiner Prüfungsaufträge in der Kürze der Zeit nicht nachkommen kann.[505]

Grundsätzlich sollte der vom Staatsrat gebilligte Gesetzesentwurf auch vor dem endgültigen Beschluss des Conseil des ministres (vgl. Art. 39 Abs. 2 Const.) noch einmal einer gründlichen Prüfung durch eine interministerielle Versammlung unter Vorsitz des Generalsekretärs der Regierung sowie eines Mitglieds des Kabinetts des Premierministers unterzogen werden.[506] Auch hier drängt jedoch wiederum die Zeit. In der Regel werden die Gesetzesentwürfe kurz nach Übersendung der Stellungnahme des Conseil d'État vom Conseil des ministres verabschiedet. Es stellt sich daher die Frage, ob die Vorschläge und Anmerkungen des Conseil überhaupt mit der notwendigen Ernsthaftigkeit und Offenheit gewürdigt werden können.[507]

d. Ablauf des Verfahrens im Conseil d'État

Das normale Verfahren bei der Beratung einfacher, d.h. nicht verfassungsändernder Gesetze umfasst zwei Etappen. Zunächst findet eine Prüfung in der zuständigen Abteilung statt, dann einige Tage später in der Generalversammlung des Conseil d'État.[508] Die ordentliche (im Gegensatz zur außerordentlichen[509]) Generalversammlung umfasst neben den Präsidenten der Abteilungen

---

[502] Vgl. Zahlen bei Massot/Girardot, Le Conseil d'État, S. 70.

[503] Costa, Le Conseil d'État, S. 44; Fournier, Le travail gouvernemental, S. 247.

[504] De Baecque, S. 129 ff, 135.

[505] Bécane/Couderc, La Loi, S. 124 f.f

[506] Fournier, Le travail gouvernemental, S. 249; Robineau/Truchet, Le Conseil d'État, S. 67.

[507] De Baecque, Le Conseil d'État, S. 129 ff, 137.

[508] Fournier, Le travail gouvernemental, S. 245.

[509] Vgl. hierzu Massot/Girardot, Le Conseil d'État, S. 67.

35 der insgesamt 100 Staatsräte.[510] Neben den Conseillers der beratenden Abteilungen sind hier auch die Conseillers der richterlichen Abteilungen vertreten.[511]

Die Prüfung in der zuständigen Abteilung läuft wie folgt ab: Zunächst überträgt der Präsident der zuständigen Abteilung des Conseil d´État die Angelegenheit einem Berichterstatter. Dieser trifft sich nach einer ersten Sichtung der vorgelegten Unterlagen sowie möglicherweise existierender Akten zu parallelen Vorhaben[512] sodann zu Arbeitssitzungen mit den sog. Commissaires du gouvernement, d.h. den Vertretern der für einen Gesetzgebungsvorschlag zuständigen Ministerien sowie einem Vertreter des Generalsekretariats der Regierung.[513] Letzterer hat vor allem die Aufgabe, darüber zu wachen, dass ein Text erst dann dem Conseil d´État vorgelegt wird, wenn er alle erforderlichen Koordinationsrunden in den réunions interministérielles durchlaufen hat, und dass eine Einigung zwischen den verschiedenen Ressorts erzielt wurde.[514]

Nach der Verhandlung mit den commissaires erstellt der Berichterstatter seinen eigenen Gesetzesentwurf. Dies kann sowohl der Regierungstext in leicht veränderter Form als auch ein vollkommen neuer Text sein.[515] Sofern der Conseil d´État Änderungen am Regierungsentwurf vorsieht, die nicht aus sich heraus verständlich sind, müssen sie von entsprechenden erläuternden Anmerkungen begleitet werden. Auch diese „notes" sind vom Berichterstatter vorzubereiten.[516] Auf der Basis dieses Textes des Berichterstatters entfaltet sich daraufhin die weitere Diskussion in der Abteilung (section), bei der alle gemeinsam den Vorschlag Artikel für Artikel durchgehen.[517] Auch zu dieser Debatte werden die commissaires du gouvernement wieder eingeladen. Sie haben aber kein Stimmrecht bei der Abstimmung über den vom Berichterstatter vorgelegten Vorschlag.[518] Nach Beratung in der Abteilung geht der Vorschlag als „projet de section" in die Generalversammlung, wo er abermals nach dem selben Schema beraten wird.[519]

---

[510] Costa, Le Conseil d´État, S. 45; Massot/Girardot, Le Conseil d´État, S. 66; Stirn, Le Conseil d´État, S. 38.

[511] Massot/Girardot, Le Conseil d´État, S. 66.

[512] Ebd., S. 71.

[513] Bécane/Couderc, La Loi, S. 124; Costa, Le Conseil d´État, S. 44; Fournier, Le travail gouvernemental, S. 244; Massot/Girardot, Le Conseil d´État, S. 71.

[514] Costa, Le Conseil d´État, S. 44.

[515] Massot/Girardot, Le Conseil d´État, S. 72.

[516] Ebd., S. 73.

[517] Fournier, Le travail gouvernemental, S. 245; Massot/Girardot, Le Conseil d´État, S. 72.

[518] Massot/Girardot, Le Conseil d´État, a.a.O.

[519] Costa, Le Conseil d´État, S. 44 f; Massot/Girardot, Le Conseil d´État, S. 73.

e. Bindung der Regierung an die Stellungnahmen

Die Regierung ist an die Vorschläge des Conseil d'État rechtlich nicht gebunden.[520] Es gibt keine Statistiken darüber, wie häufig die Regierung von Rechtsempfehlungen des Conseil d'État abgewichen ist. Eine Untersuchung dieser Frage ist auch deshalb schwierig, weil die Stellungnahmen des Conseil d'État der Öffentlichkeit lange Zeit gar nicht zugänglich waren und auch jetzt nicht vollständig publiziert sind.[521] Eine von *Bernard Stirn* zitierte Studie des Generalsekretariats der Regierung,[522] die die Abweichungen von den Empfehlungen des Conseil d'État auf dem Gebiet der Verordnungen über einen Zeitraum von 9 Monaten untersuchte, ergab jedoch, dass die Regierung von 420 Vorschlägen 399 vollständig und 21 zu 90 % übernommen hat. Dabei betraf der Anteil von 10 % an den Vorschlägen immer Zweckmäßigkeits- und keine Rechtmäßigkeitsfragen. Die Literatur geht - unterstützt von zwei Mitgliedern des Conseil d'État -[523] davon aus, dass die Verhältnisse bei Gesetzen ähnlich sind, d.h., dass die Regierung im Bereich von rechtlichen Empfehlungen inhaltlicher ebenso wie formaler Art in aller Regel den Textvorschlag des Conseil d'État übernimmt[524] und nur bei reinen Opportunitätserwägungen teilweise abweicht[525]. Dies bedeutet umgekehrt aber auch, dass gerade in dem in der vorliegenden Arbeit besonders interessierenden Bereich der rechtstechnischen Qualität der Gesetze der Einfluss des französischen Staatsrates möglicherweise eher gering ist. Wenn man davon ausgeht, dass sich der Conseil d'État bei Zweckmäßigkeitserwägungen, zu denen auch die Kohärenz der Regelungen und ihre rechtstechnische Abfassung zählt, schon von vornehrein zurückhält (s.o.), dieser Aspekt also vielleicht nur 10 – 20 % seiner Vorschläge ausmacht, dann sind die Abweichungen der Regierung in diesem Bereich keinesfalls marginal.

Als Begründung für die dennoch relativ weitgehende faktische Bindungswirkung der Stellungnahmen des Conseils wird auf das allgemein hohe Ansehen seiner Mitglieder, auf die Verbindung zwischen beratender und richterlicher Funktion sowie auf die Beteiligungsverpflichtung des Art. 39 Const. verwiesen. Letztere hat nämlich zur Folge, dass die Regierung nur die Möglichkeit hat, entweder den Text des Conseil d'État oder ihren ursprünglichen Textentwurf anzunehmen, nicht aber, sich nach der Prüfung der Stellungnahme des Conseil d'État für eine dritte Variante - etwa im Sinne einer Kompromisslösung - zu ent-

---

[520] Grote, Das Regierungssystem der V. französischen Republik, S. 113.

[521] Massot/Girardot, Le Conseil d'État, S. 77.

[522] Stirn, Le Conseil d'État, S. 41 f, ohne nähere Quellangaben, auch ohne Jahresangabe.

[523] Stirn und Robineau sind beide Mitglieder des Conseil d'État.

[524] Fournier, Le travail gouvernemental, S. 249; Massot/Girardot, Le Conseil d'État, S. 83 f; Robineau/Truchet, Le Conseil d'État, S. 66; Stirn, Le Conseil d'État, S. 41.

[525] De Baecque, Le Conseil d'État, S. 129 ff, 133; Massot/Girardot, Le Conseil d'État, S. 85; Robineau/Truchet, Le Conseil d'État, S. 67; Stirn, Le Conseil d'État, S. 41.

scheiden.[526] Eine solche neue Gesetzesfassung wäre dann nämlich ohne Beteiligung des Conseil d'État zustande gekommen und verstieße mithin gegen Art. 39 der Verfassung. Nur soweit ein vom Conseil d'État vorgeschlagener Gesetzesentwurf teilbar ist, besteht die Möglichkeit, bestimmte Teile zu übernehmen und andere zu verwerfen.[527]

Abgesehen von den Risiken einer möglichen Verfassungswidrigkeit des geplanten Gesetzes, tragen auch das hohe Ansehen des Conseil d'État und seiner Mitglieder dazu bei, dass die Regierung seine Ratschläge nicht ohne weiteres unbeachtet lässt.[528] Die Gerichte sind zwar an eine ablehnende Stellungnahme des Conseil d'État nicht gebunden. Es spricht jedoch einiges dafür, dass sie sich der Meinung dieses hochrangigen Verfassungsorgans anschließen und die richterlichen Abteilungen des Conseil d'État Widersprüche zu den administrativen Abteilungen desselben vermeiden werden.[529] In der bisherigen Rechtsprechung jedenfalls blieben Abweichungen zwischen den Meinungen der verschiedenen Abteilungen des Conseil d'État auf absolute Ausnahmefälle beschränkt.[530] Der Staatsrat kann zwar selbst kein Gesetz für verfassungswidrig erklären. Die Regierung riskiert jedoch bei verfassungsrechtlichen Bedenken die spätere Aufhebung des Gesetzes durch den Conseil Constitutionnel. Hier ist es zwar grundsätzlich wahrscheinlicher, dass der Conseil Constitutionnel sich über die Stellungnahme des Conseil d'État hinwegsetzt, da die Verbindungen zwischen den beiden Institutionen nicht so eng sind wie zwischen den verschiedenen Abteilungen des Conseil d'État, aber das Risiko bleibt dennoch so hoch, dass die Regierung nicht ohne Not den Einwand der Verfassungswidrigkeit unbeachtet lassen wird.[531]

3. Rechtsbereinigung und Reform

Die Aufgabe der Rechtsbereinigung ist in Frankreich größtenteils der sog. Commission supérieure de codification übertragen. Lediglich bei Kodifikationen im klassischen Sinne werden wissenschaftliche Gremien eingesetzt. Soweit es um die grundlegende inhaltliche Reform von Gesetzen geht, kommt dem Conseil d'État eine wichtige Rolle zu. Erwähnenswert ist zudem noch der verfahrensmäßige Trick, den die französische Regierung anwendet, um die parlamentarischen Hürden bei Kodifikationsvorhaben zu vermeiden.

---

[526] Costa, Le Conseil d'État, S. 47; Massot/Girardot, Le Conseil d'État, S. 74; Robineau/Truchet, Le Conseil d'État, S. 63; Stirn, Le Conseil d'État, S. 41.

[527] Massot/Girardot, Le Conseil d'État, S. 74; Stirn, Le Conseil d'État, S. 41.

[528] Costa, Le Conseil d'État, S. 47.

[529] De Baeque, Le Conseil d'État, S. 129 ff, 134; Massot/Girardot, Le Conseil d'État, S. 83.

[530] Massot/Girardot, Le Conseil d'État, S. 84.

[531] Ebd., S. 85.

a. Ad-hoc-Kommissionen zur Kodifikation

Parallel zum laufenden Alltagsgeschäft der Gesetzgebung werden Anstrengungen unternommen, um die Kodifizierung des Rechts voranzutreiben.[532] In Frankreich unterscheidet man zwischen „Codification à droit constant" und „Codification réformatrice". Erstere bezieht sich auf eine rein rechtstechnische Neuordnung bestehenden Rechts ohne wesentliche inhaltliche Änderungen, zweitere auf eine Neufassung, die auch inhaltliche Änderungen und Angleichungen sowie eine umfassende Systematisierung eines bestimmten Rechtsgebiets beinhaltet.[533] *Guy Braibant* beschreibt den Unterschied mit einem Wortspiel als „codification qui réforme et codification qui reforme"[534], d.h. als Kodifikation, die reformiert, also neues Recht schafft und Kodifikation, die nur bestehendes Recht reformiert, also in eine neue Form bringt. Ganz ohne inhaltliche Änderungen kommt die Codification à droit constant jedoch auch nicht aus. So werden etwa vorkonstitutionelle Normen auf ihre Verfassungsmäßigkeit hin geprüft und ggf. angepasst.[535] Dasselbe gilt für eine möglicherweise fehlende Europarechtskonformität.[536] Zudem kann es erforderlich sein, bei einer Zusammenfassung mehrer Gesetze, sich widersprechende Normen abzuschaffen, sowie insbesondere bei alten Gesetzen eine sprachliche Überarbeitung vorzunehmen.[537] Die Codification à droit constant ist somit mehr als eine bloße Kompilation verschiedener Gesetze in einem Gesetzbuch, wie sie in Italien häufiger erfolgt.[538]

Die vorwiegend formelle Kodifikation stellt den Schwerpunkt der Kodifikationsarbeit in Frankreich dar.[539] Als Beispiele für Reform-Kodifikationen werden dagegen nur die Inkorporierung des Familienrechts in den Code Civil, die Neugestaltung der Zivilprozessordnung 1981 und die Reform des Strafrechts 1994 genannt.[540]

Die Codification réformatrice wird an besondere, für diesen speziellen Fall und nur auf bestimmte Zeit eingerichtete Kommissionen übertragen.[541] Für den Code Pénal wurde beispielsweise eine Kommission eingesetzt, die aus Anwälten,

---

[532] Trnka, Law in Theory and Practice, S. 176.
[533] Bécane/Couderc, La Loi, S. 253; Braibant, Rfap 1995, S. 127 ff, 128 f; Braibant, Rfap 1997, S. 165 ff, 165; Malaurie, Rfap 1997, S. 177 ff, 179 f; Vigouroux, Rfap 1997, S. 187 ff, 188 (Autor ist Conseiller d'État und früherer Berichterstatter der Commission supérieure de codification).
[534] Braibant, Rfap 1997, S. 165 ff, 165.
[535] Braibant, Rfap 1995, S. 127 ff, 132.
[536] Ebd., S. 133.
[537] Ebd., S. 132 f.
[538] Cassese, Rfap 1997, S. 184 ff, 185; Vigouroux, Rfap 1997, S. 187 ff, 187.
[539] Vgl. Beispiele bei Bécane/Couderc, La Loi, S. 254.
[540] Ebd., S. 253 f.
[541] Ebd., S. 258; Braibant, Rfap 1997, S. 165 ff, 174.

Richtern, Professoren und Beamten des Justizministeriums bestand.[542] Daneben führt die Regierung in aller Regel umfangreiche Konsultationen durch. Dies hat zur Folge, dass sich Reform-Kodifikationen oft als sehr langwierig erweisen und teilweise dann, wenn sie fertiggestellt sind, schon überholt sind.[543] Als Bespiel besonders zeitintensiver Arbeiten gilt die Reform des Strafgesetzbuchs, die von 1976 bis 1994 dauerte.[544] Es ist davon auszugehen, dass die Aufwendigkeit des Verfahrens die Beteiligten vielfach bereits von Anfang an davon abhält, größere Reformvorhaben in Angriff zu nehmen.

b. Commission Supérieure de Codification

Die eher bürokratische Arbeit der Codification à droit constant leitet dagegen seit 1948 eine dauerhaft bei der Regierung eingerichtete ressortübergreifende Kommission, die „Commission Supérieure de Codification".[545] Zusammensetzung und Befugnisse der Kommission wurden durch die Verordnung vom 12.09.1989[546] neu gefasst.[547] Hintergrund waren sowohl die gestiegene Bedeutung, die man der Kodifikationsaufgabe beimaß, als auch der Wunsch, das Parlament an einer Aufgabe zu beteiligen, die bislang der Regierungsbürokratie vorbehalten war.[548]

Das Ansehen der Kommission ebenso wie ihre Autorität gegenüber den Ministern wuchs seit 1989 unter anderem dadurch, dass nun der Premierminister den Vorsitz der Kommission inne hat und nicht mehr wie zuvor ein von ihm ernannter Minister.[549] Die politische Unterstützung der Kommission durch den Premierminister ist deshalb von besonderer Bedeutung, weil es immer eines nicht unerheblichen Drucks bedarf, um ein Kodifikationsvorhaben interministeriell durchzusetzen.[550] Die enge Anbindung an das Amt des Premierministers wird auch symbolisch dadurch verdeutlicht, dass die Kommission ihren Sitz und Tagungsort an seinem Amtssitz hat.[551]

Den tatsächlichen Vorsitz der Kommission in der alltäglichen Arbeit übernimmt der Vizepräsident, der für jeweils fünf Jahre vom Premierminister ernannt wird. Diesen Posten hatte von Anfang an *Guy Braibant* inne.[552] Dieses Element der

---

[542] Bécane/Couderc, La Loi, S. 258.

[543] Ebd.

[544] Ebd., S. 253 f; Trnka, Law in Theory and Practice, S. 176.

[545] Braibant, Rfap 1997, S. 165 ff, 174.

[546] Décret n° 89-647 vom 12.09.1989.

[547] Bécane/Couderc, La Loi, S. 259; Braibant, Rfap 1995, S. 127 ff, 134.

[548] Bécane/Couderc, a.a.O., S. 260; Braibant, a.a.O.

[549] Bécane/Couderc, a.a.O.; Braibant, a.a.O., S. 134, 138.

[550] Braibant, Rfap 1997, S. 165 ff, 175.

[551] Robineau, Rfap 1997, S. 263 ff, 264.

[552] Ebd., S. 263.

Kontinuität ebenso wie die persönliche Autorität des Vize-Vorsitzenden trägt nicht unwesentlich dazu bei, dass die Kommission bei ihrer Kodifikationsarbeit den notwendigen langen Atem besitzt.[553]

Die Kommission besteht aus ständigen und nichtständigen Mitgliedern. Zu den ständigen Mitgliedern zählen aus den Reihen der Regierung der Justizminister als der Verantwortliche für die napoleonischen Kodifikationen, der Generalsekretär der Regierung als wesentliches Verbindungsglied zur interministeriellen Arbeit, der Generaldirektor der Abteilung für Verwaltung und öffentlichen Dienst als Verantwortlicher für Verwaltungsreformen, ein Vertreter des Amtes für Veröffentlichungen als Verantwortlicher für die Zugänglichkeit des Rechts (d.h. insbesondere für das Amtsblatt) sowie der Direktor für die „Outre-mer"-Angelegenheiten als Verantwortlicher für die Rechtsanwendung in den ehemaligen französischen Kolonien.[554] Obwohl die Kommission immer wieder als interministerielle Einheit bezeichnet wird, sind somit nicht alle Minister in ihr vertreten. Neben Regierungsmitgliedern sind auch Vertreter sonstiger Verfassungsorgane, die in Beziehung zur Gesetzgebung oder zur Rechtsanwendung stehen, dauernd präsent, so zum Beispiel Mitglieder des Conseil d'État, des Rechnungshofs und der Cours de Cassation sowie seit 1989 jeweils ein Vertreter des Senats und der Assemblée Générale.[555] Die nichtständigen Mitglieder werden nach ihren besonderen Fähigkeiten im Hinblick auf ein bestimmtes Kodifikationsvorhaben ernannt. Hierzu gehören etwa Mitglieder der zuständigen Abteilung des Conseil d'État, die Direktoren der zuständigen Ministerien, Vertreter des zuständigen Parlamentsausschusses sowie Professoren oder andere Wissenschaftler.[556]

Aufgabe der Kommission ist es nach der Verordnung von 1989,[557] die Kodifikationsarbeit von Ministerialbeamten, Vertretern des Conseil d'État und Spezialkommissionen zu koordinieren und zu unterstützen. Hierzu arbeitet sie ein Kodifikationsprogramm mit Vorschlägen für neue Vorhaben aus, begleitet und kontrolliert die Erstellung der Texte und ihre weitere Behandlung im Conseil d'État und im Parlament. Außerdem kommt ihr die Aufgabe zu, eine allgemeine Methodik der Kodifikation auszuarbeiten und hierzu Richtlinien zu erstellen. Schließlich soll sie klären, ob und inwieweit die Kodifikationstexte Anwendung auf die Outre-Mer-Gebiete finden können. Die Kommission verfasst die Kodifikationstexte nicht selbst, sondern sorgt lediglich dafür, dass diese den von der Kommission erarbeiten Prinzipien und Methoden entsprechen sowie die innere

---

[553] Ebd., S. 264.

[554] Ebd., S. 265 f.

[555] Braibant, Rfap 1995, S. 127 ff, 134.

[556] Bécane/Couderc, La Loi, S. 260; Robineau, Rfap 1997, S. 263 ff, 266.

[557] Text wiedergegeben bei: Robineau, Rfap 1997, S. 263 ff, 267.

und äußere Kohärenz wahren.[558] Die eigentliche Arbeit an den Texten findet in eigens hierfür geschaffenen Arbeitsgruppen aus Regierungsbeamten, Wissenschaftlern usw. statt, die dann eingesetzt werden, wenn die Regierung ihre grundsätzliche Zustimmung zu einem bestimmten Vorhaben erteilt hat. Die Zusammensetzung der Arbeitsgruppen wird von der Kommission festgelegt. Zudem wird ein spezieller Berichterstatter der Kommission ernannt, der mit den Arbeitsmethoden der Kommission vertraut ist und das Verbindungsglied zwischen dieser und der Arbeitsgruppe darstellt.[559] Dabei handelt es sich in der Regel um einen jungen Vertreter des Conseil d'État oder des Rechnungshofes.[560] Bevor ein Kodifikationsentwurf der Regierung übergeben wird, wird er in der Kommission noch einmal minutiös kontrolliert.[561] Sollten bei der Kodifikationsarbeit rechtliche wie inhaltliche Probleme zu Tage getreten sein, so werden diese in einem Bericht zur späteren vertieften Prüfung zusammengefasst. Es finden jedoch keine Verknüpfung grundlegender Gesetzesänderungen mit dem Kodifikationsprozess statt.[562]

Sinn und der Zweck der Übertragung der Kodifikationsaufgabe auf eine gesonderte Kommission soll es sein, dieser Arbeit größeres Gewicht im interministeriellen Konkurrenzkampf zu verleihen und der Dauer der Kodifikationsarbeit Rechnung zu tragen.[563] Denn auch in Frankreich stehen vorwiegend rechtstechnische Reformen auf der politischen Beliebtheitsskala nicht oben an. So erklärt *Guy Braibant*, der Vize-Päsident der Kodifikationskommission: « *Il faut bien reconnaître que l'adoption des codes à droit constant ne constitue pas politiquement une priorité: par définition de tels codes ne réalisent pas de réforme. (...) Et un ministre préfère toujours une réforme, fût- elle éphémère, à laquelle il attache son nom et par laquelle il manifeste son action, à une mise en forme du droit existant.* »[564] Während der politische Alltag durch Kompetenzkonflikte zwischen den Ministerien und ein hohes Maß an Schnelllebigkeit vieler Vorhaben gekennzeichnet ist, bedarf die Kodifikationsarbeit ressortübergreifender Ansätze sowie eines Elements der Dauerhaftigkeit. Beides soll durch die Commission Supérieure de Codification gewährleistet werden.[565] Frühere Versuche, diese Aufgabe dem Conseil d'État zu übertragen, waren stets daran ge-

---

[558] Braibant, Rfap 1995, S. 127 ff, 135; Robineau, Rfap 1997, S. 263 ff, 267; Vigouroux, Rfap 1997, S. 187 ff, 190.

[559] Robineau, a.a.O., S. 267.

[560] Braibant, Rfap 1995, S. 127 ff, 135.

[561] Braibant, Rfap 1997, S. 165 ff, 174.

[562] Braibant, Rfap 1995, S. 127 ff, 132.

[563] Braibant, a.a.O., S. 138; Robineau, Rfap 1997, S. 263 ff, 264 f.

[564] Braibant, RFD adm. 2000, S. 493 ff, 493.

[565] Robineau, Rfap 1997, S. 263 ff, 264 f.

scheitert, dass dieser mit seinen Prüfungs- und Beratungsaufgaben so ausgelastet war, dass ihm keine Zeit für Kodifikationsarbeiten blieb.[566]

c. Kodifikation über Ordonnanzen i.S.d. Art. 38 Const.

Anders als in Großbritannien gibt es in Frankreich kein speziell für die Verabschiedung von Kodifikationsgesetzen vorgesehenes Verfahren. Es gibt jedoch einen verfahrensmäßigen Weg, der es der Regierung ermöglicht, Kodifikationen ohne zeitraubende Diskussionen im Parlament zu verabschieden: den Weg über die Ordonnanzen (ordonnances) i.S.d. Art. 38 der Verfassung. Danach kann die Regierung - sofern dies für die Durchführung des Gesetzgebungsprogramms erforderlich ist - das Parlament auffordern, sie dazu zu ermächtigen, auf einem Gebiet, das eigentlich der Regelung durch Gesetz vorbehalten ist, Ordonnanzen mit Verordnungsrang für einen zeitlich begrenzten Rahmen zu erlassen. Die Ordonnanzen werden im Conseil des ministres beschlossen, nachdem der Conseil d'État seine Stellungnahme abgegeben hat. Sie verlieren dann ihre Gültigkeit, wenn dem Parlament nicht innerhalb der im Ermächtigungsgesetz des Parlamentes (lois d'habilitation) festgesetzten Frist ein entsprechender Gesetzesentwurf vorgelegt wird (Art. 38 Abs. 2 Const.). Die Regierung wendet hier jedoch häufig den Trick an, dass sie dem Parlament zwar rechtzeitig einen Entwurf vorlegt, aber bei der Festlegung der Tagesordnung keine Zeit zur Debatte einräumt. So hat das Parlament keine Möglichkeit, den Entwurf abzulehnen, und die Ordonnanzen behalten auch über den Fristablauf hinaus ihre Geltung.[567] Die Ordonnanzen haben eine rechtliche Zwitterstellung: Bis zum Erlass eines Parlamentsgesetzes haben sie den Rang einer Verordnung, danach rückwirkend (!) den Rang eines Gesetzes.[568] Die Kodifikation über den Weg des Art. 38 der Const. bietet der Regierung die Möglichkeit unter Umgehung des Parlaments neues Recht an die Stelle verstreuter und teilweise vielleicht veralteter Regelungen zu setzen. Darin liegt für die Regierung der Vorteil im Vergleich zu der früher teilweise verwendeten Methode, Kodifikation dann, wenn es um rein formelle Veränderungen ging, durch Verordnungen (décrets) abzuändern.[569] In diesen Fällen nämlich blieben die alten Gesetze neben der Kodifikationsverordnung bestehen.[570] Der Rückgriff auf die Ordonnanzen zur Realisierung von Kodifikationsvorhaben war eine Zeit lang eher selten geworden.[571] Mit dem Ermächtigungsgesetz vom 16.12.1999 wurde die Regierung dafür gleich zum Erlass bzw. zur Änderung von neun Kodifikationen im Wege von Ordonnanzen ermächtigt.[572]

---

[566] Braibant, Rfap 1997, S. 165 ff, 174.

[567] Ségur, La Ve République, S. 126.

[568] Bogdandy, Gubernative Rechtsetzung, S. 300.

[569] Bécane/Couderc, La Loi, S. 261.

[570] Braibant, RFD admin 2000, S. 493 ff, 494.

[571] Bécane/Couderc, La Loi, S. 261.

[572] Loi n° 99-1071 du 16 décembre portant habilitation du Gouvernement à procéder, par ordonnances, à l'adop-tion de la partie législative de certains codes, JO 22 déc. 1999, S.

Das Ermächtigungsgesetz enthält neben der Aufzählung der betroffenen Codes und Fristen zur Verabschiedung der Ordonnanzen keine weiteren Präzisierungen des geplanten Inhalts der Kodifikationen. Allerdings schränkt Art. 2 den Anwendungsbereich des Ermächtigungsgesetzes insoweit ein, als es vorrangig um die Neugruppierung und Organisation bereits bestehender Regelungen - also um eine codification à droit constant - gehen soll. Änderungen sollen nur erfolgen, wenn und soweit sie erforderlich sind, um dem Erhalt der Normenhierarchie gerecht zu werden oder um die redaktionelle Kohärenz der neu zusammengestellten Texte zu sichern.

Hintergrund dieses Gesetzes war der Umstand, dass zwar die vorbereitenden Arbeiten für Kodifikationen voranschritten, aber seit drei Jahren kein Text vom Parlament mehr verabschiedet worden war.[573] Die Schuld für diese Verzögerung lag dabei weniger beim Parlament als vielmehr bei der Regierung selbst, die die Kodifikationsvorhaben nicht auf die parlamentarische Tagesordnung setzte, weil ihr andere Gesetze stets wichtiger erschienen.[574] Der Conseil d'État weigerte sich bereits, Kodifikationsvorhaben zu prüfen, da er davon ausging, dass diese Texte ohnehin nur für die Schublade produziert würden.[575]

Eine gegen das Ermächtigungsgesetz vom 16.12.1999 erhobene Klage von mehreren Parlamentariern[576] zum Conseil Constitutionnel blieb erfolglos. Der Verfassungsgerichtshof stellte mit Urteil vom 16.12.1999 fest, dass das Vorgehen der Regierung keine Verletzung der Rechte des Parlaments darstelle.[577] So sei es unschädlich und für die Anwendung des Art. 38 Const. typisch, dass die (Neu-)Kodifikationen übergangsweise den Rang einer Verordnung erhielten.[578] Des weiteren hielt es der Conseil Constitutionnel nicht für erforderlich, dass das Parlament die genaueren Inhalte der zu ergreifenden Ordonnanzen kennen müsse, da es sich vorrangig um formelle Neuordnungen ohne maßgebliche substantielle

---

1940; abgedruckt auch in RFD admn. 2000, S. 499. Erfasst sind gem. Art. 1 des Gesetzes der Code rural, der Code de l'éducation, der Code de la santé publique, der Code de commerce, der Code de l'environnement, der Code de justice administrative, der Code de la route, der Code de l'action sociale sowie der Code monétaire et financier.

[573] Braibant, RFD admn. 2000, S. 493 ff, 493; zuvor hatte er schon die Blockade von Vorhaben nach ihrer Verabschiedung beklagt: Braibant, Rfap 1997, S. 165 ff, 175; Braibant, Rfap 1995, S. 127 ff, 134; auf Verzögerungen im Parlament weisen auch hin: Bécane/Couderc, La Loi, S. 258.

[574] Braibant, Rfap 1997, S. 165 ff, 175.

[575] Braibant, RFD admn. 2000, S. 493 ff, 493.

[576] Saisine du Conseil Constitutionnel en date du 2 novembre 1999 présenté par plus de soixante députés, en applicant de l'article 61, alinéa 2, de la Constitution, et viseé dans la décision n° 99-421 DC, abgedruckt in RFD admn. 2000, S. 502 ff.

[577] Décision n° 99-421 DC du 16 décembre 1999, RFD admn. 2000, S. 500.

[578] Décision n° 99-421, a.a.O., S. 501.

Veränderungen handele.[579] Er vertrat die Auffassung, dass der Weg über Art. 38 Const. wegen der Dringlichkeit der Vollendendung der geplanten Kodifikationen eröffnet sei. Hierzu führt er im Einzelnen aus, dass: „*l'urgence est au nombre des justifications que le Gouvernement peut invoquer pour recourir à l'article 38 de la Constitution; qu'en l'espèce, le Gouvernement a apporté au Parlement les précisions nécessaires en rappelant l'intérêt général qui s'attache à l'achèvement des neuf codes mentionnés à l'article 1er, auquel faisait obstacle l'encombrement de l'ordre du jour parlementaire; que cette finalité répond au demeurant à l'objectif de valeur constitutionnelle d'accessibilité et d'intellégibilité de la loi.* »[580] Damit erklärt der Conseil Constitutionnel die Kodifikation erstmals[581] zu einem verfassungsrechtlich gebotenen Ziel und verdeutlicht so noch einmal den hohen Stellenwert, der ihr in Frankreich zugemessen wird.

d. Reformvorschläge des Conseil d'État

Der Conseil d'État kann auf Wunsch der Regierung oder (gem. Art. 24 der Verordnung vom 31.07.1945) auf eigene Initiative hin Studien zu bestimmten Rechtsfragen und Vorschläge für Rechtsreformen ausarbeiten.[582] Lange Zeit machte der Staatsrat von dieser Möglichkeit - wohl mangels Personal und Zeit - jedoch keinen Gebrauch.[583] Seit Anfang der 60er Jahre wurden seine Ressourcen auf diesem Gebiet kontinuierlich ausgebaut. Seit 1985 verfügt der Conseil d'État über eine eigene Abteilung „du rapport et des études" mit 25 Mitarbeitern, einem Referenten sowie dessen Vertreter, die Vollzeit zur Verfügung stehen.[584] Neben der Veröffentlichung des jährlichen Tätigkeitsberichts (rapport), obliegt dieser Abteilung auch die Ausarbeitung grundlegender Studien. Diese erfolgt nicht allein durch Mitarbeiter des Staatsrates sondern in interdisziplinären Arbeitsgruppen unter der Leitung eines Mitglieds des Conseil d'État.[585] Die Arbeiten können von ein paar Wochen bis zu zwei Jahren dauern.[586] Auch wenn der Conseil d'État auf eigene Initiative hin tätig wird, stimmt er sich im Vorfeld mit der Regierung ab, ob diese an dem zu bearbeitenden Reformthema interessiert sei.[587] Die Studien finden also nicht aus bloß wissenschaftlichem oder allgemeinem Interesse heraus statt, sondern haben stets das konkrete Ziel, der Regierung Hilfestellungen bei der Behandlung komplexer rechtlicher

---

[579] Décision n° 99-421, a.a.O.

[580] Décision n° 99-421, a.a.O.

[581] Vgl. Braibant, RFD admn. 2000, S. 493 ff, 493.

[582] Massot/Girardot, Le Conseil d'État, S. 192 f; Stirn, Le Conseil d'État, S. 36.

[583] Costa, Le Conseil d'État, S. 51; Massot/Girardot, Le Conseil d'État, S. 192.

[584] Ebd., S. 52.

[585] Ebd., S. 55; Massot/Girardot, Le Conseil d'État, S. 194.

[586] Costa, Le Conseil d'État, S. 56.

[587] Massot/Girardot, Le Conseil d'État, S. 193.

Fragen an die Hand zu geben.[588] Wichtige Anstöße gaben etwa die Studien „De l'éthique au droit" aus dem Jahre 1988 zu Grundrechtsproblemen im Zusammenhang mit biologischem und medizinischem Fortschritt und „Pour un droit plus efficace" zu Fragen der Städtebauplanung aus dem Jahre 1992.[589] Anders als die im Rahmen des Rechtsetzungsverfahrens abgegebenen Stellungnahmen werden die études so gut wie alle sofort veröffentlicht.[590]

Sowohl für die Auswahl der Themen als auch für die Umsetzung der Vorschläge ist der Generalsekretär der Regierung der vorrangige Ansprechpartner des Conseil d'État.[591] In aller Regel kann man davon ausgehen, dass ein nicht unwesentlicher Teil der Empfehlungen des Conseil d'État auch in die Tat umgesetzt wird.[592] Dies beruht zum einen auf der engen Verbindung zwischen Conseil d'État und Regierung und zum anderen auf dem im Conseil d'État vertretenen Fachwissen.[593]

---

[588] Costa, Le Conseil d'État, S. 51; Robineau/Truchet, Le Conseil d'État, S. 68.

[589] Robineau/Truchet, Le Conseil d'État, S. 68.

[590] Massot/Girardot, Le Conseil d'État, S. 194.

[591] Costa, Le Conseil d'État, S. 56; Robineau/Truchet, Le Conseil d'État, S. 69.

[592] Costa, a.a.O., S. 56 f; Massot/Girardot, Le Conseil d'État, S. 196 f mit einem Überblick, welche Gesetze aus welchen études resultierten.

[593] Massot/Girardot, Le Conseil d'État, S. 197.

III. Deutschland

Das deutsche System der Gesetzesvorbereitung und –kontrolle ist deutlich schlanker als die englische und die französische Lösung ist. Die Aufgaben, die dort von den verschiedensten Institutionen (Parliamentary Counsel, Law Officers Department, Law Commission, Commission Supérieure de Codification, Conseil d´État) wahrgenommen werden, sind in Deutschland alle beim Bundesjustizministerium angesiedelt.

1. Erstellung des Entwurfs

Die Vorbereitung der Entwürfe obliegt den Fachreferaten der Ministerien, die nach Möglichkeit schon bei der Abfassung der Texte anhand von Checklisten die Normqualität prüfen sollten. Bereits bei der Erstellung der Gesetzesentwürfe kommt dem Bundesjustizministerium eine Sonderrolle zu, da es in aller Regel die meisten Entwürfe verfasst.

a. Entwurfserstellung in den Referaten

Sowohl die inhaltliche Konzipierung als auch die rechtstechnische Abfassung des ersten Entwurfs obliegt einem Referenten des zuständigen Ministeriums.[594] Diese doppelte Aufgabe führt teilweise dazu, dass die Fachreferate mit der Entwurfsausarbeitung, die nicht zu ihren zentralen Aufgaben zählt,[595] personell und organisatorisch überlastet sind.[596] Ende der 70er Jahre wurde daher vorgeschlagen, auch in Deutschland (jedenfalls bei Artikelgesetzen) nach englischem Vorbild die Gesetzestechnik im engeren Sinne von der materiellen Entwicklungsarbeit im Entwurfsprozess zu trennen.[597] Diese Idee wurde jedoch nie ernsthaft weiterverfolgt.

In der Praxis geht ein Großteil der Regierungsinitiativen vom Bundesjustizministerium aus.[598] Das Justizministerium fungiert damit quasi als allgemeines „Gesetzgebungsministerium". Zu seinem Zuständigkeitsbereich zählen neben dem Straf- und dem „klassischen" Zivilrecht auch das Handels- und Wirtschaftsrechts. Es sind somit diejenigen Themengebiete erfasst, die zu den Kernbereichen des Rechts zu rechnen sind. Da diese Gesetze nicht nur zu den grundlegenden Normen sozialen und wirtschaftlichen Verhaltens zählen, sondern auch in formaler Hinsicht system- und stilbildend für andere Gesetze verwandter Bereiche sind,[599] entscheidet das Justizministerium mithin über einen nicht unwesent-

---

[594] Herber, Vorbereitung eines Gesetzentwurfs, S. 31 ff, 33.

[595] Andrews, Organisation und Verfahren der Entwurfsausarbeitung, S. 50 ff, 50.

[596] Hugger, Gesetze, S. 69.

[597] Speich, Methoden und Techniken zur Entwurfsentwicklung und -prüfung, Aussprache, S. 36 ff, 43.

[598] Von Beyme, Der Gesetzgeber, S. 178; einzige Ausnahme: in der 11. WP war die Initiativtätigkeit des Finanzministeriums stärker als die des Justizministeriums.

[599] Meyer, Aufgaben und Stellung des Bundesministeriums der Justiz, S. 443 ff, 457.

lichen Teil der Grundfragen des Rechts. Die zentrale Rolle des Justizministeriums schlägt sich auch in seiner Größe nieder. So verfügte das Bundesjustizministerium im Jahr 2000 über 734 Beschäftigte, von denen 200 Juristen waren.[600] Anders als man zunächst annehmen könnte, gehen jedoch die Ursprungstexte der klassischen Kodifikationen nicht auf das Justizministerium bzw. seinen Vorgänger, das 1877 gegründete[601] Reichsjustizamt, zurück. Das Justizamt hatte vielmehr zu Beginn seiner Tätigkeit eine so marginale Bedeutung, dass sein Fortbestand in Frage gestellt war. Hintergrund war, dass der Bereich der Justizverwaltung in der alleinigen Zuständigkeit der Bundesländer lag und bei der Gesetzesvorbereitung Reichskompetenzen nur für zivil-, straf- und prozessrechtliche Inhalte bestanden. Auf diesen Gebieten aber waren alle wesentlichen Gesetze (GVG, ZPO, StPO und KO) kurz vor der Schaffung des Reichsjustizamtes unter Mitwirkung des preußischen Justizministeriums erlassen worden.[602] Auch die Arbeiten zur Vorbereitung des BGB waren nicht der Reichsbehörde, sondern vielmehr Experten-Kommissionen übertragen.[603] Erst im Laufe der Kodifikationsarbeiten konnte das Reichsjustizamt an Einfluss gewinnen, indem es die Arbeit der Kommission steuernd begleitete und durch die Vorbereitung von Anpassungsgesetzen ergänzte.[604] Das Amt wurde schließlich dennoch zu einem wesentlichen Motor für die Verabschiedung des BGB, da seine eigene Existenzberechtigung mit dem Erfolg des Kodifikationsvorhabens untrennbar verbunden war.[605] Die bedeutende Stellung der Justizbehörde war somit nicht Voraussetzung, sondern Folge der Entstehung einer Zivilrechtskodifikation.

b. Entwurfserstellung und „Blaue Prüffragen"

Bereits das federführende Ressort hat die Übereinstimmung des Entwurfs mit den sog. „Blauen Prüffragen" zu kontrollieren.[606] Dabei handelt es sich um eine mit Kabinettsbeschluss vom 11.12.1984 eingeführte Checkliste mit zehn Grund- und 48 Detailfragen zur Gesetzgebungsqualität,[607] die ihren Namen von der Farbe des Papiers hat.[608] Mit Kabinettsbeschluss vom 19.03.1996 wurde die Pflicht

---

[600] Bundesministerium der Justiz, Referat für Presse- und Informationsarbeit (Hrsg.), Zahlen aus der Justiz, 30.09.2000.

[601] Hattenhauer, Vom Reichsjustizamt zum Bundesministerium der Justiz, S. 9 ff, 10, S. 17; Schulte-Nölke, Reichsjustizamt und Entstehung des Bürgerlichen Gesetzbuchs, S. 7 f.

[602] Hattenhauer, a.a.O., S. 9 f, S. 10 f; Schulte-Nölke, a.a.O., S. 11, 35 f.

[603] Von Lüderitz, Kodifikation des bürgerlichen Rechts in Deutschland 1873 bis 1977, S. 213 ff, 215.

[604] Schulte-Nölke, Reichsjustizamt und Entstehung des Bürgerlichen Gesetzbuchs, S. 265.

[605] Ebd., S. 41.

[606] Busse, Staatswissenschaften und Staatspraxis 1997, S. 401 ff, 404; Meyer-Teschendorf/Hofmann, DÖV 1997, S. 268 ff, 272.

[607] Prüffragen zur Notwendigkeit, Wirksamkeit und Verständlichkeit von Rechtsetzungsvorhaben des Bundes vom 11.12.1984, abgedruckt in BMJ, Handbuch der Rechtsförmlichkeit, Anhang 3.

[608] Prüffragen vom 11.12.1984, a.a.O.

zur Einhaltung der Vorgaben der Blauen Prüffragen auch in § 22 a der Gemeinsamen Geschäftsordnung der Ministerien (GGO II) aufgenommen, um ihre Bedeutung noch einmal zu unterstreichen.[609] Zudem fasste das Bundesjustizministerium alle vorhanden Arbeitshilfen zur Gesetzgebung 1991 in einem „Handbuch der Rechtsförmlichkeit" zusammen, das inzwischen bereits in zweiter Auflage erschienen ist.[610] Da in Deutschland die Debatte um die Gesetzgebungsqualität vorrangig unter den Stichworten „schlanker Staat", „Deregulierung" und „Normenflut" geführt wurde, widmen sich auch die zehn Kernfragen der Checkliste vor allem der Erforderlichkeit des geplanten Gesetzes generell sowie in der konkret vorgesehenen Form.[611]

Organisatorisch wurde die Einhaltung der Prüfkriterien in einigen Ressorts dadurch abgesichert, dass in den Referaten Querschnittseinheiten für Rechts- und Verwaltungsvereinfachung eingerichtet oder besondere Beauftragte bestellt wurden.[612] Allerdings kann jedes Ressort Organisation und Ablauf des Prüfverfahrens eigenständig handhaben. Die Praxis ist daher sehr heterogen.[613] In der Regel existiert keine gesonderte Prüfungseinheit in den Ministerien,[614] so dass diese Aufgabe entweder vom federführenden Referat selber oder von den Juristen der allgemeinen Querschnittsabteilung Z (= die für interne Dienstleistungsaufgaben zuständige Zentralabteilung) wahrgenommen werden muss. Verstöße gegen die Prüfpflicht bleiben allerdings sanktionslos und die internen Entscheidungen unveröffentlicht.[615]

Ob und inwieweit die Anwendung der Prüffragen Erfolg hat, ist mangels empirischer Erhebungen zu dieser Frage schwer zu klären.[616] Während teilweise von einer erheblichen Verbesserung der Entwürfe ausgegangen wird,[617] sprechen andere Autoren in diesem Zusammenhang von enttäuschten Hoffnungen[618]. Feststehen dürfte allerdings, dass sich keine Auswirkungen auf die Frage der

---

[609] Busse, Gesetzgebungsarbeit der Bundesregierung, S. 33 ff, 49.

[610] BMJ, Handbuch der Rechtsförmlichkeit.

[611] Sommermann, Legislative Process and Rationality, S. 35 ff, 41, S. 44; Prüffragen vom 11.12.1984, a.a.O.

[612] König, Gesetzgebungsvorhaben, S. 121 ff, 133; vgl. speziell zum BMI auch: Fliedner, ZG 1991, S. 40 ff, 41 f.

[613] Meyer-Teschendorf/Hofmann, DÖV 1997, S. 268 f, S. 272; Müller-Graff, Quality of European and National Legislation, S. 111 ff, 115, S. 123.

[614] Auswertung der Autorin der im Internet auf den Seiten der Ministerien veröffentlichten Organigramme.

[615] Müller-Graff, Quality of European and National Legislation, S. 111 ff, 123; Scholz/Meyer-Teschendorf, ZRP 1996, S. 404 ff, 407.

[616] Müller-Graff, a.a.O., S. 115; Schneider, Gesetzgebung, § 5 Rn. 102.

[617] Fliedner, ZG 1991, S. 40 ff, 49 f; Hill, ZG 1993, S. 1 ff, 10.

[618] Scholz/Meyer-Teschendorf, ZRP 1996, S. 404 ff, 407.

Erforderlichkeit einer Regelung als Ganzes ergeben haben. Diese Frage wird bereits zuvor auf politischer Ebene geklärt und später nicht mehr in Frage gestellt.[619] Wenn überhaupt Erfolge zu verzeichnen sein sollten, dann allenfalls im Hinblick auf die Verständlichkeit und Widerspruchsfreiheit der Normen oder die Erforderlichkeit bestimmter Einzelregelungen.[620] Jedenfalls aber besteht Einigkeit dahingehend, dass allein die Aufstellung von Prüffragen nicht genügt, sondern dass ihre Einhaltung institutionell abgesichert werden muss.[621] Da das Problem der formalen Gesetzesqualität im Konsensfindungsprozess meist hinter anderen Fragen zurücktritt,[622] bedarf es einer eigenständigen Vertretung dieser Belange. Diese sollten nach Möglichkeit schon auf der Ebene der Fachressorts miteinbezogen werden, da hier noch mehr Entscheidungsspielraum besteht.[623] *Ludwig Göbel* schlägt daher die Einrichtung von mit Juristen besetzten ressortinternen Koordinierungs- und Vorprüfeinheiten in allen Ministerien vor. In den Bereichen, in denen solche Einheiten existierten, habe man gute Erfahrungen gemacht.[624]

2. Juristische Koordination und Kontrolle

Die starke Stellung, die dem Justizministerium in der Bundesrepublik zugewiesen wurde, war auch eine Reaktion auf die Schwäche seiner Vorgänger in der Weimarer Republik und der Zeit des Nationalsozialismus. Es sollte nunmehr eine unabhängige Regierungsstelle geben, die die Gesetzesentwürfe auf Rechts- und Verfassungsmäßigkeit prüft und für die Einheit der Rechtsordnung sorgt.[625] Der Vorschlag, eine zusätzliche externe Kontrollstelle einzurichten, wurde zwar diskutiert, erreichte aber nie politische Relevanz.

a. Kontrolle und Beratung durch das Bundesjustizministerium

Bevor ein Gesetzesentwurf dem Kabinett zugeleitet wird, ist er gem. § 38 Abs. 1 GGO II dem Bundesjustizministerium zur Rechtsförmlichkeitsprüfung vorzulegen. Gem. § 37 GGO II ist der Entwurf zudem der Gesellschaft für deutsche Sprache zur sprachlichen Prüfung zuzuleiten. Diese Kontrolle ist jedoch weitgehend bedeutungslos geblieben.[626] Die Möglichkeiten der Gesellschaft für deutsche Sprache, für eine klare Gesetzessprache zu sorgen, sind gering, da sie zum einen über wenig Mittel verfügt und zum anderen keinen juristischen Sachvers-

---

[619] Fliedner, ZG 1991, S. 40 ff, 49.

[620] Ebd., S. 49 f.

[621] Fliedner, ZG 1991, S. 40 ff, 48; Riebel, ZRP 2002, S. 61 ff, 62; Scholz/Meyer-Teschendorf, ZRP 1996, S. 404 ff, 407.

[622] Fliedner, a.a.O., 52.

[623] Ebd., S. 51.

[624] Göbel, Probleme der Regelungsform, S. 75 ff, 85.

[625] BMJ, Handbuch der Rechtsförmlichkeit, Rn. 1.

[626] Schneider, Gesetzgebung, § 5 Rn. 113.

tand besitzt.[627] Erst nach Abschluss der Prüfung durch das Bundesjustizministerium und der gegebenenfalls erforderlichen Einarbeitung der Änderungswünsche hat der Entwurf die sog. „Kabinettsreife" erlangt. Gelangt das Ministerium bei seiner Prüfung zu einem negativen Ergebnis, so hat es gem. § 26 Abs. 2 GeschOBReg ein Widerspruchsrecht (suspensives Veto).

Die Rechtsförmlichkeitsprüfung umfasst – anders als es der Begriff vielleicht nahe legen würde – sowohl eine Überprüfung der Form des Gesetzes als auch seines Inhalts.[628] Nach Auskunft des Handbuchs für Rechtsförmlichkeit des Bundesjustizministeriums untersuchen die hierfür zuständigen sog. „Mitprüfungsreferate" im Einzelnen folgendes:[629] Zunächst wird geprüft, ob das Gesetz im Hinblick auf das erstrebte Ziel erforderlich ist. Sodann erfolgt eine Prüfung der Vereinbarkeit mit höherrangigem Recht, d.h. Verfassungs- und Europa- sowie ggf. Völkerrecht. Des weiteren wird geprüft, ob sich die geplante Regelung widerspruchsfrei in die bestehende Rechtsordnung einfügt.[630] Hierbei wird die systematische Einordnung des Gesetzes, seine Verweisungstechnik, die Einhaltung der Normenhierarchie, die Angemessenheit von Regel-Ausnahme-Verhältnissen, die Vermeidung doppeldeutiger und widersprüchlicher Regelungen sowie die Verständlichkeit der Normen geprüft. Schließlich wird auch die Einhaltung der Anforderungen an Form und Gestaltung einer Kontrolle unterzogen. Bei seiner Arbeit zieht das Justizministerium wiederum die oben bereits erwähnten Blauen Prüffragen heran.[631] Daneben haben auch das Innenministerium (Abteilung für Verwaltungs- und Verfassungsrecht) im Rahmen der Verwaltungsförmlichkeitsprüfung und das Finanzministerium im Rahmen der Prüfung finanzieller Auswirkungen der Vorschläge die Blauen Prüffragen gesondert zu beachten.[632]

Die Mitprüfungsreferate sind jeweils auf bestimmte Rechtsgebiete spezialisiert. Ihre Zuständigkeiten entsprechen im Wesentlichen der Ressortverteilung der Regierung.[633] Für Grundsatzfragen der Rechtsförmlichkeit ist ein gesondertes Referat zuständig, das auch die Entwürfe des Bundesjustizministeriums prüft.[634] Fachübergreifende Fragen, insbesondere verfassungsrechtliche Probleme, wer-

---

[627] Von Beyme, Der Gesetzgeber, S. 144; Schneider, Gesetzgbung, § 5 Rn. 113.

[628] BMJ, Handbuch der Rechtsförmlichkeit, Rn. 7.

[629] Ebd., Rn. 6 f.

[630] Vgl. hierzu auch Meyer, Aufgaben und Stellung des Bundesministeriums der Justiz, S. 443 ff, 461.

[631] Busse, Staatswissenschaften und Staatspraxis 1997, S. 401 ff, 404.

[632] Busse, Gesetzgebungsarbeit der Bundesregierung, S. 33 ff, 49.

[633] BMJ, Handbuch der Rechtsförmlichkeit, Rn. 8.

[634] Ebd.

den von den hierfür jeweils zuständigen Abteilungen des Ministeriums bearbeitet.[635]

Da die Prüfung der Rechtsförmlichkeit relativ aufwendig und umfangreich ist, ist gem. § 38 Abs. 2 S. 1 GGO II darauf zu achten, dass dem Justizministerium genügend Zeit zur Prüfung und Erörterung der auftauchenden Fragen zur Verfügung steht. Das Zeitproblem stellt sich jedoch nicht in der selben Schärfe wie beim Conseil d'État oder dem Parliamentary Counsel, da das Justizministerium in aller Regel von Anfang an an den Rechtsetzungsüberlegungen beteiligt ist.[636] Gem. § 23 Abs. 2 Nr. 2 GGO II (neben dem Innenministerium) ist es von Anfang an zu beteiligen, wenn Zweifel bei der Anwendung des Grundgesetzes auftreten und gem. § 23 Abs. 2 Nr. 3 GGO II, um die Prüfung der Rechtsförmlichkeit i.S.d. § 38 GGO II vorzubereiten. Hierbei können in einem frühen Stadium rechtliche Probleme bis hin zu Einzelfragen geklärt werden.[637] Sollten bei dieser Vorprüfung bereits alle Rechtsförmlichkeitsprobleme geklärt worden sein, so räumt § 38 Abs. 2 S. 2 GGO II die Möglichkeit ein, mit Zustimmung des Justizministeriums auf eine nochmalige Vorlage des Gesetzesentwurfs vor seiner Weiterleitung an das Kabinett zu verzichten.

Gem. § 38 Abs. 3 GGO II kann das Justizministerium auch Empfehlungen zur einheitlichen rechtsförmlichen Gestaltung der Entwürfe geben. Von dieser Befugnis hat es bei der Abfassung des Handbuchs der Rechtsförmlichkeit Gebrauch gemacht. Neben der Arbeit an den speziellen Gesetzgebungsmaterien sah das Justizministerium seine Aufgabe auch stets darin, an allen das Rechtswesen des Bundes betreffenden Angelegenheiten mitzuwirken. Dies hat zur Folge, dass das Ministerium bereits vor der nach der GGO II vorgeschriebenen Rechtsförmlichkeitsprüfung bei allen Rechtsfragen von grundsätzlicherer Bedeutung von Anfang an beratend hinzugezogen wird. Daher sind auch in der Geschäftsverteilung dem Justizministerium Aufgaben zugewiesen, für die es eigentlich keine Zuständigkeit besitzt, wie etwa das öffentliche Recht.[638] Es bestehen derzeit sieben Abteilungen: die Zentralabteilung Justizverwaltung, die Abteilung Rechtspflege, die Abteilung für Europa- und Völkerrecht, die Abteilung Verfassung, Verwaltungsrecht und Rechtsprüfung, die Abteilung Strafrecht, die Abteilung Handels- und Wirtschaftsrecht sowie die Abteilung Bürgerliches Recht.[639]

---

[635] Ebd.

[636] Herber, Vorbereitung eines Gesetzentwurfs, S. 31 ff, 36.

[637] BMJ, Handbuch der Rechtsförmlichkeit, Rn. 9.

[638] Meyer, Aufgaben und Stellung des Bundesministeriums der Justiz, S. 443 ff, 458.

[639] Internetseite des Bundesjustizministeriums, www.bmj.bund.de/Misc/aufgab/htm, Stand 22.10.2001.

Dies unterscheidet es etwa vom französischen Justizministerium, das sich auf die Arbeit an den napoleonischen Kodifikationen im Bereich des Zivil- und Strafrechts beschränkt und sich nicht als allgemeines „Ministerium für Rechtspolitik" sieht.[640]

b. Notwendigkeit einer zusätzlichen Gesetzeskontrolle in Deutschland ?

Da auch die Kontrolle des Justizministeriums nicht sicherstellen kann, dass die von der Regierung verabschiedeten Gesetzentwürfe fehlerfrei oder gar perfekt wären, gab es immer wieder Vorschläge, eine zusätzliche Prüfeinheit einzuführen. Insbesondere *Rupert Scholz* und der von ihm geleitete Sachverständigenrat „Schlanker Staat", der 1997 seinen Abschlussbericht vorlegte,[641] propagierte eine institutionalisierte Gesetzeskontrolle anhand der Blauen Prüffragen, die gemeinsam von Justiz-, Innen-, Finanz- und Wirtschaftsminister unter Federführung des Bundeskanzleramtes unmittelbar vor der Weiterleitung an das Parlament durchgeführt werden sollte.[642] Vorrangiges Ziel dieser Kontrolle sollte ein Ausbau der Bedürfnisprüfung sowie der Gesetzesfolgenabschätzung sein. Die vorgeschlagene „Normprüfstelle" sollte als Sanktionsmöglichkeit einem Entwurf bei fehlender oder unzureichender Beantwortung der Blauen Prüffragen die sog. Kabinettsreife absprechen und ihn an das Fachressort zurücksenden können. Nicht ganz klar ist bei dieser Idee jedoch, worin der wesentliche Unterschied zur bereits jetzt bestehenden Beteiligung der drei genannten Ministerien an der Entwurfserstellung und dem suspensiven Veto des Justizministeriums liegen soll. Der einzige denkbare Unterschied bestünde vielleicht darin, dass die Sanktionsmöglichkeit der Normprüfstelle als absolutes Veto gedacht sein sollte. Rechtsetzung ist jedoch ihrem Wesen nach ein politischer Entscheidungsprozess. Es würde daher dem eigentlichen Sinn des Gesetzgebungsverfahrens widersprechen, wenn aufgrund formeller Bedenken das Primat der Politik durchbrochen werden könnte.[643]

Dies mag einer der Gründe sein, wieso diese Idee auf Bundesebene von den politisch Verantwortlichen nicht aufgegriffen wurde.[644] So wurde eingewandt, dass die Notwendigkeitsprüfung nicht ausgelagert werden sollte, da es sich hierbei

---

[640] Braibant, Rfap 1995, S. 127 ff, 138.

[641] Abschlußbericht des Sachverständigenrates „schlanker Staat".

[642] BMJ (Hrsg.), Kongreß und Messe „Schlanker Staat", Bundesanzeiger vom 12.02.1997, S. 10; Meyer-Teschendorf/Hofmann, DÖV 1997, S. 268 ff, 272; Scholz/Meyer-Teschendorf, ZRP 1996, S. 404 ff, 407.

[643] Ebenso allgemein Stadler, Aufgaben eines Gesetzgebungsdienstes, S. 307 ff, 311.

[644] Vgl. zur Umsetzung der Vorschläge des Sachverständigenrates: Busse, Staatswissenschaften und Staatspraxis 1997, S.401 ff, 404 f, kritisch zur Normprüfstelle seine Anmerkung in Fn. 13 auf S. 405. Anders verhält es sich auf Landesebene; so haben etwa Hessen und Bayern Normprüfstellen eingeführt. Diesen Stellen kommen aber nicht die vom Sachverständigenrat vorgeschlagenen weitreichende Sanktionsrechte zu. Vgl. hierzu Müller-Graff, Quality of European and National Legislation, S. 111 ff, 117 f; Riebel, ZRP 2002, S. 61 ff.

um eine politische Frage handelc, die der Regierung oder der Koalition obliege und nicht administrativen oder wissenschaftlichen Kontrollgremien.[645] Es sollten keine neuen Institutionen geschaffen, sondern eher die Sensibilität für das Thema Gesetzesqualität innerhalb der bestehenden Strukturen erhöht werden.[646]

Eine weitere Idee zur Ausweitung der Gesetzeskontrolle in Deutschland ging dahin, ein Expertengremium beim Parlament nach dem (vermeintlichen) Vorbild der englischen Draftsmen einzuführen, um der Tatsache Rechnung zu tragen, dass die Rechtsförmlichkeitsprüfung nur beim Kabinettsentwurf erfolgt, spätere Änderungen im Parlament aber nicht mehr berücksichtigt werden können.[647] Dieser Vorschlag beruht zunächst auf der fehlerhaften Annahme, der englische Parliamentary Counsel sei eine Parlamentseinheit, obwohl es sich – wie oben dargelegt – um eine der Regierung zugeordnete Institution handelt.[648] Im Übrigen stellt sich die Frage, ob die Leistungen eines solchen zusätzlichen parlamentarischen Gremiums über die Kontrollarbeit der Parlamentsausschüsse (und hier insbesondere des Rechtsausschusses), die hinsichtlich juristischer und rechtstechnischer Fragen von den zuständigen Ministerialbeamten unterstützt werden, hinausgehen könnte.[649] Zu bedenken wäre auch, dass es bei einem Nebeneinander von Regierungs- und Parlamentsexperten zu Konflikten und Verzögerungen der Gesetzgebung kommen könnte.[650] Auch diese Idee wurde daher nicht weiterverfolgt.

3. Rechtsbereinigung und Reform

Es ist anerkannt, dass gerade in einer Rechtsordnung, in der die meisten Bereiche bereits gesetzlich erfasst sind, so dass der Schwerpunkt der Gesetzgebung nicht mehr auf Neuregelungen, sondern auf Anpassungsgesetzgebung liegt, der Rechtsbereinigung eine besondere Bedeutung zukommt.[651] Dennoch besteht in Deutschland - anders als England und Frankreich - keine dauerhaft angelegte Einrichtung zur Überarbeitung des bestehenden Rechts. Diese Aufgabe wird vielmehr je nach Bedarf von ad hoc eingerichteten Gremien oder den Ministe-

---

[645] Busse, Gesetzgebungsarbeit der Bundesregierung, S. 33 ff, 50.

[646] Busse, a.a.O.; ebenso ders. zuvor schon Staatswissenschaften und Staatspraxis 1997, S. 401 ff, 405 Fn. 13.

[647] Schaaf in Aussprache zu Göbel, Probleme der Regelungsform, S. 88 ff, 88; das Problem fehlender Kontrolle im Parlament nennt auch Fricke, Modelle zur Institutionalisierung einer Gesetzeskontrolle, S. 91; Zeh, Impulse und Initiativen zur Gesetzgebung, S. 33 ff, 41 weist darauf hin, dass in vielen Staaten Mittel- und Osteuropas die Prüfung der Verfassungsmäßigkeit ebenso wie der Rechtsförmlichkeit bei speziellen Parlamentsausschüssen angesiedelt ist.

[648] Schneider, Gesetzgebung, § 5 Rn. 97.

[649] Ähnlich Schneider, a.a.O.

[650] Fricke, Modelle zur Institutionalisierung einer Gesetzeskontrolle, S. 156 zum Vorschlag eines beim Parlament angesiedelten Legislativamtes nach Schweizer Vorbild.

[651] Noll, Gesetzgebungslehre, S. 214 ff.

rien selbst im Rahmen ohnehin erforderlicher Anpassungen von Gesetzen übernommen.

a. Reform- und Kodifikationskommissionen

Eine Beteiligung von Kommissionen erfolgt vor allem dann, wenn es sich um
besonders aufwendige Vorhaben wie etwa die Kodifizierung bislang ungeschriebenen Rechts oder die grundlegende Neuordnung eines Rechtsgebietes
handelt. Beispiele für Gesetze, die sich auf vorbereitende Kommissionsarbeiten
stützen, sind aus dem Bereich des Zivilrechts - neben dem historischen Fall der
Kommissionen zur Vorbreitung des Bürgerlichen Gesetzbuchs - das AGBG, das
Insolvenzrecht und die Schuldrechtsreform. Aus anderen Bereichen wären die
Sozialgesetzbücher, das BauGB, das Strafrechtsreformgesetz sowie das Vorhaben eines Umweltgesetzbuchs zu nennen.[652] Dort, wo Wissenschaftler zur Beratung herangezogen werden, arbeiten sie dennoch selten an der Abfassung des
eigentlichen Gesetzesentwurfs mit.[653] Sie leisten vielmehr im Wesentlichen vorbereitende Arbeiten, die teilweise auch gar nicht oder erst viel später gesetzlich
umgesetzt werden. So lagen etwa die Vorschläge der Schuldrechtsreform-
Kommission[654] rund zehn Jahre in der Schublade, und der ehrgeizige Vorschlag
zur Schaffung eines einheitlichen Umweltgesetzbuchs wurde ebenfalls bis auf
weiteres aufgrund von Kompetenzproblemen auf Eis gelegt.[655] Auch von den
Vorschlägen der im Jahre 1987 eingesetzten Deregulierungskommission[656] wurde nur rund ein Drittel realisiert.[657]

b. Schaffung eines „Bundesamtes für Gesetzgebung" ?

Die deutsche Lösung, keine ständige Normprüfstelle zu schaffen, sondern eine
„anlassbezogene" Rechtsbereinigung vorzunehmen und hierfür im Einzelfall
gesonderte Beratungsgremien zu beauftragen, hat zwar den Vorteil, besonders
flexibel zu sein. Sie führt aber auch dazu, dass es an einer kontinuierlichen Ü-
berarbeitung, Konsolidierung und Rechtsbereinigung fehlt.[658] Rechtstechnische
Änderungen und systematische Anpassungen werden vielmehr immer erst dann
in Angriff genommen, wenn bestimmte Gesetze ohnehin aus inhaltlichen Gründen der Erneuerung bedürfen.[659] Reine Konsolidierungen dagegen sind in

---

[652] Entwurf der Unabhängigen Sachverständigenkommission zum Umweltgesetzbuch beim
Bundesministerium für Umwelt, Naturschutz und Reaktorsicherheit; Püttner, Rfap 1997,
S. 229 ff, 229.

[653] Schneider, Gesetzgebung, § 5 Rn. 101.

[654] Abschlußbericht der Kommission zur Überarbeitung des Schuldrechts.

[655] Internetseite des Bundesumweltministeriums, www.bmu.de/sachthemen/gesetz/umweltge-
setz.php, Stand: 12.02.00.

[656] Deregulierungskommission, Gutachten „Marktöffnung und Wettbewerb".

[657] Müller-Graff, Quality of European and National Legislation, S. 115.

[658] Meyer-Teschendorf, DÖV 1997, S. 268 ff, 272; Müller-Graff, a.a.O., S. 121.

[659] Fliedner, ZG 1991, S. 40 ff, 53.

Deutschland nicht im selben Maße erforderlich wie etwa in England, da Gesetzesänderungen vielfach sofort in den Gesetzestext eingearbeitet werden, so dass nicht erst in einem späteren Stadium Basistext und Rechtsänderungen zusammengefasst werden müssen.[660] Im Übrigen leisten hier die privaten Verlage, die ebenfalls Gesetzessammlungen publizieren, ergänzende Arbeit.

Das Fehlen einer kontinuierlichen, auch nach Verabschiedung der Gesetze andauernden Effektivitäts- und Qualitätskontrolle der Gesetze wurde teilweise als wesentliches Manko deutscher Gesetzgebung kritisiert.[661] Schon Anfang der 70er Jahre wurde daher gefordert, eine dauerhafte Beobachtung der Gesetzeswirkungen durch Schaffung einer „Zentralstelle für die Vorbereitung der Gesetzgebung" zu gewährleisten.[662] Gegen ein solches „Bundesamt für Gesetzgebung" wurde jedoch eingewandt, dass Sitz und Stimme im Kabinett sowie die Möglichkeit eines suspensiven Vetos unverzichtbar für eine effektive Kontrollarbeit seien.[663] Eine derartige Institution existiere aber mit dem BMJ bereits.[664]

In einer vergleichenden Untersuchung zur Institutionalisierung der Gesetzeskontrolle kam auch *Peter Fricke* Anfang der 80er Jahre zu dem Ergebnis, dass die beste Lösung die Schaffung eines neuen Rechtspflegeministeriums sei.[665] Aufgabe dieses Ministeriums sollte die Durchführung der Vorkontrolle aller Gesetzesentwürfe der Regierung sowie die Koordination der nachträglichen Wirksamkeits- und Vollzugskontrolle der Gesetze sein.[666] Die Rechtsförmlichkeitsprüfung sollte beim Justizministerium verbleiben. Das neue Ministerium sollte sich vor allem mit der materiellen Kontrolle der Gesetze (d.h. Bedarf, Gesetzesfolgenabschätzung, Auswirkung auf Ressourcen u.s.w.) befassen. Gerade diese Nachkontrolle der Gesetze gehe über die rein gesetzestechnische Arbeit des Bundesjustizministeriums hinaus.[667] Der Vorteil der Institutionalisierung der Gesetzeskontrolle in einem gesonderten Rechtspflegeministerium liegt nach Auffassung von *Fricke* vor allem in den Mitwirkungsmöglichkeiten im Kabinett sowie der Einbindung in das regierungsinterne Informationsgefüge.[668] Der Autor sieht jedoch erhebliche Realisierungsschwierigkeiten bei der Umsetzung seines Vorschlags. Ebenso wie der Ressortegoismus bislang alle Planungsversuche o-

---

[660] Vgl. zur Änderungstechnik in Deutschland die Anweisungen des Handbuchs der Rechtsförmlichkeit, Rn. 508 ff; vgl. hierzu auch: Braibant, Rfap 1995, S. 127 ff, 140 f.

[661] Fricke, Modelle zur Institutionalisierung einer Gesetzeskontrolle, S. 44 ff; Noll, Gesetzgebungslehre, S. 187 f.

[662] Noll, Gesetzgebungslehre, S. 146, S. 160 mwN.

[663] Göbel, Probleme der Regelungsform, S. 75 ff, 85.

[664] Ebd.

[665] Fricke, Modelle zur Institutionalisierung einer Gesetzeskontrolle, S. 152.

[666] Ebd., S. 153.

[667] Ebd., S. 176.

[668] Ebd., S. 152.

der Ressortneuordnungen zunichte gemacht habe, sei davon auszugehen, dass sich die Minister auch gegen den Plan eines Rechtspflegeministeriums wenden würden.[669] Zu bedenken seien auch die Kosten, die mit der Schaffung eines neuen Ministeriums verbunden wären.[670] Als zweitbeste Lösung propagiert er daher die Einrichtung spezieller Gesetzes-Evaluationseinheiten in allen Ministerien.[671]

---

[669] Ebd., S. 153 f; auf den Ressortegoismus verweist auch Püttner, Rfap 1997, S. 299 ff, 301, der diesen als Hinderungsgrund für die Einrichtung einer inter-ministeriellen Kodifikationskommission sieht.

[670] Fricke, Modelle zur Institutionalisierung einer Gesetzeskontrolle, S. 154.

[671] Ebd., S. 163, 170 ff.

IV. Fazit: Gemeinsamkeiten und Unterschiede der Gesetzesvorbereitung

Bevor im Schlussteil die Frage nach dem Modellcharakter der jeweiligen nationalen Regelungen für die europäische Gesetzesvorbereitung näher beleuchtet wird, sollen an dieser Stelle noch einmal kurz die Gemeinsamkeiten und Unterschiede der Gesetzesvorbereitung in den Mitgliedstaaten zusammengefasst werden:

1. Unterschiede der institutionellen Ausgestaltung

Abweichungen gibt es vor allem bei der Frage, ob die Entwurfsverfassung zusammen mit der inhaltlichen Ausarbeitung der Gesetze (Deutschland, Frankreich) oder getrennt voneinander (England) erfolgt. Ein weiterer wesentlicher Unterschied besteht darin, dass es teilweise eine gesonderte Kontrolleinheit gibt (Deutschland, Frankreich), teilweise Entwurfserstellung und Kontrolle in einem Gremium zusammengefasst sind (England). Des weiteren ist danach zu differenzieren, ob das eigenständige Kontrollorgan innerhalb der Regierungsbürokratie angesiedelt ist (Deutschland) oder eine (weitgehend) autonome Stellung einnimmt (Frankreich). In diesem Zusammenhang ergeben sich auch Unterschiede hinsichtlich des Zeitpunkts und Zeitrahmens der Beteiligung des Gesetzgebungsdienstes: Während das deutsche Justizministerium von Anfang als Berater eingebunden ist und ihm in aller Regel ausreichend Zeit zur Prüfung der Vorschläge zusteht, wird der Conseil d'État erst relativ spät und mit knappen Zeitvorgaben konsultiert. Schließlich ist auch die Rechtsbereinigung jeweils unterschiedlich ausgestaltet. Teilweise gibt es hierfür gesonderte Gremien und spezielle, verkürzte parlamentarische Verfahren (Frankreich, England), teilweise wird diese Aufgabe von den Ressorts im üblichen Prozedere mit erledigt (Deutschland).

2. Gemeinsame Merkmale der Gesetzesvorbereitung

Auch wenn die Differenzen zunächst deutlicher ins Auge fallen, so gibt es doch eine ganze Reihe von übereinstimmenden Merkmalen der Rechtsetzungsprozesse. So ist in allen Regierungen die Zuständigkeit für das Zivilrecht in einem Ministerium konzentriert. Des weiteren verfügen alle Gubernativen über eine zentrale Einheit, die entweder durch nachträgliche Kontrolle und Koordination (Conseil d'État und Bundesjustizministerium) oder durch die Schaffung eines Formulierungsmonopols (Parliamentary Counsel) die Kohärenz der erlassenen Gesetze untereinander und mit der bestehenden Rechtsordnung sicherstellen sollen. Die jeweiligen Einheiten zeichnen sich dadurch aus, dass sie aufgrund ihrer fachlichen Kompetenz und/oder der Autorität ihrer Mitglieder sowie der engen Verbindung mit dem Regierungschef oder einem Minister ein hohes Ansehen bei den anderen am Rechtsetzungsprozess beteiligten Akteuren genießen. Nur so kann sichergestellt werden, dass ihre Stellungnahmen auch auf offene Ohren stoßen. Auch wenn der Zeitpunkt der Einschaltung der speziellen Gesetzgebungseinheiten differiert, so kann doch festgehalten werden, dass in allen untersuchten Staaten der Zeitfaktor als wesentlicher Faktor für die Qualität der Normen angesehen wurde. Dahinter steckt die eher banal erscheinende, für das „Endprodukt" aber ungemein wichtige - Erkenntnis, dass „gute" Gesetze viel Zeit benötigen. Dies zeigt sich am deutlichsten an der englischen Debatte um die aufgrund der Diskontinuitätsregelung stets nur „halb-gebackenen" Gesetze. Aber auch in Frankreich gibt es seitens des Conseil d´État Klagen über die zu geringe Zeit für die Überprüfung der Gesetze. In Deutschland schließlich trägt § 38 Abs. 2 GGO II dem Zeitproblem Rechnung.

Gemeinsam ist allen Regierungsbürokratien zudem, dass jeweils Juristen von Anfang an am Rechtsetzungsprozess beteiligt sind, auch wenn die Entwürfe von Beamten der Ressorts verfasst werden. Überall gibt es spezifische Rechtseinheiten in den Ressorts oder juristische Berater der Regierung. Gesetzgebung wird also als eine Aufgabe gesehen, die nicht nur der inhaltlichen, sondern auch einer speziellen rechtstechnischen Vorbereitung bedarf.

Eine weitere Übereinstimmung besteht darin, dass alle Regierungen interne Richtlinien zur Gesetzgebungsqualität verfasst haben. Gleichzeitig können aber in keinem der Staaten konkrete Erfolge, die sich auf die Anwendung dieser Checklisten, Handbücher usw. zurückführen ließen, nachgewiesen werden. Als nahezu vollständig wirkungslos erwiesen sich Vorgaben zur Erforderlichkeit und Zweckmäßigkeit von Gesetzen, mit denen eine Reduktion der Normen insgesamt erreicht werden sollte. Die Mitgliedstaaten teilen weiterhin alle die Erfahrung, dass die legistischen Leitlinien – wenn überhaupt – nur dann Auswirkungen haben können, wenn ihre Einhaltung auch institutionell abgesichert ist. Ein absolutes Veto zur Gewährleistung der Normqualität räumt aber keines der Systeme seinen Gesetzgebungsdiensten oder Kontrolleinheiten ein. Vielmehr ist überall zu beobachten, dass politische Kriterien Vorrang vor rechtstechnischen Erwägungen haben. Besonders deutlich wird dies im Zusammenhang mit Rechtsbereinigungsbemühungen. Sie stehen überall vor dem Problem, als politisch uninteressant und langwierig zu gelten und daher auf wenig Interesse bei den Ministerien zu stoßen. Besonders deutlich wird dies an der Debatte um die englische Law Commission. Umgekehrt können Rechtsbereinigungs- und Reformgremien dann Erfolge vorweisen, wenn sie Unterstützung von hochrangigen Regierungsmitgliedern erhalten, wie die Commission Supérieure de Codification und die Studienabteilung des Conseil d´État.

3. Teil: Entwurfserstellung und Rechtsbereinigung in Europa

Als Ursachen der im Einleitungsteil beschriebenen Rechtszersplitterung werden insbesondere das Fehlen einer zentralen juristischen Beratungs- und Kontrolleinheit auf europäischer Ebene[672] sowie die Zuständigkeitsverteilung in der Kommission[673] genannt. Um diesen Behauptungen auf den Grund gehen zu können, soll im folgenden sowohl die Organisation der Kommission als auch der Prozess der Gesetzesvorbereitung in Europa näher beleuchtet werden.

I. Organisation der Kommission
Die Organisation der Kommission ist in zweifacher Hinsicht von Interesse: Zum einen bildet sie den Rahmen der Entscheidungsprozesse und damit auch der Gesetzesvorbereitung. Zum anderen knüpfen die im 4. Teil dargestellten Reformvorschläge teilweise an bereits bestehenden Einheiten oder Strukturen an. Sowohl die Analyse der jetzigen Rechtsetzungsprozesse als auch die Bewertung der diskutierten neuen Rechts- und Kontrolleinheiten erfordert somit die Kenntnis der zugrundliegenden organisatorischen Strukturen.

1. Das Kollegium der Kommissare
Das Kollegium der Kommissare steht an der Spitze der Kommissions-Hierarchie. Es entspricht in etwa dem deutschen und dem englischen Kabinett oder dem französischen Conseil des Ministres.

a. Ernennung und Anzahl der Kommissare
Art und Weise der Ernennung der Kommissare ebenso wie die Festlegung ihrer Anzahl im Vertrag gehören nicht umsonst zu den umstrittensten Problemen im Zusammenhang mit der Erweiterung der Gemeinschaft. Sie stellen zum einen wesentliche Faktoren für die Effizienz und Legitimität der Kommissionsarbeit dar, sind aber zum anderen eng verknüpft mit der Frage nach dem künftigen Einfluss der Mitgliedstaaten auf die europäische Politik sowie in letzter Konsequenz mit der Überlegung, die Kommission zu einer europäischen Regierung auszubauen.

aa. Regelungen des geltenden Rechts
Anders als in den Verfassungen der hier untersuchten Mitgliedstaaten, in denen keine rechtliche Begrenzung der Zahl der Minister besteht,[674] legt Art. 213 Abs. 1 S. 1 EGV die Anzahl der Kommissare auf 20 fest. Eine Änderung der Zahl der Kommissionsmitglieder ist nur bei Einstimmigkeit im Rat möglich (Art. 213 Abs. 1 S. 2 EGV). Eine weitere Einschränkung für die Besetzung der Kommis-

---

[672] Kieninger/Leible, EuZW 1999, S. 37 ff, 38, 39.

[673] Basedow, Europäisches Vertragsrecht für europäische Märkte, S. 16; Kieninger/Leible, a.a.O., S. 40.

[674] Vgl. Überblick bei Ziller, Administrations comparées, S. 314.

sion enthält Art. 213 Abs. 1 S. 4 EGV, wonach der Kommission mindestens ein Staatsangehöriger jedes Mitgliedstaates angehören muss, jedoch nicht mehr als zwei Mitglieder der Kommission die selbe Staatsangehörigkeit besitzen dürfen.

Die Kommissionsmitglieder werden gemäß Art. 214 Abs. 1 S. 1, Abs. 2 S. 2 EGV von den Regierungen der Mitgliedstaaten im Einvernehmen mit dem Präsidenten für eine Amtszeit von fünf Jahren mit der Möglichkeit der Wiederwahl ernannt. Art. 213 Abs. 1 S. 1 EGV sieht vor, dass die Kommissare allein aufgrund ihrer Befähigung auszuwählen sind und volle Gewähr für ihre Unabhängigkeit bieten müssen.

Seit dem Vertrag von Amsterdam vom 02.10.1997, der am 01.05.1999 in Kraft trat, muss sich das neu ernannte Kollegium der Kommissare gemäß Art. 214 Abs. 2 S. 3 EGV zusammen mit dem designierten Präsidenten vor der Ernennung einem Zustimmungsvotum des Europäischen Parlaments stellen. Das Parlament hat jedoch nur die Möglichkeit, die Kommission entweder als Ganzes anzunehmen oder als Ganzes abzulehnen. Das selbe gilt für nachträgliche Misstrauensanträge des Europäischen Parlaments gegenüber der Kommission gemäß Art. 201 EGV. Auch hier kann nicht ein einzelner Kommissar zur Verantwortung gezogen werden, sondern es besteht nur die Möglichkeit, dass die Kommission geschlossen zurücktritt.

bb. Regelungen des Vertrags von Nizza

Der Vertrag von Nizza vom 22.12.2000[675], der nach bisherigem Zeitplan bis zum Jahre 2002 in allen 15 Mitgliedstaaten ratifiziert werden soll,[676] sieht im Hinblick auf Ernennung und Anzahl der Kommission folgende wesentliche Änderungen vor: Die Ernennung von Präsidenten und Kommissaren soll künftig nicht mehr durch die Mitgliedstaaten erfolgen, sondern gemäß Art. 214 EGV n.F. vom Rat mit qualifizierter Mehrheit vorgenommen werden.[677] Bei der Ernennung der Kommissare kommt den Mitgliedstaaten allerdings ein Vorschlagsrecht zu.

Die umstrittene Frage der künftigen Anzahl der Kommissare nach der geplanten Erweiterung der Kommission wurde weitgehend auf die Zukunft vertagt. Art. 4 Abs. 1 des Protokolls über die Erweiterung der Europäischen Union (Anlage 1 zum Vertrag von Nizza) sieht lediglich vor, ab dem Jahre 2005 die Zahl von 20 Kommissaren aus Art. 213 EGV zu streichen und durch die Bestimmung zu er-

---

[675] Vertrag von Nizza vom 22.12.2000 (SN 533/1/00 REV 1).

[676] Ob sich aus dem ablehnenden Referendums-Ergebnis in Irland, vgl. hierzu SZ vom 09.10.01, eine Verschiebung des Zeitplans ergibt, ist noch nicht abzusehen.

[677] Dieses Verfahren wurde bereits 1985 von einem vom Rat eingesetzten Ad-hoc-Ausschuss (sog. Dooge-Ausschuss) empfohlen, vgl. hierzu: Grabitz/Hilf-Hummer, EGV, Art. 158 Rn. 7.

setzen, dass der Kommission ein Staatsangehöriger jedes Mitgliedsstaates angehört. Bei derzeit 15 Mitgliedstaaten würde dies eine Reduktion der Mitgliederzahl der Kommission bedeuten. Damit verzichten die fünf großen Mitgliedstaaten (Frankreich, Deutschland, Italien, Spanien und Großbritannien) auf ihr Recht, zwei Kommissare zu stellen. Im Hinblick auf Erweiterungen des Kreises der Mitgliedstaaten bestimmt Art. 4 Abs. 2 des Protokolls, dass dann, wenn die Union 27 Mitgliedstaaten umfasst, Art. 213 EGV dahingehend zu ändern ist, dass die Anzahl der Kommissare unter der Zahl der Mitgliedstaaten liegen muss. Die Ernennung der Kommissare soll auf der Grundlage einer gleichberechtigten Rotation erfolgen, deren Einzelheiten vom Rat einstimmig festzulegen sind. Auch die Zahl der Mitglieder soll dann vom Rat mit Einstimmigkeit festgelegt werden.

b. Die politische Rolle der Kommissare
Die Kommissare sind in einigen Punkten mit nationalen Ministern vergleichbar.[678] So sind sie als Mitglieder der Kommission an allen Entscheidungen des Kollegiums beteiligt. Zudem haben sie die Dienst- und Organisationsgewalt bzgl. der ihnen zugeordneten Generaldirektionen und vertreten die Kommission in dem Politikbereich, für den sie verantwortlich sind, nach außen.[679]

Ein wesentlicher Unterschied zwischen nationalen Ministern und Kommissaren besteht jedoch in der Art und Weise ihrer Ernennung sowie ihrer politischen Einbindung. Wie oben bereits ausgeführt, werden Kommissare nicht von einer gewählten Regierungsmehrheit sondern von den Mitgliedstaaten bzw. nach dem Vertrag von Nizza durch den Rat ernannt. Gleichzeitig gebietet Art. 213 Abs. 2 EGV vollkommene Unabhängigkeit von nationalen oder parteipolitischen Interessen, wohingegen die Minister der Mitgliedstaaten ihre Führungsstärke gerade auch aus der Rückbindung an Parteiinteressen gewinnen.[680] Eine solche parteipolitische Basis der Kommissare scheitert aber bereits daran, dass es auf europäischer Ebene an einem ausgebildeten Parteiensystem fehlt.[681] Obwohl die Regelungen des Art. 213 EGV, die dem Erhalt des supranationalen Charakters der Kommission dienen sollen, zwangsläufig im Konflikt mit der Tatsache stehen, dass die Ernennung der Kommissare durch nationale Regierungen erfolgt und auch die Möglichkeit ihrer Wiederwahl nach Ablauf der fünfjährigen Amtsperiode von der Zustimmung der Regierung abhängt,[682] ist in der Praxis davon aus-

---

[678] Coombes, Politics and Bureaucracy, S. 247; Page/Wouters, Public Administration 1994, S. 445 ff, 449 f.

[679] Poullet/Deprez, Struktur und Macht der EG-Kommission, S. 50; vgl. hierzu jetzt auch: Internes Kommissionspapier, Kommissionsmitglieder und ihre Dienststellen, S. 1 f, wonach die Ernennung des Führungspersonals und die Festlegung der wesentlichen Arbeitsmodalitäten dem Kommissar obliegt.

[680] Z.B. für Deutschland: Benzner, Ministerialbürokratie und Interessengruppen, S. 91.

[681] Sbragia, Euro-Politics, S. 257.

[682] Emmert, Europarecht, S. 95; Streinz, Europarecht, Rn. 288.

zugehen, dass die Kommissare tatsächlich in aller Regel weniger nationalen Interessen als vielmehr ihren eigenen Ideen folgen.[683] Nach einer Untersuchung von *Edward C. Page* und *Linda Wouters* nehmen die Kommissare ihre Verpflichtung aus Art. 213 EGV ernst und halten sich von jeglicher politischen Beeinflussung - damit aber auch von jeglicher politischen Unterstützung - fern.[684] Als einen Indikator für die politische Isolation der Kommissare nennen die Autoren den Umstand, dass in ihren Kabinetten vor allem Berater mit einer Verwaltungslaufbahn in den nationalen Ministerien oder in Brüssel, jedoch keine alten politischen Freunde sitzen.[685] Dies kann nicht darauf zurückgeführt werden, dass die Kommissare von vornherein engere Beziehungen zur Bürokratie haben.[686] Vielmehr kamen von den untersuchten 76 Kommissaren immerhin 60, mithin fast 80 %, aus politischen Ämtern. Mehr als die Hälfte von ihnen, nämlich 60 % , hatten zuvor Ministerposten inne.[687] Ein weiterer Anhaltspunkt für die Abkoppelung der Kommissare von der Politik ihres Heimatlandes ist in den Augen von *Page* und *Wouters* darin zu sehen, dass in dem von ihnen untersuchten Zeitraum von 1967 bis 1994 höchstens ein Drittel aller Kommissare nach Beendigung ihres Amtes in Brüssel in die nationale Politik zurückkehrte.[688] Als möglichen Grund dieser fehlenden politischen Anschluss-Karriere nennen sie den Umstand, dass die Kommissare in der Regel beim Verlassen der Kommission im Durchschnitt 58 Jahre alt sind. Da aber das durchschnittliche Alter für das Ende einer Ministertätigkeit in Europa bei 56,9 Jahren lag, bedeutet dies, dass die Kommissare in einem Alter in die nationale Politik zurückkehren, in dem Minister normalerweise schon aus dem Dienst ausscheiden.[689]

Die eher technokratische Art des Auswahlverfahrens sowie die politische Isolation der Kommissare haben dreierlei zur Folge: Erstens schwächt sie die politische Durchsetzungsfähigkeit der Kommissare gegenüber den anderen Institutionen, da die Kommission sich weder auf ihre Legitimation durch das Volk berufen kann, noch über hinreichende Möglichkeiten verfügt, die öffentliche Meinung zu mobilisieren. Zweitens fördert sie die Fragmentierung der Entscheidungsprozesse innerhalb der Kommission, da es an dem einigenden Band einer gemeinsamen ideologischen Grundüberzeugung sowie eines gemeinsamen Par-

---

[683] Raworth, Legislative Process, S. 19.

[684] Page/Wouters, Public Administration 1994, S. 445 ff, 456.

[685] Ebd., S. 454 f.

[686] Wenn Coombes, Politics and Bureaucracy, S. 262, davon spricht, dass die Kommissare „Bürokraten" seien, so meint er damit nicht ihren Karrieregang. Er verwendet den Begriff „Bürokrat" im Gegensatz zu „Politiker", um auf das Fehlen unmittelbarer politischer Legitimation der Kommissare hinzuweisen. Vgl. hierzu Coombes Definition des „Bürokraten" auf S. 252.

[687] Page/Wouters, Public Administration 1994, S. 445 ff, 451.

[688] Ebd., S. 455.

[689] Ebd., S. 456.

tci- und Wahlprogramms oder einer gemeinsamen Basis aufgrund eines Koalitionsvertrages fehlt.[690] Drittens schwächt die fehlende politische Macht auch die Führungsposition der Kommissare gegenüber ihren Generaldirektionen.[691] So haben Untersuchungen ergeben, dass das Verhältnis zwischen Generaldirektion und Kommissar vielfach distanziert bis schwierig ist.[692] Bei einer Befragung norwegischer Kommissionsbeamter ergab sich nur in 18 % der Verwaltungseinheiten eine hohe Loyalität mit dem Kommissar, wohingegen 56 % geringe und 26 % eine mittlere Loyalität aufwiesen.[693]

c. Die Kabinette der Kommissare

Die Kommissare werden bei ihrer Arbeit von sog. „Kabinetten" unterstützt. Die Bezeichnung als „Kabinett" ist insofern missverständlich, als in den meisten Mitgliedstaaten der Union darunter die Beratungsrunde der Minister und sonstigen Regierungsmitglieder verstanden wird.[694] Die bereits zu Beginn der Gemeinschaft von ihrem ersten Generalsekretär Emile Noël nach französischem Vorbild[695] entwickelten Kabinette der Kommissare haben jedoch mit den deutschen und englischen Kabinetten nichts gemeinsam. Es handelt sich vielmehr um ein persönliches Beratergremium des jeweiligen Kommissars. Die Kabinettsmitglieder werden vom Kommissar selbst ausgewählt[696] und stammen vielfach aus seinem Heimatland.[697] Ihre Amtszeit im Kabinett ist an diejenige des Kommissars gebunden.[698] Die europäischen Kabinette sind daher von ihrer Organisation her den deutschen Ministerbüros oder den britischen Minister´s Of-

---

[690] Coombes, Politics and Bureaucracy, 252 f; Donnelly, Structure of the European Commission, S. 74 ff, 74 f; Peters, Journal of European Public Policy 1994, S. 9 ff, 16.

[691] Bellier, Une culture de la Commission européenne ?, S. 49 ff, 52.

[692] Cini, The European Commission, S. 110; Egeberg, Public Administration 1996, S. 721 ff, 725; Ludlow, The European Commission, S. 85 ff, 127.

[693] Egeberg, Public Administration 1996, S. 721 ff, 730.

[694] Ziller, Administrations comparées, S. 324 zu den französischen Kabinetten.

[695] Berlin, Organisation de la Commission, S. 23 ff, 45; Cini, European Commission, S. 111 f; Donnelly/Ritchie, The Collegue of Commissioners and their Cabinets, S. 31 ff, 41; Donnelly, Structure of the European Commission, S. 74 ff, 76 (Donnelly war Mitglied des Kabinetts von Sir Leon Brittan).

[696] Grabitz/Hilf-Hummer, EGV, Art. 162 Rn. 50; Schmitt von Sydow, EGV, Art. 162 Rn. 12; vgl. jetzt auch Verhaltenskodex für Kommissionsmitglieder, S. 14.

[697] Berlin, Organisation de la Commission, S. 23 ff, 46; Michelmann, Organisational Effectiveness, S. 18; Page/Wouters, Public Administration 1994, S. 445 ff, 454.

[698] Donnelly/Ritchie, Collegue of Commissioners and their Cabinets, S. 31 ff, 43; Schmitt von Sydow, EGV, Art. 162 Rn. 12; Der neue Verhaltenskodex für Kommissionsbeamte bestimmt nun, dass in den Kabinetten jeweils mindestens drei verschiedene Nationalitäten vertreten sein sollen. Dabei sollten der Kabinettschef bzw. dessen Stellvertreter, die für die Leitung der Kabinette verantwortlich sind, eine andere Nationalität haben als das Kommissionsmitglied, Verhaltenskodex für Kommissionsmitglieder, S. 12.

fices und von ihrer Funktion her den deutschen politischen Beamten und den britischen Juniorministern vergleichbar.[699]

Den Kabinetten der Mitglieder der Kommission ist im EGV gar keine und in der Geschäftsordnung der Kommission[700] (GO-Komm.) nur wenig Aufmerksamkeit gewidmet. Art. 16 Abs. 1 GO-Komm. stellt lediglich fest, dass die Mitglieder der Kommission Kabinette bilden können, die sie bei der Erfüllung ihrer Aufgaben und bei der Vorbereitung der Kommissionsbeschlüsse unterstützen. Art. 10 Abs. 2 GO-Komm. hält fest, dass im Falle der Abwesenheit eines Kommissars sein Kabinettschef an den Sitzungen des Kollegiums teilnehmen und auf Aufforderung des Präsidenten hin die Meinung des abwesenden Kommissars vortragen kann. Er kann sich jedoch nicht an der Beschlussfassung beteiligen.

Die Kabinettsmitglieder haben im Wesentlichen vier Aufgaben: die Unterstützung der Kommissare bei den politischen Aufgaben, die Vermittlung der Politik des Kommissars nach außen (Öffentlichkeitsarbeit), die Koordination der Verwaltung sowie die Verbindung zu den Mitgliedstaaten.[701] Sie stellen mithin die Schnittstelle zwischen politischer und technischer Arbeit in der Kommission und ein wesentliches Instrument der politischen Führung zur Steuerung oder Koordination ihres bürokratischen Unterbaus dar. Bei den europäischen Kabinetten besteht ebenso wie bei ihren französischen Vorbildern die Tendenz, sich zu Parallel-Bürokratien[702] zu entwickeln, die Kommunikations- und Führungsstrukturen häufig eher verkomplizieren als erleichtern.[703] Nicht umsonst dürften die neuen in der Prodi-Kommission eingeführten Verhaltensregeln für Kommissionsmitglieder an mehreren Stellen die Kabinette zur Zurückhaltung ermahnen. Sie werden aufgefordert, jede Überschneidung mit der Arbeit der Dienststellen zu vermeiden,[704] bei der Unterstützung des Kommissars zu berücksichtigen, dass allein die Generaldirektionen für die Durchführung der Politiken verantwortlich sind und sich nicht in die Führung der Generaldirektionen einzumischen[705]. Ob diese internen Regelungen allerdings irgendeinen Erfolg zeitigen werden, ist äu-

---

[699] Ziller, Administrations comparées, S. 324 zu den französischen Kabinetten; Hitzler/Poth-Mögele, Europahandbuch, S. 37.

[700] Geschäftsordnung der Kommission vom 29.11.2000, Abl. 2000 Nr. L 308, S. 26 ff.

[701] Donnelly/Ritchie, Collegue of Commissioners and their Cabinets, S. 31 ff, 43 f; ähnlich Coombes, Politics and Bureaucracy, S. 255 f; Michelmann, Organisational Effectiveness, S. 18, 20; vgl. auch Verhaltenskodex für Kommissionsmitglieder, S. 11.

[702] Für Europa: Donnelly, Structure of the European Commission, S. 74 ff, 74 f; Peters, Journal of European Public Policy 1994, S. 9 ff, 18; Schmitt von Sydow, EGV, Art. 162 Rn. 14; für Frankreich: Sadran, Le système administratif français, S. 32; Schrameck, cabinets ministériels, S. 42, vgl. auch S. 79 ff zur Kritik an den Kabinetten.

[703] Für Frankreich: Fournier, Le travail gouvernemental, S. 111.

[704] Internes Kommissionspapier, Kommissionsmitglieder und ihre Dienststellen, S. 1.

[705] Internes Kommissionspapier, Verhaltenskodex für Kommissionsmitglieder, S. 11.

ßerst fraglich. In Frankreich jedenfalls bemüht man sich bereits seit der III. Republik erfolglos um eine Beschneidung des Kabinettseinflusses.[706]

Auch auf europäischer Ebene war bislang ein stetiges Anwachsen des Einflusses der Kabinette zu verzeichnen. Am deutlichsten schlug sich dies in der Zunahme des Personals nieder. Anfangs sollten die normalen Kabinette nicht mehr als zwei Mitglieder und einen Sekretär, das Präsidentenkabinett vier Mitglieder und zwei Sekretäre haben.[707] In der Folgezeit wuchsen sie jedoch auf ca. sechs bis neun Mitglieder an,[708] was zum einen auf den gestiegenen Aufgaben in der Kommission, zum anderen aber auch auf dem Wunsch der Kommissare, sich mit möglichst vielen „Getreuen" zu umgeben, beruhen dürfte.[709] Diese Größe wurde nunmehr in einem internen Verhaltenskodex für Kommissionsmitglieder als Obergrenze festgehalten.[710]

d. Beschlussfassung im Kollegium
Die Beschlussfassung im Kollegium erfolgt gemäß Art. 219 S. 1 EGV i.V.m. Art 8 Abs. 3 GO-Komm. mit der Mehrheit der in der Kommission vertretenen Mitglieder. In der Praxis allerdings sind Mehrheitsentscheidungen eher die Ausnahme.[711] Da die Kommission darauf angewiesen ist, Geschlossenheit zu demonstrieren, um sich gegenüber den anderen Organen zu behaupten, werden Kampfabstimmungen vermieden.[712] Entscheidungen in der Kommission werden gemäß Art. 1 GO-Komm. nach dem Kollegialprinzip getroffen. Dieses Prinzip beruht auf der Gleichheit der Kommissions-Mitglieder. Es erfordert eine gemeinsame Beratung der Entscheidungen und hat eine gemeinsame politische Verantwortung der Kommissare für alle getroffenen Entscheidungen zur Folge.[713] Eine Missachtung dieses Prinzips führt nach der Rechtsprechung des EuGH zur Nichtigkeit des erlassenen Rechtsaktes.[714] Ausfluss des Kollegialitäts-Prinzip ist es, dass die Beschlussfassung im Kollegium grundsätzlich nach einer Debatte des geplanten Vorhabens in gemeinschaftlicher Sitzung zu erfolgen hat (vgl. Art. 4a) GO-Komm). Ausnahmsweise können Entscheidungen im schriftli-

---

[706] Vgl. ausführlich zur Reformdebatte unter der Überschrift „L´impossible réforme des cabinets ministériels": Schrameck, cabinets ministériels, S. 79 ff.

[707] Coombes, Politics and Bureaucracy, S. 255; Donnelly/Ritchie, Collegue of Commissioners and their Cabinets, S. 31 ff, 41.

[708] Vgl. zu den früheren Zahlen: Bellier, Une culture de la Commission européenne ? S. 53; Cini, European Commission, S. 112 f; Donnelly/Ritchie, a.a.O., S. 43; Grabitz/Hilf-Hummer, EGV, Art. 162 Rn. 50; Hitzler/Poth-Mögele, Europahandbuch, S. 37.

[709] Cini, a.a.O., S. 113; Donnelly/Ritchie, a.a.O., S. 42.

[710] Internes Kommissionspapier, Verhaltenskodex für Kommissionsmitglieder, S. 11 ff.

[711] Cini, European Commission, S. 159.

[712] Raworth, Legislative Process, S. 35; Schmitt von Sydow, EGV, Art. 163 Rn. 16.

[713] EuGH Rs. 5/85, AKZO Chemie ./. Kommission - Slg. 1986, 2585 ff, 2614 Rn. 30.

[714] EuGH Rs. C-137/92 – BASF ua ./. Kommission - Slg. 1994 I, 2555/2652 f Rn. 64 f.

chen Verfahren gemäß Art. 12 GO-Komm., im Ermächtigungsverfahren gemäß Art. 13 GO-Komm. oder im Delegationsverfahren gemäß Art. 14 GO-Komm. getroffen werden.

Gemäß Art. 13 GO-Komm. kann die Kommission eines oder mehrere ihrer Mitglieder und gemäß Art. 14 GO-Komm. auch die Generaldirektoren und Dienstleiter dazu ermächtigen, in ihrem Namen und unter ihrer Kontrolle Maßnahmen der Verwaltung und der Geschäftsordnung zu treffen, wenn und soweit dadurch der Grundsatz der kollegialen Verantwortlichkeit nicht verletzt wird. Für die Vorbereitung von Gesetzesvorhaben findet dieses Verfahren daher keine Anwendung. Voraussetzung des schriftlichen Verfahrens i.S.d. Art. 12 GO-Komm. ist die Zustimmung der unmittelbar beteiligten Generaldirektionen zu dem Vorschlag und die Befürwortung durch den Juristischen Dienst (Art. 12 Abs. 1 GO-Komm.). Gemäß Art. 12 Abs. 2 GO-Komm. wird der Vorschlag den anderen Kommissaren zugeleitet und ihnen eine Frist zwischen einem halben und fünf Tagen[715] zur Stellungnahme gesetzt. Erfolgt innerhalb der gesetzten Frist kein Vorbehalt, so gilt der Vorschlag gemäß Art. 12 Abs. 4 GO-Komm. als angenommen. Aufgrund der Fülle an schriftlichen Verfahren und der Kürze der Fristen binden die Kommissare vielfach ihre Kabinette in die Prüfung der Vorschläge im schriftlichen Verfahren ein.[716] Dies verstärkt die generell zu beobachtende Tendenz, den Kabinetten nicht nur Beratungs- sondern auch Entscheidungsfunktionen zuzugestehen.[717]

Die beiden eigentlich als Ausnahmen zur kollegialen Beschlussfassung gedachten Entscheidungsverfahren gemäß Art. 12 und 13 GO-Komm. stellen inzwischen den Regelfall dar. Die Entwicklung weg vom mündlichen Verfahren setzte schon bald nach Gründung der Gemeinschaft ein. Bereits in den 60er Jahren wurden rund 80 % der Beschlüsse im schriftlichen Verfahren gefasst.[718] Heute ergehen die meisten Beschlüsse im Wege der Zeichnungsermächtigung, gefolgt von Beschlüssen im schriftlichen Verfahren.[719] Eine Auswertung des Arbeitsprogramms 2001 der Kommission zeigt, dass von insgesamt 190 neuen Vorschlägen für Maßnahmen gemäß Art. 249 EGV (d.h. Richtlinien, Verordnungen, Entscheidungen, Empfehlungen und Stellungnahmen) nur 46, d.h. rund 24 %,

---

[715] Grabitz/Hilf-Hummer, EGV, Art. 163 Rn. 21.

[716] Grabitz/Hilf-Hummer, EGV, Art. 162 Rn. 51; Michelmann, Organisational Effectiveness, S. 20.

[717] Poullet/Deprez, Struktur und Macht der EG-Kommission, S. 53.

[718] Michelmann, Organisational Effectiveness, S. 20; Poullet/Deprez, a.a.O.; Schmitt von Sydow, EGV, Art. 163 Rn. 22.

[719] Schmitt von Sydow, a.a.O., nennt hier Zahlen für das Jahr 1988: 66 % im Ermächtigungsverfahren, 20 % im schriftlichen Verfahren, 13 % im mündlichen Verfahren, 1 % im 6-Tage-Verfahren (zu diesem besonderen Verfahren siehe ebenfalls Schmitt von Sydow, a.a.O.).

ins mündliche Verfahren gehen sollten.[720] Betrachtet man den Anteil der mündlichen Beschlüsse an der Gesamtheit der Kommissionsmaßnahmen (d.h. auch der Verwaltungs- und Geschäftsordnungsentscheidungen), so liegt dieser noch deutlich unter 24 %. Es ist davon auszugehen, dass insgesamt heute nur noch rund 13 % der Beschlüsse mündlich im Kollegium gefasst werden.[721] Auch hiervon wird jedoch nur ein geringer Teil diskutiert, da die meisten Beschlüsse als sog. B-Punkte von den Kabinetten der Kommissare vorher aussortiert (s.u.) und ohne Debatte verabschiedet werden.[722] Die Ausrichtung der Politiken wird daher heute wesentlich von den jeweils zuständigen Kommissaren bzw. ihren Kabinetten und nicht vom Kollegium als Ganzes geprägt.[723]

2. Der Präsident

Mit der Abschwächung des Kollegialitätsprinzips wird die Stärkung der Führungsposition des Präsidenten zur Koordinierung der Kommissionspolitik immer wichtiger.[724] Die Neufassung der Geschäftsordnung der Kommission ebenso wie die im Vertrag von Nizza vorgesehenen Kompetenzerweiterungen des Präsidenten sollen daher den seit Jahrzehnten gerügten[725] Mangel an Führungsqualitäten in der Kommission beseitigen oder jedenfalls abmildern.

a. Die Rolle des Präsidenten nach geltendem Recht

Der Präsident der Kommission wird ebenso wie die Kommissare von den Regierungen der Mitgliedstaaten im gegenseitigen Einvernehmen für fünf Jahre ernannt (Art. 214 Abs. 2, 1. Hs. EGV). Seit dem Amsterdamer Vertrag bedarf auch seine Benennung der Zustimmung des Parlaments (Art. 214 Abs. 2, 2. Hs., S. 3 EGV). Eine weitere Neuerung des Vertrags von Amsterdam bestand darin, dass Art. 219 S. 1 EGV nunmehr ausdrücklich festhält, dass die Kommission ihre Tätigkeit unter der politischen Führung des Präsidenten ausübt. Dem Präsidenten werden jedoch im Vertrag selbst weiterhin keinerlei Machtmittel zur Verfügung gestellt, um diesen Führungsanspruch auch gegenüber den anderen Mitgliedern der Kommission durchzusetzen. Er bleibt primus inter pares im Kollegium.[726] Ihm steht weder das Recht zu, Kommissare unabhängig von den Mitgliedstaaten (vgl. Art. 214 Abs. 2 S. 2 EGV) zu ernennen oder zu entlassen,

---

[720] Arbeitsprogramm der Kommission 2001 vom 31.01.2001, KOM (01) 28 endg., Anhang 1, Nr. 1, Legislativ-Vorschläge, ausgewertet wurden nur die neuen Vorschläge, nicht die aus den Vorjahren übertragenen.

[721] Schmitt von Sydow, EGV, Art. 163 Rn. 22.

[722] Cini, European Commission, S. 158; Schmitt von Sydow, a.a.O.

[723] Bach, Transnationale Institutionenpolitik, S. 178 ff, 184; Dewost, La Commission ou comment s'en débarrasser ?, S. 181 ff, 188; Poullet/Deprez, Struktur und Macht der EG-Kommission, S. 51.

[724] Schmitt von Sydow, EGV, Art. 162 Rn. 11.

[725] Majone, Regulating Europe, S. 159 ff, 172.

[726] Bellier, Une culture de la Commission européenne ? S. 49 ff, 52; Grabitz/Hilf-Hummer, EGV, Art. 158 Rn. 70 f; Art. 162 Rn. 39.

noch hat er eine Richtlinienkompetenz vergleichbar derjenigen des deutschen Bundeskanzlers.[727] Auch wird ihm allein durch die Zustimmung des Parlaments zu seiner Ernennung keine hinreichende politische Legitimation verliehen, die einen Führungsanspruch gegenüber dem Kollegium der Kommissare rechtfertigen könnte.[728] Die Neufassung des Art. 219 EGV n.F. schlug sich auch in einer Anpassung der Geschäftsordnung der Kommission (GO-Komm.) Ende 1999[729] nieder, die dazu diente, den Führungsanspruch des Präsidenten im Inneren der Kommission zu festigen. Art. 1 und 2 GO-Komm. wurden dahingehend ergänzt, dass die Kommission als Kollegium *„unter der politischen Führung ihres Präsidenten"* handelt und auch die Bestimmung der Prioritäten sowie des Arbeitsprogramms unter seiner Leitung beschlossen wird. Das Arbeitsprogramm legt dabei jeweils die Schwerpunkte der Tätigkeit für ein Jahr fest, wohingegen die Prioritäten strategische Grundsatzentscheidungen für die nächsten fünf Jahre enthalten. Auch die Festlegung dieser langfristigeren Ziele stellt eine Neuerung im Vergleich zur alten Geschäftsordnung dar[730] und soll dazu dienen, die immer wieder kritisierte Unvorhersehbarkeit und programmatische Orientierungslosigkeit europäischer Politik[731] zu beheben. Das Problem, dass die Kommission kaum Mittel hat, ihr Programm gegenüber den anderen Institutionen durchzusetzen,[732] bleibt jedoch bestehen. Darüber hinaus wurde ein neuer Art. 3 GO-Komm. eingefügt, der die Befugnisse des Präsidenten genauer regelt. So kann er gemäß Art. 3 Abs. 1 GO-Komm. den Mitgliedern der Kommission spezielle Aufgabenbereiche zuweisen, in denen sie für die vorbereitenden Arbeiten der Kommission und die Durchführung ihrer Beschlüsse besonders verantwortlich sind und diese Zuweisungen jeder Zeit wieder ändern. Gemäß Art. 3 Abs. 2 GO-Komm. kann er unter den Mitgliedern der Kommission Arbeitsgruppen bilden, deren Vorsitzende er benennt. Beide Befugnisse standen bis 1999 (Art. 12, 13 GO-Komm. a.F.) nur der Kommission als Ganzes zu. Allerdings hatten die Regierungsvertreter in einer Erklärung „zur Organisation und Arbeitsweise der Kommission"[733] bereits 1997 festgehalten, dass nach ihrer Auffassung der Präsident auch nach geltendem Recht befugt sei, den Kommissaren innerhalb des

---

[727] Donnelly, Structure of the European Commission, S. 74 ff, 76.

[728] So aber Spierenburg-Report, S. 113.

[729] Geschäftsordnung der Kommission vom 18.09.1999, Abl.1999 Nr. L 252, S. 41, abgedruckt auch in EuZW 2000, S. 243 ff. Die Fassung von 1999 unterscheidet sich nur in einigen wenigen Punkten von der heute gültigen Fassung vom 29.11.2000, Abl. 2000 Nr. L 308, S. 26.

[730] Weißbuch der Kommission, Die Reform der Kommission, Teil II, Aktionsplan vom 05.04.2000, KOM (00) 200 endg./2, S. 14.

[731] Borchgrave, Adaptions organisationnelles, S. 156 ff, 165; Nugent, Government and Politics of the European Union, S. 335; Mazey/Richardson, The Commission and the Lobby, S. 169 ff, 175 f; Poullet/Deprez, Struktur und Macht der EG-Kommission, S. 63 ff.

[732] Nugent, a.a.O.

[733] Erklärung Nr. 32 zur Schlussakte der Amsterdamer Konferenz vom 02.10.1997, Sartorius II, Nr. 147 a.

Kollegiums Aufgaben zuzuweisen und neu zu ordnen. Schließlich legt Art. 3 Abs. 3 GO-Komm. fest, dass der Präsident die Kommission nach außen vertritt, und Art. 5 Abs. 3 GO-Komm. räumt dem Präsidenten das Recht ein, einzelne Mitglieder von der Pflicht zur Teilnahme an Kommissionssitzungen zu entbinden.

b. Die Stärkung der Befugnisse des Präsidenten durch den Vertrag von Nizza

Eine weitere Stärkung der Rolle des Präsidenten ist durch den Vertrag von Nizza vorgesehen. Hierauf hatte die Kommission selbst hingewirkt, um die drohenden Schwierigkeiten einer im Zuge der Erweiterungen vergrößerten Kommission abzumildern.[734] Der neugefasste Art. 217 Abs. 1 EGV weist dem Präsidenten nunmehr auch primärrechtlich die Befugnis zu, über die interne Organisation zu entscheiden, um sicherzustellen, dass das Handeln der Kommission kohärent und effizient ist und auf der Grundlage der Kollegialität beruht. Art. 217 Abs. 2 EGV n.F. sieht vor, dass der Präsident die Zuständigkeiten der Kommission gliedern und zwischen den Mitgliedstaaten aufteilen kann. Weiterhin wird festgehalten, dass die Mitglieder der Kommission die ihnen vom Präsidenten übertragenen Aufgaben unter dessen Aufsicht ausüben. Damit werden die jetzt bereits in Art. 1, 3 GO-Komm. enthaltenen Befugnisse des Präsidenten noch einmal klarer herausgestellt und zudem in den Vertrag inkorporiert.[735] Eine wichtige Neuerung besteht allerdings darin, dass der Präsident gemäß Art. 217 Abs. 4 EGV n.F. das Recht erhält, ein Mitglied der Kommission zum Rücktritt aufzufordern. Erfolgt dieser Beschluss des Präsidenten mit Billigung des Kollegiums, so muss das betreffende Kommissionsmitglied zurücktreten. Nach der interinstitutionellen Vereinbarung zwischen Kommission und Parlament vom Juli 2000 verpflichtet sich der Präsident, eine Rücktrittsaufforderung insbesondere dann ernsthaft in Erwägung zu ziehen, wenn ein Kommissar das Vertrauen des Parlaments verloren hat.[736] Damit aber bewegt sich die Kommission stark in Richtung einer persönlichen Verantwortung der Kommissare gegenüber dem Parlament, so dass sich Ihre Rolle weiter an die nationaler Minister annähert. Dem Kollegialitätsprinzip soll jedoch dadurch Rechnung getragen werden, dass eine Zustimmung aller Kommissare zur Rücktrittsforderung des Präsidenten erforderlich ist, um den Kommissar tatsächlich zum Gehen zwingen zu können.[737]

---

[734] Bradley, CML. Rev. 2001, S. 1095 ff, 1105.

[735] Ebd.

[736] Rahmenvereinbarung zwischen Europäischem Parlament und Kommission, Abl. Nr. C 2001, S. 121 ff, Rn. 10

[737] Bradley, CML Rev. 2001, S. 1095 ff, 1106.

3. Ressort- und Zuständigkeitsverteilung in der Kommission

Das Kollegialitätsprinzip sollte ursprünglich nicht nur für das Kollegium der Kommissare, sondern für die Kommission als Ganzes gelten. Eine Entwicklung hin zu quasi-ministeriellen Ressorts war nicht vorgesehen.[738] Mochte dies für eine Institution mit 9 Generaldirektionen, rund 1.000 Mitarbeitern und klar definierten Aufgaben noch möglich sein, so wurde das horizontal ausgerichtete Kollegialitätsprinzip mit wachsender Größe und zunehmenden, immer differenzierteren Aufgaben zugunsten einer effizienteren Arbeitsweise weitgehend aufgegeben.[739] Es setzte eine „Vertikalisierung"[740] der Kommission ein, die dazu führte, dass die Kommission im Rahmen der Vorbereitungs- und Durchführungsarbeit seit Ende der 60er Jahre nach dem Ressortprinzip funktioniert[741].

a. Aufgabenverteilung zwischen den Generaldirektionen

Die Generaldirektionen der Kommission sind mit nationalen Ministerien vergleichbar, wenn sie auch bei weitem nicht so groß sind.[742] Im EGV finden sie keine ausdrückliche Erwähnung. Art. 218 Abs. 2 EGV enthält lediglich die Befugnis, Aufgaben von Kommissions-Dienststellen in einer Geschäftsordnung zu regeln. Von dieser Befugnis hat die Kommission in Art. 19 ff GO-Komm. Gebrauch gemacht. Bereits seit Schaffung der Kommission[743] sind die Generaldirektionen und die gleichgestellten Dienste in der Regel in Direktionen, die Direktionen in Referate gegliedert (vgl. jetzt Art. 19 Abs. 2 GO-Komm.). Geleitet werden die Untergliederungen von Direktoren und Referatsleitern, die Generaldirektion als Ganzes vom Generaldirektor, dem teilweise noch ein stellvertretender Generaldirektor zur Seite steht.[744] Die Kommunikation folgt stark ausgeprägten und streng formalisierten Hierarchie-Regeln,[745] die von Walter Hallstein nach deutschem Vorbild eingeführt wurden.[746]

---

[738] Berlin, Organisation de la Commission, S. 23 ff, 35.

[739] Berlin, a.a.O., S. 36 f; Borchgrave, Adaptations organisationnelles, S. 163; Schmitt von Sydow, EGV, Art. 162 Rn. 7; auch der Spierenburg-Report empfahl ausdrücklich eine Organisation nach dem Ressortprinzip, S. 114.

[740] Berlin, a.a.O., S. 40; Dewost, La Commission ou comment s´en débarrasser ?, S. 181 ff, 188.

[741] Berlin, a.a.O., S. 41; vgl. auch Erklärung Nr. 32 zur Schlussakte der Amster-damer Konferenz vom 02.10.1997, Sartorius II Nr. 147 a, die im Zusammenhang mit der Aufgabenverteilung in der Kommission auch von „Ressorts" spricht; anders Mehde, ZEuS 2001, S. 403 ff, 407, 413, der sich jedoch zu stark an den rechtlichen Vorgaben (Kollegialitätsprinzip) und zu wenig an den tatsächlichen Gegebenheiten orientiert.

[742] Cini, European Commission, S. 102; Mehde, ZEuS 2001, S. 403 ff; Michelmann, Organisational Effectiveness, S. 21; Spence, Structure, Function and Procedures in the Commission, S. 97 ff, 97.

[743] Berlin, Organisation de la Commission, S. 23 ff, 59, S. 70; Hitzler/Poth-Mögele, Europahandbuch, S. 38; Poullet/Deprez, Struktur und Macht der EG-Kommission, S. 36.

[744] Michelmann, Organisational Effectiveness, S. 22; Poullet/Deprez, a.a.O., S. 36.

[745] Cini, European Commission, S. 153; Egeberg, Public Administration 1996, S. 721 ff, 730: nach dem Ergebnis einer Befragung von Kommissionsbeamten herrscht in 80 % aller

Derzeit gibt es 22 Generaldirektionen, die direkt der Zuständigkeit eines Kommissars zugeordnet sind und daher in etwa den Ressorts nationaler Ministerien entsprechen.[747] Im Unterschied zur Zuständigkeitsverteilung nationaler Ministerien, in denen jeweils ein Ressort einem Minister zugewiesen ist, umfassen die Ressorts der Kommissare oftmals mehrere Generaldirektionen.[748] Während in früheren Kommissionen noch vier oder mehr, auch sehr unterschiedliche,[749] Generaldirektionen in den Zuständigkeitsbereich eines Kommissars fallen konnten,[750] hat sich das Verhältnis mit steigender Zahl an Mitgliedstaaten und damit an Kommissaren verbessert. In der aktuellen Kommission gibt es keinen Kommissar, der für mehr als zwei Generaldirektionen zuständig ist.[751] Zudem handelt es sich dabei in aller Regel um inhaltlich zusammengehörende Bereiche. So ist etwa Frits Bolkestein zuständig für die Bereiche Binnenmarkt sowie Steuer- und Zollunion, Franz Fischler für Landwirtschaft und Fischerei (diese beiden Bereiche waren früher ohnehin in einer Generaldirektion zusammengefasst), Michele Schreyer für Haushalt und Finanzen sowie Erkki Likkanen für die Generaldirektionen Unternehmen und Informationsgesellschaft.[752]

In früheren Kommissionen sah die Zuständigkeitsverteilung gleichzeitig auch vor, dass mehreren Kommissaren eine Generaldirektion zugeordnet war.[753] So gab es in der Santer-Kommission eine Generaldirektion für Information, Kommunikation, Kultur und Medien, bei der Martin Bangemann für die ersten bei-

---

Verwaltungseinheiten eine streng formali-sierte hierarchische Struktur; Grabitz/Hilf-Hummer, EGV, Art. 162 Rn. 65.

[746] Borchgrave, Adaptations organisationnelles, S. 156 ff, 163; Michelmann, Organisational Effectiveness, S. 22; vgl. zum Hierarchieprinzip in Deutschland: §§ 3, 4, 12 GGO I.

[747] Landwirtschaft, Wettbewerb, Wirtschaft und Währungsangelegenheiten, Beschäftigung und Soziales, Bildung und Kultur, Binnenmarkt, Energie und Verkehr, Unternehmen, Umwelt, Fischerei, Gesundheit und Verbrau-cherschutz, Informationsgesellschaft, Justiz und Inneres, Regionalpolitik, Forschung, Steuern und Zoll-Union, Entwicklung, Erweiterung, Außenbeziehungen, (Außen-)Handel, Finanzkontrolle und schließlich Haushalt; Vgl. Überblick bei Geiger, EUV/EGV, Art. 213 Rn. 11.

[748] Bellier, Une culture de la Commission européenne ? S. 49 ff, 52; Raworth, Legislative Process, S. 21.

[749] Poullet/Deprez, Struktur und Macht der EG-Kommission, S. 52.

[750] Michelmann, Organisational Effectiveness, S. 17.

[751] Vgl. Aufstellung Generaldirektionen/Zuständigkeiten der Kommissare in EuZW 1999, S. 610.

[752] In der vorausgegangenen Kommission war die Verteilung der GDs auf die Kommissare bereits ähnlich; nur die GD Fischerei war nicht mit der GD Landwirtschaft, sondern - eher sachfremd - mit der GD Verbraucherschutz zusammen; die GD für einen Teil der Außenbeziehungen war zusammen mit der GD Entwicklung einem Kommissar zugeordnet, vgl. Aufstellung der Kommissare bei Schmitt von Sydow, EGV, Art. 162 Rn. 10, Fn. 18 ff und der Generaldirektionen bei Hitzler/Poth-Mögele, Europahandbuch, S. 43.

[753] Raworth, Legislative Process, S. 21.

den Bereiche und Marcelino Oreja Aguirre für die zweiten beiden Themenkreise zuständig waren.[754] Derartige Überschneidungen existieren in der derzeitigen Kommission nicht.

Hat sich die Zuordnung der Kommissare zu ihren Generaldirektionen verbessert, so bleibt weiterhin das Problem, dass einheitliche Politikbereiche auf mehrere Generaldirektionen verteilt sind, deren Zuständigkeitsbereiche sich zudem überschneiden.[755] So gibt es etwa anstelle eines einheitlichen auswärtigen Dienstes je vier rivalisierende Kommissare und Generaldirektionen.[756] Hier müssen sich die Kommissare für Erweiterung (Günther Verheugen), Außenbeziehungen (Chris Patten), Außenhandel (Pascal Lamy) sowie Entwicklung (Poul Nielson) um eine einheitliche politische Linie bemühen.

Die genannten Zuständigkeitsüberschneidungen beruhen unter anderem darauf, dass die Anzahl der Generaldirektionen insgesamt das Erforderliche bei weitem übersteigt.[757] Gerade im Verhältnis zu Größe und Personal der Kommission ist die Fragmentierung der Politikbereiche weitaus größer als in den Mitgliedstaaten. So gibt es derzeit in Deutschland 14,[758] in Frankreich 15[759] und in Großbritannien 12[760] Ministerien mit weitgehend identischen Ressortabgrenzungen.[761] Bedenkt man, dass den nationalen Regierung auch Aufgaben zukommen, die im Bereich des EGV nicht existieren (zum Beispiel Verteidigungs-, aber auch Wohnungsbaupolitik) oder die nur ganz eingeschränkt supranationalisiert sind (zum Beispiel Sozialpolitik), so wird um so deutlicher, dass die europäische Ressortverteilung von einer übermäßigen Aufgabenzersplitterung gekennzeichnet ist.
Die alles andere als effiziente Aufgabenverteilung ist – in noch stärkerem Maße als in den nationalen Regierungen –[762] das Ergebnis historischer Zufälle, politischer Zwänge und sich immer wieder überlagernder organisatorischer Refor-

---

[754] Vgl. Aufstellung der Kommissare bei Schmitt von Sydow, EGV, Art. 162 Rn. 10, Fn. 18 ff und der Generaldirektionen bei Hitzler/Poth-Mögele, Europahandbuch, S. 43 sowie bei Grabitz/Hilf-Hummer, EGV, Art. 162 Rn. 61.

[755] Peters, Journal of European Public Policy 1994, S. 9 ff, 14 mit Bsp. aus dem Bereich des Umweltrechts und der Biotechnologie.

[756] Spence, Structure, Function and Procedures, S. 97 ff, 105 zu einer früheren Kommission.

[757] Cini, European Commission, S. 102; Spence, Structure, Function and Procedures, S. 97 ff, 97.

[758] www.bundesregierung.de.

[759] www.premier-ministre.gouv.fr.

[760] Vgl. Aufstellung des britischen Kabinetts nach den Wahlen im Juni 2001, SZ vom 11.06.2001, S. 7.

[761] Unterschiede ergeben sich im Wesentlichen aus landestypischen Besonderheiten. So verfügt Großbritannien etwa über jeweils ein Ministerium für Schottland, Wales und Irland.

[762] Derlien, Regierungsorganisation S. 97.

men.[763] Hierbei ist zu berücksichtigen, dass die Union innerhalb von relativ kurzer Zeit einem starken Wandel unterworfen war. So fand 1967 eine erste größere Umgestaltung der Kommission infolge der Zusammenlegung des Personals von EG, EGKS und EURATOM statt. Zur Versorgung der neu hinzugekommenen Beamten wurden zehn neue Generaldirektionen geschaffen, womit sich deren Zahl insgesamt verdoppelte.[764] Eine Rolle spielt auch die Tatsache, dass die Zahl der Kommissare sich an der Zahl der Mitgliedstaaten orientiert. Dies führte dazu, dass mit neuen Beitrittsländern auch Aufgabenbereiche für die hinzukommenden Kommissare geschaffen werden mussten.[765] So entstanden auch Ressorts für Politikfelder, in denen es zunächst gar keine Gemeinschaftskompetenz (Generaldirektion Industriepolitik) oder kaum Aktionsfelder (Umweltschutz, Verbraucherschutz) gab.[766] Schließlich sind ehrgeizige Kommissare und Präsidenten ebenso wie die Mitgliedstaaten oft bestrebt, den eigenen Zuständigkeitsbereich auszudehnen.[767] Auch Lobby- und Interessengruppen versuchen, ihren Interessen und Zielen ein eigenes Ressort und einen eigenen Ansprechpartner zu verschaffen.[768]

Anders als in den Mitgliedstaaten, in denen der Ressortzuschnitt in aller Regel relativ stabil bleibt[769] und auch von Regierungsumbildungen nicht oder nur unwesentlich berührt wird, ist es in der Kommission üblich, die Aufgaben bei jeder Neubesetzung der Kommission – mithin alle 5 Jahre – vollständig neu zu verteilen.[770] Die europäischen Strukturen haben sich offensichtlich noch nicht derart verfestigt, dass das „Gewicht des status quo"[771] den Wunsch nach einer Neuverteilung der Machtverhältnisse überwiegen könnte, wie es in den Mitgliedstaaten meist der Fall ist. Die zu beobachtende Diskontinuität beim Aufgabenzuschnitt der Generaldirektionen stellt eine merkliche Belastung der Verwaltungspraxis dar.[772] Auch bei Einsetzung der letzten Kommission im Jahre 1999 gab es bei

---

[763] Berlin, Organisation de la Commission, S. 23 ff, 42; Cini, European Commission, S. 102; Dethier, De la légalité à l'efficacité, S. 139 ff, 148; Spence, Structure, Function and Procedures, S. 97 ff, 97.

[764] Borchgrave, Adaptations organisationnelles, S. 156 ff, 163; Poullet/Deprez, Struktur und Macht der EG-Kommission, S. 35.

[765] De Figureido Lopes, Rfap 1990, S. 497 ff, 498 (der Autor ist Mitglied der GD Personal und Verwaltung).

[766] Borchgrave, Adaptations organisationnelles, S. 156 ff, 164.

[767] Raworth, Legislative Process, S. 21; Spence, Structure, Function and Procedures, S. 97 ff, 97.

[768] Borchgrave, Adaptations organisationnelles, S. 156 ff, 164.

[769] Allgemein hierzu Ziller, Administrations comparées, S. 413; speziell für Deutschland Derlien, VerwArch 1996, S. 548 ff, 559.

[770] Berlin, Organisation de la Commission, S. 23 ff, 41, S. 43; Figureido Lopes, Rfap 1990, S. 497 ff, 498.

[771] Meyer, Aufgaben und Stellung des Bundesministeriums der Justiz, S. 443 ff, 450.

[772] Berlin, Organisation de la Commission, S. 23 ff, 43.

einer gleichbleibenden Zahl von Generaldirektionen nicht unerhebliche Veränderungen:[773] So wurden mit der Generaldirektion Erweiterung und der Generaldirektion Justiz und Inneres zwei neue Ressorts geschaffen. Daneben wurden bislang eigenständige Generaldirektionen wie Verkehr und Energie, Bildung und Kultur, Information und Telekommunikation, kleine und mittlere Unternehmen, Industrie sowie die bisher nach regionalen Kriterien auf drei Generaldirektionen verteilten Außenbeziehungen jeweils in einer Generaldirektion zusammengefasst. Umgekehrt wurden bislang untergeordnete Bereiche, wie der Außenhandel, nunmehr zu eigenständigen Ressorts ausgebaut.

b. Die Aufgabenverteilung im Bereich des Zivilrechts
Der Bereich des Zivilrechts, der in den Mitgliedstaaten in der Regel schwerpunktmäßig bei einem einzigen Ressort, nämlich dem Justizministerium angesiedelt ist, ist in der Kommission auf mehrere Generaldirektionen verteilt.

Es handelt sich dabei vor allem um die Generaldirektionen für Verbraucherschutz, für Binnenmarkt, für Unternehmen[774] sowie um die nach dem Vertrag von Amsterdam neu geschaffene Generaldirektion für Justiz und Inneres. So befasst sich die Generaldirektion Verbraucherschutz zum Beispiel mit einer Neuerung der Regelungen zum Verbraucherkredit[775] und die Generaldirektion Binnenmarkt mit Regelungen zur Produkthaftung.[776] Aus der Generaldirektion Unternehmen stammen die Regelungen zum Zahlungsverzug,[777] aus der Generaldirektion Verbraucherschutz die Richtlinie zum Verbrauchsgüterkauf[778] und aus der Generaldirektion für Justiz und Inneres die Verordnung über Insolvenzverfahren[779]. Auch der eingangs bereits erwähnte Aufruf zu einer Debatte über ein europäisches Vertragsrecht beruht auf einer Initiative der vier für das Zivilrecht

---

[773] Siehe zur Aufgabenverteilung in der vorausgegangenen Kommission unter Jacques Santer: Hitzler/Poth-Mögele, Europahandbuch, S. 43 und Schmitt von Sydow, EGV, Art. 162 Rn. 10, Fn. 18 – 37, wobei letzterer die Zuständigkeiten der Kommissare aufführt, die nicht zwingend identisch mit den vorhandenen GDs sein müssen. So war etwa die Kommissarin Anita Gradin bereits für den Bereich Justiz und Inneres zuständig, obwohl es hierfür noch keine GD gab.

[774] Kieninger/Leible, EuZW 1999, S. 37 ff, 37; Remien, ZfRV 1995, S. 116 ff, 123; Taschner, Privatrechtsvereinheitlichung durch die Europäische Gemeinschaft, S. 225 ff, 230.

[775] Arbeitsprogramm der Kommission für 2001, Annex 1, KOM (01) 28 endg., übernommene Vorschläge aus dem Jahr 2000, Vorschlag 203.

[776] Grünbuch über die zivilrechtliche Haftung für fehlerhafte Produkte, KOM (99) 396 endg.

[777] Vgl. hierzu Remien, ZfRV 1995, S. 116 ff, 123.

[778] Vgl. hierzu Micklitz, EuZW 1999, S. 485 ff, 485.

[779] Verordnung des Rates Nr. 1346/2000 vom 29.05.2000, Abl. 2000 Nr. L 160.

maßgeblichen Generaldirektionen Verbraucherschutz, Justiz und Inneres, Binnenmarkt und Unternehmen.[780]

Weitere Generaldirektionen arbeiten in Einzelfällen auf dem Bereich des Zivilrechts, so etwa die Generaldirektion Umweltschutz mit einem Vorschlag für eine Umwelthaftungsrichtlinie, die die zivilrechtliche Haftung der Anlagenbetreiber regelt,[781] und damit in Konkurrenz zu § 906 BGB tritt. Zunehmende Bedeutung für den Bereich des Zivilrechts wird aller Voraussicht nach auch die 1999 geschaffene Generaldirektion Informationsgesellschaft, die sich unter anderem mit Fragen des E-Commerce beschäftigt, gewinnen. Die teilweise ebenfalls genannte Generaldirektion Wettbewerb[782] dagegen dürfte jedenfalls für die Rechtsetzung im klassischen Bereich des Zivilrechts geringere Bedeutung erlangen. Ihr Zuständigkeitsbereich erfasst vor allem das Kartellrecht sowie Fragen staatlicher Subventionen und Beihilfen. Sie widmet sich somit eher dem Makro-Bereich der verschiedenen Wirtschaftsordnungen im Gegensatz zu dem vom allgemeinen Zivil- und Handelsrecht erfassten Mikrobereich. Auswirkungen auf das im Entstehen begriffene Schuldrecht könnten allenfalls die europäischen Vergaberichtlinien haben.[783] Fragen der öffentlichen Auftragsvergabe sind jedoch der Zuständigkeit der Generaldirektion Binnenmarkt zugeordnet (Direktorat B).

Hintergrund dieser dezentralen Aufgabenverteilung ist der funktionale Ansatz der Verträge. Ebenso wie es keine allgemeine Kompetenz der Gemeinschaft zur Privatrechtsvereinheitlichung sondern nur die zur Verwirklichung der jeweiligen Ziele notwendigen Kompetenzen gibt, existiert auch keine den zivil- oder handelsrechtlichen Abteilungen nationaler Justizministerien vergleichbare Einheit.[784] Olivier Remien führt zu Recht aus: *"Das häufig kritisierte eklektische Vorgehen bei der Rechtsangleichung ist daher schon organisatorisch vorprogrammiert."*[785] Versuche, eine allgemeine Generaldirektion für Rechtsvereinheitlichung einzuführen, die in den 70er Jahren von der Generaldirektion Bin-

---

[780] Pressemitteilung der Europäischen Kommission vom 13.07.2001, www.europa.eu.it/comm/Generaldirektionen/Health_consumer/library/press/press167_en.html, Stand: 20.07.2001.

[781] In Deutschland umgesetzt mit dem Umwelthaftungsgesetz vom 10.12.1990, BGBl. I 2634; vgl. zu diesem Bsp. Taschner, Privatrechtsvereinheitlichung durch die Europäische Gemeinschaft, S. 225 ff, 230.

[782] Kieninger/Leible, EuZW 1999, S. 37 ff, 37.

[783] Vgl. „Europäische Vertragsrechts-Mitteilung", Anhang I „Wichtige Regelungen des Acquis Communautaire im Privatrecht" S. 48 ff; im Anhang III „Grundzüge des Gemeinschaftlichen Besitzstandes und der einschlägigen verbindlichen internationalen Verträge" wird das Vergaberecht allerdings nicht mehr genannt, was auf seine eher geringe systemprägende Wirkung hindeutet.

[784] Kieninger/Leible, EuZW 1999, S. 37 ff, 37; Taschner, Privatrechtsvereinheitlichung durch die Europäische Gemeinschaft, S. 225 ff, 229 f.

[785] Remien, ZfRV 1995, S. 116 ff, 123.

nenmarkt unternommen wurden, scheiterten. Ursachen hierfür dürften das geringe Interesse der Politik an den wenig öffentlichkeitswirksamen rechtspolitischen Fragen und der Beitritt der Common-Law-Länder gewesen sein.[786]

4. Die Querschnittsdienste

Zu den Dienststellen der Kommission i.S.d. Art. 218 EGV i.V.m. Art. 19 GO-Kom. gehören neben den für die einzelnen Politiken zuständigen Generaldirektionen auch die sog. „Querschnittsdienste". Bei Letzteren handelt es sich um Verwaltungs- und Koordinationseinheiten, deren Zuständigkeit quer durch die Verantwortungsbereiche der Generaldirektionen geht.[787] Sie sind zwar den Generaldirektionen gleichwertig, werden jedoch in der Regel nicht als solche bezeichnet und weisen teilweise in ihrem Inneren eine andere Struktur auf.[788] Zu nennen sind hier etwa der Übersetzungsdienst, das Statistische Amt und der Dienst des Sprechers. Auch die Generaldirektionen für Haushalt und Finanzkontrolle zählen nach Brüsseler Verständnis hierzu.[789] Die wichtigsten Querschnittsdienste sind jedoch das Generalsekretariat und der Juristische Dienst, auf die unten im Zusammenhang mit Koordination und Kontrolle der Entwurfstätigkeit näher eingegangen werden soll. Aufgabe des Juristischen Dienstes ist es, neben der Vertretung der Kommission in Rechtsstreitigkeiten[790] für die rechtliche Kontrolle der Rechtsetzungsvorschläge der Kommission zu sorgen. Das nach französischem Vorbild geschaffene[791] Generalsekretariat der Kommission ist zuständig für die Vorbereitung und Durchführung der Kommissionsbeschlüsse. Während die Kabinette und Dienststellen hier die politisch-inhaltliche Vorbereitungsarbeit leisten, obliegt dem Generalsekretariat vor allem der technisch reibungslose Ablauf der Kommissionsarbeit (vgl. Art. 17 Abs. 1 – 5 GO-Komm.).

Die Bedeutung der Querschnittsdienste Generalsekretariat und Juristischer Dienst schlägt sich auch darin nieder, dass sie direkt dem Kommissionspräsidenten unterstellt sind und eng mit dessen Kabinett zusammenarbeiten (vgl. Art. 17 Abs. 1 S. 1 GO-Komm.).[792] Vertreter des Juristischen Dienstes ebenso wie des

---

[786] Remien, a.a.O.; Taschner, Privatrechtsvereinheitlichung durch die Europäische Gemeinschaft, S. 225 ff, 230.

[787] Cini, European Commission, S. 102.

[788] Berlin, Organisation de la Commission, S. 23 ff, 66; Poullet/Deprez, Struktur und Macht der EG-Kommission, 57; Spence, Structure, Function and Procedures, S. 97 ff, 99.

[789] Vgl. Darstellung der Generaldirektionen unter www.europa.eu.int/comm/dgs_de.htm, Stand 10.01.02.

[790] Timmermans, Probleme der EG-Rechtsetzung,, S. 21 ff, 27.

[791] Berlin, Organisation de la Commission, S. 23 ff, 68; Cassese, Divided Powers, S. 5 ff, 12; Spence, Structure, Function and Procedures, S. 97 ff, 103.

[792] Berlin, a.a.O., S. 66, S. 81; Cini, European Commission, S. 102; www.europa.eu.int/ en/comm/sj/rolede.htm, Stand 29.09.1999; ebenso schon Poullet/Deprez, Struktur und Macht der EG-Kommission, S. 56.

Generalsekretariats nehmen zudem an allen wichtigen Sitzungen des Kollegiums und der Kabinetts-Chefs teil (Art. 10 Abs. 1 S. 1 GO-Komm.).[793] Die herausgehobene Stellung des Generalsekretärs zeigt sich hier auch optisch darin, dass er quasi als 21. Kommissar in der Kollegiumsrunde seinen Platz direkt neben dem Präsidenten hat.[794] Das Amt des Generalsekretärs hatte lange Zeit schon deshalb eine große politische Bedeutung, weil es von 1958 bis 1987 von ein und derselben Person, Emile Noël, geleitet wurde, dem von allen Seiten eine bedeutsame Führungsrolle zugeschrieben wurde.[795] Nachdem er seinen Posten abgab, wurde das Generalsekretariat wieder stärker zur Assistenzeinheit des Präsidenten.[796]

Juristischer Dienst und Generalsekretariat sind mit rund 150 Mitarbeitern jeweils ähnlich groß.[797] Das Generalsekretariat besteht derzeit aus einem Generalsekretär, zwei stellvertretenden Generalsekretären, einem Assistenten des Generalsekretärs und 33 Beratern oder Referenten,[798] der Juristische Dienst aus einem Generaldirektor, einem Vizegeneraldirektor und seinem Assistenten sowie 31 juristischen Beratern und dem Leiter des juristischen Sprachendienstes.[799]

5. Besonderheiten der Brüsseler Bürokratie

Die Kommission ist zwar nach dem Vorbild nationaler – vor allem deutscher und französischer –[800] Regierungsbürokratien entstanden, hat aber inzwischen einen eigenständigen Organisations- und Entscheidungstypus entwickelt, der sich in vielen Punkten sowohl vom klassischen Bürokratiemodell Max Webers[801] als auch von den Ministerialbürokratien der Mitgliedstaaten unterscheidet.[802] Als besondere Strukturmerkmale der Kommission werden dabei – neben dem bereits herausgearbeiteten Mangel an politischer Führung - insbesondere

---

[793] Michelmann, Organisational Effectiveness, S. 22.

[794] Schmitt von Sydow, EGV, Art. 163 Rn. 10.

[795] Berlin, Organisation de la Commission, S. 23 ff, 69; Coombes, Politics and Bureaucracy, S. 249; Michelmann, Organisational Effectiveness, S. 21; Poullet/Deprez, Struktur und Macht der EG-Kommission, S. 56.

[796] Cini, European Commission, S. 104.

[797] Hay, EG-Kommission und Verwaltung der Gemeinschaft, S. 56; zur Mitarbeiterzahl Gündisch/Mathijsen, Rechtsetzung und Interessenvertretung, S. 85.

[798] Aufstellung, Stand 16.05.2001, entnommen aus: www.europa.eu.int/comm/ Generaldirektionen/secretariat _general/mission/index_de.htm, Stand 07.06.2001.

[799] www.europa.eu.int/en/comm/sj/rolede.htm, Stand: 29.09.1999.

[800] Berlin, Organisation de la Commission, S. 23 ff, 38 ff; Cassese, Divided Powers, S. 5 ff, 12 ff; Wessels, Community Bureaucray, S. 8 ff, 12.

[801] Weber, Wirtschaft und Gesellschaft, S. 160 ff.

[802] Bach, Transnationale Institutionenpolitik, S. 178 ff, 182; Bellier, Une culture de la Commission européenne ? S. 49 ff, 52, zu der Frage, ob und inwieweit sich die Kommission als Bürokratie einordnen lässt, vgl. insbes. Coombes, Politics and Bureaucracy.

ihre multinationale Personalzusammensetzung sowie die Offenheit ihrer Strukturen genannt.[803]

a. Die Kommission als offene Bürokratie

Entgegen dem vielfach in der öffentlichen Meinung vorherrschenden Bild von der alles beherrschenden Eurokratie in Brüssel handelt es sich bei der Kommission mit ihren 16.409 Dauer- und 678 befristeten Stellen[804] immer noch um eine sehr kleine Bürokratie.[805] Dies gilt um so mehr, wenn man bedenkt, dass hiervon bereits rund 3.704 Mitarbeiter mit Forschungsarbeit und rund 1.903 im Sprachendienst beschäftigt sind. Für die eigentliche Sacharbeit der Kommission verbleiben somit gerade einmal 11.477 Beamte. Damit verfügt die Kommission bezogen auf die Gesamtzahl der mit der Konzeption und Durchführung der Politiken der Gemeinschaft befassten Mitarbeiter ungefähr über genau so viele Mitarbeiter wie die Stadt Amsterdam oder die Kommune von Madrid oder das französische Kulturministerium.[806]

Hinzu kommt, dass der Kommission nicht nur die Vorbereitung der politischen Initiativen, sondern auch der gemeinschaftsunmittelbare Verwaltungsvollzug sowie quasi-richterliche Aufgaben vor allem im Bereich des Wettbewerbsrechts (vgl. Art. 81, 82 EGV) obliegen. Vorschläge, diese Aufgaben zur Entlastung der Kommission vollständig auf unabhängige (etwa den deutschen Bundesämtern vergleichbare) Agenturen auszulagern, um der Kommission mehr Raum für ihre politische und Initiativtätigkeit zu geben,[807] fanden bislang kein Gehör. Allerdings beabsichtigt die Kommission, künftig die eher technisch ausgerichteten Fragen, die sie nicht zum Kernbereich ihrer Aufgaben zählt, auf externe europäische Behörden nach dem Vorbild der Arzneimittel- sowie der (neuen) Lebensmittelagentur auszulagern.[808] Konkrete Angaben dazu, um welche Sachgebiete es sich dabei handeln könnte, macht sie jedoch nicht. Es ist daher davon auszugehen, dass die Kommission bis auf weiteres einen Großteil der ihr übertragenen Aufgaben mit der vorhandenen engen Personalausstattung bewältigen muss.

---

[803] Bach, a.a.O., S. 182 f.

[804] Europäische Kommission (Hrsg.), Gesamtbericht über die Tätigkeit der Europäischen Union, Brüssel/Luxemburg 2000, S. 436.

[805] Bach, Transnationale Integration, S. 109 ff, 118; De Figueiredo Lopes, Rfap 1990, S. 497 ff, 499; Mazey/ Richardson, Rfsp 1996, S. 409 ff, 411; Mehde, ZEuS 2001, S. 403 ff, 442; Ziller, Administrations comparées, S. 476.

[806] Hay, EG-Kommission und Verwaltung der Gemeinschaft, S. 31, 48; Ziller, Administrations comparées, S. 476 nennt als weitere Vergleiche die Verwaltung Luxemburgs mit 17.000 Mitabeitern und diejenige der Stadt Paris mit 38.000 Mitarbeitern.

[807] Dewost, La Commission ou comment s'en débarrasser ? S. 189 f; Vibert, Für eine „Entflechtung" der Kommission, S. 72 ff.

[808] Weißbuch zur Reform der Kommission vom 05.04.2000, Teil II, Aktionsplan, KOM (00), 200 endg./2, S. 20.

Diese knappen Personalressourcen haben zur Folge, dass sie in starkem Maße auf externen Sachverstand angewiesen[809] und damit notwendigerweise auch Beeinflussungen von außen ausgesetzt sind.[810] Dieser Umstand wirkt sich – wie nachher noch im einzelnen zu zeigen sein wird – auch auf die Vorbereitung von Gesetzesvorhaben aus. Hier arbeitet die Kommission sowohl bei der Frage, ob sie überhaupt tätig werden soll, als auch bei der Ausarbeitung der konkreten Vorschläge eng mit Vertretern nationaler Regierungen, Verbände oder Interessengruppen sowie mit Experten bestimmter Sachgebiete zusammen, da sie als „kopflastige" Behörde selbst nicht über den nötigen Verwaltungsunterbau verfügt, um die erforderlichen Vorbereitungsarbeiten zu leisten.[811]

Die Strukturen der Kommission sind daher offener und flexibler als jene der nationalen Gubernativen. Ihre Arbeit fußt wesentlich auf relativ kleinen, aber hochspezialisierten Expertenstäben, deren Organisation durch ein verhältnismäßig hohes Maß an Informalität und Mobilität gekennzeichnet ist. Insgesamt kann man die Rolle der Kommission daher eher als Interessenmaklerin denn als bürokratische Steuerungseinheit beschreiben.[812] In diesem Bereich unterscheidet sie sich somit deutlich von den nationalen Bürokratien, deren wesentliche Merkmale Stabilität und Formalisierung von Verfahren sind.[813]

b. Die Kommission als multinationale Bürokratie
Eine weitere Besonderheit der Kommission im Gegensatz zu den im Wesentlichen homogen zusammengesetzten nationalen Bürokratien ist die Multinationalität ihres Personalstabes.[814] Auch wenn Untersuchungen ergaben, dass sich der Großteil der Kommissionsbeamten mit den europäischen Zielen identifiziert und die Gemeinschaftsbelange in den Vordergrund stellt,[815] steht doch außer Frage,

---

[809] De Figueiredo Lopes, Rfap 1990, S. 497 ff, 499; Hay, EG-Kommission und Verwaltung der Gemeinschaft, S. 27; Mazey/Richardson, Rfsp 1996, S. 409 ff, 411 unter Bezugnahme auf eine Umfrage unter den Kommissionsbeamten; Mehde, ZEuS 2001, S. 403 ff, 411; Ziller, Administrations comparées, S. 477.

[810] Ziller, Administrations comparées, S. 478.

[811] Bach, Transnationale Institutionenpolitik, S. 178 ff, 187; Coombes, Politics and Bureaucracy, 245; Grote, Steuerungsprobleme, S. 227 ff, 238; Héritier, Koordination von Interessenvielfalt, S. 261 ff, 263; Pag, Relation between Commission and National Bureaucracies, S. 445 ff, 464, S. 469; Poullet/Deprez, Struktur und Macht der EG-Kommission, S. 118.

[812] Mazey/Richardson, Rfsp 1996, S. 409 ff, 410.

[813] Bach, Transnationale Institutionenpolitik, S. 178 ff, 178; Ziller, Administrations comparées, S. 483.

[814] Bach, a.a.O., S. 182.

[815] Coombes, Politics and Bureaucracy, S. 308 ff; Egeberg, Public Administration 1996, S. 721 ff, 731 f; Hay, EG-Kommission und Verwaltung der Gemeinschaft, S. 40; Michelmann, Organisational Effectiveness, S. 29 f; Poullet/Deprez, Struktur und Macht der EG-Kommission, S. 45, Fn. 6.

dass die unterschiedliche nationale Herkunft der aus derzeit 15 Mitgliedstaaten mit 12 Sprachen stammenden europäischen Bürokraten eine Herausforderung für eine einheitliche und konsistente Entscheidungsfindung darstellt.

Dass nationale Interessen nicht vollständig in den Hintergrund treten,[816] zeigt bereits das Auswahlverfahren für die Kommissare und ihre Kabinette sowie für das Führungs-Personal der Generaldirektionen,[817] bei denen strikte Nationalitätenquoten eingehalten werden. So hat sich die Regel herausgebildet, dass die Kommissare und ihre Kabinette in der Regel eine andere Nationalität als die Beamten der Generaldirektionen haben.[818] Die Generaldirektoren wiederum haben eine andere Nationalität als ihr Direktor und dessen Assistent. Zudem wird darauf geachtet, dass insgesamt bei der Postenverteilung alle Nationalitäten gleichermaßen berücksichtigt werden.[819] Erst auf den unteren Ebenen der Kommissionsdienste tritt die Frage der Nationalität hinter die der Sachkompetenz zurück.[820] In der praktischen Arbeit der Generaldirektionen führt die Heterogenität des Personals zu erhöhtem Koordinationsbedarf. Auch wenn in den Dienststellen so gut wie nie mit Dolmetschern gearbeitet wird, ist die Verständigung doch dadurch erschwert, dass die Arbeitssprache (meist französisch, teilweise englisch) für die meisten Kommissionsmitglieder nicht die Muttersprache ist.[821] Schließlich fehlt es auch an einem einheitlichen Verwaltungsstil, da die Kommissionsbeamten aus den nationalen Verwaltungen rekrutiert werden und daher aus völlig verschiedenen Arbeitstraditionen stammen.[822]

6. Fazit

Die Kommission erweist sich somit insgesamt als ein im Vergleich zu nationalen Bürokratien sehr heterogenes Gebilde mit eher gering ausgeprägten Steuerungsfähigkeiten. Dies beruht zum einen darauf, dass es ihr aufgrund der fehlenden parteipolitischen Einbindung an einer einheitlichen ideologischen Ausrichtung fehlt. Hinzu kommt die Führungsschwäche des Präsidenten und der Kom-

---

[816] Egeberg, a.a.O., weist dies im Einzelnen anhand von Interviews mit Kommissionsbeamten nach.

[817] Coombes, Politics and Bureaucracy, S. 257; Egeberg, Public Administration 1996, S. 721 ff, 721.

[818] Spence, Structure, Function and Procedures, S. 97 ff, 98.

[819] Cassese, Divided Powers, S. 5 ff, 14; De Figueiredo Lopes, Rfap 1990, S. 497 ff, 499; Michelmann, Organisational Effectiveness, S. 28.

[820] Cassese, a.a.O.; Michelmann, a.a.O., S. 27.

[821] De Figueiredo Lopes, Rfap 1990, S. 497 ff, 499; Hay, EG-Kommission und Verwaltung der Gemeinschaft, S. 27; Michelmann, a.a.O., S. 29.

[822] Abélès/Bellier, Rfsp 1996, S. 431 ff; Bach, Transnationale Institutionenpolitik, S. 178 ff, 182; Bellier, Une culture de la Commission européenne ? S. 49 ff, 53; De Figueiredo Lopes, Rfap 1990, S. 497 ff, 499; Egeberg, Public Administration 1996, S. 721 ff, 721, S. 731; Hay, EG-Kommission und Verwaltung der Gemeinschaft, S. 27; Mazey/ Richardson, Commission and Lobby, S. 169 ff, 176.

missare, die durch die Zwischenschaltung der Kabinette eher verstärkt als abgemildert wird. Es existiert mithin weiter keine Einrichtung, die - wie die in den nationalen Regierungen vorhandenen Führungseinheiten (Regierungschef, Kabinett, Council of Ministers, Minister oder dominante Partei) - die Politik zentral bestimmen und mehr oder weniger schnell durch die Regierungsmaschinerie umsetzen lassen kann.[823] Entgegen der ursprünglichen Konzeption der Verträge kann auch das Kollegialitätsprinzip die Kohärenz der Kommissions-Entscheidungen nicht mehr gewährleisten, da es weitgehend zugunsten des Ressortprinzips aufgegeben wurde. Weitere Faktoren, die einer einheitlichen, in sich konsistenten europäischen Politik entgegenstehen, sind die Aufgabenzersplitterung zwischen den Generaldirektionen, die Diskontinuität der Ressortverteilung, die Multinationalität der Personalzusammensetzung sowie die Abhängigkeit von externem Sachverstand.

---

[823] Donnelly, Structure of the European Commission, S. 74 ff, 75; Nugent, Government and Politics of the European Union, S. 296, S. 335.

II. Die Vorbereitung von Vorschlägen für neue Rechtsakte

Bei der Vorbreitung von Normen in der Kommission ist – ebenso wie in den nationalen Gubernativen – zu unterscheiden zwischen den Verfahren zur Verabschiedung neuer Rechtsakte und jenen zur Rechtsbereinigung bereits bestehender Regelungen. Für Letzteres bestehen auf europäischer (ebenso wie auf mitgliedstaatlicher) Ebene gesonderte Einrichtungen und Mechanismen, die im Abschnitt III. näher dargestellt werden. Der Entscheidungsprozess in der Kommission bei der Schaffung neuen Rechts kann in drei Phasen aufgeteilt werden:[824] Die Initiativ-, die Entwurfs- sowie die Koordinations- und Kontrollphase.

1. Die Initiativphase

In der ersten Phase der Gesetzesvorbereitung geht es um die Frage, welche Themen in das Arbeitsprogramm der Kommission aufgenommen werden sollen, d.h. ob die Kommission auf einem bestimmten Gebiet gesetzgeberisch tätig wird oder nicht.

a. Inhalt und Bedeutung des Initiativrechts der Kommission

Wie bereits im Einleitungsteil dargestellt, verfügt die Kommission über ein Initiativmonopol. Dies gibt ihr im Rahmen der der Gemeinschaft zustehenden Kompetenzen das Recht, Inhalt und Zeitpunkt der Vorschläge zu bestimmen.

Nur in wenigen Ausnahmefällen ist sie durch den EGV gehalten, ihre Vorschläge innerhalb einer bestimmten Frist vorzulegen (zum Beispiel Art. 61 ff EGV).[825] Eine wesentliche Einschränkung ihrer Initiativmöglichkeiten enthält jedoch das nunmehr in Art. 5 EUV, Art. 5 Abs. 1 EGV ausdrücklich normierte Prinzip der begrenzten Einzelermächtigung. Die Gemeinschaft verfügt – anders als die Legislativorgane ihrer Mitgliedsstaaten - über eine umfassende Verbandskompetenz.[826] Als supranationale Einrichtung darf sie nur dort tätig werden, wo die Verträge sie ausdrücklich zum Handeln ermächtigen. Daher kann auch das Gemeinschaftsorgan Kommission nur dann eine Gesetzesinitiative einbringen, wenn die Verträge eine entsprechende Kompetenz begründen. Zudem kann die Rechtsetzung nur in der jeweils vorgeschriebenen Form, d.h. Richtlinie, Verordnung usw. erfolgen, wenn und soweit der Vertrag nicht etwas anderes vorsieht. Das Prinzip der begrenzten Einzelermächtigung wird allerdings durch die Regelungen der Art. 94, 95 EGV sowie 308 EGV aufgelockert, die die Gemeinschaft zur Rechtsangleichung im Binnenmarkt bzw. zur Schließung von Vertragslücken ermächtigen.[827]

---

[824] Ähnlich Spence, Structure, Function and Procedures, S. 97 ff, 104, der jedoch die Koordinationsphase noch weiter unterteilt und daher zu 6 Phasen gelangt.

[825] Schmitt von Sydow, EGV, Art. 155 Rn. 39.

[826] Streinz, Europarecht Rn. 436.

[827] Ebd., Rn. 437.

Im Rahmen ihres Vorschlags bestimmt die Kommission auch die Rechtsgrundlage einer Norm. Dies ist insofern von Bedeutung, als sich sowohl der Umfang der Beteiligung des Parlaments (Verfahren der Anhörung, der Mitentscheidung und der Zusammenarbeit, vgl. hierzu Art. 192, 251, 252 EGV)[828] als auch die notwendigen Mehrheiten für die Annahme des Vorschlags im Rat jeweils aus der Rechtsgrundlage ergeben. Von den hier interessierenden Kompetenzgrundlagen Art. 95 und Art. 65 i.V.m. Art. 67 EGV lässt zum Beispiel erstere Mehrheitsentscheidungen im Rat zu, während bei der zweiten – jedenfalls für den Übergangszeitraum von fünf Jahren bis 2004 - Einstimmigkeit erforderlich ist. Da sich die verschiedenen Regelungsmaterien oftmals nicht eindeutig zuordnen lassen, war die Wahl der richtigen Rechtsgrundlage immer wieder Gegenstand von Auseinandersetzungen zwischen den Organen.[829] Für die Kommission ist insbesondere von Interesse, ob über ihren Vorschlag mit Mehrheit im Rat entschieden werden kann, da dies ihre Einflusschancen im Vergleich zu Kompetenzgrundlagen, die Einstimmigkeit im Rat verlangen, erhöht (s.o.). Dass bei Regelungen, die Mehrheitsentscheidungen im Rat zulassen, gemäß Art. 251 EGV auch erweiterte Beteiligungsmöglichkeiten des Parlaments bestehen, nimmt die Kommission dabei gerne in Kauf. Es ist zu beobachten, dass Kommission und Parlament häufig gemeinsame Interessen verfolgen, nämlich eine Harmonisierung auf möglichst hohem Niveau, politische Profilierung in innovativen Bereichen und die tendenzielle Erweiterung europäischer Kompetenzen und Ressourcen. Sie schaukeln sich daher beim europäischen Regulierungsniveau gegenseitig hoch.[830] Es besteht ein partnerschaftliches Verhältnis zwischen Kommission und Parlament, da die Kommission das Parlament zur Legitimierung seiner Rechtsetzungstätigkeit braucht und das Parlament die Kommission zur Vorlage von Rechtsetzungsvorschlägen benötigt.[831] Praktisch ziehen Parlament und Kommission daher eher an einem Strang als Rat und Kommission bzw. Parlament und Rat.[832]

Auch wenn der Kommission ein Monopol bei der Vorschlagtätigkeit zukommt, kann sie ihre Initiativen dennoch nicht ohne Berücksichtigung der Wünsche der anderen Gemeinschaftsinstitutionen ergreifen, da sie bei der Entscheidung schließlich auf ihre Mitwirkung angewiesen ist. Dies hat zur Folge, dass die Kommission ihr Vorschlagsmonopol selten ausreizt und statt dessen vor einer Gesetzesinitiative das Terrain auslotet sowie ihre Vorschläge den Vorstellungen

---

[828] Vgl. Überblick bei Emmert, Europarecht, S. 182 ff; Streinz, Europarecht Rn. 439 ff.

[829] Rs. 45/86 Kommission/Rat HSVE S. 295; RS C-300/89 Kommission/Rat HSVE, 204, Rs. C 295/90 Parlament/Rat HSVE S. 208.

[830] Eichener, Das Entscheidungssystem der Europäischen Union, S. 205.

[831] Cini, European Commission, S. 136; Westlake, The Commission and the Parliament, S. 225 ff, 247.

[832] Schmitt von Sydow, EGV, Art. 155 Rn. 55; Westlake, Commission and Parliament , S. 225 ff, 225.

von Parlament und Rat anpasst.[833] Das europäische Gesetzgebungsverfahren ist auf Gleichgewicht angelegt, da insbesondere Kommission und Rat im Rahmen der Rechtsetzung aufeinander angewiesen sind.[834] Der Rat kann nicht ohne einen Vorschlag der Kommission entscheiden, die Kommission ihre Vorschläge nicht ohne den Rat verabschieden.[835] Anders als den nationalen Regierungen stehen der Kommission kaum Machtmittel[836] zur Verfügung, um ihren Vorschlag gegenüber dem Rat durchzusetzen.[837] Insbesondere kann sie sich auch nicht auf irgend eine Form von „Regierungsdisziplin" verlassen oder auf Verfahren und Zeit der weiteren Entscheidungen Einfluss nehmen.[838]

Dies hat zur Folge, dass die Entwurfsverfasser der Generaldirektionen in weitaus stärkerem Maße als die Vertreter nationaler Ministerien versuchen müssen, ihre Vorschläge von vomeherein so abzufassen, dass sie nicht an Widerständen im Rat scheitern.[839] Eine beliebte Taktik ist dabei, politische Vorhaben in mehrere kleine Schritte zu unterteilen – ein Vorgehen, dass im Kommissionsjargon als „Russische-Puppen-Politik" bezeichnet wird.[840] Zunächst wird eine relativ unverbindliche allgemeine Grundsatzrichtlinie erlassen, die dann mit jeweils einzelnen Regelungen immer stärker präzisiert wird. Dabei wird ein gewisser Zustimmungsdruck durch die bereits eingegangenen Verpflichtungen begründet, da jeder weitere Schritt als zwingende Konsequenz aus dem vorherigen dargestellt wird.[841] Diese Taktik erleichtert es im übrigen auch den nationalen Regierungen, die neuen Regelungen in den Mitgliedstaaten zu „verkaufen", da auch sie sich auf bestehende europarechtliche Bindungen berufen und damit die politische Verantwortung auf Brüssel abwälzen können.[842]

---

[833] Rabe, NJW 1993, S. 1 ff, 4; Schmitt von Sydow, EGV, Art. 155 Rn. 7.

[834] Cini, European Commission, S. 132; Schmitt von Sydow, a.a.O., Rn. 448; Rometsch/Wessels, Commission and Council of Ministers, S. 202 ff, 221; Usher, The Commission and the Law, S. 146 ff, 147.

[835] Nugent, Government and Politics of the European Union, S. 335.

[836] Zu Ausnahmen in den Bereichen, in denen die Kommission über wettbewerbsrechtliche Druckmittel verfügt Schmidt, PVS 2001, S. 173 ff, 180 f mit Beispielen, zum Beispiel der Liberalisierung des Strommarktes.

[837] Donnelly, Structure of the European Commission, S. 74 ff, 80 f; Michelmann, Organisational Effectiveness, S. 13.

[838] Cini, European Commission, S. 172.

[839] Donnelly/Ritchie, Collegue of Commissioners and their Cabinets, S. 31 ff, 37.

[840] Eichener, Das Entscheidungssystem der Europäischen Union, S. 311; Schmidt, PVS 2001, S. 173 ff, 174.

[841] Héritier, Koordination von Interessenvielfalt, S. 261 ff, 273.

[842] Eichener, Das Entscheidungssystem der Europäischen Union, S. 311.

b. Überlick über die Ursprünge der Kommissionsvorschläge

Es ist fast schon eine Binsenweisheit, dass Gesetzesinitiativen nicht allein auf diejenige Institution zurückgehen, die den Vorschlag schließlich im Rahmen des Gesetzgebungsverfahrens einbringen. Die Frage, welche Themen auf die politische Tagesordnung gelangen, das sog. „Agenda-Setting", wird vielmehr in vielen Fällen von außen, d.h. von Verbänden, Interessengruppen oder in Europa auch von den Mitgliedstaaten, bestimmt.

Wenn man den Ursprung der Kommissionsvorschläge untersuchen will, ist zunächst zu beachten, dass die Kommission nur bei ca. 35 % – 40 % aller gesetzgeberischen Vorhaben überhaupt vor der Frage steht, ob sie von ihrem Initiativrecht Gebrauch machen soll. In allen übrigen Fällen, ergibt sich der Anstoß für eine gesetzgeberische Tätigkeit aus bereits bestehenden rechtlichen Verpflichtungen oder aus der Notwendigkeit, die bestehenden Vorschriften an den wissenschaftlichen, ökonomischen und technischen Fortschritt anzupassen. Nach Auskunft der Kommission[843] beruhen rund 30 % ihrer Vorschläge unmittelbar auf internationalen Übereinkommen, wie etwa Vorschläge für Beschlüsse, mit denen die Gemeinschaft gegenüber Drittländern Verpflichtungen eingeht, oder Vorschläge für interne Rechtsakte, mit denen sie ihre internationalen Verpflichtungen umsetzt. Rund 10 % - 15 % der Vorschläge werden aufgrund primär- oder sekundärrechtlicher Bindungen unterbreitet, so zum Beispiel die jährliche Festsetzung der Agrarpreise und die Annahme des Mehrjahresprogramms im Forschungsbereich. In diesen Fällen verfügt die Kommission über keinerlei Ermessensspielraum bei der Ausübung ihres Initiativrechts. Weitere ca. 20 % der Vorschläge zielen auf die Anpassung bereits bestehender Normen ab, erfordern somit auch keine Initiativtätigkeit im eigentlichen Sinne.[844] Hier dürfte den Beamten der Generaldirektionen – ebenso wie den nationalen Ministerialbürokraten[845] – große Bedeutung zukommen, da sie die eigentliche Sacharbeit leisten, Rückmeldungen aus dem Vollzug von Normen erhalten und mit den betroffenen Interessengruppen in Kontakt stehen.

Auch in den verbleibenden Fällen, in denen die Kommission bei ihrer Vorschlagstätigkeit keinen rechtlichen oder tatsächlichen Bindungen unterliegt,

---

[843] Bericht, Rahmenbedingungen für die Rechtsetzung, KOM (01), 130 endg., S. 7; Rechtsetzungsbericht 1998, KOM (98) 715 endg., S. 4 - 6.

[844] Bericht, Rahmenbedingungen für die Rechtsetzung, KOM (01), 130 endg., S. 7; Rechtsetzungsbericht, KOM (98) 715 endg., S. 4 - 6.

[845] Für England: Jann, Parlamente und Gesetzgebung, S. 347 f; Miers/Page, Legislation , S. 19 f; Zander, The Law Making Process, S. 3; für Frankreich: Fournier, Le travail gouvernemental, S. 241; für Deutschland: Benzner, Ministerialbürokratie und Interessengruppen, S. 112 f; von Beyme, Der Gesetzgeber, S. 146; Herber, Die Vorbereitung eines Gesetzentwurfs innerhalb der Bundesregierung, S. 31 ff, 32; Zeh, Impulse und Initiativen zur Gesetzgebung, S. 33 ff, 39.

kommt nur ein kleinerer Teil der Initiativen unmittelbar aus Brüssel.[846] Ca. 20 % bis 25 % aller Initiativen werden auf Wunsch Dritter, d.h. von Rat, Parlament, Mitgliedstaaten und den Wirtschaftsbeteiligten, unterbreitet.[847] Nach Auskunft der Kommission machen dagegen diejenigen Vorschläge, die sie aus eigenem Antrieb unterbreitet, nur rund 10 % der Gesamtvorschläge aus.[848]

c. Die Beteiligung externer Akteure am Agenda-Setting
Die gerade widergegebenen Zahlen der Kommission weisen darauf hin, dass jedenfalls im Bereich neuer Vorschläge externen Akteuren eine bedeutende Rolle zukommt.[849] Auch in den Mitgliedstaaten greifen die Bürokratien auf Verbände und Interessengruppen zurück, um zu ermitteln, ob auf einem bestimmten Gebiet ein Regelungsbedarf besteht.[850] Der Unterschied zwischen der Einflussnahme externer Interessen im Rahmen des Agenda-Settings auf nationaler und auf europäischer Ebene liegt jedoch zum einen darin, dass die Kommission weitaus stärker auf die Mitwirkung Externer angewiesen ist, zum anderen, dass die Beziehungen zwischen Interessenvertretern und Kommissionsbürokratie weitaus instabiler und flexibler sind als in den Mitgliedstaaten.

aa. Informations- und Legitimationsbedarf der Kommission
Oft beginnt die Kommission ihre Gesetzgebungsarbeit regelrecht mit der Suche nach organisierten Interessen. Sie befindet sich hier in dem Dilemma, dass sie im Rahmen ihrer Initiativtätigkeit Funktionen übernehmen soll, die klassischerweise mit der politischen Führung eines Staates assoziiert werden, ihr gleichzeitig aber maßgebliche Merkmale einer Regierung wie Volks- bzw. Parteienunterstützung und die Möglichkeit, die öffentliche Meinung zu beeinflussen, fehlen.[851] Die Kommission ist in besonderem Maße auf die Zusammenarbeit mit Regierungs- oder Interessenvertretern bei der Ermittlung des Rechtsetzungsbedarfs angewiesen, da sie sich nur so die erforderlichen Informationen verschaffen und gleichzeitig ihre Initiative gegenüber den anderen Institutionen legitimieren kann.[852] Sowohl der Informations- als auch der Legitimationsbedarf der

---

[846] Cini, European Commission, S. 144.

[847] Bericht, Rahmenbedingungen für die Rechtsetzung, KOM (01), 130 endg., S. 7; Rechtsetzungsbericht 1998, KOM (98) 715 endg., S. 4 – 6.

[848] Ebd.

[849] So auch Schmitt von Sydow, EGV, Art. 155 Rn. 40.

[850] Für England: Miers/Page, Legislation , S. 22; Smith/March/Richards, Central Government, S. 38 ff, 50; für Deutschland: von Beyme, Der Gesetzgeber, S. 149; Herber, Vorbereitung eines Gesetzentwurfs, S. 31 ff, 40; Hugger, Gesetze, S. 60; Oberreuter, Entmachtung des Bundestags, S. 121 ff, 123; Schneider, Gesetzgebung, § 5 Rn. 105; Schröder, Gesetzgebung und Verbände, S. 23 ff, 25; Wolf in Aussprache zu Andrews, Organisation und Verfahren der Entwurfsausarbeitung, S. 67 ff, 72.

[851] Coombes, Politics and Bureaucracy, S. 240, S. 308.

[852] Eichener, Das Entscheidungssystem der Europäischen Union, S. 221, S. 239, S. 271, S. 293; Hrbek, Relations of Community Bureaucray, S. 105 ff, 108; Rechtsetzungsbericht

Kommission ist stärker als in den nationalen Gubernativen. Diese sind in geringerem Maße auf die Unterstützung ihrer Vorschläge durch Externe angewiesen, da sie zum einen über eine durch Wahlen vermittelte politische Legitimation und zum anderen über effektive Mittel verfügen, ihre Vorschläge gegenüber den anderen am Rechtsetzungsverfahren beteiligten Organen durchzusetzen. Hinzu kommt, dass die Informationsbeschaffungskapazitäten der Kommission aufgrund der oben bereits dargestellten personell wie finanziell schlechten Ausstattung sowie der fehlenden parteipolitischen Einbindung eingeschränkt sind. Schließlich ist zu bedenken, dass ihr Informationsbedarf auch ungleich größer ist, da sie vor jedem Vorhaben die rechtlichen und tatsächlichen Verhältnisse auf dem neu zu regelnden Gebiet in allen Mitgliedstaaten ermitteln muss. Die Lobbyisten gewährleisten die notwendige Rückbindung der europäischen Gesetzgebungsarbeit an die wirtschaftlichen und sozialen Bedürfnisse und ersetzen damit – jedenfalls teilweise – die Transmissionsfunktion, die in den Mitgliedstaaten den politischen Parteien, aus denen sich die Regierungsmitglieder in aller Regel rekrutieren, zugeschrieben wird. Während in den hier zum Vergleich herangezogenen Staaten die auf parteipolitischen Vorstellungen basierenden Regierungserklärungen, Koalitionsvereinbarungen und Wahlprogramme jeweils den Rahmen der Gesetzgebungsarbeit abstecken und grundlegende Entscheidungen der Gesetzgebungsarbeit vorgeben,[853] fehlt es der Kommission an einer entsprechenden politischen Einbindung. Zur Einbeziehung von Verbänden, Interessengruppen und Mitgliedstaaten veranstaltet die Kommission vor der Initiierung wichtiger Projekte Treffen, bei denen Interessengruppen über das Vorhaben informiert und Kontakte geknüpft werden.[854] In der Frühphase der Gesetzesvorbereitung erfolgt die Einbindung externer Interessen vor allem im Wege informeller Konsultation.[855] Bei größeren Vorhaben macht die Kommission ihre Regelungsabsichten vorab über Grün- und Weißbücher, bei sonstigen Vorhaben über andere Veröffentlichungen (Berichte, Mitteilungen und Aktionspläne) bekannt.[856] Grünbücher enthalten nur grundsätzliche Überlegungen zu möglichen

---

1998, KOM (98) 715 endg., S. 7; ebenso zuvor schon Rechtsetzungsbericht 1996, KOM (96) 7 endg., S. 5; Bericht, Rahmenbedingungen für die Rechtsetzung, KOM (01) 130 endg., S. 9.

[853] Für Frankreich: Fournier, Le travail gouvernemental, S. 241; für Deutschland: Busse, Gesetzgebungsarbeit der Bundesregierung, S. 47 ff, 58; Helmrich, Politische Grundsatzdiskussion, S. 149 ff, 170; von Beyme, Der Gesetzgeber, S. 94, S. 99; Zeh, Impulse und Initiativen zur Gesetzgebung, S. 33 ff, 37 f; für England: Jann, Parlamente und Gesetzgebung, S. 347 f; Miers/Page, Legislation , S. 19 f; Zander, The Law Making Process, S. 3.

[854] Eichener, Das Entscheidungssystem der Europäischen Union, S. 271.

[855] Rechtsetzungsbericht 1998, KOM (98) 715 endg., S. 7; ebenso zuvor schon Rechtsetzungsbericht 1996, KOM (96) 7 endg., S. 5; vgl. auch Eichener, Das Entscheidungssystem der Europäischen Union, S. 272.

[856] Bericht, Rahmenbedingungen für die Rechtsetzung, KOM (01), 130 endg., S. 7; Rechtsetzungsbericht 1998, KOM (98) 715 endg., S. 4 - 7; ebenso zuvor schon Rechtsetzungsbericht 1996, KOM (96) 7 endg., S. 5 f; vgl. auch Eichener, a.a.O., S. 272 f; Raworth, Legislative Process, S. 29.

Maßnahmen auf dem Gebiet der Gemeinschaftsrechtsetzung; Weißbücher dagegen zeigen bereits konkrete Optionen für solche Maßnahmen auf.[857]

Nicht immer muss die Kommission von sich aus an die Lobbyisten herantreten. Ihre Rolle hängt vielmehr stark vom jeweils betroffenen Politikfeld ab. Es ist davon auszugehen, dass die zuständigen Generaldirektionen in Sektoren, in denen es starke Marktkräfte (zum Beispiel Informationstechnologie, Landwirtschaft) gibt, nur auf Anstöße aus der Industrie und den Mitgliedstaaten reagieren und lediglich versuchen, die vorhandenen Initiativen in eine europäische Richtung zu lenken.[858] In Bereichen dahingegen, die vor allem im Interesse der (weitgehend nicht organisierten) Bürger liegen, wie etwa die Sozialpolitik, muss die Generaldirektion selbst aktiv werden, eigene Konzepte entwickeln und um Unterstützung bei Nicht-Regierungs-Organisationen werben, um den Widerstand aus der Wirtschaft und den nationalen Regierungen zu überwinden.[859] Fragen des Umwelt- und Verbraucherschutzes werden mittlerweile auch auf europäischer Ebene von einigen nicht profitorientierten Gruppen, wie dem Bureau Européen des Consommateurs (BEUC) und dem Bureau Européen de l'Environnement (BEE), die in den letzten Jahren durchaus an Bedeutung gewinnen konnten,[860] abgedeckt.

Nicht zu vergessen ist, dass auf europäischer Ebene die Mitgliedstaaten ebenfalls wie Lobbyisten agieren. Auch auf den Gebieten, auf denen sie sich aktiv einschalten, kann sich Brüssel daher mit der Entwicklung eigener Konzepte zurückhalten. So geht etwa nach Auskunft der für Umweltschutz zuständigen Generaldirektion die überwiegende Mehrzahl der Regulierungsvorschläge auf Initiativen der Mitgliedstaaten zurück.[861] Eine Erklärung hierfür liefern die Grundsatzbeschlüsse zur Umweltpolitik aus den 70er Jahren, wonach die Mitgliedstaaten dazu verpflichtet sind, die Kommission über alle gemeinschaftsrelevanten Rechtsetzungspläne im Vorfeld zu informieren. Legt die Kommission daraufhin innerhalb von 5 Monaten selbst einen Regelungsvorschlag vor, so muss das nationale Vorhaben gestoppt werden. Damit erhalten die Mitgliedstaaten einen Anreiz, direkt eigene Regulierungsvorschläge vorzulegen, anstatt nur auf Brüsseler Initiativen zu reagieren.[862]

---

[857] Rechtsetzungsbericht 1996, KOM (96) 7 endg., Fn. 24 und 38.

[858] Cram, Journal of European Public Policy 1994, S. 195 ff, 213.

[859] Ebd., S. 213, 214.

[860] Kohler-Koch, Interessen und Integration. Die Rolle organisierter Interessen im westeuropäischen Integrationsprozeß, PVS-Sonderheft 23/1992, S. 81 ff, 93.

[861] Héritier, Koordination von Interessenvielfalt, S. 261 ff, 263, Fn. 3.

[862] Ebd., S. 263 f.

bb. Das Fehlen korporatistischer Strukturen

Neben der besonders starken Einbindung externer Interessen in die Vorbereitung von Kommissionsvorschlägen fällt weiterhin die große Instabilität der Beziehungen zwischen Verbänden und Lobbyisten einerseits und der Kommission andererseits auf. Anders als auf nationaler Ebene wird die Einflussnahme von außen auf die Bürokratie nicht durch große Verbände oder dauerhaft angelegte politische Netzwerke kanalisiert. Das europäische System ist daher insgesamt weniger korporatistisch, sondern – bis auf wenige Ausnahmen -[863] eher pluralistisch ausgerichtet.[864] Als Gründe für die geringe institutionelle Verfestigung der Beziehungen zwischen Kommission und Externen sind sowohl die heterogene Situation der europäischen Interessenvertreter als auch die vielfältigen und stetigem Wandel unterworfenen Einflussmöglichkeiten bei der Kommission zu nennen.

In der einschlägigen Literatur wird einhellig darauf hingewiesen, dass die rund 550[865] europäischen Verbände oftmals Schwierigkeiten haben, eindeutige gemeinsame Positionen zu definieren.[866] Da es sich bei diesen Verbänden in aller Regel nicht um originär europäische Zusammenschlüsse, sondern vielmehr um Föderationen nationaler Gruppen handelt, stehen sie jeweils vor der Aufgabe, eine Vielzahl heterogener Interessen zu bündeln.[867] Die Stellungnahmen der Euro-Verbände haben daher oft Kompromisscharakter und verbleiben im Diffusen.[868] Europäische Verbände sind insgesamt eher supranationale Foren als Akteure europäischer Politik, da es ihnen hierfür an der erforderlichen Eigenständigkeit fehlt.[869] Wegen der Ineffizienz der europäischen Verbände agieren zum Beispiel große Firmen vielfach außerhalb dieser Strukturen.[870] Dies kann dazu führen, dass auch weniger große Interessengruppen oder ad-hoc Zusammenschlüsse zu einem bestimmten Thema unabhängig von ihrer geringeren Reprä-

---

[863] Vgl. zu großen Verbänden mit stärker verfestigten Beziehungen Ayberk/Schenker, Rfsp 1998, S. 725 ff, 749; Hrbek, Relations of Community Bureaucracy with the Socio-Political Environment, S. 105 ff, 110 f, 113.

[864] Ayberk/Schenker, a.a.O., S. 746; Grote, Steuerungsprobleme, S. 227 ff, 248; Kohler-Koch, Interessen und Integration, S. 81 ff, 103; Mazey/Richardson, Rfsp 1996, S. 409 ff, 410 f; Peters, Journal of European Public Policy 1994, S. 9 ff, 19.

[865] Ayberk/Schenker, a.a.O., S. 737; Kohler-Koch, Interessen und Integration, S. 81 ff, 93.

[866] Algieri/Rometsch, Europäische Kommission und organisierte Interessen, S. 131 ff, 141; Ayberk/Schenker, a.a.O., S. 737; Grote, Steuerungsprobleme, S. 227 ff, 232, 233; Kohler-Koch, a.a.O., S. 96 f; Peters, Journal of European Public Policy 1994, S. 9 ff, 12 f.

[867] Kohler-Koch, a.a.O., S. 93; Schumann, Das politische System der EU als Rahmen für Verbandsaktivitäten, S. 71 ff, 92.

[868] Eichener, Das Entscheidungssystem der Europäischen Union, S. 277; Pedler, Conclusions. Some Lessons from EU Lobby Cases, S. 303 ff, 306.

[869] Kohler-Koch, Interessen und Integration, S. 81 ff, S. 93, S. 97.

[870] Pedler, Lessons from EU Lobby Cases, S. 303 ff, 306; Peters, Journal of European Public Policy 1994, S. 9 ff, 13.

sentativität dann Einfluss auf Kommissionsentscheidungen gewinnen können, wenn sie in der Lage sind, klare Vorschläge zu artikulieren.[871]

Die Kommission weigert sich auch, die Lobby-Arbeit dahingehend zu kanalisieren, dass sie etwa bestimmten Gruppen einen offiziellen Beraterstatus einräumen oder sie formell akkreditieren würde,[872] wie dies in Deutschland aufgrund eines Beschlusses der Bundesregierung aus dem Jahre 1972 der Fall ist.[873] Sie will sich vielmehr einen möglichst offenen Dialog mit allen Betroffenen erhalten.[874] Die europäische Interessenvertretung erfolgt über eine Vielzahl höchst unterschiedlicher und untereinander konkurrierender Akteure, denen wiederum eine Vielzahl von Einflussmöglichkeiten sowohl innerhalb der Kommission als auch im AstV, im Rat und im Parlament zur Verfügung steht.[875] Die Rahmenbedingungen der Einflussnahme variieren sehr stark je nach Politikfeld, Politikinhalt und Ebene der Einflussnahme. Es ist auch davon auszugehen, dass die geringe organisatorische Verfestigung der Kommissionsbürokratie die Entstehung korporatistischer Strukturen behindert. Während sich auf nationaler Ebene aus den Strukturen und der Kompetenzausrichtung der verschiedenen Ressorts jeweils eine Bevorzugung bestimmter Gruppen und damit auch bestimmter Themen ergibt,[876] die die Entstehung dauerhafter Verbindungen zwischen Verbänden und Bürokratie fördern, steht dem auf europäischer Ebene die häufige Neuordnung der Kompetenzverteilungen entgegen. Hinzu kommt, dass bei der Netzwerkbildung die Nationalität der Beamten eine große Rolle spielt, da sowohl nationale Regierungen als auch Interessengruppen und Verbände der Mitgliedstaaten sich vorrangig an ihre jeweiligen Landsleute in der Kommission wenden.[877] Wird bei einer Ressortumbildung die Zuständigkeit für einen bestimmten Bereich mithin einem Beamten einer anderen Nationalität übertragen, bringt dies möglicherweise auch eine vollständige Neuausrichtung der Außenkontakte mit sich. Es gibt daher insgesamt weitaus weniger allgemeingültige Spielregeln und stabile Interessengemeinschaften – sog. „policy communities" - als auf nationaler Ebene.[878]

Dies ist insofern von Relevanz, als die Netzwerktheoretiker davon ausgehen, dass „policy communities" meist in der Lage sind, den politischen Prozess zu

---

[871] Eichener, Das Entscheidungssystem der Europäischen Union, S. 277.

[872] Algieri/Rometsch, Europäische Kommission und organisierte Interessen, S. 131 ff, 146; Ayberk/Schenker, Rfsp 1998, S. 725 ff, 754.

[873] Schneider, Gesetzgebung, § 5 Rn. 103.

[874] Beschluss der Kommission, „Ein offener und strukturierter Dialog zwischen der Kommission und den Interessengruppen", Abl. 1993 Nr. C 63, S. 2.

[875] Ayberk/Schenker, Rfsp 1998, S. 725 ff, 735 ff, 746; Schumann, Das politische System der EU, S. 71 ff, 103.

[876] Smith/March/Richards, Central Government, S. 38 ff, 50.

[877] Egeberg, Public Administration 1996, S. 721 ff, 731.

[878] Schumann, Das politische System der EU, S. 71 ff, 102.

beeinflussen und relativ konsistente Ergebnisse über eine relativ lange Zeit zu gewährleisten, wohingegen die sog. „issue networks", d.h. Gruppen ohne feste Mitgliedschaft, die sich lediglich zu einem bestimmten, gerade aktuellen Thema zusammenfinden, bei ihren politischen Aktivitäten starken Schwankungen unterliegen.[879] So ist etwa der Bereich der europäischen Landwirtschafts- und Forschungspolitik, in dem es starke „policy communities" gibt, relativ stabil.[880] Die Verbraucher- und Sozialpolitik mit eher schwach ausgeprägten Lobby-Strukturen weist dagegen eine geringere Kontinuität auf.

Da es insgesamt nur wenig feste Beziehungen zwischen Interessenvertretern und Kommissionsbürokratie gibt, sondern sich vielmehr Externe und Vertreter der europäischen Institutionen je nach Thema neu zusammenfinden, entstehen politische Initiativen vorrangig in sektorenbezogenen Netzwerken.[881]

cc. Wettbewerb der Interessen

Der geringe Grad an Verfestigung der Beziehungen zwischen Kommissionsbürokratie und externen Gruppierungen führt dazu, dass das sog. Agenda-Setting in einer Art ständigem Ideenwettbewerb verläuft. Die Fragmentierung der Politikbereiche und das Konkurrenzdenken der Generaldirektionen untereinander führen dazu, dass die Interessenvertreter jeweils mehrere Möglichkeiten haben, ihre Ideen unterzubringen.[882] Insgesamt ist das Umfeld für Lobby-Aktivitäten günstiger als auf nationaler Ebene,[883] da es keine Beschränkung der Zugangsmöglichkeiten für bestimmte Interessengruppen gibt und die Lobby-Vertreter gleichzeitig die Wahl zwischen einer ganzen Bandbreite an politischen Optionen haben. Der geringere Grad an Institutionalisierung des europäischen Systems sowie die fehlenden parteipolitischen Vorgaben führen zu einer großen Offenheit für neue Ideen.[884]

Auf europäischer Ebene kann man generell sagen, dass die Einwirkungsmöglichkeiten von Experten, Vertretern nationaler Regierungen, Verbänden und Interessengruppen dann besonders groß sind, wenn sie positiv gestaltend auf die europäische Politik einwirken wollen, da die Kommission für die Unterbreitung von Vorschlägen aus Expertenkreisen in aller Regel ein offenes Ohr hat.[885] Sie hat immer ein Interesse an Vorschlägen, die geeignet sind, ihre regulativen Tä-

---

[879] Peterson, Journal of European Public Policy 1995, S. 69 ff, 77 bzw. ders. WEP 1995, S. 389 ff, 391; Modell ursprünglich entwickelt von: Rhodes, Journal of Theoretical Politics 1990, S. 293 ff.

[880] Peterson, WEP 1995, S. 389 ff, 392.

[881] Mazey/Richardson, Conclusion: A European Policy Style ? S. 246 ff, 256.

[882] Peters, WEP 1997, S. 22 ff, 28 f; ders., Journal of European Public Policy 1994, S. 9 ff, 14.

[883] Cini, European Commission, S. 144.

[884] Cini, a.a.O.; Peters, Journal of European Public Policy 1994, S. 9 ff, 11.

[885] Eichener, Das Entscheidungssystem der Europäischen Union, S. 238, S. 274 f.

tigkeiten und damit ihren Aktionsradius auszudehnen.[886] Umgekehrt erweist sie sich gegenüber Blockadeversuchen als relativ unnachgiebig, da sie hier keinen Nutzen aus der Verbandsarbeit ziehen kann und die Verbände zudem kaum über wirksame Druckmittel verfügen.[887] Sie können – anders als in den Mitgliedstaaten, wo sich der Verbandseinfluss dann am deutlichsten zeigt, wenn er eine Gesetzesinitiative verhindern kann[888] - realistischerweise weder mit europaweitem Streik noch mit europaweiten Verbraucher- oder Finanzblockaden drohen.

Auch eine Untersuchung zur Rolle der Mitgliedstaaten im Bereich der europäischen Umweltpolitik ergab, dass ihr aktiver Gestaltungswille sich damit erklären lässt, dass derjenige Staat, der den ersten Vorstoß unternimmt, die besten Chancen hat, seine Problemdefinition und seinen nationalen Lösungsansatz als dominierendes Bewertungsmuster in die Entwurfsphase einzubringen.[889] Es besteht daher ein massives Interesse der Mitgliedstaaten, diese Rolle des „First-Mover" zu übernehmen. Die Möglichkeiten, einen eigenen Vorschlag ohne größere Änderungen jedenfalls durch die Vorbereitungsphase zu bringen, steigen, wenn es sich um eine relativ eng definierte, nur technischen oder naturwissenschaftlichen Experten zugängliche Frage handelt, bei der Kosten- und Nutzenfolgen nur schwer abzusehen sind. In diesen Fällen nämlich ist nicht bereits im Vorfeld mit einer Politisierung des Themas und der Bildung von möglichen Gegenkoalitionen zu rechnen.[890] Das Interesse der Mitgliedstaaten, einen ersten und möglicherweise dominierenden Entwurf vorzulegen, wird verstärkt mit der Zunahme der Mehrheitsentscheidungen, da diese eine Verringerung des Einflusses der Mitgliedstaaten in der Ratsphase mit sich bringt, die die Mitgliedstaaten durch verstärktes Engagement in der Kommissionsphase auszugleichen suchen.[891] Gleichzeitig bemüht sich die Kommission, keinem Mitgliedstaat eine generelle Vorrangstellung einzuräumen, sondern stets den – ihrer Meinung nach – besten Vorschlag auszuwählen.[892] *Adrienne Héritier* beschreibt daher den Agenda-Setting-Prozess im Bereich der Umweltpolitik als einen regulativen Wettbewerb zwischen den Mitgliedstaaten.[893]

2. Entwurfsphase

Im Entwurfsstadium wird der größte Teil des späteren Kommissionsentwurfs zu Papier gebracht. Handelt es sich um ein Verfahren mit Mehrheitsentscheidung im Rat, ist sogar davon auszugehen, dass hier bereits die wesentlichen Grundzü-

---

[886] Héritier, Koordination von Interessenvielfalt, S. 261 ff, 264.

[887] Eichener, Das Entscheidungssystem der Europäischen Union, S. 274 f.

[888] Schröder, Gesetzgebung und Verbände, S. 140; von Beyme, Der Gesetzgeber, S. 149.

[889] Héritier, Koordination von Interessenvielfalt, S. 261 ff, 265.

[890] Ebd., S. 272.

[891] Ebd., S. 266.

[892] Ebd., S. 265.

[893] Ebd., S. 272 f.

ge des endgültigen Textes festgelegt werden.[894] Die Ausgestaltung der Entscheidungsprozesse in dieser Phase ist daher von maßgeblicher Bedeutung für die Qualität der schließlich verabschiedeten Normen.

a. Entwurfserstellung in den Referaten

In den Referaten der Dienststellen wird die eigentliche Sacharbeit geleistet. Hier erarbeitet ein Kommissionsbeamter die Entwürfe der Gesetzesvorhaben (sog. „Dossiers").[895] Der zuständige Beamte muss dabei nicht über eine juristische Ausbildung verfügen. In manchen Generaldirektionen stehen ihm allerdings inzwischen[896] juristische Beratungs- und Kontrolleinheiten zur Verfügung. So besteht in der Generaldirektion für Landwirtschaft eine Direktion Agrarrecht mit 5 Referaten, deren Arbeit allgemein positiv bewertet wird.[897] Vier weitere Generaldirektionen (Gesundheit und Verbraucherschutz, Steuer- und Zollunion, Wettbewerb und Regionalpolitik) haben in ihren Querschnitts-Direktionen, die meist die Bezeichnung „General Affairs" führen, jedenfalls einzelne Referate für Rechtsfragen eingerichtet.[898] Erfahrungsberichte über die Arbeit dieser Referate liegen nicht vor. Generell ist jedoch davon auszugehen, dass in aller Regel die Ausarbeitung der Vorschlagstexte zunächst weitestgehend ohne Einbeziehung juristischen Sachverstandes erfolgt.[899] Insbesondere werden - anders als auf nationaler Ebene (s.u.) – in aller Regel auch bei umfangreicheren Vorhaben keine mit Rechtswissenschaftlern besetzte Kommissionen eingesetzt und konsultiert.[900] Der Juristische Dienst wird ebenfalls nur in seltenen Fällen bereits in diesem Anfangsstadium zu Rate gezogen (s.u.).

b. Beteiligung der Vertreter der Mitgliedstaaten

In aller Regel konsultiert der Beamte vor oder während seiner Arbeit jedoch nationale Beamte, Interessengruppen, Wissenschaftler und Experten. Bei der Gesetzesformulierung spielt die Abstimmung mit den Vertretern der nationalen Regierungen eine große Rolle. Da die Kommission zwar ein nahezu unbeschränktes Vorschlagsrecht aber keine Möglichkeit hat, diese Vorschläge ohne

---

[894] Cini, European Commission, S. 147; Spence, Structure, Function and Procedures, S. 97 ff, 104.

[895] Berlin, Organisation de la Commission, S. 23 ff, 58 f, 74; Cini, a.a.O.; de Wilde, Journal of European Law Reform 2000, S. 293 ff, 301; Grabitz/Hilf-Hummer, EGV, Art. 162 Rn. 64, Rn. 77; Schmitt von Sydow, EGV, Art. 163 Rn. 1; Spence, a.a.O.

[896] Das vollständige Fehlen solcher Einheiten beklagt noch Mitte der 80er Jahre: Berlin, a.a.O., S. 74.

[897] Timmermans, Quality of Community Legislation, S. 39 ff, 55; van den Hende, Kommentar, S. 67 ff, 71.

[898] Auswertung der im Internet auf den jeweiligen Seiten der Generaldirektionen veröffentlichten Organisationspläne.

[899] Caldwell, Comment, S. 79 ff, 80; de Wilde, Journal of European Law Reform 2000, S. 293 ff, 301.

[900] Gündisch/Mathijsen, Rechtsetzung und Interessenvertretung, S. 213.

Mitwirkung des Rates zu beschließen, befindet sie sich in ständigen informellen Verhandlungen mit den Mitgliedstaaten, um später die Mehrheiten im Rat zu erhalten.[901] Auch für die Umsetzung sowie gegebenenfalls den Verwaltungsvollzug ist die Kommission auf die Mitgliedstaaten angewiesen, da sie kaum eigene Exekutivbefugnisse hat. Diese frühzeitige Einbeziehung nationaler Interessen kann in Einzelfällen dazu führen, dass bereits im Stadium der Normvorbereitung eine Verhandlungssituation entsteht, wie sie im Ministerrat vielfach vorherrscht, d.h. bei der jeder Beteiligte auf seine eigene Nutzenmaximierung bedacht ist und Lösungen nur über Kompromisse oder „Beschluss-Pakete" zu erreichen sind. Ein solcher „Einfall" partikularer Interessenvertretung in die Vorbereitungsphase ist jedoch eher selten, da die nationalen Bürokraten in aller Regel dauerhaft in europäische Beratungsgremien eingebunden sind. Dort aber herrscht ein eher technokratischer, weitgehend entpolitisierter Verhandlungsstil vor (s.u.). Eine ähnliche Situation besteht bei den Vergleichsstaaten nur in Deutschland, wo die vorzeitige Abstimmung ebenfalls dazu genutzt wird, erste Anzeichen für das Abstimmungsverhalten der Länder im Bundesrat und Rückmeldungen bzgl. möglicher Vollzugsschwierigkeiten zu erhalten.[902] In den stark zentralisierten Ländern England und Frankreich werden regionale und lokale Einheiten zwar auch im Rahmen des Gesetzgebungsverfahrens angehört. Ihnen kommt jedoch keine gesonderte Stellung zu.

c. Beteiligung von Verbänden und Interessengruppen

Die Beteiligung sozio-ökonomischer Gruppen an der Vorbereitung von Richtlinien und Verordnungen ist – von Ausnahmen bzgl. der Anhörung der Sozialpartner abgesehen (vgl. Art. 130 Satz 3, 138 Abs. 1 EGV) - rechtlich nicht vorgeschrieben, sondern beruht allein auf politischer Übung.[903] Lediglich in einem Zusatz-Protokoll zum EGV über die Anwendung der Grundsätze der Subsidiarität und der Verhältnismäßigkeit von 1997[904] wird die Kommission verpflichtet, „vor der Unterbreitung von Vorschlägen für Rechtsvorschriften außer im Falle besonderer Dringlichkeit oder Vertraulichkeit umfassende Anhörungen durchzuführen und in jedem geeigneten Fall Konsultationsunterlagen zu veröffentlichen." Diese freiwillige Einbeziehung Externer entspricht der Praxis in den Mitgliedstaaten, wo ebenfalls nur für einzelne Bereiche Anhörungen bestimmter

---

[901] Cassese, Divided Powers, S. 5 ff, 15 f; Coombes, Politics and Bureaucracy, S. 245, S. 274; Donnelly/Ritchie, Collegue of Commissioners and their Cabinets, S. 31 ff, 36; Pag, Relation between Commission and National Bureaucracies, S. 445 ff, 464; Poullet/Deprez, Struktur und Macht der EG-Kommission, S. 120; Rabe, NJW 1993, S. 1 ff, 4; Spierenburg-Report, S. 112.

[902] Herber, Vorbereitung eines Gesetzentwurfs, S. 31 ff, 39; König, Gesetzgebungsvorhaben im Verfahren der Ministerialverwaltung, S. 121 ff, 136.

[903] Berlin, Organisation de la Commission, S. 23 ff, 73.

[904] Protokoll Nr. 30 zum EGV über die Anwendung der Grundsätze der Subsidiarität und der Verhältnismäßigkeit (1997), Punkt 9, abgedruckt bei Sartorius II, Nr. 151.

Verbände und Interessengruppen zwingend gesetzlich[905] vorgeschrieben sind,[906] gleichzeitig aber in aller Regel eine relativ weitreichende Beteiligung der Repräsentanten wirtschaftlicher und sozialer Interessen stattfindet.[907] Auch die nationalen Gubernativen profitieren von der Expertise der Verbände und nutzen die Vorabstimmung, um die Chancen einer späteren Durchsetzung geplanter Neuregelungen im politischen wie im gesellschaftlichen Bereich auszuloten.[908] Sie sind dabei jedoch nicht so sehr von externem Wissen abhängig wie die Kommission.[909] Insbesondere die hier interessierenden Abteilungen für Zivil- und Strafrecht im Justizministerium sind auf ihren Gebieten hoch spezialisiert und gut ausgestattet, so dass sie kaum externen Einflüssen ausgesetzt sind.[910]

Die Kommission dagegen ist aufgrund ihres oben bereits geschilderten erhöhten Informations- und Legitimationsbedarfs in besonderem Maße auf die Zusammenarbeit mit Verbänden und Interessengruppen angewiesen.[911] Sie steht in einer symbiotischen Beziehung zu den genannten externen Gruppen: Durch die Einbindung der vielfältigsten Interessen gelingt es ihr jedenfalls ansatzweise, ihre Defizite auszugleichen.[912] Die Verbände und Lobbyisten, deren Aktivitäten nicht ohne Grund schwerpunktmäßig auf die Kommission ausgerichtet sind,[913] erhalten im Gegenzug die Möglichkeit, in weitaus größerem Maße als in den Mitgliedstaaten gestaltend auf die Gesetzgebung einzuwirken.[914] Dabei steigen

---

[905] Die Verpflichtung des § 24 GGO II zur Konsultation der Verbände ist keine gesetzliche; außerdem führt die Verletzung dieser internen Verfahrensvorschrift nicht zur Rechtswidrigkeit der ohne Verbandskonsultation verabschiedeten Norm.

[906] In Frankreich bei Texten, die das öffentliche Dienstrecht oder die Sozialversicherungsanstalten betreffen, Fournier, Le travail gouvernemental, S. 241; für Deutschland vgl. § 94 BBG oder § 29 BNatschG; anders in England, wo keine entsprechenden Vorschriften existieren, vgl. Miers/Page, Legislation , S. 40; Zander, The Law Making Process, S. 6.

[907] Für England: Miers/Page, Legislation , S. 40; Zander, The Law Making Process, S. 7; für Frankreich: Bécane/ Couderc, La Loi, S. 122; für Deutschland: Schneider, § 5 Rn. 105.

[908] Für England: Miers/Page, a.a.O., S. 41; für Frankreich: Fournier, Le travail gouvernemental, S. 241; für Deutschland: König, Gesetzgebungsvorhaben, S. 121 ff, 136; Schröder, Gesetzgebung und Verbände, S. 25 ff.

[909] Herber, Vorbereitung eines Gesetzentwurfs, S. 31 ff, 36; von Beyme, Der Gesetzgeber, S. 156 f.

[910] Fournier, Le travail gouvernemental, S. 242; von Beyme, Der Gesetzgeber, S. 157.

[911] Ayberk/Schenker, Rfsp 1998, S. 725 ff, 735; Eichener, Das Entscheidungssystem der Europäischen Union, S. 270; Schumann, Das politische System der EU, S. 71 ff, 92 f.

[912] Ayberk/Schenker, a.a.O., S. 735; Eichener, a.a.O.; Grabitz/Hilf-Hummer, Art. 162 Rn. 108; Hrbek, Relations of Community Bureaucray, S. 105 ff, 108; Mazey/Richardson, A European Policy Style ?, S. 79; Schumann, a.a.O., S. 83.

[913] Ayberk/Schenker, a.a.O., S. 741, 747; Eichener, a.a.O.; Grote, Steuerungsprobleme, S. 227 ff, 236; Mazey/Richardson, Rfsp 1996, S. 409 ff, 409; Pedler, Lessons from EU Lobby Cases, S. 303 ff, 307; Raworth, Legislative Process, S. 126; Schumann, a.a.O., S. 83 f.

[914] Ayberk/Schenker, a.a.O., S. 741.

ihre Chancen mit dem Grad der Spezialisierung der Materie: Je spezieller eine Regelung ist, desto mehr ist die Kommission auf Expertenwissen angewiesen.[915] Der Einfluss von Lobbyisten, insbesondere nationalen Fachbeamten,[916] kann dabei so weit gehen, dass sie gesamte Textvorschläge unterbreiten, die dann ohne wesentliche Änderungen übernommen werden[917] - ein Vorgang, der in den Mitgliedstaaten zwar auch denkbar,[918] aber eher als Ausnahme anzusehen ist.[919] Teilweise beauftragt die Kommission sie auch ausdrücklich mit der Vorbereitung eines Textes.[920]

Das große Interesse der Kommission an der Beteiligung externer Akteure am Rechtsetzungsverfahren zeigt sich auch daran, dass sie in ihrem Zwischenbericht an den Europäischen Rat von Stockholm zur "Verbesserung und Vereinfachung der Rahmenbedingungen für die Rechtsetzung" vom 07.03.2001 ankündigte, die vorherige Anhörung betroffener Kreise auszuweiten und zu vertiefen. Dabei soll auch die „Zivilgesellschaft" über Anhörungen über das Internet eingebunden werden.[921] Derartige Online-Konsultationen wurden bereits im Bereich des Telekommunikationsrechts[922] und zum Europäischen Vertragsrechts[923] durchgeführt.

Ebenfalls zur Verbesserung des Dialogs insbesondere mit den betroffenen Wirtschaftsakteuren wurde das Pilotprojekt „Europäisches Unternehmenspanel" gestartet. Es sollte dazu dienen, die Folgen von Gemeinschaftsvorschlägen für Unternehmen besser abschätzen zu können. Zu diesem Zweck wird allen Unternehmen über einen nationalen Koordinator eine kurze Beschreibung des geplanten Legislativvorschlags mit einem Fragebogen übermittelt, der binnen drei Wochen zurückzusenden ist.[924] Hintergrund dieser Initiative war, dass die Folgenabschätzung, insbesondere für kleine und mittlere Unternehmen, bislang als unzureichend bewertet wurde, da sie zu spät im Entscheidungsprozess erfolgte. Eine Auswertung des Pilotprojektes liegt noch nicht vor.[925]

---

[915] Hrbek, Relations of Community Bureaucray, S. 105 ff, 108.

[916] Eichener, Das Entscheidungssystem der Europäischen Union, S. 273.

[917] Ebd., S. 271.

[918] Zeh, Impulse und Initiativen zur Gesetzgebung, S. 33 ff, 39.

[919] Schröder, Gesetzgebung und Verbände, S. 140.

[920] Eichener, Das Entscheidungssystem der Europäischen Union, S. 271.

[921] Bericht, Rahmenbedingungen für die Rechtsetzung, KOM (01) 130 endg., S. 9.

[922] Ebd., S. 3.

[923] Europäische Vertragsrechts-Mitteilung, KOM (01) 398 endg.

[924] Rechtsetzungsbericht 1998, KOM (98) 715 endg., S. 6.

[925] Bericht, Rahmenbedingungen für die Rechtsetzung, KOM (01) 130 endg., Anlage VI.

d. Beteiligung von Beratungsgremien

Die Beteiligung von Verbänden, Interessengruppen und Mitgliedstaaten erfolgt vielfach über die bei der Kommission bestehenden Beratungsgremien,[926] die die Generaldirektionen vor allem bei der Erarbeitung von Vorschlägen für neue Rechtsbereiche heranziehen.[927] Die Arbeit dieser Ausschüsse, Gremien oder Arbeitsgruppen kann dabei von wenigen Wochen bis zu mehreren Jahren dauern.[928]

aa. Überblick über die bestehenden Beratungsgremien

In einigen wenigen Fällen ist die Einrichtung derartiger Beratungsgremien ausdrücklich im Vertrag vorgesehen, so etwa in Art. 79 EGV der beratende Ausschuss für Verkehrsfragen, in Art. 130 EGV der beratende Beschäftigungsausschuss, in Art. 133 Abs. 3 EGV der besondere Ausschuss zur Unterstützung der Kommission bei der Aushandlung von Außenhandelsverträgen oder in Art. 147 S. 2 EGV der Ausschuss zur Unterstützung der Kommission bei der Verwaltung des Europäischen Sozialfonds. Der Wirtschafts- und Sozialausschuss (Art. 257 EGV) sowie der Ausschuss der Regionen (Art. 263 EGV) sind hier nicht dazuzuzählen, da sie erst dann tätig werden, wenn der Kommissionsvorschlag bereits an den Rat weitergeleitet wurde (s.o.).

Daneben enthält das Sekundärrecht Regelungen zur Wahl bestimmter Ausschussverfahren für den Fall, dass die Kommission im Wege delegierter Rechtsetzung i.S.d. Art. 202, 3. Spiegelstrich EGV tätig wird. Hierbei handelt es sich um die im Rahmen des sog. „Komitologie-Beschlusses" aus dem Jahre 1987[929] in der Fassung des Beschlusses vom 28.06.1999[930] vom Rat bei der Kommission eingesetzten[931] beratenden Ausschüsse. Diese Gremien sind für die vorliegende Fragestellung, die den Bereich originärer Rechtsetzung durch die Gubernative außen vor lässt, nur insofern von Belang, als die Kommission sie vielfach auch bei anderen Rechtsetzungsvorhaben freiwillig zu Rate zieht.[932]

---

[926] Cassese, Theoretical Sketch of the Cooperative and Multidimensionsal Nature of Community Bureaucracy, S. 39 ff, 44; Rometsch/Wessels, Commission and Council of Ministers, S. 202 ff, 213.

[927] Cini, European Commission, S. 148; Hay, EG-Kommission und Verwaltung der Gemeinschaft, S. 28; Rabe, NJW 1993, S. 1 ff, 4; Raworth, Legislative Process, S. 30; Spence, Structure, Function and Procedures, S. 97 ff, 104.

[928] Raworth, a.a.O., S. 30.

[929] Beschluss 87/373/EWG des Rates vom 13.07.1987 über die Einzelheiten der Ausübung der der Kommission übertragenen Durchführungsbefugnisse, Abl. 1987 Nr. L 197, S. 33 ff.

[930] Beschluss 99/84/EG des Rates vom 28.06.1999, Abl. 1999 Nr. L 184, S. 23 ff; vgl. hierzu auch: Mensching, EuZW 2000, S. 268 ff.

[931] Grabitz/Hilf-Hummer, EGV, Art. 162 Rn. 110.

[932] Eichener, Das Entscheidungssystem der Europäischen Union, S. 221.

Alle übrigen Beratergremien können durch einfachen Beschluss der Kommission eingesetzt werden. Es handelt sich hierbei um eine ungeschriebene Organisationskompetenz der Kommission, die sich aus dem Sachzusammenhang mit ihrem Initiativrecht ergibt.[933] Den höchsten Anteil an Gremien hatten nach einer Untersuchung von *J.R. Grote* aus den 80er Jahren die Generaldirektionen für Landwirtschaft, Soziales und Binnenmarkt.[934] Der Juristische Dienst dahingegen bediente sich nur vergleichsweise selten externen Wissens. Er setzte teilweise gar keine und maximal 2 Expertengruppen pro Jahr ein.[935]

Die Ermittlung der genauen Anzahl der Beratergremien bereitet Schwierigkeiten, da keine kommissionsinterne zentralisierte Erfassung der entsprechenden Daten besteht.[936] Einen Anhaltspunkt bietet jeweils der Haushaltsplan, mit dem die Mittel für Ausschüsse und Experten-Gremien bewilligt werden. Nicht erfasst sind dabei aber die informelleren Beratungstreffen mit Vertretern nationaler Regierungen und Interessengruppen. Zudem unterscheidet der Haushaltsplan nur zwischen obligatorischen, d.h. im Primär- oder Sekundärrecht vorgesehenen, und nicht-obligatorischen Ausschüssen und sonstigen ständigen oder Ad-hoc-Gremien. Eine weitergehende Differenzierung erfolgt nicht.[937] Die Kommission versucht auch, Ausschüsse hinter anderen Bezeichnungen oder Titeln zu „verstecken", um die Vorgabe des Rates einhalten zu könne, die Anzahl der Ausschüsse nicht über 1.000 anwachsen zu lassen.[938] Die Zahlen, die sich in der Literatur zu diesem Thema finden lassen, schwanken daher relativ stark. Während einige Autoren von insgesamt über 1.000 Beratungsgremien ausgehen,[939] zählt Schmitt von Sydow nur 855 Ausschüsse und Expertengremien[940]. Auch wenn man nur die Ausschüsse in den Blick nimmt, schwanken die Angaben zwischen 268,[941] mehreren hundert[942] und 500[943], was nicht allein darauf zurückzuführen

---

[933] Grabitz/Hilf-Hummer, EGV, Art. 162 Rn. 107; Schmitt von Sydow, EGV, Art. 162 Rn. 26; Art. 155 Rn. 65; Streinz, Europarecht Rn. 344.

[934] Grote, Steuerungsprobleme, S. 227 ff, 245.

[935] Ebd., S. 246, Tabelle 3.

[936] Vgl. zu diesen Problemen insbesondere Grote, Steuerungsprobleme, S. 227 ff, 240 f.

[937] Grote, a.a.O., S. 243 f; zu den Schwierigkeiten, exakte Zahlen zu ermitteln ausführlich Algieri/Rometsch, Europäische Kommission und organisierte Interessen, S. 131 ff, 137 – 141.

[938] Eichener, Das Entscheidungssystem der Europäischen Union, S. 217.

[939] Algieri/Rometsch, Europäische Kommission und organisierte Interessen, S. 131 ff, 137; Eichener, a.a.O., S. 217; Grabitz/Hilf-Hummer, EGV, Art. 162 Rn. 101; Grote, Steuerungsprobleme, S. 227 ff, S. 244.

[940] Schmitt von Sydow, EGV, Art. 162 Rn. 22, wobei die Zahl von 855 auch diejenigen Ausschüsse berücksichtigte, die im Bezugsjahr nicht tagten; an aktiven Ausschüssen benennt der Autor nur 708 Gremien.

[941] Ebd., wiederum unter Berücksichtigung auch derjenigen Ausschüsse, die im Bezugsjahr nicht tagten; an aktiven Ausschüssen benennt der Autor sogar nur 248.

sein dürfte, dass sich die erste Zahl auf das Jahr 1990 und die zweite auf das Jahr 1992 bezog, da dies nahezu eine Verdoppelung der Ausschüsse bedeuten würde.

bb. Zusammensetzung der Gremien

Die Ausschüsse können aus technischen Experten, Wissenschaftlern, Interessengruppen-Vertretern oder Vertretern der nationalen Regierungen bestehen.[944] Den Vorsitz ebenso wie die Sekretariatsaufgaben übernimmt in der Regel ein Vertreter der Kommission.[945]

In den obligatorischen Ausschüssen, die rund 75 % aller Gremien ausmachen,[946] finden sich vorrangig Vertreter nationaler Regierungen.[947] Je nach Themenausrichtung können allerdings auch in den nicht-obligatorischen Ausschüssen überwiegend Beamte der Mitgliedstaaten als Experten auf ihrem jeweiligen Fachgebiet vertreten sein.[948] Sie nehmen mithin bereits in einem sehr frühen Stadium an der Entscheidungsfindungen auf europäischer Ebene teil. Vor dem Hintergrund dieser intensiven Zusammenarbeit zwischen nationalen Bürokraten und europäischer Kommission mutet der Vorschlag von *Hartmut A. Grams*, eine „umfassende Verwaltungszusammenarbeit" bei der Gesetzesvorbereitung einzurichten, reichlich bizarr an.[949]

Die Einflussnahme der Verbände und Interessengruppen erfolgt vor allem über die nicht-obligatorischen Ausschüsse,[950] die jedoch im Bereich der hier interessierenden Richtlinien- und Verordnungsgebung den Regelfall darstellen. Hier werden die Vertreter der Ausschüsse von der Kommission unter Berücksichti-

---

[942] Bach, Transnationale Integration, S. 109 ff, 119; ebenso vorher Cassese, Divided Powers, S. 5 ff, 15.

[943] Rometsch/Wessels, Commission and Council of Ministers, S. 202 ff, 213.

[944] Bach, Transnationale Institutionenpolitik, S. 178 ff, 187; Cassese, Divided Powers, S. 5 ff, 15; Coombes, Politics and Bureaucracy; Schmitt von Sydow, EGV, Art. 162 Rn. 22.

[945] Bach, a.a.O., S. 187; Berlin, Organisation de la Commission, S. 23 ff, 76; Pag, Relation between the Commission and National Bureaucracies, S. 445 ff, 464, 469; Raworth, Legislative Process, S. 30.

[946] Berechnet nach den Zahlen bei Grote, Steuerungsprobleme, S. 227 ff, Tabelle 2, S. 242.

[947] Grote, Steuerungsprobleme, S. 227 ff, 243; dies entspricht auch den Zahlen bei Schmitt von Sydow, EGV, Art. 162 Rn. 22, der angibt, dass ¾ der Ausschüsse mit nationalen und europäischen Beamten und nur ¼ auch mit privaten Sachverständigen sowie Vertretern der Wirtschaft und sozialer Gruppen besetzt sind.

[948] Algieri/Rometsch, Europäische Kommission und organisierte Interessen, S. 131 ff, 136.

[949] Grams, Zur Gesetzgebung der europäischen Union, S. 361.

[950] Algieri/Rometsch, Europäische Kommission und organisierte Interessen, S. 131 ff, 135.

gung bestimmter nationaler Quoten bestimmt.[951] Jedenfalls die großen europäischen Verbände (COPA, UNICE, ETUC) unterhalten selbst ein System von Arbeitsgruppen, deren Mitglieder sie als Experten für technische oder wissenschaftliche Fragen in die Kommissionsausschüsse entsenden.[952] In vermeintlich reinen Expertenausschüssen sitzen daher vielfach Vertreter von Verbänden oder Interessengruppen.[953]

cc. Einflussnahme der Gremien auf die Kommissionsvorschläge

In aller Regel verfasst die zuständige Generaldirektion vor der Einschaltung eines Beratungsgremiums ein Grundsatzpapier, in dem jedenfalls die Ziele der Rechtsetzungsmaßnahme festgelegt werden, häufig aber auch schon erste Formulierungsvorschläge enthalten sind.[954] Die grundlegende Ausrichtung der Rechtsetzungsvorhaben wird somit bereits vor der Ausschusssitzung von der zuständigen Generaldirektion festgelegt[955] und steht auch nicht mehr zur Disposition. In aller Regel erfolgen daher in dieser Phase keine substantiellen Änderungen der regulativen Ideen der Kommission sondern vorrangig Detail- und Formulierungsarbeiten[956] - dies dafür aber in nicht unerheblichem Umfange.

Über den Einfluss nationaler und verbandlicher Interessen im Ausschussverfahren gehen die Meinungen auseinander. *Sabine Pag* betont eher die formale Seite und weist auf die nur beratende Funktion der Ausschüsse sowie den Vorsitz der Kommission hin. Hieraus leitet sie ab, dass nur eine geringe Gefahr der Beeinflussung bestünde.[957] *J.R. Grote* dahingegen vertritt die Auffassung, dass eine Beeinflussung der Kommissionsentscheidungen deshalb nicht ausgeschlossen werden könne, weil die Kommission aufgrund ihrer personellen Unterbesetzung überhaupt nicht in der Lage sei, die Arbeit der Ausschüsse effektiv zu steuern und zu kontrollieren[958]. In diesem Zusammenhang zeigt er auf, dass die Anzahl der Beratungsgremien weitaus schneller gewachsen ist, als die Anzahl der Kommissionsbeamten, so dass der Auslastung mit Verwaltungsaufgaben für das Ausschusswesen ständig zunahm.[959] Dieser Einwand erscheint einleuchtend, da Zeit- und Personalmangel Anreiz genug sind, kritiklos die Ergebnisse eines Expertengremiums zu übernehmen. Auch *Edward Spence* geht davon aus, dass in

---

[951] Bach, Transnationale Integration, S. 109 ff, 119; Bach, Transnationale Institutionenpolitik, S. 178 ff, 187; Pag, Relation between Commission and National Bureaucracies, S. 445 ff, 469.

[952] Hrbek, Relations of Community Bureaucray, S. 105 ff, 110 f, S. 114.

[953] Ayberk/Schenker, Rfsp 1998, S. 725 ff, 741.

[954] Raworth, Legislative Process, S. 31.

[955] Eichener, Das Entscheidungssystem der Europäischen Union, S. 238.

[956] Ebd.

[957] Pag, Relation between Commission and National Bureaucracies, S. 445 ff, 470.

[958] Grote, Steuerungsprobleme, S. 227 ff, 247.

[959] Ebd., S. 248.

aller Regel ein Großteil der in den Ausschüssen erarbeiteten Positionen ihren Niederschlag im ersten Text des Kommissions-Vorschlags findet.[960] Schließlich zeigt die Erfahrung auf nationaler Ebene, dass die Grenze zwischen Beratung und Einflussnahme immer fließend ist.[961] Jedenfalls die Verbände und Interessengruppen gehen offensichtlich davon aus, dass sie ihre Ziele in den Ausschüssen einbringen können und versuchen daher, ihre Aktivitäten auf diese Phase auszurichten.[962]

Dass die Ausschüsse trotz des nicht von der Hand zu weisenden Einflusses externer Interessen dennoch nicht zu Orten partikularer oder nationaler Interessendurchsetzung werden,[963] dürfte darauf zurückzuführen sein, dass hier nur Vorschläge erarbeitet und keine Entscheidungen getroffen[964] werden. Es besteht keinerlei Einigungszwang, sondern der Ausschuss kann als Ergebnis seiner Arbeit auch mehrere gleichrangige Beschlussvorlagen präsentieren.[965] Die Debatte wird von technischen Detailfragen und nicht von politischen Erwägungen bestimmt.[966] So können Themen, die eigentlich Konfliktpotential bergen, entpolitisiert werden.[967] Je spezialisierter die Materie ist, desto unpolitischer, transnationaler und technokratischer ist der Umgang mit den Sachfragen.[968] Es herrscht daher eine Verhandlungssituation, in der Problemlösungsstrategien und nicht Interessenkonflikte dominieren.[969] Diese sachliche Ausrichtung wird dadurch gefördert, dass die Ausschussmitglieder in aller Regel eine gemeinsame beruflich-fachliche Orientierung teilen und dass die Fachbeamten oft von einer höheren Regulierung mehr Autorität und Ressourcen für ihren Arbeitsbereich erwarten.[970] Teilweise können sie auf europäischer Ebene vorschlagen, was in nationalem Rahmen nicht durchsetzbar wäre, da hier die Verantwortung nicht auf den Minister, sondern auf „Brüssel" fällt.[971] Zudem haben mehrere

---

[960] Spence, Structure, Function and Procedures, S. 97 ff, 104.

[961] Hrbek, Relations of Community Bureaucray, S. 105 ff, 118.

[962] Bach, Transnationale Institutionenpolitik, S. 178 ff, 189; Ayberk/Schenker, Rfsp 1998, S. 725 ff, 741; Pag, Relation between Commission and National Bureaucracies, S. 445 ff, 464.

[963] Diese Sorge äußerte Cassese, Divided Powers, S. 5 ff, 14.

[964] Grabitz/Hilf-Hummer, EGV, Art. 162 Rn. 109.

[965] Eichener, Das Entscheidungssystem der Europäischen Union, S. 239; Héritier, Koordination von Interessenvielfalt, S. 261 ff, 268; Pag, Relation between Commission and National Bureaucracies, S. 445 ff, 465.

[966] Bach, Transnationale Institutionenpolitik, S. 124; Eichener, a.a.O., S. 223; Héritier, a.a.O., S. 268; Pag, a.a.O., S. 469.

[967] Peters, Bureaucratic Politics, S. 75 ff, 77.

[968] Bach, Transnationale Integration, S. 109 ff, 125.

[969] Bach, Transnationale Institutionenpolitik, S. 178 ff, 186; Coombes, Politics and Bureaucracy, S. 324; Eichener, Das Entscheidungssystem der Europäischen Union, S. 221; Héritier, Koordination von Interessen-vielfalt, S. 261 ff, 267 f.

[970] Eichener, a.a.O., S. 222, 223.

Minister, sondern auf „Brüssel" fällt.[971] Zudem haben mehrere Untersuchungen ergeben, dass der ständige Austausch nationaler Beamter untereinander und mit den Kommissionsbeamten in den Ausschüssen zu einer „Supranationalisierung" der Vertreter aus den Mitgliedstaaten führt.[972] Hierfür spricht auch der Umstand, dass die Regierungsbürokraten, die sowohl an Kommissions- als auch an den später stattfindenden Rats-Ausschüssen teilnehmen, teilweise in den Kommissions-Ausschüssen noch andere Meinungen vertreten als später im Rat, wenn die Abstimmung der nationalen Ministerien stattgefunden hat, bei der weitere, über technische Fragen hinausgehende, Aspekte eingeführt werden.[973]

3. Koordinationsphase

Zwischen den verschiedenen Generaldirektionen ebenso wie zwischen den ihnen zugeordneten Kommissaren gibt es formal gesehen keinerlei Hierarchieebenen. Sie agieren auf der Ebene rechtlicher Gleichordnung,[974] wenn auch rein faktisch einigen Generaldirektionen eine Vorrangstellung gegenüber anderen zukommt.[975] Entscheidungen können daher - ebenso wie in den nationalen Regierungen -[976] notwendigerweise nur nach Abschluss einer Interessenkoordination getroffen werden. Dies kommt auch in der Geschäftsordnung der Kommission zum Ausdruck. Gemäß Art. 21 Abs. 1 GO-Komm. sollen die Dienststellen, die an der Vorbereitung von Beschlüssen mitwirken, so eng wie möglich zusammenarbeiten, um die Effizienz der Kommissionsarbeit sicherzustellen. Hierzu hat die federführende Generaldirektion, bevor der Kommission eine Vorlage unterbreitet wird, gemäß Art. 21 Abs. 2 GO-Komm. alle nach den Zuständigkeitsbereichen und Befugnissen oder nach der Natur der Sache beteiligten oder zu informierenden Dienststellen rechtzeitig zu hören. Zudem ist das Generalsekretariat zu unterrichten. Eine genauere Regelung darüber, zu welchem Zeitpunkt und in welcher Form die anderen Generaldirektionen zu beteiligen sind, existiert jedoch nicht.[977]

a. Koordination zwischen den verschiedenen „Ressorts"

Die Koordination zwischen den verschiedenen Politiken der Kommission ist bislang eher schwach ausgeprägt. Zum einen neigten die Generaldirektionen dazu,

---

[971] Ebd., S. 222.

[972] Berlin, Organisation de la Commission, S. 23 ff, 90; Cassese, Divided Powers, S. 5 ff, 15; Schmitt von Sydow, EGV, Art. 162 Rn. 24.

[973] Spence, Structure, Function and Procedures, S. 97 ff, 104.

[974] Grabitz/Hilf-Hummer, EGV, Art. 162 Rn. 38.

[975] Berlin, Organisation de la Commission, S. 23 ff, 70; Spence, Structure, Function and Procedures, S. 97 ff, 105.

[976] Vgl. Überblick bei Wiener, Les divers systèmes de coordination du travail gouvernemental, S. 75 ff; für Deutschland: Hugger, Gesetze, S. 58 f; Leonhardt, Organisation und Verfahren der Entwurfsausarbeitung, S. 58 ff, 59; für Frankreich: Quermonne, La coordination du travail gouvernemental, S. 49 ff.

[977] Berlin, Organisation de la Commission, S. 23 ff, 72.

sich voneinander abzuschotten, zum anderen erfolgte die Beteiligung anderer von einer Regelung betroffener Dienststellen in aller Regel erst sehr spät und in eher geringem Umfange. Im Zuge der allgemeinen Reform der Kommission unter Präsident Prodi sollten zwar auch hier Änderungen eintreten. Es lässt sich jedoch noch nicht sagen, ob die neuen Verhaltens- und Koordinationsregeln in der Praxis tatsächlich Erfolge zeigen.

aa. Zeitpunkt, Ebene und Umfang der Koordination

Da infolge der oben beschriebenen Zuständigkeitsüberschneidungen selten eine Generaldirektion allein für ein Gesetzesvorhaben zuständig ist, besteht grundsätzlich ein - im Vergleich zu den Mitgliedstaaten - erhöhtes Koordinationserfordernis.[978] Auch die verschiedenen Verwaltungsstile und Nationalitäten in den Generaldirektionen sowie die Instabilität der Organisation erhöhen den Abstimmungsbedarf.[979]

Dennoch entsprach es jedenfalls bislang der Praxis der Kommissionsbürokratie, dass Vorschläge zunächst isoliert von einer Generaldirektion erarbeitet wurden und eine Abstimmung mit anderen betroffenen Diensten - anders als in den nationalen Gubernativen, wo die horizontale Koordination relativ früh und jedenfalls grundsätzlich auf den unteren Ebenen erfolgt -[980] in aller Regel erst kurz vor Übersendung des Vorschlags auf der Ebene der Kommissare und ihrer Kabinette stattfand.[981] Es kam daher häufiger vor, dass die Generaldirektionen erst sehr spät über die Details eines auch für ihre Arbeit wichtigen Entwurfs in Kenntnis gesetzt wurden.[982] Nach den nunmehr festgelegten Regeln zur internen Koordinierung allerdings soll die Abstimmung zwischen den verschiedenen Ressorts *„so bald wie möglich einsetzen, um die fachliche Schlichtung der Kabinettsmitglieder zu vermeiden".*[983] Dies soll dadurch erreicht werden, dass die federführende Generaldirektion verpflichtet wird, *„zu ihren Initiativen von Anfang an die anderen unmittelbar betroffenen Dienststellen hinzuzuziehen und ihre legitimen Interessen zu berücksichtigen".*[984] Ob dieser Appell ausreichen

---

[978] Borchgrave, Adaptations organisationnelles, S. 156 ff, 164; Dethier, De la légalité à l'éfficacité, S. 139 ff, 148.

[979] Peters, Journal of European Public Policy 1994, S. 9 ff, 16.

[980] Für England: Smith/March/Richards, Central Government, S. 38 ff, 54; für Deutschland: Herber, Vorbereitung eines Gesetzentwurfs, S. 39; König, Gesetzgebungsvorhaben, S. 137; für Frankreich: Bodiguel, Conseil restreints, comités interministériels et réunions interministérielles, S. 139 ff, 150 f; Fournier, Le travail gouvernemental, S. 201 ff.

[981] Coombes, Politics and Bureaucracy, S. 258; Donnelly, Structure of the European Commission, S. 74 ff, 78; Michelmann, Organisational Effectiveness, S. 22; Poullet/Deprez, Struktur und Macht der EG-Kommission, S. 54; Ziller, Administrations comparées, S. 477.

[982] Berlin, Organisation de la Commission, S. 23 ff, 74; Cini, European Commission, S. 152; Coombes, Politics and Bureaucracy, S. 258.

[983] Internes Kommissionspapier, Die Stärkung der internen Koordinierung, S. 1.

[984] Ebd., S. 2.

kann, um das bislang vorherrschende Verfahren zu verändern, darf bezweifelt werden.

Hinzu kommt, dass die neuen Koordinationsvorgaben auch keine Regeln zum Umfang der Konsultationen enthalten. Bisher nämlich ging die Beteiligung der anderen Generaldirektionen meist nicht über das Allernotwendigste hinaus. Ihnen wurden die Entwürfe zugesandt mit der Bitte um Stellungnahme innerhalb einer Frist, die regelmäßig nur wenige Tage umfasste. Sollte in dieser Zeit keine Reaktion erfolgen, so wurde dies als Zustimmung gewertet.[985] Die strikten zeitlichen Begrenzungen aber verhinderten in vielen Fällen eine tiefergehende Vorbereitung und Diskussion.[986] Es kann vermutet werden, dass sich an dieser Praxis wenig verändern wird, da das Interesse der federführenden Generaldirektion an einer ernsthaften Auseinandersetzung mit möglichen Einwänden der anderen Beteiligten bislang eher gering war. Vielmehr versuchten die Generaldirektionen häufig zu erreichen, dass Koordinations-Treffen erst auf einer möglichst hohen Ebene stattfanden, da dann viele Details unangesprochen blieben und sie ihren eigenen Vorschlag leichter politisch durchsetzen konnten.[987] Sie sind nach Art. 21 GO-Komm. auch nicht verpflichtet, auf eine Einigung mit den anderen Generaldirektionen hinzuwirken, sondern müssen nur gemäß Art. 21 Abs. 3 S. 2 GO-Komm. gegebenenfalls abweichende Stellungnahmen anderer Dienststellen in ihrem Vorschlag erwähnen. Dies geschieht in der Regel in der Form, dass das ablehnende Votum hinten an den Vorschlagsentwurf angeheftet wird.[988] Verweigert eine Dienststelle die Zustimmung, so ist eine Beschlussfassung im schriftlichen Verfahren gemäß Art. 12 Abs. 1 GO-Komm. nicht mehr möglich; die Kommissare müssen die Beschlussvorlage in gemeinsamer Sitzungen besprechen.[989] Die Koordinationsarbeit wurde mithin vielfach dem Kollegium der Kommissare und deren Kabinetten überlassen.

bb. Abschottung der Generaldirektionen
Bislang war zu beobachten, dass die Generaldirektionen dazu neigen, sich der notwendigen Koordination und Kooperation mit anderen Diensten zu verweigern.[990] So konnte es passieren, dass die Generaldirektion Wettbewerb ein Verfahren gegen einen bestimmten industriellen Zusammenschluss einleitete, den die Generaldirektion Industrie gerade vorher empfohlen hatte, oder dass die Generaldirektion Außenbeziehungen eine Position bei den GATT-Verhandlungen

---

[985] Cini, European Commission, S. 152.

[986] Spence, Structure, Function and Procedures, S. 97 ff, 106.

[987] Ebd.

[988] Cini, European Commission, S. 152.

[989] Vgl. hierzu auch Spence, Structure, Function and Procedures, S. 97 ff, 107.

[990] Conseil d'État, Considérations générales, S. 15 ff, 30; Dewost, La Commission ou comment s'en débarrasser ?, S. 181 ff, 188; Spence, a.a.O., S. 98.

vertrat, die der der Generaldirektion Landwirtschaft widersprach.[991] Der Conseil d'État beschreibt in seinem Bericht zum Gemeinschaftsrecht eine ganze Reihe von Situationen, bei denen offensichtlich eine Generaldirektion nicht wusste, was die andere tat.[992]

Die vielfach festgestellte Abschottung der Generaldirektionen, die zu einem Zerfall der Kommission in geschlossene Unter-Systeme führt, die nur an der Spitze der Hierarchie über Kommissare und Kabinette miteinander verknüpft sind,[993] kann unter anderem mit der starken Ausdifferenzierung der Dienste erklärt werden.[994] Es bestehen Unterschiede hinsichtlich der europapolitischen Bedeutung der in ihren Zuständigkeitsbereich fallenden Politikfelder und damit auch im Hinblick auf ihr Gewicht in den Abstimmungsprozessen. So kommt etwa den Bereichen Landwirtschaft, Wettbewerb oder Binnenmarkt eine weitgehend mächtigere Stellung zu als der relativ unbedeutenden Generaldirektion für Justiz und Inneres.[995] Auch die personelle und finanzielle Ausstattung der Generaldirektionen weist große Unterschiede auf.[996] Zwar sollte man sich davor hüten, ein größeres Budget automatisch mit größerem politischen Einfluss gleichzusetzen. Der Umfang an Personal und Finanzen richtet sich vielmehr auch nach der Art der zu bewältigenden Aufgabe. So ist zu unterscheiden, zwischen personalintensiven Bereichen, wie dem der europäischen Außenpolitik, die eine Vertretung in einer Vielzahl von außereuropäischen Ländern erfordert, oder mittelintensiven Feldern, wie der mit der Verteilung von Subventionen befassten Regionalpolitik, und den rein regulativen Bereichen, wie etwa der Binnenmarkt- oder Justizpolitik. Auch wenn die Daten zu Personal und Finanzen keinen Rückschluss auf die Machtstellung der jeweiligen Generaldirektion zulassen, so sind sie aber dennoch ein Indiz dafür, wie ausdifferenziert ihre Aufgabenwahrnehmung und da-

---

[991] Dewost, La Commission ou comment s'en débarrasser ?, S. 181 ff, 188.

[992] Conseil d'État, Considérations générales, S. 15 ff, 30.

[993] Borchgrave, Adaptations organisationnelles, S. 156 ff, 163; Dethier, De la légalité à l'éfficacité, S. 139 ff, 148; Eichener, Das Entscheidungssystem der Europäischen Union, S. 293; Poullet/Deprez, Struktur und Macht der EG-Kommission, S. 44; Ziller, Administrations comparées, S. 477.

[994] Bellier, Une culture de la Commission européenne ? S. 49 ff, 54; Poullet/Deprez, a.a.O., S. 40 ff; Wessels, Community Bureaucracy, S. 8 ff, 14.

[995] Michelmann, Organisational Effectiveness, führte eine vergleichende Untersuchung zu den DGs Landwirtschaft, Wettbewerb, Wirtschaft und Finanzen, Soziale Angelegenheiten und Verkehr durch, vgl. zu den Ergebnissen, S. 219 ff; ebenso: Poullet/Deprez, a.a.O., S. 40 ff; Spence, Structure, Function and Procedures, S. 97 ff, 106.

[996] Borchgrave, Adaptations organisationnelles, S. 156 ff, 165; Cini, European Commission, S. 105; Zur finanziellen wie personellen Ausstattung vgl. European Commission, General Budget of the European Union for the Financial Year 2001 – The Figures. Brüssel/ Luxemburg, Januar 2001, S. 24.

mit auch die Art ihrer Aktionsformen und Kommunikationsöglichkeiten ist.[997] Diese ganz unterschiedliche Herangehensweise an die jeweils anfallenden Aufgaben aber führt dazu, dass eine Zusammenarbeit verschiedener Generaldirektionen bei einem ressortübergreifenden Thema erschwert wird.

Die Tendenz zur Abschottung der Generaldirektionen wird durch die gewachsene Rolle der Kabinette noch verstärkt.[998] Da die Kabinettsmitglieder (ebenso wie ihre französischen Vorbilder[999]) immer wieder dazu neigen, Entscheidungen an sich zu ziehen und Entwürfe zu verändern,[1000] mag es den zuständigen Kommissionsbeamten wenig sinnvoll erscheinen, eine Abstimmung mit anderen Generaldirektionen vorzunehmen, bevor der Vorschlag nicht vom Kabinett „seines" Kommissars abgesegnet ist. Generell zeigt sich die Tendenz, dass vor jeder Initiative zunächst die Stimmung im Kabinett erkundet wird.[1001] Peter Ludlow vertritt daher auch die Auffassung, die Kabinette seien eines der Haupthindernisse einer sinnvollen Koordination.[1002] Obwohl früher schon kritisiert wurde, dass die Kommissare einer rechtzeitigen Kooperation der Generaldirektionen oft selbst im Wege stünden, da sie teilweise einen Vorschlagsentwurf erst dann anderen Generaldirektionen zur Stellungnahme zuleiten lassen wollten, wenn sie ihn selbst abgesegnet hätten,[1003] wurde eben diese Praxis nun auch als Vorschrift für alle Initiativen, die über die laufende Verwaltung hinausgehen in die internen Regeln für das Verhältnis der Kommissionsmitglieder zu ihren Dienststellen übernommen.[1004] Hierbei spielt auch die fehlende Homogenität der Kommissionsbürokratie eine Rolle.[1005] Da es vorkommen kann, dass auf Kommissarsebene eine ganz andere Auffassung vertreten wird als innerhalb der Generaldirektion, erscheint es nicht sinnvoll, bereits auf unterer Ebene aufwendige Konsultationsverfahren durchzuführen. Allgemein wird als Grund der späten Koordination das

---

[997] Cini, Rfsp 1996, S. 457 ff; Cram, Journal of European Public Policy 1994, S. 195 ff, 213, 214; Michelmann, Organisational Effectiveness, S. 219 ff; Poullet/Deprez, Struktur und Macht der EG-Kommission, S. 40 ff.

[998] Dewost, La Commission ou comment s´en débarrasser ? S. 181 ff, 188; Peters, Journal of European Public Policy 1994, S. 9 ff, 17.

[999] Olivier Schrameck, Les cabinets ministériels, Paris 1995, S. 44.

[1000] Berlin, Organisation de la Commission, S. 23 ff, 296; Dewost, La Commission ou comment s´en débarrasser ?, S. 181 ff, 189; Michelmann, Organisational Effectiveness, S. 19.

[1001] Coombes, Politics and Bureaucracy, S. 259, S. 262; Dewost, a.a.O., S. 189.

[1002] Ludlow, European Commission, S. 85 ff, 127.

[1003] Dewost, La Commission ou comment s´en débarrasser ? S. 181 ff, 188.

[1004] Internes Kommissionspapier, Kommissionsmitglieder und ihre Dienststellen, S. 3.

[1005] Coombes, Politics and Bureaucracy, S. 258.

stark ausgeprägte Hierarchieprinzip[1006] innerhalb der Generaldirektionen genannt, das den Blick auf die vertikale Kommunikation verstelle.[1007]

Schließlich kommt es deshalb vermehrt zu Koordinationsproblemen, weil es in der Kommission an einer den zentrifugalen Kräften entgegenwirkenden politischen Führung, die Divergenzen zwischen den Dienststellen hierarchisch lösen könnte,[1008] weitestgehend fehlt (s.o.). Insbesondere stehen dem Präsidenten – jedenfalls bislang – kaum effektive Machtmittel zur Verfügung.[1009] Anders als in den nationalen Regierungen besteht keine politische Führung der Regierungsbürokratie durch Parteipolitisierung, ideologische Vorgaben und einen starken Kanzler oder Premierminister,[1010] die den Verselbständigungstendenzen der Verwaltung entgegenwirken und ein einheitliches Agieren fördern könnten.[1011]

cc. Koordination auf der Ebene der Kommissare und ihrer Kabinette
Nach der ursprünglichen Konzeption der Verträge sollte dem zwischen den Kommissaren herrschenden Kollegialitätsprinzip eine wesentliche Koordinationsfunktion zukommen. Heute ist die von *Christiaan Timmermans* vertretene Auffassung, dass das Kollegialprinzip zur Einheitlichkeit der Rechtsetzung beitrage, wohl nur noch in sehr engen Grenzen haltbar.[1012] Mit dem Anwachsen der Aufgaben der Kommission, die jährlich rund 20.000 Beschlüsse fasst,[1013] der zunehmenden Spezialisierung und Sektoralisierung ihrer Arbeit sowie dem faktischen Übergang ins schriftliche Verfahren kann das Kollegium die ihm zugedachte Koordinationsaufgabe jedoch längst nicht mehr wirksam wahrnehmen. In der Praxis existiert das Kollegialitätsprinzip nur noch bei einem äußerst geringen Prozentsatz an Entscheidungen, die für so wichtig erachtet werden, dass sie tatsächlich von den Kommissaren in gemeinsamer Diskussion getroffen werden.

[1006] Borchgrave, Adaptations organisationnelles, S. 156 ff, 163; Michelmann, Organisational Effectiveness, S. 22; Wessels, Community Bureaucracy, S. 8 ff, 14.

[1007] Michelmann, a.a.O., S. 22.

[1008] Berlin, Organisation de la Commission, S. 23 ff, 85.

[1009] Eichener, Das Entscheidungssystem der Europäischen Union, S. 293; Grabitz/Hilf-Hummer, EGV, Art. 162 Rn. 38.

[1010] Zur Koordinationsrolle des deutschen Bundeskanzlers von Beyme, Der Gesetzgeber, S. 104; des französischen Premierministers: Chagnollaud/Quermonne, Gouvernement de la France, S. 311, S. 342; des englischen Premierministers: Leruez, Gouvernement et politique en Grande-Bretagne, S. 149.

[1011] Peters, Journal of European Public Policy 1994, S. 9 ff, 15 f; Spence, Structure, Function and Procedures, S. 97 ff, 105.

[1012] Timmermans, Quality of Community Legislation, S. 39 ff, 54 und Probleme der EG-Rechtsetzung, S. 21 ff, 27 f.

[1013] Schmitt von Sydow, EGV, Art. 162 Rn. 13; Streinz, Europarecht, Rn. 303.

Im Kollegium werden nämlich nur die von den Kabinetts-Chefs auf ihrem montäglichen Vorbereitungstreffen[1014] ausgewählten „B-Punkte" diskutiert. Alle von den Kabinettschefs als unstreitig bewerteten „A-Punkte" werden dagegen von den Kommissaren in aller Regel ohne weitere Befassung abgesegnet.[1015] Nach Angaben *Schmitt von Sydows* werden infolge dieses A-Punkte-Verfahrens rund 95 % aller Beschlüsse ohne weitere Diskussion im Kollegium angenommen.[1016] Gleichzeitig dienen die wöchentlichen Kabinettssitzungen der horizontalen Koordination, da hier die anderen Generaldirektionen oft zum ersten Mal die Möglichkeit haben, ihre Meinungen in den Entscheidungsprozess einzubringen.[1017] Der Runde der Kabinetts-Chefs kommt daher nicht nur eine wesentliche Filterfunktion zu,[1018] sie ist auch immer mehr zu einer Art Ersatzkollegium geworden.[1019]

Grundsätzlich handelt es sich um einen normalen, auch in den hier zum Vergleich herangezogenen Mitgliedstaaten zu beobachtenden Vorgang, dass die Sitzungen der Regierungsmitglieder von Assistenzeinheiten (Fachreferate des Bundeskanzleramtes oder Staatssekretäre in Deutschland;[1020] Ministerkabinette und Generalsekretariat in Frankreich;[1021] Cabinet Committees, insbes. Legislation Committee in England[1022]) vorbereitet und eine Themenvorauswahl getroffen wird, um eine Überfrachtung der Ministerrunden zu vermeiden.[1023] Problematisch ist die Rolle der Kabinettstreffen auf europäischer Ebene aber deshalb, weil sie nicht durch entsprechende Vorabstimmungen zwischen den Ressorts vorbereitet werden, sondern hier vielfach erst- und letztmalig eine Abstimmung zwischen den Interessen der verschiedenen Dienststellen stattfindet. Berücksichtigt man dabei die weniger an fachlichen als vielmehr an nationalen und persönlichen Kriterien anknüpfende Auswahl der Kabinettsmitglieder und ihre meist kurze Amtsdauer, die nur wenig Zeit für fachliche Vertiefung lässt, so wird deutlich, dass es den Kabinetten an dem für eine effektive Koordination erforderlichen Weit- und Überblick fehlen muss. Es steht daher zu befürchten, dass in

---

[1014] Cini, European Commission, S. 155; Schmitt von Sydow, EGV, Art. 163 Rn. 5.

[1015] Donnelly, Structure of the European Commission, S. 74 ff, 79; Grabitz/Hilf-Hummer, EGV, Art. 162 Rn. 51; Michelmann, Organisational Effectiveness, S. 20; Poullet/Deprez, Struktur und Macht der EG-Kommission, S. 53; Raworth, Legislative Process, S. 35; Schmitt von Sydow, EGV, Art. 163 Rn. 5.

[1016] Schmitt von Sydow, EGV, Art. 162 Rn. 13; ders., a.a.O, Art. 163 Rn. 22.

[1017] Donnelly, Structure of the European Commission, S. 74 ff, 78.

[1018] Cini, European Commission, S. 156; Schmitt von Sydow, EGV, Art. 162 Rn. 13; Spence, Structure, Function and Procedures, S. 97 ff, 108.

[1019] Poullet/Deprez, Struktur und Macht der EG-Kommission, S. 53.

[1020] König, Gesetzgebungsvorhaben, S. 121 ff, 139.

[1021] Fournier, Le travail gouvernemental, S. 174.

[1022] Leruez, Gouvernement et politique en Grande-Bretagne, S. 107.

[1023] Smith/March/Richards, Central Government, S. 38 ff, 55.

der Arbeit der europäischen – ebenso wie der französischen[1024] – Kabinette das Kurzfristige und Spezielle gegenüber dem Allgemeinen und Langfristigen ü-berwiegt. Ihre Arbeit stellt daher keine zufriedenstellende Lösung des Koordina-tions- und Kohärenzproblems auf Gemeinschaftsebene dar.[1025]

b. Spezielle Koordinations- und Kontrolleinheiten
Die soeben festgestellten Koordinationsprobleme erfordern eigentlich starke In-tegrationseinheiten.[1026] Innerhalb der Kommission übernehmen diese Aufgabe die sog. Inter-service-groups, die Arbeitsgruppen der Kommissare, das General-sekretariat und der Juristische Dienst. Zu unterscheiden ist dabei eine eher poli-tisch-materielle Koordination, die dazu dient, inhaltliche Widersprüche zwi-schen den verschiedenen Kommissionsvorschlägen zu vermeiden, und eine eher formal-juristische Koordination, die die Einheit und Stimmigkeit der europäi-schen Rechtsordnung gewährleisten soll. Maßstab und Orientierungspunkt der materiellen Koordinierung sind das Arbeitsprogramm und die Prioritäten der Kommission sowie ihre Haushaltsvorgaben. Die formelle Koordinierung hat sich dahingegen vor allem an den internen Richtlinien zur Qualität der Rechtset-zung zu orientieren.

aa. Ressortübergreifende Arbeitsgruppen
Zum Zwecke der Koordination zwischen den Generaldirektionen werden teil-weise feste „inter-service-groups" oder „interdepartemental working parties" nach dem Vorbild der britischen interdepartemental committees[1027] oder der französischen réunions interministérielles[1028] nach vorheriger Genehmigung durch den Generalsekretär eingerichtet.[1029] Vorsitzender dieser Gruppen ist je-weils ein Beamter derjenigen Generaldirektion, die die Federführung in der betreffenden Angelegenheit hat.[1030] Er wird unterstützt durch ein Sekretariat. Wenn eine inter-service-group an der Ausarbeitung eines Rechtssetzungsvor-schlags beteiligt war, so gilt dies als Zustimmung aller vertretenen Generaldirek-tionen zu dem Vorschlag.[1031] Voraussetzung für die Einrichtung solcher Grup-

---

[1024] Wagner, Organisation der Führung in den Ministerien, S. 54.

[1025] Poullet/Deprez, Struktur und Macht der EG-Kommission, S. 54.

[1026] Ebd., S. 48.

[1027] Smith/March/Richards, Central Government, S. 38 ff, 54.

[1028] Bodiguel, Conseil restreints, S. 139 ff, 150 f; Chagnollaud/Quermonne, Gouvernement de la France, S. 308, S. 636; Fournier, Le travail gouvernemental, S. 201 f; Deutschland stand nicht Pate, da hier die Bildung ressortübergreifender Arbeitsgruppen eher selten ist, Andrews, Organisation und Verfahren der Entwurfsausarbeitung, S. 50 ff, 56; Leonhardt, Organisation und Verfahren der Entwurfsausarbeitung, S. 58 ff, 63.

[1029] Berlin, Organisation de la Commission, S. 23 ff, 72; Grabitz/Hilf-Hummer, EGV, Art. 162 Rn. 77; Spence, Structure, Function and Procedures, S. 97 ff, 105.

[1030] Berlin, Organisation de la Commission, S. 23 ff, 72.

[1031] Berlin, Organisation de la Commission, S. 23 ff, 72.

pen war bislang, dass die federführende Generaldirektion überhaupt den Koordinationsbedarf bei einer bestimmten Frage erkannte und bereit war, sich mit den anderen Dienststellen abzustimmen. Dies war jedoch vielfach nicht der Fall.[1032] Hierin dürfte auch der Grund dafür liegen, dass die internen Regeln zur Stärkung der Koordinierung in der Kommission nun auch dem Generalsekretariat das Recht geben, von sich aus ressortübergreifende Treffen der von einem Vorhaben am stärksten betroffenen Dienststellen und Kabinette zu veranstalten.[1033] Möglicherweise kann dies dazu führen, dass es häufiger zu interdirektionellen Arbeitsgruppen kommt. Bislang nämlich konnte man davon ausgehen, dass die Kommission inter-service-groups nur in Ausnahmefällen bei großen und aufwendigen Vorhaben, wie etwa der Mitteilung zum europäischen Vertragsrecht vom 11.07.2001, die von einer dienststellenübergreifenden Arbeitsgruppe verfasst wurde,[1034] einsetzte.[1035] Über die Arbeit der inter-service-groups gibt es so gut wie keine Veröffentlichungen. *Dominique Berlin* bezeichnet sie als ineffizient, da sie den sonstigen Mangel an Koordination zwischen den Generaldirektionen nicht ausgleichen könnten und zudem keinerlei Einigungszwang bestehe.[1036] Dies sind jedoch Probleme mit denen nationale interministerielle Gremien ebenfalls zu kämpfen haben. Gründe dafür, dass die europäischen Arbeitsgruppen in besonderem Maße ineffizient wären, nennt *Berlin* nicht.

Neben den inter-service-groups kann der Präsident zum Zwecke der Koordination auch gemäß Art. 3 Abs. 2 GO-Komm. Arbeitsgruppen bilden. Die Organisation dieser Gruppen obliegt dem Generalsekretariat.[1037] In der 1995 ernannten Santer-Kommission etwa gab es sieben solcher Gruppen,[1038] in der Prodi-Kommission sind es fünf (Wachstum, Wettbewerb, Beschäftigung und nachhaltige Entwicklung; Chancengleichheit; Reform; interinstitutionelle Beziehungen; Außenbeziehung)[1039]. Zum Erfolg ihrer Arbeit gibt es keine Angaben. Es darf mit Recht bezweifelt werden, dass zu einem so relativ späten Zeitpunkt im Entscheidungsprozess noch sinnvolle Koordinationsarbeit geleistet werden kann.[1040] Allerdings zeigen bereits die weitgefassten und eher allgemein gehaltenen Titel

---

[1032] Ebd., S. 85.

[1033] Internes Kommissionspapier: Stärkung der internen Koordinierung, S. 1, S. 5.

[1034] Staudenmayer, EuZW 2001, S. 485 ff, 485, Anmerkung*.

[1035] Spence, Structure, Function and Procedures, S. 97 ff, 105 zu der eher geringen Zahl dieser Gruppen.

[1036] Berlin, Organisation de la Commission, S. 23 ff, 86.

[1037] Internes Kommissionspapier: Stärkung der internen Koordinierung, S. 1, S. 5.

[1038] Schmitt von Sydow, EGV, Art. 163 Rn. 3.

[1039] Internes Kommissionspapier: Zusammensetzung der Gruppen von Kommissionsmitgliedern, S. 1.

[1040] Kritisch zu den Arbeitsgruppen auch Spierenburg, Vorschläge für eine Reform der Kommission der Europäischen Gemeinschaften und ihrer Dienststellen, S. 9 ff.

der Arbeitsgruppen, dass sie auch nicht zur Abstimmung von Fragen der konkreten Alltagspolitik sondern vielmehr zur grundsätzlichen Ausrichtung der Kommissionsarbeit gedacht sind. Auch das im Rahmen der Reformbemühungen in der Kommission verfasste Papier zur Stärkung der internen Koordinierung sieht die Aufgabe der Arbeitsgruppen der Kommissare vor allem im Bereich von „Orientierungs-, Programmierungs- und Kontrollfragen".[1041]

bb. Die Rolle des Generalsekretariats bei der Koordination

Art. 17 Abs. 3 GO-Komm. ebenso wie die bereits mehrfach erwähnten neuen Regeln zur Stärkung der internen Koordinierung weisen dem Generalsekretariat eine zentrale Koordinationsrolle zu.[1042] Es soll dabei sowohl für die inhaltliche als auch für die formale Abstimmung der Kommissionsarbeit zuständig sein. Demnach gehört es zu seinen Aufgaben, die Einhaltung der politischen Prioritäten und die Berücksichtigung der strategischen Entscheidungen der Kommission und ihres Präsidenten ebenso sicherzustellen[1043], wie die Befolgung der Grundsätze der Subsidiarität und Verhältnismäßigkeit und der übrigen Regeln der einwandfreien Rechtsetzungspraxis (zum Beispiel Klarheit, Prägnanz und Kürze)[1044]. Im Bereich dieser formalen Kontrolle tritt die Überprüfung des Generalsekretariats neben diejenige des Juristischen Dienstes,[1045] ohne dass eine klare Kompetenzabgrenzung erfolgt. Der Unterschied dürfte jedoch darin zu sehen sein, dass das Generalsekretariat vor allem beratend von Anfang an tätig werden soll, während dem Juristischen Dienst die nachträgliche Kontrolle der Qualitätsmerkmale zukommt. Des weiteren steht der Aspekt der formalen Normqualität bei der Arbeit des Generalsekretariats wohl eher im Hintergrund. So gibt es weder ein spezielles Referat für diese Aufgabe noch räumen ihm GO-Komm. oder interne Koordinierungsregeln hier besondere Befugnisse ein.

Während das Generalsekretariat bislang erst dann eingeschaltet wurde, wenn die Unterlagen aus den verschiedenen Generaldirektionen an das Kollegium übersandt werden konnten,[1046] soll es nun nach den neuen internen Verhaltensregeln seine Berater- und Mittlerrolle zum frühestmöglichen Zeitpunkt der Befassung der Kommission wahrnehmen.[1047]

Für diese Aufgaben ist derzeit eine der fünf Direktionen des Generalsekretariats, nämlich die Direktion C (Programmierung und Koordinierung der Politiken)

[1041] Internes Kommissionspapier: Stärkung der internen Koordinierung, S. 1.

[1042] Ebd., S. 3; ebenso schon zur früheren Situation: Cini, European Commission, S. 102; Coombes, Politics and Bureaucracy, S. 250; Michelmann, Organisational Effectiveness, S. 21; Poullet/Deprez, Struktur und Macht der EG-Kommission, S. 55.

[1043] Internes Kommissionspapier: Stärkung der internen Koordinierung, S. 1.

[1044] Ebd., S. 4.

[1045] Ebd.

[1046] Poullet/Deprez, Struktur und Macht der EG-Kommission, S. 55.

[1047] Internes Kommissionspapier: Stärkung der internen Koordinierung, S. 3.

zuständig.[1048] Es gehörte zwar schon immer zu den Aufgaben des Generalsekretariats, für die Kontinuität bei der Programmdurchführung und die Einhaltung von Zeitplänen zu sorgen.[1049] Erst im Rahmen der Reform der internen Strukturen der Kommission wurde das Generalsekretariat im Juli 2000 um eine strategische Planungseinheit (Referat 1 der Direktion C) ergänzt. Sie soll zum einen das Kollegium der Kommissare bei der Festsetzung politischer Prioritäten unterstützen und zum anderen die Normen und Verfahren der Planung und Programmierung koordinieren.[1050] Zu diesem Zwecke soll die Planungsdirektion eng mit der Generaldirektion Haushalt und anderen Generaldirektionen zusammenarbeiten, um die verfügbaren Informationen über ihre Arbeit einschließlich der ex-ante und ex-post-Bewertungen sowie den Bedarf an Personal- und Finanzmitteln in einem einheitlichen Format zusammenzufassen und ressortübergreifende Beratungen über politische Entscheidungen und Haushaltsauswirkungen zu erleichtern.[1051] Diese Verknüpfung von Haushalts- und Programmfragen dient dazu, die Ressourcenverteilung nach Maßgabe der jährlichen Strategieplanung auszurichten. Gleichzeitig zielt die zentrale Erfassung aller Maßnahmen darauf ab, die Kohärenz der Kommissionspolitik zu kontrollieren.[1052] Mit dieser Schaffung einer zentralen Planungseinheit, der Verstärkung langfristiger Planung und der Verknüpfung von politischer und Budget-Planung erfüllte die Kommission Forderungen, die bereits seit langem erhoben worden waren.[1053] Man erhoffte sich hiervon eine größere Stimmigkeit des Kommissionshandelns sowie eine Verstärkung der horizontalen Kommunikation, da die Generaldirektionen im Rahmen der Budget-Verteilung um die besten Programme konkurrieren müssten. Ob sich die Erwartungen, die mit der Schaffung der zentralen Planungseinheit verbunden waren, erfüllen werden, bleibt abzuwarten. Zweifel sind insbesondere deshalb angebracht, weil die Kommission – anders als die Mitgliedstaaten – schon aus Mangel an Haushaltsmitteln weniger distributive und mehr regulative Maßnahmen ergreift. Bei letzteren aber fallen im Gemeinschaftshaushalt keine Kosten an, so dass die Verbindung von politischer und haushalterischer Planung ihren Zweck kaum erfüllen kann.

Im Rahmen seiner Koordinationsaufgaben hat der Generalsekretär unter anderem die Leitung der Runde der Kabinettschefs, die die Kollegiumssitzungen

---

[1048] Aufstellung, Stand 16.05.2001, entnommen aus: www.europa.eu.int/comm/ Generaldirektionen/secretariat _general/mission/index_de.htm, Stand 07.06.2001.

[1049] Coombes, Politics and Bureaucracy, S. 250.

[1050] Weißbuch der Kommission, Die Reform der Kommission, Teil II, Aktionsplan vom 05.04.2000, KOM (00) 200 endg./2, S. 15.

[1051] Ebd.

[1052] Ebd.

[1053] Borchgrave, Adaptations organisationnelles, S. 156 ff, 173; Majone, Regulating Europe, S. 159 ff, 174; Poullet/Deprez, Struktur und Macht der EG-Kommission, S. 68.

vorbereiten, innc.[1054] Nur im Falle seiner Verhinderung übernimmt der Kabinettschef des Präsidenten diese Rolle.[1055] Daneben sind meist weitere Vertreter des Generalsekretariats bei den Treffen der Kabinettschefs ebenso wie bei allen sonstigen ressortübergreifenden Versammlungen anwesend.[1056]

Neben den Planungsaufgaben kommt dem Generalsekretariat auch die Aufgabe zu, die Einhaltung der Beteiligungsregeln zwischen den Generaldirektionen zu überprüfen[1057] und gegebenenfalls selbst Arbeitsgruppen oder ressortübergreifende Treffen zu organisieren (s.o.). In Ausnahmefällen kann ihm nach den neuen Regeln zur Stärkung der internen Koordinierung sogar auf besonderen Beschluss der Kommission oder ihres Präsidenten hin zeitweise die eigene Vorbereitung eines komplexen und fachübergreifenden Dossiers übertragen werden.[1058]

Die Koordinierungskompetenzen des Generalsekretariats wurden mithin im Rahmen der Kommissionsreform deutlich ausgebaut. Ob dies tatsächlich zu einer kohärenteren Kommissionspolitik führen wird, kann zum jetzigen Zeitpunkt noch nicht gesagt werden. Bislang wurde immer wieder kritisiert, dass sich das Generalsekretariat trotz seiner zentralen Stellung im organisatorischen Gefüge der Kommission auf die Überprüfung der formalen Aspekte der ihr zugeleiteten Beschlussvorlagen, d.h. bei Rechtsetzungsvorschlägen insbesondere auf die Frage der Beteiligung der betroffenen Dienststellen, konzentrierte[1059] und das Problem der inhaltlichen Abstimmung vernachlässigte. Als Grund für diese Zurückhaltung wurde genannt, dass es über keinerlei rechtliche oder politische Mittel verfügte, um politische Ziele intern durchzusetzen.[1060] So gelänge es dem Generalsekretariat der Kommission häufig nicht zu verhindern, dass die mächtigeren Generaldirektionen versuchten, Informationen zurückzuhalten, um so die Koordinationsmechanismen zu umgehen und ihre eigenen Projekte weitgehend „ungeschoren" durchsetzen zu können.[1061] Es nehme eine schwächere Position ein als die entsprechenden nationalen Koordinationseinheiten, wie etwa das „Cabi-

---

[1054] Schmitt von Sydow, EGV, Art. 163 Rn. 5.

[1055] Internet-Seite des Generalsekretariats, www.europa.eu.int/comm/secretariat_general/sga/ index_de.htm, Stand: 07.06.2001; ebenso Grabitz/Hilf-Hummer, EGV, Art. 162 Rn. 51; Schmitt von Sydow, EGV, Art. 163 Rn. 5.

[1056] Michelmann, Organisational Effectiveness, S. 21.

[1057] Mitteilung der Kommission an den Rat, das Europäische Parlament, den Wirtschafts- und Sozialausschuss und den Ausschuss der Regionen "Förderung von unternehmerischer Initiative und Wettbewerbsfähigkeit", Die Antwort der Kommission auf den Bericht der Task Force BEST und ihre Empfehlungen vom 30.09.1998, KOM (1998) endg., S. 5.

[1058] Internes Kommissionspapier: Stärkung der internen Koordinierung, S. 1, S. 5.

[1059] Cini, European Commission, S. 153; Coombes, Politics and Bureaucracy, S. 250; Poullet/Deprez, Struktur und Macht der EG-Kommission, S. 55.

[1060] Coombes, Politics and Bureaucracy, S. 250.

[1061] Spence, Structure, Function and Procedures, S. 97 ff, 106.

net Office" in Großbritannien,[1062] das französische Generalsekretariat[1063] oder das deutsche Bundeskanzleramt[1064]. Letztere verfügten zwar ebenfalls nicht über direkte Druckmittel, genössen jedoch hohen Respekt, der sich auf ihre Stellung als Assistenzeinheit eines durch Wahlen legitimierten Premierministers bzw. Kanzlers und seiner Regierung stütze.[1065] Das Problem fehlender Druck- und Sanktionsmittel des Generalsekretariats dürfte auch nach der Erweiterung seiner Befugnisse fortbestehen, da ihm allein Koordinierungs- und Unterstützungsfunktionen zukommen und ihm die Anbindung an den immer noch relativ führungsschwachen Kommissionspräsidenten nur bedingten Einfluss sichern kann.

cc. Koordination und Kontrolle durch den Juristischen Dienst

Bevor der Vorschlag auf die Tagesordnung der Kommissare kommt, müssen gemäß Art. 21 Abs. 2 S. 2 – 4 GO-Komm. der Juristische Dienst sowie bei neuen Vorhaben auch der juristische Sprachendienst beteiligt werden. Die Gruppe der Rechts- und Sprachsachverständigen hat vor allem dafür zu sorgen, dass die Übereinstimmung der Rechtstexte der Kommission in rechtlicher und sprachlicher Hinsicht in den Amtssprachen der Gemeinschaft gewährleistet ist. Die dort beschäftigten Kommissionsmitarbeiter haben jeweils sowohl eine rechtliche als auch eine linguistische Ausbildung.[1066]

Eine derartige Auslagerung der juristischen Kontrolle auf ein zentrales Organ der Gubernative entspricht dem deutschen Vorbild eines Justizministeriums, auch wenn der Juristische Dienst nicht dessen Größe und Bedeutung besitzt.[1067] Im Gegenteil ist davon auszugehen, dass er mit seinen rund 150 Mitarbeitern den ihm im Rahmen des Rechtsetzungsverfahrens zugewiesenen Aufgaben nicht gewachsen ist, zumal seine Prozessführungstätigkeit für sämtliche Generaldirektionen in mehreren hundert Verfahren viel Zeit und Personalressourcen in Anspruch nimmt.[1068] Ebenso wie das Bundesjustizministerium in Deutschland verfügt der Juristische Dienst über ein Vetorecht, dass nur in der politischen Debatte im Kollegium überwunden werden kann. D.h. im Falle eines Widerspruchs des Juristischen Dienstes kann kein schriftliches Verfahren gemäß Art. 12 Abs. 1 GO-Komm. stattfinden. Die Zustimmung des Juristischen Dienstes ist somit

---

[1062] Smith/March/Richards, Central Government, S. 38 ff, 56.

[1063] Chagnollaud/Quermonne, Gouvernement de la France, S. 667; Fournier, Le secrétariat général du gouvernement, S. 33 ff.

[1064] Murswieck, Regierung, S. 573 ff, 575.

[1065] Spence, Structure, Function and Procedures, S. 97 ff, 106.

[1066] Timmermans, Probleme der EG-Rechtsetzung, S. 21 ff, 27.

[1067] Berlin, Organisation de la Commission, S. 23 ff, Fn. 89.

[1068] Gündisch/Mathijsen, Rechtsetzung und Interessenvertretung, S. 85, S. 213.

zwar nicht zwingende Voraussetzung für die Verabschiedung des Vorschlags im Kollegium, stellt jedoch einen klaren politischen Vorteil dar.[1069]

Die formelle Beteiligung des Juristischen Dienstes erfolgt in aller Regel erst ganz am Ende des Ausarbeitungsverfahrens, kurz bevor der Vorschlag in die Abstimmungsphase gehen soll.[1070] Zwar ziehen ihn die Generaldirektionen in manchen Fällen bereits in einem relativ frühen Stadium auf informellem Weg zu Rate.[1071] Es fehlt aber an einer systematischen und generellen Einbindung des Juristischen Dienstes von Anfang an.[1072] Die Kontrolle der Gesetzesqualität durch den Juristischen Dienst wird daher als völlig unzureichend bezeichnet.[1073] Nicht umsonst enthält auch die interinstitutionelle Vereinbarung vom 22.12.1998 den Beschluss, die Rolle des Juristischen Dienstes sowie der Rechts- und Sprachsachverständigen zu stärken sowie die Aufforderung an die Kommission, ihren internen Entscheidungsprozess so zu organisieren, dass der Juristische Dienst ausreichend Zeit hat, den Generaldirektionen Änderungsvorschläge zu unterbreiten.[1074]

Der Juristische Dienst prüft im Rahmen neuer Rechtsetzung die Übereinstimmung des Vorschlags mit den Verträgen, die Kohärenz mit der bestehenden Gesetzgebung, die Wahl der richtigen Rechtsgrundlage und die Einhaltung der innerhalb der Kommission geltenden Rechtsetzungs-Richtlinien.[1075] Dabei handelt es sich vor allem um die intern verwendeten „Allgemeinen Leitlinien für die Legislativpolitik vom 18.01.1996"[1076] sowie den für Kommission, Rat und Parlament gemeinsam geltenden Leitfaden für die Praxis vom 16. März 2000.[1077] Die Leitlinien von 1996 sahen vor, dass jedem Kommissionsvorschlag ein erklären-

---

[1069] Spence, Structure, Function and Procedures, S. 97 ff, 107.

[1070] Bates, Stat.L.R. 1983, S. 24 ff, 33.

[1071] Berlin, Organisation de la Commission, S. 23 ff, 293.

[1072] Berlin, Organisation de la Commission, S. 23 ff, 294; Conseil d'État, Considérations générales, S. 15 ff, 30 f; de Wilde, Journal of European Law Reform 2000, S. 293 ff, 312.

[1073] De Wilde, a.a.O., S. 301.

[1074] Punkt 5 der Vereinbarung und Vorschlag b) der Vereinbarungen zu den Durchführungsmaßnahmen zur interinstitutionellen Vereinbarung vom 22.12.1998, Abl. 1999 Nr. C 73, S. 1.

[1075] Timmermans, Quality of Community Legislation, S. 39 ff, 53 und ders., Probleme der EG-Rechtsetzung, S. 21 ff, 26 f; vgl. auch Übersicht über Guidelines bei Christiaan W.A. Timmermans, CML Rev. 1997, S. 1229 ff, Annex, S. 1255 ff.

[1076] Bull. 1/2-1996, Punkt 1.10.11.

[1077] De Wilde, European Journal of Law Reform 2000, S. 293 ff, 312. Die Erstellung dieses Leitfadens wurde im Rahmen der interinstitutionellen Vereinbarung vom 22.12.1998 über gemeinsame Leitlinien für die redaktionelle Qualität der gemeinschaftlichen Rechtsvorschriften beschlossen, vgl. Vorschlag a) der Vereinbarungen zu den Durchführungsmaßnahmen zur interinstitutionellen Vereinbarung vom 22.12.1998, Abl. 1999 Nr. C 73, S. 1 f.

des Memorandum beigefügt sein müsse, das die Ziele der vorgeschlagenen Rechtsetzungsmaßnahme an der Liste für legislative Qualität misst. Diese Liste enthält folgende zehn Punkte: Rechtfertigung und Ziel der Maßnahme, rechtliche Grundlage, Leser- und Benutzerfreundlichkeit, Subsidiarität und Verhältnismäßigkeit, Vereinfachung, Kohärenz mit anderen Politikfeldern, Ergebnis externer Konsultationen, Evaluationssystem, Korruptionsrisiko, finanzielle Auswirkungen.[1078] Die Vorgaben der Leitlinien reichen somit in weiten Teilen in inhaltlich-politische Bereiche hinein. In der interinstitutionellen Vereinbarung vom 22.12.1998 dagegen liegt der Schwerpunkt auf den gesetzestechnischen Aspekten, die in 22 Regeln niedergelegt werden, um eine klarere, einfachere und präzisere Rechtsetzung zu fördern.[1079] Das Kommissionshandbuch zur Rechtsetzung schließlich ergänzt die Richtlinien um eher technische Aspekte. So sollten die in den Kommissionssitzungen präsentierten Vorschläge nicht mehr als 20 Seiten umfassen und unter anderem von einer Begründung, einem weiteren Gesetzgebungs-Zeitplan sowie einer Darstellung der wirtschaftlichen und finanziellen Auswirkungen (sog. fiche d'impact und fiche financière) begleitet sein.[1080] Inhaltlich decken die Check-Listen zur Rechtsetzung damit inzwischen im Wesentlichen die selben Kriterien ab wie die vergleichbaren Qualitätsvorgaben auf nationaler Ebene.[1081] In in früheren Jahren war die Zusammenfassung der bestehenden Richtlinien zu einem allgemeinen Leitfaden sowie die Einführung bzw. Erweiterung von legistischen Richtlinien und Check-Listen immer wieder angeregt und auch in der Erklärung Nr. 39 zum Vertrag von Amsterdam angekündigt worden.[1082] Diese Debatte dürfte sich mit der Schaffung der neuen Leitfäden weitgehend erledigt haben.[1083] Zudem hat die Kommission in ihrem

---

[1078] Piris, Quality of Community Legislation, S. 25 ff, 29; Timmermans, Quality of Community Legislation, S. 39 ff, 49.

[1079] Interinstitutionelle Vereinbarung vom 22.12.1998, Abl. 1999 Nr. C 73, S. 1 f.

[1080] Grabitz/Hilf-Hummer, EGV, Art. 155 Rn. 131; Art. 162 Rn. 78.

[1081] Xanthaki, CML Rev. 2001, S. 651 ff, 659 ff mit einem Überblick über entspr. Richtlinien in Belgien, Deutschland, England, Frankreich, Italien, Niederlanden, Österreich, Portugal und Spanien.

[1082] Beschluss des Rates vom 08.06.1993 über die Qualität der Gemeinschaftsrechtsetzung, Abl. 1993 Nr. C 166 S. 1; Koopmans-Report, S. 27, mit Empfehlungen für neue Richtlinien in Anlage 1; UNICE-Report, S. 52; Scholz/Meyer-Teschendorf, ZRP 1996, S. 404 ff, 408; OECD-Report, Annex II, Empfehlung 1; Müller-Graff, The Quality of European and National Legislation, S. 111 ff, 125, S. 127; van Kreveld, General Policy of Legislative Quality, S. 85 ff, 97 f.

[1083] Der Generaldirektor des Juristischen Dienstes des Rates, Jean-Claude Piris, ebenso wie der stellvertretende Generaldirektor des Juristischen Dienstes der Kommission wiesen schon früher auf die Vielzahl der bereits existierenden Richtlinien hin und hielten die Schaffung neuer Richtlinien für nicht erforderlich, Piris, Quality of Community Legislation, S. 25 ff, 37; Timmermans, Quality of Community Legislation, S. 39 ff, 52; ebenso Maas/Kuhlmann, ZG 1997, S. 277 ff, 282; anders dagegen de Wilde, European Journal of Law Reform 2000, S. 293 ff, 309 f, der weiter für eine vollständige Übernahme der von der Koopmans-Arbeitsgruppe vorgeschlagenen Richtlinien plädiert.

Zwischenbericht an den Europäischen Rat von Stockholm bereits einen weiteren Ausbau der Vorschriften zur Qualität der Rechtsetzung angekündigt.[1084] Es bleibt aber weiterhin das Problem bestehen, dass die besten Richtlinien nichts nützen, wenn ihre Einhaltung - wie es in der Europäischen Kommission augenscheinlich der Fall ist - nicht effektiv kontrolliert wird.[1085] Jedenfalls ist bislang trotz zahlreicher neuer Regelungen keine signifikante Verbesserung der Rechtsetzungsqualität feststellbar.[1086]

Theoretisch könnte der Juristische Dienst aufgrund seiner zentralen Stellung eine wichtige Rolle bei der Koordination der Dienste und der Realisierung einer kohärenteren Rechtsetzung spielen. Jedenfalls in der älteren Literatur wurde beklagt, dass er diese Chance nicht nutzen und sich auf seine rein formalen Befugnisse beschränken,[1087] d.h. vor allem die Frage der anwendbaren Rechtsgrundlage prüfen würde.[1088] Ob sich diese Ausrichtung mit der Einführung der neuen Richtlinien geändert hat, ist mangels entsprechender Untersuchungen derzeit noch nicht zu sagen. Es darf allerdings angesichts der mangelhaften personellen Ausstattung des Dienstes und dem späten Zeitpunkt seiner Beteiligung bezweifelt werden.

Ein organisatorisches Hindernis bei der Koordination durch den Juristischen Dienst dürfte auch darin liegen, dass seine interne Gliederung in 10 Gruppen[1089] nicht der Aufgabenverteilung zwischen den Generaldirektionen entspricht.[1090] So fehlt etwa der Bereich Verbraucherschutz vollständig, und der Bereich Privatrecht und justitielle Zusammenarbeit wird sowohl von der Gruppe „Organe und Institutionen" als auch von der Gruppe „soziale Rechte, Freizügigkeit, drit-

---

[1084] Bericht, Rahmenbedingungen für die Rechtsetzung, KOM (01) 130 endg., S. 9.

[1085] Clariana, Comment, S. 60 ff, 66; Müller-Graff, The Quality of European and National Legislation, S. 111 ff, 127 f; Timmermans, Quality of Community Legislation, S. 39 ff, 49; Xanthaki, CML Rev. 2001, S. 651 ff, 674; kritisch zu legistischen Richtlinien auch: Grams, Gesetzgebung der europäischen Union, S. 344 und Caldwell, Comment, S. 79 ff, 81 f.

[1086] Xanthaki, CML Rev. 2001, S. 651 ff, 668 ff führt eine ganze Reihe von Beispielen für mangelhafte Normen an, die erst nach Verabschiedung der interinstitutionellen Vereinbarung von 1998 formuliert wurden. Die Kommission weist in einer Mitteilung an den Europäischen Rat von Laeken, KOM (01) 726 endg., S. 10, darauf hin, dass sich eine bessere Rechtsetzung nicht durch Vorschriften erzwingen lasse.

[1087] Poullet/Deprez, Struktur und Macht der EG-Kommission, S. 57; ähnlich auch: Berlin, Organisation de la Commission, S. 23 ff, 294.

[1088] Bates, Stat.L.R. 1983, S. 24 ff, 33.

[1089] Aufstellung entnommen aus der Internetseite des Generalsekretariats: www.europa.eu.int/en/comm/sj/ organde.htm, Stand 29.09.1999.

[1090] Poullet/Deprez, Struktur und Macht der EG-Kommission, 57.

ter Pfeiler" wahrgenommen.[1091] Darüber hinaus sind Fragen des Zivilrechts auch bei denjenigen Gruppen, die sich u.a. den Fragen des Binnenmarktes, des Handelsrechts sowie des Wettbewerbs[1092] widmen, zu behandeln.

4. Fazit

Der europäische Prozess der Gesetzesvorbereitung erweist sich als polyzentrisch und fragmentiert. Bereits die Entwurfsarbeiten innerhalb der Kommission sind stark zersplittert, da sie auf 22 Generaldirektionen verteilt sind, die untereinander eher zu Abschottung als zu Abstimmung neigen. Verstärkt wird die Tendenz zur Ausdifferenzierung der Entscheidungsprozesse noch durch die Vielzahl der beteiligten externen Akteure sowie durch die Verlagerung von Entscheidungen auf hochspezialisierte Expertengremien. Gleichzeitig fehlt es an Koordinations- und Kontrolleinheiten, die in der Lage wären, für Einheitlichkeit und Kohärenz in der Rechtsetzung zu sorgen. Dem Generalsekretariat fehlt es hierbei an Sanktionsmitteln, um bei einer Nichtbeachtung der Gesetzgebungsrichtlinien ein Vorhaben zurückweisen oder stoppen zu können. Der Juristische Dienst wird erst viel zu spät beteiligt und ist zudem nicht parallel zu den Generaldirektionen organisiert. Beiden Einrichtungen fehlt es an einer hinreichenden personellen wie finanziellen Ausstattung, um die Aufgabe der Gesetzeskontrolle und – koordination tatsächlich effektiv wahrnehmen zu können.

[1091] Internetseite des Generalsekretariats: www.europa.eu.int/en/comm/sj/organde.htm, Stand 29.09.1999.

[1092] Gruppen für: „Binnenmarkt, Energie, gewerbliche Wirtschaft, Stahl, Zollunion und Umwelt", „Handelsrecht, gewerbliches Eigentum, Verkehr, Tourismus und Kultur" sowie „Wettbewerb und Unternehmenszusammenschlüsse".

III. Rechtsbereinigung und -vereinfachung

Wie gerade gesehen, ist die Vorbereitung der Kommissionsvorschläge so ausgestaltet, dass selten größere Regelungsbereiche erfasst werden, sondern vielmehr inkrementalistisches Vorgehen überwiegt. Gleichzeitig fehlt es an Koordi-
nations- und Kontrollmechanismen, die widersprüchliche Reglungen und Begrifflichkeiten verhindern würden. Vor diesem Hintergrund kommt daher der
Rechtsbereinigung auf europäischer Ebene besondere Bedeutung zu. Die Kommission steht vor der Aufgabe, das auf die oben beschriebene Art und Weise geschaffene Recht zu systematisieren, zu ordnen und zu vereinfachen. Hierfür stehen ihr zum einen die „Arbeitsgruppe Kodifizierung" des Juristischen Dienstes
und zum anderen die sog. SLIM-Arbeitsgruppen zur Verfügung.

1. Rechtsvereinfachung - Die SLIM-Arbeitsgruppen

Die SLIM-Initiative wurde von der Kommission im Mai 1996 auf Anregung der
für den Binnenmarkt zuständigen Minister ins Leben gerufen.[1093] SLIM steht
dabei für: „Simpler Legislation for the Internal Market",[1094] d.h. für Vereinfachung der Rechtsvorschriften im Binnenmarkt. Die SLIM-Initiative dient allerdings nicht allgemein der Deregulierung, sondern soll nur in jeweils konkreten
Bereichen Vorschläge für die Abschaffung überflüssiger Regelungen machen,
ohne dabei den „Acquis Communautaire" anzutasten.[1095] Das Projekt bewegt
sich daher an der Grenze zwischen inhaltlicher Reform und formaler Rechtsbereinigung. Das Pilotprojekt erfasste zunächst in Phase I nur einige ausgewählte
Themenbereiche (Bauprodukte, System zur Erfassung der Statistiken über den
innergemeinschaftlichen Handel, Zierpflanzen, Anerkennung der Diplome),
wurde jedoch mittlerweile auf insgesamt 14 Rechtsbereiche ausgedehnt.[1096] Zu
den in der Phase I erfassten Bereichen kommen nunmehr: Mehrwertsteuer,
kombinierte Nomenklatur im Außenhandel, Bankdienstleistungen, Düngemittel
(Phase II), elektromagnetische Verträglichkeit, Koordinierung der Sozialversi-
cherungssysteme, Versicherungen (Phase III), Gesellschaftsrecht, gefährliche
Substanzen, Verpackungen (Phase IV).[1097]

Die Besonderheit der Rechtsvereinfachungsinitiative liegt in der vereinfachten
Arbeitsstruktur, bei der sog. SLIM-Teams, die aus Vertretern der Kommission
und der von den Rechtsvorschriften direkt betroffenen Kreise sowie Sachverständigen der Mitgliedstaaten bestehen, ermitteln, in welchen Bereichen Verein-
fachungen gemeinschaftsrechtlicher und / oder nationaler Vorschriften in An-

---

[1093] Mitteilung der Kommission an den Rat und das Europäische Parlament, Vereinfachung
der Rechtsvorschriften im Binnenmarkt (SLIM): Ein Pilotprojekt, KOM (96) 204 endg.

[1094] Rechtsetzungsbericht 1996, KOM (96) 7 endg., S. 8.

[1095] Europäische Vertragsrechts-MitteilungRn. 60, Fn. 32.

[1096] Bericht, Rahmenbedingungen für die Rechtsetzung, KOM (01), 130 endg., Anlage IV.

[1097] Rechtsetzungsbericht 1998, KOM (98) 715 endg., S. 9.

griff genommen werden können.[1098] Derzeit sind die Arbeitsgruppen so zusammengesetzt, dass jeweils gleich viele (d.h. 4 – 5) Repräsentanten der Mitgliedstaaten und der Interessengruppen vertreten sind. Den Vorsitz hat ein Kommissionsbeamter. Daneben sind weitere Kommissionsbeamte mit Beobachterstatus anwesend.[1099] Die SLIM-Teams werden jeweils nur für eine begrenzte Zeit und allein mit dem Ziel der Rechtsvereinfachung eingesetzt.[1100] Sie haben allein beratende Funktion, d.h. die Kommission ist an ihre Vorschläge nicht gebunden.

Bis zum Jahr 2001 hat die Kommission auf Anraten der SLIM-Teams in 6 Bereichen Legislativvorschläge unterbreitet, und Rat und Parlament haben Rechtsakte in 4 dieser Bereiche angenommen[1101] - ein eher mageres Ergebnis, wenn man berücksichtigt, dass hierfür mehrere Arbeitsgruppen fünf Jahre lang eingesetzt waren. Die Kommission stellte deshalb fest: *„Die SLIM-Arbeitsgruppen hatten Signalwirkung und waren ein Experimentierfeld für das Erreichen eines Konsenses der Mitgliedstaaten, der betroffenen Branchen und der Kommission; insgesamt sind jedoch geringe Erfolge zu verzeichnen."*[1102] Auch der *Mandelkern-Bericht* hält fest, dass die SLIM-Initiative nur sehr begrenzte Ergebnisse vorweisen könne.[1103] Dies sei insbesondere darauf zurückzuführen, dass es sich hierbei nur um einzelne Initiativen mit jeweils stark eingegrenzter Zielrichtung handele. Rechtsvereinfachung aber könne nicht als sektorenbezogenes Projekt betrieben, sondern müsse als Prozess mit einer strategischen und setorenübergreifenden Perspektive begriffen werden.[1104]

2. Rechtsbereinigung

Neben der Rechtsvereinfachung durch die Abschaffung überflüssiger Regelungen stellt die Zusammenfassung der auf verschiedene Gebiete oder Normen verteilten Regelungen eine wesentliche Aufgabe der Rechtsbereinigung dar. Ihr wird im Rahmen der Konsolidierungs- und Kodifikationsbemühungen der Kommission nachgegangen. Allerdings erfassen diese beiden Begriffe – anders als im nationalen Recht - nur einen sehr engen Bereich.

[1098] Mitteilung der Kommission an den Rat und das Europäische Parlament, Vereinfachung der Rechtsvorschriften im Binnenmarkt (SLIM): Ein Pilotprojekt, KOM (96) 204; Rechtsetzungsbericht 1996, KOM (96) 7 endg., S. 8.

[1099] Bericht, Rahmenbedingungen für die Rechtsetzung, KOM (01), 130 endg., Anlage IV.

[1100] Ebd.

[1101] Ebd.

[1102] Ebd.; ebenso Mitteilung, Vereinfachung und Verbesserung des Reglungsumfelds, KOM (01) 726 endg., S. 10; de Wilde, European Journal of Law Reform 2000, S. 293 ff, 308 spricht von "disappointing results of SLIM up until now".

[1103] Mandelkern-Bericht, S. 67.

[1104] Ebd., S. 68.

a. Kodifikation und Konsolidierung

Als „amtliche Kodifizierung" im Sinne der Vereinbarung gilt gemäß Punkt 1. ein Verfahren mit dem Ziel, die zu kodifizierenden Rechtsakte aufzuheben und durch einen einzigen Rechtsakt zu ersetzen, der keine inhaltliche Änderung der betreffenden Rechtsakte bewirkt. Erfasst ist sowohl die vertikale als auch die horizontale formale Kodifikation von Rechtstexten, d.h. sowohl die Zusammenfassung eines Rechtsaktes mit seinen Änderungen als auch die Zusammenfassung mehrerer Rechtsakte mit ihren Änderungen in einen einheitlichen Text.[1105] Mit Erstellung des neuen Textes werden alle bisher gültigen Fassungen außer Kraft gesetzt.[1106] Dies unterscheidet die Kodifikation von der Konsolidierung. Bei letzterer wird zwar ein integrierter Text redigiert. Dieser dient jedoch nur informativen Zwecken und hat keinen eigenen rechtlichen Status.[1107] Für das Verfahren der Konsolidierung ist auch nicht der Juristische Dienst, sondern das Amt für Veröffentlichungen zusammen mit dem Generalsekretariat verantwortlich.[1108] Gleichzeitig kommt hier aber den Generaldirektionen eine wesentliche Rolle zu. So stammt der wesentliche Teil (684 von 1.495) der von 1995 bis September 2001 vorgenommenen Konsolidierungen aus dem Bereich landwirtschaftlicher Normen, für den die zuständige Generaldirektion 1999 ein spezielles Konsolidierungsprogramm gestartet hatte.[1109] Insgesamt sind – wie sich an der obigen Zahl von ca. 1.500 Neufassungen zeigt - auf dem Gebiet der Konsolidierungen relativ große Fortschritte zu verzeichnen.[1110]

b. Interinstitutionelle Vereinbarung zur Beschleunigung des Kodifikationsverfahrens

Bereits 1987 fasste die Kommission den Beschluss, dass Dienststellen jeweils nach der zehnten Änderung eines Rechtsaktes einen Kodifikationsvorschlag vorlegen sollten.[1111] Dem Juristischen Dienst kam die Aufgabe zu, die Einhaltung dieser Vorgabe durch die Generaldirektionen zu überwachen.[1112] Die Ergebnisse des Beschlusses von 1987 entsprachen jedoch nicht den Erwartungen. Dies lag zum einen an der mangelnden personellen Ausstattung des Juristischen Dienstes, der für die Kontrolle des Kodifikationsbeschlusses nur ein einziger Beamter und

---

[1105] Crossland, Rfap 1997, S. 257 ff, 259, Fn. 3.

[1106] Ebd., S. 259.

[1107] Ebd.; Timmermans, Quality of Community Legislation, S. 39 ff, 57.

[1108] Crossland, a.a.O.

[1109] Quelle: juristische Datenbank der Gemeinschaft Eur-Lex, www.europa.eu.int/eur-lex/de/consleg/index.html, Stand 19.09.2001.

[1110] Rechtsetzungsbericht 1998, KOM (98) 715 endg., S. 11.

[1111] Crossland, Rfap 1997, S. 257 ff, 258 = Leiter der Kodifikationsgruppe des Juristischen Dienstes; Grabitz/Hilf-Hummer, EGV, Art. 155 Rn. 133; Timmermans, Quality of Community Legislation, S. 39 ff, 57.

[1112] Crossland, Rfap 1997, S. 257 ff, 258.

dessen Assistent zur Verfügung stand,[1113] so dass die anfallende Kodifikations-arbeit schlicht nicht bewältigt werden konnte.[1114] Zum anderen ergaben sich Probleme bei der Realisierung der angestrebten Kodifikationen dadurch, dass vor allem der Rat,[1115] teilweise aber auch das Parlament immer wieder versuch-ten, die Diskussion über die einzelnen in der Kodifikation zusammengefassten Rechtsakte neu zu eröffnen.[1116] Vor diesem Hintergrund und als Reaktion auf die von allen Seiten geäußerten Konsolidierungs- und Kodifikationsforderungen verabschiedeten Rat, Parlament und Kommission am 20.02.1994 eine interinsti-tutionelle Vereinbarung über ein beschleunigtes Verfahren zur offiziellen Kodi-fikation von Rechtstexten.[1117] Das in der Vereinbarung festgelegte Verfahren sollte dazu dienen, Rat und Parlament die Möglichkeit abzuschneiden, auch bei rein formalen Rechtsbereinigungsmaßnahmen ohne substantielle Änderungen neu in die inhaltliche Debatte einzutreten.[1118]

Die vorrangigen Felder der Kodifikation werden gemeinsam von Rat, Parlament und Kommission auf Vorschlag der Letzteren (d.h. hier in aller Regel wohl aus den Generaldirektionen) festgelegt. Die Kommission verpflichtet sich in Punkt 3 der Vereinbarung ausdrücklich, in ihre Vorschläge keine inhaltlichen Änderun-gen an den zu kodifizierenden Rechtsakten aufzunehmen.

Sobald ein Kommissionsvorschlag zur Kodifikation in Aussicht gestellt ist, muss eine beratende Arbeitsgruppe, bestehend aus Vertretern der Juristischen Dienste der drei Institutionen, überprüfen, ob die Vorschläge tatsächlich nur auf formale Kodifizierung und nicht auf inhaltliche Änderung ausgerichtet sind (Punkt 4 der Vereinbarung). Die Aufgabe des Juristischen Dienstes liegt daher eher auf verfahrensrechtlichem Gebiet. Der Arbeitsgruppe Kodifikation kommt nicht etwa die Aufgabe zu, Kodifikationsvorschläge auszuarbeiten oder Kodi-fikationsarbeiten der Generaldirektionen bzw. wissenschaftlicher Gremien zu för-dern. Sie hat nur zu entscheiden, ob das Verfahren der interinstitutionellen Ver-

---

[1113] Ebd., S. 257.

[1114] Ebd., S. 258.

[1115] Mitteilung der Kommission „Folgemaßnahmen zum Sutherland Bericht" vom 16.12.1993, KOM (93) 361 endg., Punkt 9.

[1116] Crossland, Rfap 1997, S. 257 ff, 257; Mitteilung der Kommission "Folgemaßnahmen zum Sutherland Bericht – Legislative Konsolidierung zur Verstärkung der Transparenz des Gemeinschaftsrechts im Binnenmarkt-bereich" vom 16.12.1993, KOM (93) 361 endg., Punkt 5.; Timmermans, Quality of Community Legislation, S. 39 ff, 57.

[1117] Interinstitutionelle Vereinbarung vom 20.12.1994 über ein beschleunigtes Arbeitsverfah-ren für die amtliche Kodifizierung von Rechtstexten, Abl. 1995 Nr. C 293, S. 2, Neufas-sung: Abl. 1996 Nr. C 102, S. 2.

[1118] Piris, Quality of Community Legislation, S. 25 ff, 33.

einbarung Anwendung finden kann oder nicht.[1119] Der Text des Kodifkationsvorschlags selbst wird in der jeweils zuständigen Generaldirektin erarbeitet.

Die Verabschiedung des neuen kodifizierten Textes gemäß Punkt 7 der Vereinbarung unterscheidet sich insofern vom normalen Gesetzgebungsverfahren, als zum einen die Prüfung und Beratung des Textes in Rat und Parlament jeweils nur in einem Ausschuss erfolgen, d.h. im Parlament in dem für Rechtsfragen zuständigen Ausschuss (vgl. Art. 82 GO-EP, Anhang VI zur GO-EP, Punkt VII.) und im Rat in der Arbeitsgruppe Kodifikation. Zum anderen unterliegt das Vorhaben einer vereinfachten Beschlussfassung in Rat und Parlament. Im Rat wird das A-Punkt-Verfahren im AStV und im Rat angewandt und im Rechtsausschuss des Parlaments das vereinfachte Verfahren gemäß Art. 143 GO-EP, wonach der Vorschlag sofort und ohne vorherigen Bericht des Ausschusses gebilligt wird.

c. Grenzen des Kodifikationsverfahrens

Das vereinfachte Kodifkationsverfahren wird seit 1995 angewendet.[1120] Bis November 1998 wurden auf diese Weise 15 Kodifizierungen verabschiedet.[1121] Rund 40 weitere Vorschläge für Kodifizierungsarbeiten wurden bis zu diesem Zeitpunkt Rat und Parlament unterbreitet und weitere 17 Vorschläge befanden sich im Stadium der Ausarbeitung in der Kommission, um dann in den Jahren 1998 bis 2000 den anderen Institutionen vorgelegt werden zu können.[1122] Im Arbeitsprogramm der Kommission für das Jahr 2000 dagegen plante die Kommission nur ein einziges Kodifikationsvorhaben, nämlich eine Bereinigung der Richtlinie des Rates 77/187 vom 14.02.1977 über den Schutz von Arbeitnehmerrechten.[1123]

Gregorio Garzòn Clariana, Rechtsberater des Europäischen Parlaments, kritisiert, dass die Kommission bei der Rechtsbereinigung allzu vorsichtig und auch nicht besonders systematisch vorgehe.[1124] Er schlägt daher eine bessere Koordinierung zwischen Parlament und Kommission im Rahmen des jährlichen Arbeitsprogramms vor.[1125] Die Kommission wiederum bemängelt in ihrem Bericht „Eine bessere Rechtsetzung" von 1998, dass Rat und Parlament ihre Kodifizierungsvorschläge nur schleppend annähmen.[1126] So seien von den in der Zeit von

---

[1119] Darstellung auf der Internet-Seite der Kommission: www.europa.eu.int/en/comm/sj/codifde.htm, Stand: 29.09.1999.

[1120] Piris, Quality of Community Legislation, S. 25 ff, 35.

[1121] Rechtsetzungsbericht 1998, KOM (98) 715 endg., S. 11, erste Graphik.

[1122] Rechtsetzungsbericht 1998, a.a.O.

[1123] Anhang zum Arbeitsprogramm der Kommission für das Jahr 2000, KOM (00) 155 endg.

[1124] Clariana, Comment, S. 60 ff, 61, 63.

[1125] Clariana, Comment, S. 60 ff, 63.

[1126] Rechtsetzungsbericht 1998, KOM (98) 715 endg., S. 10.

Dezember 1992 bis November 1998 Parlament und Rat unterbreiteten Vorschlägen nur ca. 38 % angenommen worden.[1127] Es ist hier davon auszugehen, dass die kontinuierliche Verfolgung von Rechtsbereinigungszielen bei allen drei europäischen Institutionen eine Schwachstelle darstellt. Die Belastungen des Alltagsgeschäfts ebenso wie das allgemeine Fehlen zentraler steuernder und beratender Einheiten führt dazu, dass ihnen an dem für Kodifikationsvorhaben erforderliche lange Atem ebenso wie an dem gebotenen systematischen Ansatz mangelt.

Hinzu kommt das Problem der Beschränkung auf eine rein formale Kodifikation. Dies hat zur Folge, dass der Anwendungsbereich des Verfahrens relativ eng ist. Es ist weder dazu geeignet, Neu-Kodifikationen den Weg zu bereiten noch dazu, Unstimmigkeiten, die infolge der vielfachen Änderung eines Rechtsaktes aufgetreten sind, zu beseitigen oder ein bislang zersplittertes Feld zusammenzufassen, zu bereinigen und zu systematisieren.[1128] Gerade Letzteres wäre aber in vielen Fällen sinnvoll. Ebenfalls nicht erfasst ist die sog. „refonte"[1129], d.h. eine Neufassung, in der alle erforderlichen Änderungen an einem Basisrechtsakt und die übrigen Bestimmungen in einer Norm zusammengefasst und der alte Basisrechtsakt aufgehoben wird[1130], also eine Kombination von Konsolidierung und Gesetzesänderung. Vorhaben, bei denen mehrere Normen der selben Rechtsfamilie zusammengefasst und aufeinander abgestimmt werden oder eine Norm selbst grundlegend neu strukturiert werden soll, können daher nicht im vereinfachten Kodifikationsverfahren verabschiedet werden.[1131] In der Praxis entsteht zudem häufig das Problem, dass während des Prozesses der Kodifizierung bereits neue Änderungen erforderlich werden.[1132] Dann aber muss eine „refonte" stattfinden, die nicht im beschleunigten, sondern nur im normalen Verfahren erfolgen kann.

[1127] Vgl. Tabelle im Rechtsetzungsbericht 1998, KOM (98) 715 endg., S. 11.

[1128] Clariana, Comment, S. 60 ff, 63.

[1129] Zu dem Begriff: Timmermans, Quality of Community Legislation, S. 39 ff, 57; der Autor verweist noch auf eine weitere Variante der Einarbeitung von Änderungen in bestehende Rechtsvorschriften - die „mise à jour", bei der ein Text, in den alle Änderungen eingearbeitet sind, als Annex an den Änderungsrechtsakt angehängt wird, aber die vorausgehenden Änderungs-Rechtsakte nicht aufgehoben werden. Diese Methode wurde im Bereich des europäischen Sozialrechts verwendet und diente dazu, die alte Numerierung der Regelungen aufrecht zu erhalten (ebenso Crossland, Rfap 1997, S. 257 ff, 260).

[1130] Rechtsetzungsbericht 1998, KOM (98) 715 endg., S. 10; Crossland, Rfap 1997, S. 257 ff, 260.

[1131] Crossland, Rfap 1997, S. 257 ff, 260.

[1132] Timmermans, Quality of Community Legislation, S. 39 ff, 58; Mitteilung der Kommission „Folgemaßnahmen zum Sutherland Bericht" vom 16.12.1993, Punkt 5., 9.; Rechtsetzungsbericht 1998, KOM (98) 715 endg., S. 10.

3. Fazit

Die bislang auf europäischer Ebene vorhandenen Rechtsbereinigungsmechanismen zeichnen sich vor allem durch ihren engen Anwendungsbereich und Wirkungskreis aus.[1133] Kodifikationsarbeiten im „klassischen Sinne", d.h. mit dem Ziel der Erfassung und Systematisierung bestimmter Rechtsbereiche, gibt es überhaupt nicht.[1134] Der Anwendungsbereich des vereinfachten Kodifikationsverfahrens ist so eng, dass es nur selten zum Tragen kommen kann. Gleichzeitig fehlt es an Institutionen, die sich in einer dauerhaften und planmäßigen Art und Weise der Reform, Kodifikation und Konsolidierung des europäischen Rechts widmen. Die Gruppe Kodifizierung des Juristischen Dienstes hat lediglich die Aufgabe, Kodifikationsvorhaben, die von anderer Seite initiiert und konzipiert werden, zu koordinieren und auf ihre Übereinstimmung mit der interinstitutionellen Vereinbarung hin zu überprüfen. Von ihr sind daher keine wesentlichen Anstöße zur Rechtsbereinigung zu erwarten. Ähnliches gilt für die SLIM-Arbeitsgruppen. Ihre Arbeit kann sowohl von der Themenwahl, als auch von der zeitlichen Dauer ihrer Beauftragung und der Aufgabenstellung her keine kontinuierliche Überarbeitung des europäischen Rechts gewährleisten.

[1133] Mandelkern-Bericht, S. 71.

[1134] Crossland, Rfap 1997, S. 257 ff, 262; auch der sog. Zollkodex (VO EWG 2913/92 des Rates vom 12.10.1992 zur Festlegung des Zollkodex der Gemeinschaften, Abl. 1992, L 302/1-50) stellt lediglich eine Kompilation der auf diesem Gebiet bestehenden Regeln dar.

4. Teil: Verbesserungsvorschläge

Der Schlussteils soll den Zusammenhängen zwischen institutioneller Ausgestaltung europäischer Rechtsetzung und den im Einleitungsteil geschilderten Qualitätsmängeln des Gemeinschaftsrechts sowie der Diskussion um mögliche Reformen der Gesetzesvorbereitung in der Kommission gewidmet sein. Grundlage sowohl der Bewertung der bestehenden Reformvorschläge als auch der Entwicklung eines eigenen Ansatzes werden dabei die Erkenntnisse über die Rechtsetzungs- und Rechtsbereinigungserfahrungen aus den Mitgliedstaaten sein. Ganz am Ende sollen schließlich noch einige Gedanken über die Realisierbarkeit der angedachten Kommissionsreform stehen.

I. Institutionelle Ausgestaltung europäischer Rechtsetzung und Qualität der Normen

Bevor die Frage institutioneller Reformen näher beleuchtet wird, ist zunächst zu klären, ob und inwieweit ein Zusammenhang zwischen der Ausgestaltung europäischer Gesetzesvorbereitung und den beobachteten Norm-Mängeln besteht. Denn nur wenn sich hier tatsächlich eine Verbindung nachweisen lässt, kann es sinnvoll sein, die Gesetzgebungsmängel – wie von mehreren Seiten vorgeschlagen – durch institutionelle Reformen innerhalb der Kommission zu beseitigen.

1. Bedeutung der Initiativphase für die Kommissionsentwürfe

Die institutionellen Rahmenbedingungen der Initiativphase wirken sich in mehrfacher Weise auf die Qualität europäischer Normen aus. Die Besonderheiten der europäischen Kompetenzordnung ebenso wie die Aufgabenverteilung in der Kommission und die Vielzahl der beteiligten Akteure tragen zu einer Fragmentierung der Entscheidungsprozesse bei, die auch am „Endprodukt" Gesetz sichtbar wird.

a. Wahl der Rechtsgrundlage und Normqualität

Als einen der Gründe für die künstliche Aufspaltung von Sachverhalten, die ansonsten einheitlich hätten verabschiedet werden können, nennt *Christiaan W.A. Timmermans* die Kompetenzverteilung zwischen der Europäischen Gemeinschaft und den Mitgliedstaaten sowie die Koppelung von Kompetenzgrundlage und Entscheidungsverfahren.[1135] Es ist zwar sicher grundsätzlich richtig, dass das Prinzip der begrenzten Einzelermächtigung sowie die taktischen Überlegungen bei der Wahl der Rechtsgrundlage im Hinblick auf die im Rat erforderlichen Mehrheiten teilweise zur Rechtszersplitterung beitragen können. Jedenfalls im Bereich des Gemeinschaftsprivatrechts scheint sich dieses Problem jedoch weniger zu stellen, da hier die Auswahl an möglicherweise einschlägigen Kompetenznormen stark eingeschränkt ist. Weder im Titel Verbraucherschutz noch im Titel Industrie bestehen eigene Gesetzgebungszuständigkeiten. Die einschlägi-

---

[1135] Timmermans, Quality of Community Legislation, S. 39 ff, 42.

gen Normen des Art. 153 EGV sowie des Art. 157 EGV verweisen vielmehr entweder direkt auf Art. 95 EGV oder allgemein auf andere Kompetenzgrundlagen, mithin für zivilrechtliche Regelungen in aller Regel wiederum auf Art. 95 EGV (vgl. Art. 153 Abs. 3a, Art. 157 Abs. 3 EGV). Der Kommission bleibt somit - abgesehen von den Fällen des Art. 44 Abs. 2g EGV[1136] für die Schutzbestimmungen im Bereich des Gesellschaftsrechts - in aller Regel nur die Wahl zwischen Art. 95 EGV und Art. 65 i.V.m. Art. 67 EGV. Der Anwendungsbereich des Art. 65 EGV ist jedoch – wie oben gesehen – auf das Kollisions- und Verfahrensrecht beschränkt. Es ist daher davon auszugehen, dass die Kommission auch in Zukunft soweit als möglich alle materiellrechtlichen europäischen Privatrechtsakte auf Art. 95 EGV stützen wird. Damit aber steht ihr eine relativ weit gefasste Kompetenzgrundlage zur Verfügung, deren einzige Begrenzung der erforderliche Binnenmarktbezug ist. Eine Ursache für die Rechtszersplitterung auf europäischer Ebene ist hier mithin nicht zu sehen. Wenn überhaupt, findet eine Aufspaltung möglicherweise zusammengehöriger Sachverhalte zwischen gemeinschaftsrechtlicher und nationaler Ebene statt, da bei bestimmten Teilbereichen kein Bedarf an Rechtsvereinheitlichung gesehen wird. Eine solche Verteilung von eher national und eher supranational zu erfassenden Sachgebieten aber entspricht dem Subsidiaritätsprinzip und ist daher nicht nur hinzunehmen, sondern sogar erwünscht. Auch taktische Erwägungen werden bei der Wahl der Rechtsgrundlage jedenfalls ab dem Jahr 2004 wohl kaum noch eine Rolle mehr spielen, da ab dann gemäß Art. 67 EGV auch im Bereich der Justizpolitik die für den Einfluss der Kommission günstigen Mehrheitsentscheidungen im Rat zulässig sein werden. Insgesamt ist davon auszugehen, dass sich das Problem einer Auswahl der Kompetenzgrundlagen in Abhängigkeit vom anzuwendenden Verfahren nach dem Vertrag von Amsterdam, der eine starke Vereinfachung und Vereinheitlichung des Entscheidungsverfahrens mit sich brachte, verringert hat.[1137]

b. Durchsetzbarkeit der Vorschläge im Rat und Normqualität

Wie oben ausgeführt, ist die Kommission in weitaus stärkerem Maße als die nationalen Gubernativen bei der Durchsetzung ihrer Vorschläge vom Wohlwollen des Rates abhängig. Dies führt dazu, dass in noch stärkerem Maße als in den nationalen Regierungsbürokratien[1138] bereits von Beginn an Einwände der im Rat vertretenen Mitgliedstaaten vorweggenommen werden. Es entsteht die geschilderte Politik der kleinen Schritte, die zwar taktisch sinnvoll sein mag, der Recht-

---

[1136] Vgl. hierzu: Basedow, AcP 2000, S. 445 ff, 474; Taschner, Privatrechtsvereinheitlichung durch die Europäische Gemeinschaft, S. 226.

[1137] Diese Hoffnung äußerte bereits im Vorfeld: Timmermans, Quality of Community Legislation, S. 39 ff, 42.

[1138] Aber auch hier spielen die Erfolgsaussichten in Kabinett und Parlament natürlich eine große Rolle, vgl. allgemein Mayntz, Soziologie der öffentlichen Verwaltung, S. 190.

setzungsqualität jedoch eher abträglich ist.[1139] Dabei kann es zu einer Aufspaltung einheitlicher Sachgebiete in lauter einzelne Regeln, die dann vom Rechtsanwender erst wieder mühsam „zusammengebastelt" werden müssen, kommen. Zudem ist nicht auszuschließen, dass beim nächsten Schritt zur umfassenden Regelung des anvisierten Bereichs völlig neuen Interessenkonstellationen bestehen und daher auch andere nationale Rechtvorstellungen Einzug halten. Die Regelungen werden somit nicht nur kleinteilig, sondern möglicherweise auch noch widersprüchlich oder aber jedenfalls unstimmig. Die sog. „Russische-Puppen-Taktik" belastet die Einheit der europäischen Rechtsordnung daher in beträchtlichem Maße. Verstärkt wird die Tendenz zur Aufspaltung einheitlicher Sachverhalte dadurch, dass in dem aus den verschiedenen Ministerräten zusammengesetzten Rat eine sektorale Sichtweise vorherrscht.[1140] Anders als in den nationalen Regierungen, in denen auf der Ebene der Ministerrunden jedenfalls der Versuch unternommen wird, eine ausgewogene und kohärente Sichtweise zu entwickeln, fehlt es im Rat an einem solchen, die Ressortgrenzen überschreitenden Organ.

c. Aufgabenverteilung in der Kommission und Normqualität
Der Umstand, dass innerhalb der Kommissionsbürokratie ein hohes Maß an organisatorischer wie inhaltlicher Ausdifferenzierung vorherrscht und es gleichzeitig an einer schlagkräftigen politischen Führung fehlt, die die divergierenden Interessen der Ressorts zusammenführen könnte, hindert ressort- oder partikularinteressen-übergreifende Rechtsetzungsansätze.[1141] Hierin liegt eine der Ursachen dafür, dass eine Vielzahl europäischer Regelungen (wie zum Beispiel die AGB-Richtlinie oder die Verbrauchsgüterkauf-Richtlinie) nur für eine bestimmte Rechtsanwendergruppe, z.B. die Verbraucher, entwickelt wurden. Die Frage, ob und inwieweit derartige Beschränkungen der Regelungen sinnvoll sind, wurde nicht gestellt.[1142]

Es ist auch aus den Mitgliedstaaten bekannt, dass die Regierungsbürokratie bei einer starken Ausdifferenzierung der Ressorts vor ressortübergreifenden Lösungen zurückschreckt und damit nicht alle ihr grundsätzlich zustehenden Rechtsetzungsmöglichkeiten ausschöpft.[1143] Nach Untersuchungen von *Renate Mayntz* aus den 70er Jahren wird die Themenauswahl in den Referaten wesentlich von

---

[1139] De Wilde, Journal of European Law Reform 2000, S. 293 ff, 301; Staudenmayer, EuZW 2001, S. 485 ff, 487; Timmermans, Quality of Community Legislation, S. 39 ff, 41; ders. Probleme der EG-Rechtsetzung, S. 21 ff, 25.

[1140] Mandelkern-Bericht, S. 70 f.

[1141] Ebd., S. 71.

[1142] Vgl. zu diesem Problem auch Basedow, Europäisches Vertragsrecht für europäische Märkte, S. 16; Kieninger/Leible, EuZW 1999, S. 37 ff, 39 unter Hinweis auf das AGBG.

[1143] Helmrich, Politische Grundsatzdiskussion, S. 149 ff, 173.

ihrer Arbeitskapazität und den Erfolgsaussichten bestimmt.[1144] Dies hat zur Folge, dass solche Themen, die entweder die vorhandenen Kapazitäten überlasten oder die als wenig erfolgsversprechend angesehen werden, jedenfalls von der unteren Ebene der Verwaltung nicht weiter verfolgt werden. Eine Überforderung der Arbeitskapazität der zumeist kleinen Referate liegt immer dann vor, wenn das Vorhaben entweder eine große Menge an Informationssammlung und - verarbeitung voraussetzt oder einen großen Abstimmungsbedarf zur Folge hat, weil mehrere Referate oder Ressorts betroffen sind.[1145] Die Erfolgschance eines Vorhabens ist unter anderem auch dann gering, wenn es die eigene Abteilung oder das eigene Ressort in Konflikte mit anderen Ressorts bringt oder wenn es von vornherein den Anschein des Utopischen hat.[1146] Die von der Referatsebene stammenden Initiativen sind daher vielfach von zeitlich und sachlich eher geringer Reichweite.[1147]

Weitreichendere oder langfristiger angelegte Projekte haben auch in den Mitgliedstaaten nur dann eine Chance, wenn sie Unterstützung „von oben", d.h. von der politischen Führungsschicht in den Ministerien oder dem Kabinett erhalten.[1148] Dies ist jedoch relativ selten der Fall, da die Ressortspitze nur über eine geringe fachlich orientierte Arbeitskapazität verfügt und zudem seine Aufmerksamkeiten eher politisch als genuin fachlich ausrichtet.[1149] Eine Initiativtätigkeit der politischen Führungsriege ist nur dann zu erwarten, wenn ein Thema politische Brisanz erreicht. Rechtspolitische Themen stehen dabei in aller Regel nicht an erster Stelle der politischen Prioritätenliste. Auf europäischer Ebene spricht einiges dafür, dass sektorübergreifende Vorhaben nur durch eine Gemeinschaftsinitiative aller Mitgliedstaaten initiiert werden können. So kam auch der wichtigste Anstoß für die Aktivitäten der Kommission im Bereich eines europäischen Vertragsrechts vom Europäischen Rat von Tampere,[1150] der im Oktober 1999 in seinen Schlussfolgerungen die Notwendigkeit einer Annäherung des Zivilrechts betont hatte[1151]. Dasselbe gilt für die Verabschiedung des Statuts für eine Europäische Aktiengesellschaft nach fast dreißigjähriger Debatte im Oktober 2001. Auch hier war es so lange nicht möglich, eine Einigung über den wesentlichen Streitpunkt, nämlich die Frage der Mitbestimmungsrechte, zu erzielen, wie keine Entscheidung auf höchster politischer Ebene, d.h. auf dem Europäischen Rat in Nizza, getroffen wurde.[1152]

[1144] Mayntz, Soziologie der öffentlichen Verwaltung, S. 190.

[1145] Ebd.

[1146] Ebd.

[1147] Andrews, Organisation und Verfahren der Entwurfsausarbeitung, S. 50 ff, 52.

[1148] Ebd.; Mayntz, Soziologie der öffentlichen Verwaltung, S. 191 f.

[1149] Benzner, Ministerialbürokratie und Interessengruppen, S. 116; Mayntz, a.a.O.

[1150] Staudenmayer, EuZW 2001, S. 485 ff, 485, 486.

[1151] Europäischer Rat von Tampere, 15./16.10.1999, Schlussfolgerungen des Vorsitzes, SI (1999) 800 Rn. 39

päischen Rat in Nizza, getroffen wurde.[1152] In der Literatur wird darauf hingewiesen, dass alle wesentlichen Integrationsfortschritte in den letzten Jahren vom
Europäischen Rat angestoßen wurden.[1153] Ihm kommt eben jene politische Autorität zu, die der Kommission – jedenfalls bislang – noch fehlt.[1154]

d. Einbindung externer Akteure und Normqualität

Die geschilderte Einbindung externer Akteure in den Agenda-Setting-Prozess
weist eine Reihe von Merkmalen auf, die zu der vielfach beklagten Fragmentierung europäischen Rechts beitragen.[1155] So führt der Umstand, dass es keinen
„strukturellen First-Mover" gibt, sondern die europäische Tagesordnung immer
wieder von anderen Initiatoren bestimmt wird, dazu, dass kein dominierender
europäischer Lösungsansatz existiert. Europäische Rechtsetzung stellt sich vielmehr als „bunter Flickenteppich regulativer Ansätze und Traditionen"[1156] dar,
die von den Nationalstaaten in den europäischen Entscheidungsprozess eingebracht werden. Verstärkt wird diese Tendenz noch dadurch, dass die Gemeinschaft bislang nur über eine kurze legislative Tradition verfügt,[1157] so dass es
daher vielfach noch an eigenständigen europäischen Konzepten fehlt.

Einer Realisierung umfassenderer Rechtsetzungsprojekte steht zudem entgegen,
dass die Chancen von Mitgliedstaaten und Verbänden, ihre Ideen weitgehend
„ungeschoren" durch die Vorbereitungsphase zu bringen, dann steigen, wenn es
sich um relativ eng definierte Fragen handelt, bei denen eine Politisierung im
Vorfeld vermieden werden kann.

Des weiteren trägt der Versuch von Interessengruppen, ihre Vorschläge jeweils
in einer bestimmten, ihnen gewogenen Generaldirektion einzubringen, zur Zersplitterung an sich einheitlicher Rechtsbereiche bei. Um bei diesem Unterfangen
erfolgreich zu sein, muss der Vorschlag nämlich stets so formuliert sein, dass er
genau in den jeweiligen speziellen Aufgabenbereich passt.[1158] Dies kann aber
dazu führen, dass ein Vorschlag auf bestimmte Personengruppen (etwa Verbrau-

---

[1152] Generaldirektion Binnenmarkt, Erklärung vom 19.12.2000, Die Europäische Aktiengesellschaft (SE) – Häufig gestellte Fragen, Punkt 11.: Wieso hat es bis zur Annahme des
Vorschlags 30 Jahre gedauert ?.

[1153] Nugent, Government and Politics of the European Union, S. 335; Staudenmayer, EuZW
2001, S. 485 ff, 486.

[1154] Staudenmayer, EuZW 2001, S. 485 ff, 485, S. 486.

[1155] Andeutungsweise findet sich eine solche Analyse bei: Gündisch/Mathijsen, Rechtsetzung
und Interessenvertretung, S. 205 – 206.

[1156] Héritier, Koordination von Interessenvielfalt, S. 261 ff, 273; ebenso: Conseil d'État, Considérations générales, S. 15 ff, 43; Piris, Quality of Community Legislation, S. 25 ff, 30;
Timmermans, Quality of Community Legislation, S. 39 ff, 41.

[1157] De Wilde, Journal of European Law Reform 2000, S. 293 ff, 301; Timmermans, a.a.O.,
S. 41.

[1158] Peters, Journal of European Public Policy 1994, S. 9 ff, 14.

cher) oder Probleme (etwa Umweltschutz) fokussiert wird, obwohl ein sektoren-übergreifender Ansatz sinnvoller gewesen wäre.

2. Bedeutung der Entwurfsphase für die Kommissionsentwürfe

Es lassen sich drei wesentliche Merkmale der Entwurfsphase festhalten: Die fehlende Einbindung juristischen Sachverstands bei der Ausarbeitung des ersten Entwurfs, die verhältnismäßig große Offenheit gegenüber Verbänden und Interessengruppen sowie der große Anteil der externen Beratungsgremien an der Gestaltung der Normen.

a. Bedeutung fehlender juristischer Expertise

Es ist davon auszugehen, dass die fehlende juristische Expertise ein nicht unwesentlicher Grund für die Entstehung widersprüchlicher und doppelter Regelungen ist, da es in den Generaldirektionen niemanden gibt, der eine über das eigene Sachgebiet hinausgehende Kenntnis der europäischen Rechtsordnung hätte.[1159] So wurde in der Literatur etwa im Hinblick auf das unklare Verhältnis der kollisionsrechtlichen Regeln der Art. 12 Abs. 2 Fernabsatzrichtlinie und des Art. 6 Abs. 2 der AGB-Richtlinie zu Art. 5 EVÜ der Verdacht geäußert, dass die Verfasser der Richtlinien Art 5 EVÜ einfach nicht gekannt und somit eine bereits erreichte europäische Rechtseinheit durch Neuregelungen wieder zerstört hätten.[1160]

Auch die mangelhafte Einpassung vieler Regelungen in die nationalen Rechtssysteme kann unter anderem mit dem Fehlen rechtlicher Sachkunde in der Entwurfsphase erklärt werden. Insbesondere bleibt bereits vorhandenes rechtsvergleichendes Wissen vielfach unberücksichtigt. Dies gilt nicht nur für entsprechende Studien aus dem Bereich der Wissenschaft, sondern sogar für Vorarbeiten aus den Reihen der Kommission selbst.[1161]

Ob die Einbeziehung von Juristen in die Entwurfserstellung die sprachliche Klarheit der Entwürfe allgemein verbessern würde, lässt sich nicht genau sagen, da hier ein nicht unwesentlicher Teil der Probleme auf der Übersetzung der Texte beruht. Sinnvoll wäre es zwar, wenn bereits zu Beginn der Formulierungsarbeiten eine gewisse Sensibilisierung für mögliche Übersetzungsprobleme bestünde. Um diese Aufgabe zu bewältigen, bräuchte man aber idealerweise Juristen mit einer zusätzlichen Sprachausbildung.

[1159] Mandelkern-Bericht, S. 71.

[1160] Kieninger/Leible, EuZW 1999, S. 37 ff, 38; Sonnenberger, JZ 1998, S. 982 ff, 983.

[1161] Kieninger/Leible, a.a.O., S. 38, Fn. 21 zur Frage des Eigentumsvorbehalts.

b. Bedeutung des Verbandseinflusses

Es ist davon auszugehen,[1162] dass die starke Einbindung der Verbände dazu führt, dass bereits im Vorfeld Kompromisse ausgehandelt werden, die Gesetzessystematik und Regelungstechnik eher abträglich sind, da Fragen der Rechtstechnik in den vorbereitenden Verhandlungen keine Rolle spielen.[1163] Gleichzeitig aber unterliegen die oftmals in zähen Auseinandersetzungen errungenen Lösungsvorschläge im weiteren Entscheidungsverlauf einer Art Unveränderlichkeitsvermutung.[1164] Die frühzeitige Festlegung auf Inhalte und Formulierungen von Kommissionsvorschlägen in der Verbandsabstimmung verringert die Bereitschaft der Kommissionsbeamten, Änderungen zur Verbesserung rechtstechnischer Aspekte einer Norm vorzunehmen.[1165] Diese faktische Einschränkung der Gestaltungsmöglichkeiten[1166] aller in späteren Stadien an der Gesetzgebung beteiligten Institutionen und Organe ist um so größer, je mehr Einfluss die Verbände genommen haben. Am wenigsten Spielraum verbleibt mithin, wenn die Verbände oder Interessengruppen bereits einen ausformulierten Vorschlag präsentiert haben.

Trotz der Ausrichtung der vorliegenden Arbeit auf die formelle Qualität von Gesetzen darf natürlich nicht verkannt werden, dass Gesetzgebung im pluralistischen Staat und erst recht im polyzentrischen[1167] europäischen System per definitionem Kompromissfindung ist.[1168] Die Einbeziehung möglichst vieler Interessen kann daher unter materiellen Gesichtspunkten durchaus zu einem guten, da ausgewogenen Gesetz führen. Dies ändert jedoch nichts daran, dass jedenfalls ihre massive Einflussnahme auf die konkrete Ausgestaltung und Abfassung von Gesetzesvorschlägen rechtstechnisch äußerst bedenklich ist. Es gilt daher nach Lösungen zu suchen, die eine Beteiligung externer Interessen an der Gesetzgebung nicht verteufeln, sondern als Gegebenheit offener Gesellschaften hinnehmen und gleichzeitig nach institutionellen Lösungen Ausschau halten, mit denen den formellen Aspekten der Gesetzgebung ein eigenständiges Gewicht verliehen werden kann.

[1162] Die folgenden Zitate wurden der deutschen Literatur entnommen. Die bislang vor allem für die deutsche Gesetzesvorbereitung dargestellten Mechanismen lassen jedoch sich ohne weiteres auf die Ausarbeitung der Vorschläge innerhalb der Kommission übertragen.

[1163] Helmrich, Politische Grundsatzdiskussion, S. 149 ff, 172 f.

[1164] Hugger, Gesetze, S. 60.

[1165] Fournier, Le travail gouvernemental, S. 242; Blanke in Aussprache zu Andrews, S. 67 ff, 73; Smeddinck/Tils, Die informalen Rechtsmacher, S. 53 ff, 60.

[1166] Hugger, Gesetze, S. 61, S. 68, Wolf, Aussprache zu Andrews, S. 67 ff, 72.

[1167] Ziller, Administrations comparées, S. 483.

[1168] Schulze-Fielitz, Der politische Kompromiß, S. 290 ff.

c. Bedeutung der Einbeziehung von Gremien

Es ist davon auszugehen, dass die Praxis, große Anteile der Formulierungs- und Entwurfstätigkeit den beratenden Ausschüssen zu überlassen, zur Fragmentierung europäischer Entscheidungen und Regelungen beiträgt.[1169] Entscheidungsfindung spielt sich vor allem in stark ausdifferenzierten Gremien in Zusammenarbeit zwischen einigen wenigen Kommissionsbeamten, den Vertretern nationaler Regierungen und den Interessenvertretern ab. Eine derartige Spezialisierung aber macht Kommunikation im Nachhinein schwierig, wenn nicht gar unmöglich. So nützlich und notwendig die Gremienarbeit daher einerseits für die Kommission zur Informationsbeschaffung und zur Legitimation ihrer Entscheidungen sein mag, so verstärkt sie andererseits die ohnehin vorhandene ressortorientierte Zerstückelung an sich einheitlich zu regelnder Sachgebiete. Je spezieller die Expertenvorschläge sind, desto weniger dürfte irgendjemand in der Kommissionsbürokratie den Mut und die Zeit finden, Änderungen an den von den Beratungsgremien entworfenen Rechtstexten vorzunehmen. Der den Ausschüssen eigene, auf ein bestimmtes Sachgebiet beschränkte Spezialistenblick setzt sich somit im Rechtsetzungsverfahren fort. Die Frage nach der Einpassung einer Regelung in die bereits bestehende europäische Rechtsordnung wird nicht gestellt. Hier zeigt sich auch, dass die von *Christiaan W.A. Timmermans* vertretene Auffassung, das europäische Gesetzgebungsverfahren neige nicht so stark zur Fragmentierung wie die nationalen Rechtsetzungsprozesse, weil Rat und Kommission viel kleiner als nationale Ministerialbürokratien seien und daher weniger Koordinationsbedarf bestehe, völlig fehl geht.[1170] Denn gerade die geringe Größe und mangelhafte personelle Ausstattung der Kommission führt zur vermehrten Einbindung externer Berater und mithin zu einer Verkomplizierung der Entscheidungsabläufe.

Gleichzeitig aber trägt die Gremienarbeit dazu bei, die Interessenvertretung der nationalen Beamten zu „supranationalisieren", so dass die Qualität der Kommissionsvorschläge – anders als man vielleicht zunächst annehmen könnte – nur in seltenen Fällen darunter zu leiden hat, dass sich über die Beteiligung der mitgliedstaatlichen Vertreter die Verhandlungs- und Kompromisslogik der Ratsverhandlungen und damit sprachliche Unklarheiten bereits in die Vorbereitungsphase einschleichen würden.[1171]

3. Bedeutung der Koordinations- und Kontrollphase für die Kommissionsentwürfe

Es gehört zu den Hauptkritikpunkten an der Arbeit der Kommission, dass die bestehenden Koordinationseinheiten kaum in der Lage seien, den sich aus der wachsenden Differenzierung ergebenden zentrifugalen Kräften in hinreichen-

---

[1169] Bach, Transnationale Institutionenpolitik, S. 178 ff, 184, 188.

[1170] Timmermans, Quality of Community Legislation, S. 39 ff, 44.

[1171] So aber wohl: Gündisch/Mathijsen, Rechtsetzung und Interessenvertretung, S. 205 f.

dem Maße entgegenzuwirken.[1172] Infolge der unzureichenden Ausgestaltung der Koordinations- und Kontrollphase setze sich die eng angelegte Problembetrachtung der Initiativ- und Entwurfsphase auch später fort und werde nicht in einen größeren Zusammenhang eingebettet. Der Conseil d´État stellt hierzu fest: «il n´y a pas, à la Commission de véritable mémoire transversale».[1173] Dieses Vorgehen wirkt sich auch auf Systematik und Einheitlichkeit der europäischen Rechtsordnung aus. Das Fehlen effektiver zentraler Koordinationseinheiten kann als eine weitere Ursache der gravierenden Konsistenzprobleme im Bereich der Rechtsetzung angesehen werden.[1174]

a. Bedeutung der späten Beteiligung der Generaldirektionen

Der Umstand, dass die Koordination zwischen den Generaldirektionen erst sehr spät und in aller Regel erst auf einer relativ hohen Hierarchieebene stattfindet, mag für die Ausgestaltung des Norminhalts negativ sein und zu widersprüchlichen oder doppelten Regelungen führen. Jedenfalls der bisherige Zeitpunkt und Ort der Abstimmungen ließen darauf schließen, dass nicht alle in den Generaldirektionen vertretenen Interessen auch in einen Kommissionsvorschlag einfließen konnten und oft eine Dienststelle nicht wusste, was die andere tat. Für die inhaltliche Ausgewogenheit und Stimmigkeit war dieses Vorgehen daher eher abträglich.

Es lässt sich dahingegen nicht mit Sicherheit sagen, dass die minimalistische Form der Beteiligung der anderen Dienststellen sich auch negativ auf die formelle Qualität der Gesetzesentwürfe auswirkt. Erkenntnisse aus den Mitgliedstaaten weisen eher darauf hin, dass die Einbeziehung anderer Ressorts, die Rechtszersplitterung häufiger fördert als verhindert. So kann die Beteiligung der anderen Ministerien dazu führen, dass sich verschiedene Begrifflichkeiten oder verschiedene Zielsetzungen in einen zuvor stimmigen Entwurf einschleichen.[1175] Zudem wird die horizontale Abstimmung zwischen den Ressorts oft vom Muster „negativer Koordination" geprägt.[1176] D.h. die beteiligten Referate und Ressorts neigen dazu, alles, was für ihren Zuständigkeitsbereich negativ erscheint, abzublocken. Es findet daher eine Einigung stets nur auf kleinstem gemeinsamem Nenner statt. Die Probleme werden „herunterkoordiniert",[1177] so dass innovative Ideen oder umfassendere Lösungen nur schwer zum Zuge kommen. Ein Grund

---

[1172] Poullet/Deprez, Struktur und Macht der EG-Kommission, S. 61; Mandelkern-Bericht, S. 71.; a.M. ohne nähere Begründung: Timmermans, Quality of Community Legislation, S. 39 ff, 54 und ders., Probleme der EG-Rechtsetzung, S. 21 ff, 27 f.

[1173] Conseil d´État, Considérations générales, S. 15 ff, 30.

[1174] Majone, Regulating Europe, S. 159 ff, 172; Peters, Journal of European Public Policy 1994, S. 9 ff, 14.

[1175] Trnka, Law in Theory and Practice, S. 162 ff, 176.

[1176] Mayntz, Soziologie der öffentlichen Verwaltung, S. 103 f.

[1177] Benzner, Ministerialbürokratie und Interessengruppen, S. 115.

für diese „Repressivkoordinierung"[1178] ist das zwischen dem Entwurfsverfasser und den anderen Beteiligten bestehende Informationsgefälle, das zu einer Verweigerungshaltung bei den Informationsunterlegenen sowie zu mangelnder Kritikfähigkeit und Diskussionsbereitschaft bei den zuständigen Fachreferenten führen kann.[1179] Hinzu kommt, dass auch auf nationaler Ebene ein starker Ressortegoismus bei der Entwurfserarbeitung herrscht. Dies zeigt sich unter anderem darin, dass zur Erleichterung der Querabstimmung schon sehr frühzeitig diejenigen Paragraphen, die in die Zuständigkeit eines anderen Ressorts fallen, vom Entwurf abgetrennt werden. Dadurch werden teilweise sachlich zusammengehörende Rechtsgebiete zerschnitten und Rechtszersplitterung gefördert.[1180] Geht man davon aus, dass diese Probleme auch auf europäischer Ebene bei Einführung einer stärkeren und früheren Ressortabstimmung entstehen würden, erweist sich die späte Koordination zwischen den Generaldirektionen jedenfalls nicht als wesentliche Ursache der Zersplitterung des Gemeinschaftsrechts.

b. Bedeutung der späten und eingeschränkten Qualitätsprüfung
Problematisch ist dagegen die späte und kurzfristige Einbeziehung des im Juristischen Dienst gebündelten Sachverstands. Weder Zeitpunkt noch Zeitraum seiner Beteiligung sind geeignet, grundlegende Änderungen an den Vorschlägen vorzunehmen. Insbesondere dürfte es dem Juristischen Dienst bei realistischer Einschätzung seiner Arbeitskapazitäten nicht möglich sein zu prüfen, ob sich eine Neuregelung in Systematik und Begrifflichkeiten des bestehenden Gemeinschaftsrechts einpasst. Ein Abgleich mit allen nationalen Rechtsordnungen erscheint erst recht ausgeschlossen und ist auch nicht vorgesehen. Dieses Manko ist um so gravierender, als auch bei der Abfassung der Entwürfe – wie oben dargestellt – in vielen Fällen keine Einbeziehung Rechtskundiger erfolgt. Wenig erfolgversprechend sondern vielmehr allenfalls ein Mittel politischen Aktionismus ist dagegen die Ankündigung der Kommission, den Rechtsetzungsmängeln mit der Verabschiedung neuer legistischer Richtlinien abzuhelfen. Wie oben gesehen, existiert bereits eine ganze Fülle solcher Vorgaben. Das Problem liegt allein darin, dass ihre Einhaltung nicht gewährleistet ist. Es scheint auch nicht sichergestellt, dass die nunmehr vorgesehene frühzeitigere Beratung der Generaldirektionen im Hinblick auf die Einhaltung der Grundsätze der Subsidiarität und der Verhältnismäßigkeit sowie der Regeln zur Rechtsetzungstechnik durch das Generalsekretariat die unzureichende Einbeziehung des Juristischen Dienstes ausgleichen kann. Abgesehen davon, dass die Zukunft erst noch weisen muss, ob die nunmehr beschlossenen Vorgaben für die interne Koordinierung

---

[1178] Göbel in Aussprache zu Andrews, Organisation und Verfahren der Entwurfsausarbeitung, S. 67 ff, 68.

[1179] Andrews, Organisation und Verfahren der Entwurfsausarbeitung, S. 50 ff, 51.

[1180] Fliedner, ZG 1991, S. 40 ff, 52; Helmrich, Politische Grundsatzdiskussion, S. 149 ff, 172; Hugger, Gesetze, S. 58.

überhaupt greifen können oder ob sie bloße Papiertiger sind, fehlt es dem Generalsekretariat für die spezielle Aufgabe der Kontrolle der Normqualität an Personal und Know-how. Hinzu kommt, dass es – anders als der Juristische Dienst, dessen Veto jedenfalls zu einer mündlichen Beschlussfassung im Kollegium führt – über keinerlei Sanktionsmöglichkeiten verfügt, um die Einhaltung der Qualitätsanforderungen durchzusetzen.[1181]

4. Bedeutung der eingeschränkten Rechtsbereinigungsmechanismen

Wie oben gesehen ist wesentliches Merkmal europäischer Rechtsbereinigung, dass sie inhaltlich, organisatorisch wie zeitlich begrenzt ist.[1182] Kodifikationsarbeiten im „klassischen Sinne", d.h. mit dem Ziel der Erfassung und Systematisierung bestimmter Rechtsbereiche, gibt es überhaupt nicht.[1183] Auch im Übrigen ist die Überarbeitung des bestehenden Rechts in noch größerem Maße als die Erarbeitung neuen Rechts von einem eher zufälligen und projektbezogenen Vorgehen gekennzeichnet. Mit den vorhandenen Mechanismen aber kann man der Kodifikations-, Konsolidierungs- und Neufassungsaufgabe auf europäischer Ebene nicht gerecht werden.

Die Auswirkungen dieses engherzigen Vorgehens auf das europäische Recht bestehen erkennbar darin, dass Unübersichtlichkeit und Zersplitterung wachsen, ohne dass eine ordnende Hand eingreifen würde.

5. Fazit: Ansatzpunkte für Reformen

Bei der Frage des Zusammenhangs zwischen institutioneller Ausgestaltung des Gesetzgebungsprozesses und den eingangs geschilderten Mängeln europäischer Rechtsetzung ist im Rahmen der vorliegenden Fragestellung zu unterscheiden zwischen solchen Verfahrens- oder Organisationsmerkmalen, die keine Bedeutung für die formale Gesetzesqualität haben, solchen, die sich zwar auf die Rechtsklarheit und -verständlichkeit auswirken, jedoch nicht durch Reformen der Gesetzesvorbereitung zu steuern sind und schließlich solchen, die zu unklaren und zersplitterten Regelungen führen und durch Veränderungen der vorbereitenden Rechtsetzungsprozesse beeinflusst werden können.

Keine maßgebliche Bedeutung für die Klarheit und Verständlichkeit der Normen haben - jedenfalls im Bereich des Gemeinschaftsprivatrechts - die europäische Kompetenzordnung und die Art und Weise der Auswahl der richtigen Ermächtigungsnorm, da hier mit Art. 95 EGV eine die meisten Fälle erfassende Kompetenzgrundlage zur Verfügung steht. Auch die Frage des Zeitpunkts der Beteiligung weiterer für ein Gesetzgebungsvorhaben zuständiger Generaldirektionen spielt zwar für die inhaltliche Ausgewogenheit der Regelung, nicht jedoch für die formale Qualität eine Rolle.

[1181] Ballantine, Regulatory Impact Analysis, S. 14.

[1182] Mandelkern-Bericht, S. 71.

[1183] Crossland, Rfap 1997, S. 257 ff, 262.

Für die Rechtsetzung zwar von Belang, jedoch nicht durch Kommissionsreformen in den Griff zu bekommen, sind die Probleme, die aus der Abhängigkeit der Kommission von den Entscheidungen der Ministerräte resultieren. Es mag zwar durchaus sinnvoll sein, auch hier über Reformen nachzudenken. Diese würden jedoch die vertragliche Gewichtung der Institutionen im EGV betreffen und daher den Rahmen der vorliegenden Arbeit sprengen. Ebenfalls nicht oder nur sehr bedingt durch institutionelle Reformen der europäischen Gubernative steuerbar sind die Schwierigkeiten, die sich aus der Einbindung einer Vielzahl von Interessengruppen und Gremien ergeben. So lange die Kommission nicht eine den nationalen Regierungen mindestens vergleichbare personelle wie finanzielle Ausstattung erhält, wird sie stets auf externen Sachverstand angewiesen sein. Zudem wird sie stets ein besonders hohes Informationsbedürfnis haben, da sie die rechtliche wie tatsächliche Situation aller Mitgliedstaaten berücksichtigen muss.

Als Ansatzpunkte für Reformen der europäischen Kommission verbleiben mithin erstens die Aufgabenverteilung in der Kommission, zweitens der Mangel an juristischer und sprachlicher Expertise, drittens das Fehlen effektiver zentraler Kontroll- oder Qualitätssicherungseinheiten sowie viertens die Absenz kontinuierlicher und strategisch orientierter Rechtsbereinigungsmechanismen mit fachübergreifendem Ansatz. Die bisherigen Reformvorschläge, die im nächsten Abschnitt dargestellt werden sollen, beziehen sich vor allem auf die Punkte zwei und drei, während die Punkte eins und vier nur geringe Beachtung fanden.

II. Reformvorschläge

Im Zusammenhang mit der im Einleitungsteil bereits erwähnten Debatte um die Qualität des Gemeinschaftsrechts entstanden Vorschläge zur Reform des Rechtsetzungsverfahrens der Kommission. Im Wesentlichen handelt es sich dabei um drei Ansätze, die sich jedoch nicht zwingend ausschließen müssen, sondern auch nebeneinander existieren können: erstens der Idee, die juristische Kompetenz bei der Erstellung der Entwürfe zu erhöhen, zweitens dem Vorschlag, die internen Koordinations- und Kontrollmechanismen der Kommission zu verstärken, sowie drittens der Idee, externe Kontroll- oder Beratungsorgane einzurichten. Ergänzend zu diesen Ideen regte die Kommission selbst auch institutionelle Veränderungen im Bereich der Rechtsbereinigung an.

1. Erweiterung des juristischen Sachverstandes bei der Entwurfserstellung

Wie oben gesehen, erfolgt die Entwurfserstellung oft ohne Einbeziehung juristischen Sachverstands, da in vielen Generaldirektionen keine speziellen Rechtseinheiten vorhanden sind, der Juristische Dienst erst am Ende des Vorbereitungsprozesses konsultiert wird und keine institutionalisierten Beziehungen zur europäischen Rechtswissenschaft bestehen. Um diesen Mangel zu beheben, wird daher vorgeschlagen, das juristische Fachwissen in den Generaldirektionen zu verbessern und/oder ein wissenschaftliches Beratungsgremium zu schaffen.

a. Schaffung von Rechtseinheiten in den Generaldirektionen

Vor allem aus dem Bereich derjenigen, die selbst – sei es in Brüssel.oder sei es in einem der Mitgliedstaaten – mit der Qualität der Rechtsetzung befasst sind, kommt der Vorschlag, anstelle aufwendiger institutioneller Reformen, eher eine Verbesserung der juristischen Kenntnisse der mit der Abfassung der Rechtstexte betrauten Beamten in den Generaldirektionen anzustreben.[1184] Dazu sollten die jeweiligen Generaldirektionen mit eigenen Rechtseinheiten ausgestattet werden, so wie es jetzt bereits beispielsweise bei der für Landwirtschaft zuständigen Generaldirektion der Fall ist. Regelmäßige Lehrgänge könnten die Beamten mit den Qualitätskriterien vertraut machen. Einen entsprechenden Vorschlag enthält auch die interinstitutionelle Vereinbarung vom 22.12.1998 zur redaktionellen Qualität der gemeinschaftlichen Rechtsvorschriften, in der Kommission, Parlament und Rat dazu aufgefordert werden, die Einrichtung von Redaktionsstäben in ihren am Rechtsetzungsverfahren beteiligten Einrichtungen oder Dienststellen zu fördern und für die Aus- und Fortbildung der Beamten und sonstigen Be-

---

[1184] Caldwell, Comment, S. 79 ff, 83 = Parliamentary Counsel in England; Mandelkern-Bericht, S. 52; Timmermans, Quality of Community Legislation, S. 39 ff, 55 = stellvertretender Generaldirektor des Juristischen Dienstes der Kommission; Van den Hende, Comment, S. 67 ff, 71 = Abteilungsleiter in der Abteilung für Rechtsfragen im niederländischen Landwirtschaftsministerium; Van Kreveld, General Policy on Legislative Quality, S. 85 ff, 100 = stellvertretender Abteilungsleiter für Gesetzgebung und Abteilungsleiter für eine Politik der Gesetzgebungsqualität im niederländischen Justizministerium.

diensteten auf dem Gebiet der Abfassung von Rechtstexten, insbesondere im Hinblick auf die sich aus der Mehrsprachigkeit ergebenden Probleme, sorgen.[1185] Der britische Parliamentary Counsel *Edward Caldwell* weist hierbei darauf hin, dass Kontrollsysteme generell nur wenig zur Qualität beitragen könnten. Von wesentlich größerer Bedeutung seien die Kenntnisse und Fähigkeiten derjenigen, die am legislativen Prozess beteiligt seien. Die Gemeinschaft sollte sich daher mehr auf Juristen stützen, die Erfahrungen im Bereich der Rechtsetzung hätten.[1186]

b. Schaffung eines rechtswissenschaftlichen Beratungsgremiums

Insbesondere vor dem Hintergrund der angedachten Zivilrechtskodifikation werden auch Stimmen aus dem Bereich der Wissenschaft laut, die eine verstärkte Einbindung wissenschaftlichen Sachverstandes in die Gesetzesvorbereitung fordern.[1187] Die Schaffung von Ad-hoc-Kommissionen zur Vorbereitung bestimmter Vorhaben, wie etwa der Ausarbeitung eines europäischen Vertragsrechts,[1188] wird dabei nicht für ausreichend gehalten.[1189] Gefordert wird vielmehr die Einrichtung eines Europäischen wissenschaftlichen Ausschusses für Privatrecht[1190] bzw. allgemein eines europäischen „rechtswissenschaftlichen Ausschusses"[1191] oder eines Europäischen Rechtsinstituts nach dem Vorbild des American Law Institutes[1192], die sich nicht nur mit tagespolitischen Fragen sondern auch mit rechtlichen Grundsatzproblemen befassen sollten. Hier könnte eine Bündelung wissenschaftlichen Sachverstandes erfolgen, an dem es bislang innerhalb der Kommission augenscheinlich fehlt. Gedacht ist an eine rein beratende Institution, so dass zu ihrer Einführung keine Vertragsänderung erforderlich wäre.[1193] Sie sollte die jeweils zuständigen Generaldirektionen bereits bei der Vorbereitung von Rechtsakten durch Stellungnahmen und Gutachten beraten. Mögliche Verzögerungen des Rechtssetzungsprozesses durch die Einbeziehung wissenschaftlicher Expertise seien im Hinblick auf die zu erwartenden qualitativen Verbesserungen hinzunehmen.[1194] Außerdem könnte der Ausschuss als Binde-

---

[1185] Vorschlag c) und d) der Vereinbarungen zu den Durchführungsmaßnahmen zur interinstitutionellen Vereinbarung vom 22.12.1998, Abl. 1999 Nr. C 73, S. 1.

[1186] Caldwell, Comment S. 79 ff, 83

[1187] Gündisch/Mathijsen, Rechtsetzung und Interessenvertretung, S. 213; Kieninger/Leible, EuZW 1999, S. 37 ff, 39; Leible, EWS 2001, S. 471 ff, 479 f; Schmid, JZ 2001, S. 674 ff, 680 f.

[1188] Vor allem darauf beziehen sich wohl die Entschließung des Europäischen Parlaments vom 06.05.1994, ZEuP 1995, S. 669 und Tilman, ZEuP 1995, S. 533 ff, 535.

[1189] Kieninger/Leible, EuZW 1999, S. 37 ff, 39; Leible, EWS 2001, S. 471 ff, 480.

[1190] Kieninger/Leible, a.a.O., S. 39.

[1191] Gündisch/Mathijsen, Rechtsetzung und Interessenvertretung, S. 214.

[1192] Leible, EWS 2001, S. 471 ff, 479; Schmid, JZ 2001, S. 674 ff, 680 f.

[1193] Kieninger/Leible, EuZW 1999, S. 37 ff, 39.

[1194] Ebd., S. 39.

glied zwischen bereits existierenden Forschungsgruppen und den Generaldirektionen dienen.[1195] Das Institut oder der Ausschuss sollten von Wissenschaftlern gemeinsam mit praktisch tätigen Juristen, wie etwa den Vertretern nationaler Justizministerien und den europäischen juristischen Berufsverbänden (Union des Avocats Européens, Conseil des Barreaux de l'Union Européene) gegründet und geleitet werden, um ihm eine breite Unterstützung zu sichern.[1196] Dies könnte neben der Erhöhung des rechtsvergleichenden Sachverstandes auch die Akzeptanz der auf diesem Wege zustande gekommenen Regelungen stärken.[1197] Dabei wird die politische Neutralität der Berater als maßgeblich für den Erfolg einer solchen Institution erachtet, gleichzeitig aber vorgeschlagen, bestimmte Nationalitätenquoten einzuhalten.[1198]

2. Interne Koordinierungs- und Kontrolleinheit in der Kommission

Im vorausgegangenen Abschnitt der Arbeit wurde festgestellt, dass europäische Rechtszersplitterung unter anderem auf einem stark spezialisierten Entscheidungsprozess beruht, in dem es an Einheiten fehlt, die Einzelvorhaben in einen Gesamtzusammenhang einordnen und damit Widersprüche vermeiden und die Einheit der Rechtsordnung gewährleisten. Um dieses Manko abzustellen, wird vorgeschlagen, die in der Kommission vorhandenen internen Koordinierungs- und Kontrollinstanzen zu stärken oder auszubauen. Für die Schaffung bzw. Stärkung interner Koordinierungs- und Kontrolleinheiten sprachen sich vor allem der Bericht der Task-Force der von der Kommission eingesetzten Arbeitsgruppe Binnenmarkt (sog. *Sutherland-Report*) aus dem Jahre 1992,[1199] der Bericht der Europäischen Vereinigung der Industrie- und Arbeitgeberverbände (*UNICE-Report*) aus dem Jahre 1995[1200], der Bericht der von der Kommission eingesetzten *Task Force BEST* (Businesses Environment Simplification) aus dem Jahre 1998[1201] sowie zuletzt der Bericht der von den Regierungen der Mitgliedstaaten eingesetzte Expertengruppe für bessere Rechtsetzung (sog. *Mandelkern-Gruppe*) aus dem Jahre 2001[1202] aus. Neben der Kontrolle, ob alle Vorschläge mit der existierenden Gesetzgebung in Einklang stehen, sollte dort auch eine Überprüfung der sonstigen formalen und inhaltlichen Qualitätskriterien, wie Erforderlichkeit des Gesetzes, Einhaltung des Subsidiaritäts- und Verhält-

---

[1195] Ebd., S. 39.

[1196] Schmid, JZ 2001, S. 674 ff, 681.

[1197] Leible, EWS 2001, S. 471 ff, 480.

[1198] Schmid, JZ 2001, S. 674 ff, 681.

[1199] Sutherland-Report, Vorschlag 15.

[1200] UNICE-Report, S. 54, ebenso OECD-Report, Annex II, 1. Empfehlung, wenn auch nicht speziell für Europa.

[1201] Bericht der "Business Environment Simplification Task Force", KOM (98) 222 endg., Empfehlung Nr. 1.

[1202] Mandelkern-Bericht, S. 56, 59, 71.

nismäßigkeitsgrundsatzes sowie Klarheit und Einfachheit der Gesetzessprache stattfinden.[1203]

Uneinigkeit besteht unter den Befürwortern einer internen Koordinations- und Kontrolleinheit bei der Frage, wo sie innerhalb der Kommission genau angesiedelt werden soll. Während der *Sutherland-Report* sich zu dieser Frage nicht äußert, empfahl der UNICE-Report, die Zuständigkeit für legislative Angelegenheiten einem separaten Direktorat innerhalb der Kommission und einem bestimmten Kommissar zu übertragen.[1204] Ein leitender Beamter des niederländischen Justizministeriums, *Jan H. Van Kreveld,* weist darauf hin, dass der zuständige Kommissar die notwendigen Instrumente erhalten müsse, so etwa die Verantwortlichkeit für den Juristischen Dienst, die Verantwortung für die Entwicklung einer allgemeinen Rechtspolitik sowie die Kooperation mit den anderen Institutionen und mit den Mitgliedstaaten auf dem Gebiet der Normqualität.[1205] In eine ähnliche Richtung geht der Vorschlag des *Conseil d'État,* wonach ein Kommissar an die Spitze des Juristischen Dienstes gestellt und die personellen Mittel des Juristischen Dienstes verstärkt werden sollten.[1206]

Die *Task-Force BEST* war der Auffassung, die von ihr gewünschte Einheit für bessere Rechtsetzung sollte direkt dem Präsidenten unterstellt sein.[1207] Nach Auffassung von *Christiaan W.A. Timmermans* spricht für eine Zuweisung dieser Aufgabe an den Präsidenten, dass er auch jetzt schon für die beiden Haupt-Querschnittsdienste, das Generalsekretariat und den Juristischen Dienst verantwortlich ist.[1208] Der Autor betont, dass die Unterstützung des Präsidenten für den Juristischen Dienst gerade am Ende des Entscheidungsprozesses von großer Bedeutung sei.[1209] *Eduard L. H. De Wilde* weist darauf hin, dass insbesondere die Fragen der Erforderlichkeit und Verhältnismäßigkeit der Rechtsetzung, eher dem politischen Bereich zuzuordnen und daher besser beim Präsidenten angesiedelt seien.[1210]

Die *Mandelkern-Gruppe, Bruce Ballantine[1211]* sowie Kommission selbst sprechen sich dagegen für die Schaffung eines internen Gesetzgebungsnetzwerks aus,

---

[1203] Sutherland-Report, Vorschlag 15; ebenso: de Wilde, European Journal of Law Reform 2000, S. 293 ff, 314 – 316; Majone, Regulating Europe, S. 174.

[1204] Ebenso van Kreveld, General Policy of Legislative Quality, S. 85 ff, 99 f.

[1205] Ebd., S. 100.

[1206] Conseil d'État, Considérations générales, S. 15 ff, 31.

[1207] Bericht der "Business Environment Simplification Task Force", KOM (98) 222 endg., Empfehlung Nr. 1.

[1208] Timmermans, Quality of Community Legislation, S. 39 ff, 56.

[1209] Ebd., S. 56.

[1210] De Wilde, European Journal of Law Reform 2000, S. 293 ff, 316.

[1211] Ballantine, Regulatory Impact Analysis, S. 18; Mandelkern-Bericht, S. 71.

das vom Generalsekretariat beraten und koordiniert werden sollte. Weitreichendere institutionelle Veränderungen sollten hiermit aber nicht verbunden sein. Vielmehr sollten die bestehenden Strukturen ausgebaut und ihre Arbeit intensiviert werden. Die Kommission erklärt in ihrer – von *de Wilde* zu recht als unzureichend kritisierten -[1212] Stellungnahme zum Bericht der Task-Force BEST: *„Insbesondere wird jede Institution für sich entscheiden wollen, ob sie die Empfehlung einer Schaffung von zentralen Dienststellen für eine bessere Rechtsetzung akzeptiert. In der Kommission hat das Generalsekretariat die Aufgabe, dafür zu sorgen, dass alle von der Kommission vorgeschlagenen Maßnahmen, insbesondere aber Gesetzesvorschläge klaren Kriterien entsprechen."*[1213] Auch in ihrem Zwischenbereicht an den Europäischen Rat von Stockholm aus dem März 2001 heißt es lediglich: *„Die Kommission beabsichtigt, die bestehende Struktur ihres Generalsekretariats sowie die bereits vorhandenen Koordinationsmechanismen zu nutzen, um ein internes Netz für Vereinfachung und Qualitätskontrolle aufzubauen."*[1214]

3. Externe Kontroll- und Beratungseinheit

Der *Conseil d´État*[1215] und die *Koopmans-Gruppe*[1216] setzten sich dafür ein, den beobachteten Gesetzgebungsmängeln mit einer externen Kontroll- und Beratungseinheit zu begegnen.[1217] Diese Vorschläge legen den Schwerpunkt ihrer Argumentation auf die Überprüfung der Vorschlagstätigkeit der Kommission und gehen davon aus, dass rein interne Einrichtungen dieser Aufgabe nicht mit derselben Unabhängigkeit und Effektivität nachgehen könnten. Vorbilder dieser Vorschläge waren der französische Conseil d´État, der zum einen höchster Verwaltungsgerichtshof in Frankreich, zum anderen Berater der Regierung in Gesetzgebungsfragen ist (s.u.), sowie die niederländische „Commissie voor de toetsing van wetgeving" (CTW).

[1212] De Wilde, European Journal of Law Reform 2000, S. 293 ff, 315.

[1213] Mitteilung der Kommission "Förderung von unternehmerischer Initiative und Wettbewerbsfähigkeit", Die Antwort der Kommission auf den Bericht der Task Force BEST und ihre Empfehlungen vom 30.09.1998, KOM (1998) 550 endg., S. 5.

[1214] Bericht, Rahmenbedingungen für die Rechtsetzung, (KOM 01) 130 endg., S. 12; ebenso auch (KOM 01) 726 endg., S. 10 f.

[1215] Conseil d´Etat, Considérations générales, S. 15 ff, 31.

[1216] Koopmans-Report, S. 30 ff. Der Bericht wurde von einer Arbeitsgruppe unter Vorsitz von Thijmen Koopmans, der zu dem Zeitpunkt Generalanwalt beim niederländischen Verfassungsgericht und früherer Richter am Europäischen Gerichtshof war, im Auftrag des niederländischen Justizministeriums verfasst.

[1217] Ebenfalls für ein externes Kontrollgremium sprachen sich aus: Gündisch/Mathijsen, Rechtsetzung und Interessenvertretung, S. 213; Hochedez, Comment, S. 73 ff, 74; Müller-Graff, The Quality of European and National Legislation, S. 111 ff, 125; Scholz/Meyer-Teschendorf, ZRP 1996, S. 404 ff, 408.

Gemeinsam ist den Vorschlägen, dass die Arbeit des externen Gremiums erst dann einsetzt, wenn die Vorbereitungsarbeit innerhalb der Kommission bereits abgeschlossen ist und der Vorschlag an Rat und Parlament weitergeleitet werden soll.[1218] Der *Koopmans-Report* betont dabei zwar, dass es wichtig sei, die Kontrolle zu einem sehr frühen Stadium der Gesetzgebung durchzuführen. Die legislative Maschinerie in Brüssel arbeite so schwerfällig, dass jedes Ergebnis, das sie schließlich zustande bringt, einer Art Unveränderbarkeitsvermutung unterliege.[1219] Eine nachträgliche Kontrolle könne daher zu keinem Ergebnis führen. Mit nachträglich meint die *Koopmans-Gruppe* hier allerdings nur die Phase nach Abschluss der Beratungen von Rat und Kommission, nicht aber jene nach Abschluss des Abstimmungsprozesses innerhalb der Kommissionsbürokratie und zwischen Kommission und externen Interessenvertretern.

Unterschiede weisen die Vorschläge des *Conseil d'État* und des *Koopmans-Reports* vor allem bei der Zusammensetzung der Gremien auf: Die französische Idee ging dahin, einen beratenden juristischen Ausschuss zu schaffen, der sich aus Rechtsexperten der Mitgliedstaaten und Beamten der Juristischen Dienste von Rat, Parlament und Kommission zusammensetzen sollte.[1220] Insofern weicht das Konzept vom Vorbild des Conseil d'État, der gleichzeitig auch oberster Verwaltungsgerichtshof Frankreichs ist, ab. Stärker am französischen Modell orientiert sich dagegen der Vorschlag von *C.A.J.M. Kortmann,*[1221] eine beratende Kammer für legislative Angelegenheiten beim EuGH einzurichten. Der *Koopmans-Report* empfahl dagegen, einen Ausschuss unabhängiger Rechtsexperten zu schaffen.[1222] Dabei sollte es sich zunächst nur um ein informelles Gremium von bescheidenem Umfang handeln,[1223] da hierfür die Verabschiedung eines interinstitutionellen Agreements genügen würde und keine Vertragsänderung erforderlich wäre. Dahinter steht die Sorge, dass bei der Schaffung einer neuen, vertraglich verankerten Einrichtung die Mitgliedstaaten und die europäischen Institutionen jeweils versuchen würden, ihre Interessen bei Zusammensetzung, Verfahren und Kompetenzen durchzusetzen.[1224] Die Gemeinschaft habe schon eine gewisse Tradition, immer dann, wenn neue Probleme auftauchten, ein neues Gremium zu schaffen, das danach sofort wieder vergessen werde

---

[1218] Conseil d'État, Considérations générales, S. 15 ff, 31; Koopmans-Report, S. 35; ebenso van Kreveld, General Policy of Legislative Quality, S. 85 ff, 100.

[1219] Koopmans, Regulations, Directives, Measures, S. 691 ff, 698.

[1220] Conseil d'État, Considérations générales, S. 15 ff, 31; ebenso, ohne jedoch auf den Vorschlag des Conseil d'État Bezug zu nehmen Gündisch/Mathijsen, Rechtsetzung und Interessenvertretung, S. 213.

[1221] Kortmann, SEW 1996, S. 38 ff, 46 (der Autor ist ehemaliger Richter des EuGH).

[1222] Koopmans-Report, S. 32 f.

[1223] Ebd.

[1224] Die Einrichtung neuer Gremien über eine Vertragsänderung hält auch Timmermans, Quality of Community Legislation, S. 39 ff, 55 für problematisch.

(Bsp. Wirtschafts- und Sozialausschuss, Ausschuss der Regionen).[1225] Daher sei es besser, zunächst maßvolle Änderungen vorzunehmen und erst dann, wenn sich der neue Ausschuss etabliert und das Vertrauen aller Beteiligten gewonnen habe, darüber nachzudenken, wie man ihm einen festen Platz im Rechtsetzungsverfahren verschaffen könne.[1226] *Thijmen Koopmans*, der Leiter der Arbeitsgruppe, betont dabei die Notwendigkeit einer allein an Qualitätsmerkmalen ausgerichteten Wahl der Experten. Bevor man eine Kontrolleinheit schaffe, in die jeder Staat einen Vertreter entsenden wolle, um unter dem Deckmantel der technischen Verbesserung der Gesetze nationale Interessen durchzusetzen, solle man den Plan lieber ganz aufgeben.[1227]

Ein weiterer Unterschied liegt in der Frage, an wen die Stellungnahmen gerichtet sein und ob sie der Öffentlichkeit zugänglich gemacht werden sollen. Nach Vorstellung des *Conseil d'État* sollte das Gremium seine Ratschläge nur an die Kommission weiterleiten.[1228] Von einer Veröffentlichung der Stellungnahmen ist keine Rede. Da sich der Vorschlag ausdrücklich am Modell des französischen Conseil d'État orientiert, dessen Stellungnahmen im Gesetzgebungsverfahren grundsätzlich geheim sind (s.o.), ist davon auszugehen, dass nicht an eine Publizierung gedacht war. Der *Koopmans-Report* legt dahingegen besonderes Gewicht auf die Veröffentlichung der Meinung des Gremiums. Dessen Stellungnahme sollte nicht nur an die Kommission, sondern auch an Rat und Parlament weitergeleitet und zudem der Öffentlichkeit zugänglich gemacht werden.[1229] Anders als die Stellungnahmen des französischen Conseil d'État werden die Berichte der CWT sowie die entsprechenden Stellungnahmen des Justizministeriums in den Niederlanden veröffentlicht und haben einen hohen politischen Stellenwert beim Parlament und in der öffentlichen Meinung.[1230] Nach Angaben von *Jan H. van Kreveld* habe man in den Niederlanden mit der CTW gute Erfahrungen gemacht.[1231] *Eduard L.H. de Wilde*, der ebenfalls Mitglied der Koopmans-Arbeitsgruppe war, weist darauf hin, dass die Veröffentlichung der externen Stellungnahmen aller Wahrscheinlichkeit nach automatisch zu einer Stärkung der Juristischen Dienste von Kommission und Rat sowie zu einer sorgfältigeren

---

[1225] Koopmans, Regulations, Directives, Measures, S. 691 ff, 698, S. 700; Koopmans-Report, S. 32.

[1226] Koopmans-Report, S. 35.

[1227] Koopmans, Regulations, Directives, Measures, S. 691 ff, 698.

[1228] Conseil d'État, Considérations générales, S. 15 ff, 31.

[1229] Koopmans-Report, S. 33, S. 35; ebenso van Kreveld, General Policy of Legislative Quality, S. 85 ff, 100.

[1230] Van Kreveld, a.a.O., S. 99.

[1231] Ebd.

juristischen Vorbereitung führen würde, da keine Institution es gerne riskiere, dass ihr Vorschlag in aller Öffentlichkeit kritisiert werde.[1232]

Die notwendige Öffentlichkeit der Stellungnahmen des neuen Kontrollgremiums führt der *Koopmans-Report* auch als Argument dafür an, diese Aufgabe nicht beim Juristischen Dienst der Kommission anzusiedeln.[1233] Da die Ergebnisse seiner Überprüfungen allein dem innerinstitutionellen Entscheidungsprozess dienten, könnten sie nicht dieselbe Bedeutung erlangen, wie die der Öffentlichkeit zugänglich gemachten Dokumente einer externen Einheit. Hinzu käme, dass es dem Juristischen Dienst – ebenso wie nationalen Justizministerien - an der erforderlichen Unabhängigkeit fehle, da er selbst in die Abläufe der Kommissionsbürokratie integriert sei und daher möglicherweise aus Rücksicht auf Kollegen allzu harsche Kritik eher zurückgehalten werde.[1234]

Der *Koopmans-Report* äußert sich schließlich auch zu einer Frage, die vom Conseil offen gelassen wurde, nämlich zum Prüfungsumfang des Gremiums. Nach Vorstellung der niederländischen Arbeitsgruppe sollte das Kontrollgremium prüfen, ob der Vorschlag den - seiner Vorstellung nach in neuen legistischen Richtlinien festzulegenden - Anforderungen an eine gute Rechtsetzung entspricht.[1235] Jedenfalls zu Beginn sollte es sich auf die Überprüfung der gesetzestechnischen Aspekte eines Gesetzes beschränken und Fragen der Subsidiarität und Verhältnismäßigkeit unberücksichtigt lassen.[1236]

Auf der Regierungskonferenz 1997 zum Amsterdamer-Vertrag wurde schließlich deutlich, dass selbst der relativ bescheidene Ansatz der *Koopmans-Arbeitsgruppe* den Mitgliedstaaten zu weit ging.[1237] Die Bundesrepublik Deutschland zweifelte an der Notwendigkeit einer solchen Einrichtung, und Spanien sowie Frankreich lehnten sie vollständig ab. Allein Großbritannien und ein skandinavisches Land unterstützten den Vorschlag. Gerade diese Unterstüt-

---

[1232] De Wilde, European Journal of Law Reform 2000, S. 293 ff, 313, der Autor war sowohl Mitglied der Koopmans-Arbeitsgruppe als auch einer später eingesetzten Arbeitsgruppe unter dem Vorsitz von Joris Demmink, die prüfen sollte, wie die Vorschläge des Koopmans-Reports auf der Regierungskonferenz 1997 umgesetzt werden könnten.

[1233] Koopmans-Report, S. 31 f.

[1234] Ebd.; van Kreveld, General Policy of Legislative Quality, S. 85 ff, 99 zu den vergleichbaren Bedenken gegenüber dem niederländischen Justizministerium; in diese Richtung gehen wohl auch die Bedenken von Gündisch/Mathijsen, Rechtsetzung und Interessenvertretung, S. 213.

[1235] Koopmans-Report, S. 33, S. 35.

[1236] Anders, d.h. Überprüfung auch von Erforderlichkeit und Kosten der Rechtsetzung: Gündisch/Mathijsen, Rechtsetzung und Interessenvertretung, S. 214; Scholz/Meyer-Teschendorf, ZRP 1996, S. 404 ff, 408.

[1237] De Wilde, European Journal of Law Reform 2000, S. 293 ff, 313 unter Bezugnahme auf seine Erfahrungen in der Demmink-Arbeitsgruppe.

zung durch Großbritannien war aber möglicherweise das „Todesurteil" für den niederländischen Vorstoß, da das unabhängige Expertengremium damit in den Verdacht geriet, ein Instrument für die Briten zu sein, mit dem sie den Gesetzgebungsprozess verlangsamen könnten.[1238] Nach Auffassung von *Eduard L.H. de Wilde* ist daher der Weg für ein unabhängiges Expertengremium für die nächsten Jahre erst einmal verbaut.[1239]

4. Verbesserung der Rechtsbereinigungs- und vereinfachungsmechanismen

Eher vernachlässigt wird in der wissenschaftlichen Debatte der Bereich der Rechtsbereinigung. Hier stammen Reformideen v.a. aus den Reihen der Kommission selbst, die sich für die Schaffung einer Ad-hoc-Gruppe beim Rat einsetzt und eine Ausweitung des beschleunigten Verfahrens auch auf die sog. „refonte" wünscht.

a. Schaffung eigener Einheiten

In ihrer Mitteilung an den Europäischen Rat in Laeken im Dezember 2001 führt die Kommission aus, dass in Zukunft mit der Ausarbeitung von Kodifizierung und Konsolidation sowie der inhaltlichen Überarbeitung des bestehenden Rechts nicht mehr ausschließlich diejenigen betraut sein sollten, die die ursprünglichen Rechtstexte ausgearbeitet hätten. Es solle vielmehr eine Ad-hoc-Gruppe beim Rat eingerichtet werden, die diese Aufgabe übernehmen könnte.[1240] Eine nähere Begründung dafür, wieso es sich nur um ein ad hoc eingesetztes Gremium handeln und aus welchen Gründen es beim Rat und nicht bei der Kommission angesiedelt werden sollte, liefert die Mitteilung ebenso wenig wie eine Erläuterung dazu, wie sich die Gruppe zusammen setzen soll.

Für den bislang von der SLIM-Initiative betreuten Bereich der Rechtsvereinfachung regt die Kommission an, ein besonderes Gremium für „bessere Rechtsetzung" im Rahmen des Beratenden Ausschusses für den Binnenmarkt einzurichten. Diese Einheit soll dazu dienen, den kritisierten Mangel an strategischer Ausrichtung der Arbeit der einzelnen SLIM-Projekte zu beheben.[1241] Auch hier geht der Vorschlag jedoch nicht über eine erste Idee hinaus, so dass ebenfalls die Frage der Besetzung des Gremiums sowie der Gründe für die Einbindung in einen beratenden Ausschuss offen bleiben.

b. Ausweitung des vereinfachten Kodifikationsverfahrens

Die Kommission plant schon seit langem, auch für die „refonte", d.h. eine Gesetzesneufassung, die alle für die Konsolidierung erforderlichen inhaltlichen

---

[1238] De Wilde, European Journal of Law Reform 2000, S. 293 ff, 314.

[1239] Ebd.

[1240] Mitteilung, Vereinfachung und Verbesserung des Regelungsumfelds, KOM (01) 726 endg., S. 11.

[1241] Bericht, Rahmenbedingungen für die Rechtsetzung, KOM (01), 130 endg., Anlage IV.

Änderungen mitumfasst, eine interinstitutionelle Vereinbarung zu treffen.[1242] Die Vereinbarung soll so aussehen, dass nur der zu konsolidierende Teil dem vereinfachten Verfahren unterliegt, die Änderung jedoch das normale Verfahren durchläuft.[1243] Überlegt wird auch eine Einbeziehung der SLIM-Vorschläge in das vereinfachte Verfahren.[1244] Unterstützung erhielt die Kommission hierbei jüngst von der *Mandelkern-Gruppe*.[1245] Die anderen Institutionen verhielten sich zurückhaltend auf den Vorschlag hin, so dass es bislang noch zu keiner neuen interinstitutionellen Absprache kam.[1246] Auch auf der Regierungskonferenz in Amsterdam konnten keine ernstzunehmenden Fortschritte im Hinblick auf die Kodifizierung gemeinschaftsrechtlicher Normen erreicht werden.[1247] Die entsprechende Erklärung in der Schlussakte der Amsterdamer Konferenz[1248] enthält lediglich den Wunsch der Mitgliedstaaten, dass das Europäische Parlament, der Rat und die Kommission *„alles daran setzen sollten, um die Kodifizierung von Rechtstexten zu beschleunigen".*

III. Stellungnahme zu den bisherigen Reformvorschlägen
Aus den bisherigen Reformvorschlägen ergeben sich als wesentliche Diskussionspunkte die Frage nach dem Zeitpunkt der Einschaltung von Gesetzgebungsdiensten, nach dem Sinn der Beteiligung wissenschaftlicher Gremien, nach der externen oder internen Stellung von Kontroll- und Koordinationseinheiten, nach ihrer Anbindung an bestehende Einrichtungen, nach dem Umfang ihrer Kontrollbefugnisse sowie nach den wesentlichen Anforderungen an die Rechtsbereinigung. Diesen Fragen soll im Folgenden näher nachgegangen werden.

1. Einbeziehung juristischen Sachverstandes und rechtswissenschaftlicher Expertise
Für den Vorschlag, die rechtliche Beratung in der Entwurfsphase auszuweiten, spricht der Umstand, dass dadurch juristische Aspekte frühzeitig in die Gesetzgebung einbezogen werden können. Im Zusammenhang mit der Gesetzesvorbereitung sowohl in Europa als auch in den hier zum Vergleich herangezogenen Mitgliedstaaten hat sich gezeigt, dass es sinnvoll ist, juristischen Sachverstand

---

[1242] Mitteilung der Kommission „Folgemaßnahmen zum Sutherland Bericht" vom 16.12.1993, Punkt 9.; Rechtsetzungsbericht 1996 KOM (96) 7, S. 9; Rechtsetzungsbericht 1998, KOM (98) 715 endg., S. 10.

[1243] Crossland, Rfap 1997, S. 257 ff, 261.

[1244] Bericht, Rahmenbedingungen für die Rechtsetzung, KOM (01), 130 endg., Anlage IV.

[1245] Mandelkern-Bericht, S. 52, 68.

[1246] Bericht, Rahmenbedingungen für die Rechtsetzung, KOM (01) 130 endg., S. 11; Rechtsetzungsbericht 1998, KOM (98) 715 endg., S. 10; Timmermans, Quality of Community Legislation, S. 39 ff, 58.

[1247] Vgl. hierzu Blanchet, RTD eur. 1997, S. 915 ff, 927 f.

[1248] Erklärung zur redaktionellen Qualität gemeinschaftsrechtlicher Rechtsvorschriften in der Schlussakte der Amsterdamer Konferenz vom 02.10.1997, Sartorius II, Nr. 147 a, Nr. 39.

bei der Erstellung von Rechtssetzungsvorschlägen von Anfang an einzubinden. Zum einen kann bei einer frühen rechtlichen Beratung verhindert werden, dass unnötig Zeit mit einem Vorhaben vergeudet wird, das entweder rechtlich nicht durchsetzbar ist, da zum Beispiel verfassungs- oder primärrechtliche Argumente entgegenstehen, oder das nicht sinnvoll wäre, da bereits entsprechende rechtliche Regelungen bestehen. Zum anderen ist davon auszugehen, dass in einem frühen Stadium der Gesetzgebung noch die Bereitschaft besteht, sich auch mit rechtstechnischen Fragen, wie etwa der systematischen Verankerung einer Norm, auseinander zu setzen, während zu einem späteren Zeitpunkt, d.h. insbesondere nach erfolgter Kompromissbildung in der Abstimmung mit Verbänden, Interessengruppen und Parteien, die Offenheit der Entwurfsverfasser für Veränderungen an ihren Entwürfen in aller Regel abnimmt. Schließlich ermöglicht es die rechtzeitige Einbindung dem Gesetzgebungsdienst, sich längerfristig mit den rechtlichen Problemen eines neuen Gesetzgebungsvorhabens zu befassen, da ihm die gesamte Vorbereitungszeit zur Verfügung steht und nicht nur eine kurze Prüffrist von ein paar Wochen, wie es derzeit beim Juristischen Dienst, aber auch beim französischen Conseil d'État der Fall ist.

Die Einbeziehung rechtswissenschaftlicher und hier insbesondere rechtsvergleichender Arbeiten bei der Vorbereitung europäischer Normen könnte ebenfalls zu einer Verbesserung der Normqualität beitragen. Die Erwartungen sollten hier jedoch nicht überspannt werden. Zum einen dürfte die Konsultation einer europäischen wissenschaftlichen Einrichtung nur bei größeren und grundlegenderen Vorhaben in Betracht kommen. Zum anderen ist damit zu rechnen, dass vieles, was wissenschaftlich sinnvoll und wünschenswert sein mag, politisch nicht durchsetzbar oder – was im Ergebnis auf das selbe hinausläuft – politisch uninteressant sein wird. Wie die Erfahrungen im Zusammenhang mit der englischen Law-Commission zeigen, garantiert eine hochkarätige Besetzung eines Beratungsgremiums noch nicht die Umsetzung ihrer Vorschläge. Hinzu kommt, dass auch ein europäisches wissenschaftliches Institut sich mit den Egoismen der Generaldirektionen auseinandersetzen müsste, ohne hierbei irgendwelche Druck- oder Machtmittel in der Hand zu haben. Zu berücksichtigen ist auch, dass bei neuen Gesetzesvorhaben teilweise nicht unerheblicher Zeitdruck besteht, so dass eine rechtswissenschaftliche Auseinandersetzung mit den anstehenden Problemen nicht möglich ist. Eine Einbeziehung eines wissenschaftlichen Gremiums in die tagesaktuelle Rechtsetzung erscheint daher weder sinnvoll noch realistisch. Eine nicht unbedeutende Rolle könnte einem solchen Institut jedoch im Rahmen der Rechtsbereinigung (s.u.) zukommen.

Die Ausweitung juristischen Sachverstands bei der Entwurfserarbeitung sollte daher vorrangig über eigene Rechtseinheiten in den Generaldirektionen gewährleistet werden. Mit diesem Vorschlag könnte ein Beitrag dazu geleistet werden, dass innerhalb einer Generaldirektion den Fragen der formalen Rechtssetzungsqualität besser Rechnung getragen würde. Er ist jedoch mit Sicherheit ungeeignet, den bisher vorherrschenden sektoralen Ansatz von Politik und Rechtsetzung innerhalb der Kommission zu überwinden, da es sich wiederum um eine an den Zuständigkeitsbereichen der Ministerien oder Generaldirektionen orientierte Lösung handelt.[1249] Es bedarf daher zusätzlicher, ressortübergreifender Einheiten, die insbesondere dem Aspekt der Kohärenz der Rechtsordnung Rechnung tragen.

2. Externe oder interne Koordinations- und Kontrolleinheiten ?

Einer der wesentlichen Streitpunkte in der Diskussion um eine Reform der Gesetzesvorbereitung in der Kommission ist die Frage, ob Kontroll- und Koordinationsaufgaben eher einer internen oder einer externen Einheit übertragen werden sollten.

a. Zum Diskussionsstand

Während die Vorschläge zur Schaffung interner Kontroll- und Koordinationseinheiten insgesamt eine relativ breite Unterstützung erhielten,[1250] stießen diejenigen zur Einrichtung externer Gremien überwiegend auf Kritik.[1251]

Für eine Einrichtung innerhalb der Kommission spricht nach Auffassung von *Jean Claude Piris*, dem Generaldirektor des Juristischen Dienstes des Rates, dass sie mit den Strukturen und Mechanismen des legislativen Prozesses in der Kommission vertraut sei.[1252] Der stellvertretende Generaldirektor des Juristischen Dienstes, *Christiaan W.A. Timmermans* betont, dass es für eine interne Kontrolleinheit einfacher sei, für Akzeptanz der notwendigen Veränderungen zu sorgen. So sei etwa der Juristische Dienst mit den Entscheidungsmechanismen der Kommission eng verknüpft und könne noch in letzter Minute, d.h. in der Kommissionsverhandlung selbst, intervenieren.[1253] Es sei schließlich sinnvoller, die Kontrollmechanismen bereits dort zu etablieren, wo der Text verfasst werde, um Fehler von Anfang an zu vermeiden.[1254]

[1249] De Wilde, European Journal of Law Reform 2000, S. 293 ff, 315.

[1250] Ebd.; Maas/Kuhlmann, ZG 1997, S. 277 ff, 282; Müller-Graff, The Quality of European and National Legislation, S. 111 ff, 127 f, der interne und externe Kontrolle nebeneinander anstrebt; Piris, Quality of Community Legislation, S. 25 ff, 37; Timmermans, Quality of Community Legislation, S. 39 ff, 56; van den Hende, Kommentar, S. 67 ff, 71; ansonsten sprechen sich für eine Stärkung der internen Koordinationseinheiten bei Generalsekretariat, Präsidenten und Juristischem Dienst aus: Ballantine, Regulatory Impact Analysis, S. 18; Borchgrave, Adaptations organisationnelles, S. 156 ff, 173; Dewost, La Commission ou comment s'en débarrasser ? S. 181 ff, 189; Ludlow, European Commission, S. 85 ff, 127.

[1251] Kritisch vor allem Maas/Kuhlmann, ZG 1997, S. 277 ff, 282; Piris, Quality of Community Legislation, S. 25 ff, 37; Timmermans, a.a.O., S. 55.

[1252] Piris, Quality of Community Legislation, S. 25 ff, 37.

[1253] Timmermans, Quality of Community Legislation, a.a.O.

[1254] Ebd.

Grundsätzlich gegen die Einrichtung externer Gremien richten sich folgende Bedenken: Es wird angeführt, das existierende Verfahren sei schon kompliziert genug und beinhalte häufig einen delikaten Balanceakt zwischen den betroffenen Institutionen und ihren verschiedenen Rollen.[1255] Hinzu käme, dass bereits jetzt oft die Konsultation anderer Einrichtungen (wie etwa des Wirtschafts- und Sozialausschusses und des Ausschusses der Regionen) vorgesehen sei. Es sei schwer vorstellbar, wie ein weiteres Organ in diesen Prozess integriert werden solle.[1256] Auch das Argument, dass unabhängige Meinungen größeren Einfluss hätten, sei nicht zwingend. Vor allem in den letzten Phasen des Entscheidungsprozesses könnten sie schlichtweg untergehen in der Hitze der Verhandlungen der Regierungsvertreter im Rat oder von Rat und Parlament im Vermittlungsausschuss.[1257] Zudem bestünde ein erhebliches Risiko, dass derartige Berater-Meinungen zu spät kämen.[1258]

Konkret gegen den französischen Vorschlag, wonach das Gremium aus Vertretern der Mitgliedstaaten zusammengesetzt sein sollte, wird eingewendet, dass es dann seine Unabhängigkeit von nationalen Interessen nicht wahren könne. Es könne schnell zu einem „Mini-Rat" werden, wo versucht werde, nationale Interessen unter dem Vorwand einer Prüfung der Qualität der Rechtsetzung durchzusetzen, schon bevor der Gemeinschaftsgesetzgeber offiziell den Vorschlag erhalten hätte. Dieses Risiko bestehe vor allem dann, wenn das Gremium auch Kriterien wie Subsidiarität und Verhältnismäßigkeit zu prüfen habe, die eher politischer als rechtlicher Natur seien.[1259] Gegen die Idee einer beratenden Kammer für legislative Angelegenheiten beim EuGH wird eingewandt, dass dann möglicherweise ein Richter eine Vorschrift auslegen müsste, die er zuvor im Gesetzgebungsverfahren selbst kontrolliert habe.[1260] Dies könne zu einer Befangenheit des Gerichts führen. Zudem solle der Gerichtshof nicht mit Fragen der Gesetzgebungstechnik belastet werden, die ihn von seinen eigentlichen Aufgaben abhielten.[1261] Gegen den Vorschlag der *Koopmans-Gruppe*, zunächst nur informelles Expertengremium einzurichten, wird schließlich vorgebracht, dass eine solche Gruppe allein aufgrund des Expertenwissens nicht über ausreichend Autorität verfüge.[1262]

[1255] Piris, Quality of Community Legislation, S. 25 ff, 37.

[1256] Ebd.

[1257] Timmermans, Quality of Community Legislation, S. 39 ff, 55.

[1258] Ebd.

[1259] Piris, Quality of Community Legislation, S. 25 ff, 37.

[1260] Koopmans-Report, S. 32.

[1261] Ebd.

[1262] Timmermans, Quality of Community Legislation, S. 39 ff, 55; Kortman, SEW 1996, S. 46.

b. Stellungnahme

Es ist den Kritikern der Vorschläge des *Conseil d'État* und des *Koopmans-Reports* zuzustimmen, dass die Idee eines externen Kontrollgremiums nicht zu überzeugen vermag. Gerade auch vor dem Hintergrund der französischen Erfahrungen mit der Kontrolle durch den Staatsrat ist davon auszugehen, dass sich auf europäischer Ebene Probleme im Hinblick auf den Zeitpunkt der Einschaltung des Gremiums und bezüglich der Akzeptanz durch die anderen Entscheidungsträger ergeben.

aa. Akzeptanzproblem

Das wohl größte Problem einer externen Einheit auf europäischer Ebene liegt darin, dass seine Akzeptanz durch die anderen am Gesetzgebungsprozess beteiligten Akteure sichergestellt sein müsste. Die Einschaltung einer solchen Einrichtung kann nur dann sinnvoll sein, wenn ihre Stellungnahmen jedenfalls im Großen und Ganzen auch Berücksichtigung finden. Ansonsten würde sie nur zu unnötigen Verzögerungen des ohnehin schon langwierigen europäischen Gesetzgebungsprozesses führen. Dies bestätigen auch Untersuchungen von *Peter Fricke* sowie der *Mandelkern-Gruppe*, die beide als elementares Merkmal einer Gesetzeskontrolleinrichtung die hohe Akzeptanz ihrer Tätigkeit bei den anderen am Gesetzgebungsprozess beteiligten nennen.[1263]

Vollständig umgangen werden könnte das Akzeptanzproblem nur dann, wenn die Stellungnahmen des externen Gremiums bindend wären und ihre mangelnde Umsetzung zur Rechtswidrigkeit der Norm führen würde. Damit aber würden einem (weiteren) nicht demokratisch legitimierten Gremium Entscheidungsbefugnisse im Rahmen der Rechtsetzung zugestanden – eine Idee, die gerade angesichts der Debatte um das ohnehin schon bestehende Demokratiedefizit in der Gemeinschaft nicht ernsthaft weiterverfolgt werden kann. Auch würde ein solches absolutes Veto des Gesetzgebungsdienstes dazu führen, Formfragen den Vorrang gegenüber politisch-inhaltlichen Entscheidungen zu geben und träte somit in Widerspruch zum Primat der Politik im Gesetzgebungsverfahren. Hinzu käme, dass dem Gremium dann quasi-richterliche Befugnisse zukämen und es mithin in ein weitgehend ungeklärtes Konkurrenzverhältnis zum EuGH träte. Auch dies aber kann nicht Ziel einer institutionellen Reform der Gemeinschaft sein.

Es bleibt noch die Variante, nach französischem Vorbild (vgl. Art. 38 Const.), jedenfalls die Beteiligung des externen Gremiums zwingend auszugestalten, so dass seine vollständige Umgehung zur Unwirksamkeit der Norm führen würde. Eine solche Regelung müsste jedoch im EGV verankert werden und könnte nicht in einer interinstitutionellen Vereinbarung zwischen den europäischen Or-

---

[1263] Fricke, Modelle zur Institutionalisierung einer Gesetzeskontrolle, S. 121; Mandelkern-Bericht, S. 57.

ganen geregelt werden. Die in diesem Zusammenhang geäußerten Bedenken, dass bei den Vertragsverhandlungen aller Wahrscheinlichkeit nach der Versuch unternommen würde, das Gremium eher nach nationalen als nach fachlichen Kriterien zu besetzen, ist nicht von der Hand zu weisen. Die Schaffung eines neuen und zusätzlichen „Minirates" aber wäre mehr als kontraproduktiv für das Ziel, Rechtsetzungsqualität und insbesondere die Einheit der Rechtsordnung zu fördern. Es bleibt daher vorerst nur die vom Koopmans-Report vorgeschlagene Möglichkeit eines informellen beratenden Gremiums.

Hier aber stellt sich die Frage mit aller Schärfe, wie trotz der heterogenen Situation der Gemeinschaft sichergestellt werden kann, dass die Stellungnahmen des vorgeschlagenen externen Gremiums nicht einfach – wie etwa diejenigen des Wirtschafts- und Sozialausschusses und des Ausschusses der Regionen – unbeachtet bleiben. Es ist schwer vorstellbar, wie es gelingen sollte, auf supranationaler Ebene eine der Situation beim Conseil d'État vergleichbare Balance von fachlicher Unabhängigkeit der juristischen Berater und fachlich-inhaltlicher Verbundenheit mit der Gubernative herzustellen. Will man sich bei der Verbesserung der Rechtsetzung auf europäischer Ebene am Conseil d'État orientieren, so muss man sich dabei vor Augen halten, dass auch die Effektivität dieser Institution mit der Bereitschaft zur Übernahme ihrer – grundsätzlich unverbindlichen – Stellungnahmen steht und fällt. Die faktische Bindungswirkung der Vorschläge des Conseil d'État beruht auf dem hohen persönlichen Ansehen der Staatsräte und auf der Doppelrolle des Staatsrates als Beratungsorgan und als oberstem Verwaltungsgerichtshof. Es hat sich bislang keiner der Verfechter einer am französischen System orientierten Reform der europäischen Rechtsetzung die Mühe gemacht, zu untersuchen, ob und wie diese besonderen Bedingungen auf europäischer Ebene nachgebildet werden könnten. Der französische Staatsrat ist in seiner beratenden Funktion nicht so unabhängig und eigenständig, wie er auf den ersten Blick vielleicht erscheinen mag, sondern als Ko-Autor der Gesetze sowohl organisatorisch als auch personell eng mit der Regierungsbürokratie verwoben. Diese Verknüpfung zwischen Staatsrat und Regierungsbürokratie lässt zwar einerseits die Frage nach der Unvoreingenommenheit der Stellungnahmen des Conseil d'État aufkommen. Es dürfte aber andererseits einer der wesentlichen Gründe für die große Bereitschaft der Gubernative sein, seine Vorschläge zu übernehmen. Regierungsmitglieder und Mitglieder des Conseil d'État haben (bis auf einige über die „tour de l'extérieur" Gewählte) dieselbe Ausbildung an der ENA sowie ähnliche Verwaltungslaufbahnen absolviert. Es ist daher davon auszugehen, dass sie im Großen und Ganzen eine ähnliche Sprache sprechen und eine vergleichbare Problemwahrnehmung haben. Die Stellungnahmen des Conseil d'État werden daher wohl eher als gut gemeinte Ratschläge unter Gleichgesinnten denn als Einmischung von außen verstanden. Es ist nicht erkennbar, wie sich diese Verhältnisse auf die weitaus heterogenere Situation in der europäischen Gemeinschaft, in der bei aller Betonung der Supranationalität

Spannungen zwischen verschiedenen nationalen Traditionen an der Tagesordnung sind, übertragen lassen sollten.

Ebenso schwierig dürfte es sein, wie die CTW die öffentliche Meinung als Druckmittel zur Durchsetzung der Vorschläge zu nutzen. Es ist bereits sehr fraglich, ob so etwas wie eine europäische öffentliche Meinung überhaupt schon in hinreichendem Maße existiert. Selbst wenn es sie gäbe, müsste sie sich noch für die relativ undurchsichtigen Fragen europarechtlicher Rechtsetzung begeistern und sich schließlich die von keiner Öffentlichkeit und keiner politischen Partei abhängige Kommission auch noch von ihr beeindrucken lassen. Es ist zwar nicht auszuschließen, dass sich ein unabhängiges, von allen Seiten akzeptiertes Gremium einrichten ließe. Die Gefahr, dass die geplante externe Kontrolleinheit entweder politisch instrumentalisiert wird oder aber in der Bedeutungslosigkeit versinkt, ist letztlich zu groß.

Abzulehnen ist schließlich auch die Idee, eine beratende Kammer für legislative Angelegenheiten beim EuGH einzurichten. Der Gerichtshof genießt zwar hohes Ansehen, so dass sich das Akzeptanzproblem nicht im selben Maße stellen würde. Auch die von der *Koopmans-Arbeitsgruppe* geäußerten Bedenken im Hinblick auf die richterliche Unabhängigkeit sind nicht zwingend, wenn man bedenkt, dass sowohl beim Conseil d'État als auch beim Lord Chancellor ebenfalls richterliche und gesetzgeberische Funktionen vereint sind, ohne dass dies zu Problemen geführt hätte. Es ist jedoch zu berücksichtigen, dass die Gesetzeskontrolle weit über eine reine Rechtmäßigkeitskontrolle, wie sie sonst vom Gerichtshof vorzunehmen ist, hinausginge, da insbesondere auch Fragen der Einheit der Rechtsordnung, der Rechtstechnik und der Erforderlichkeit einzelner Regelungen erfasst wären. Die Normprüfung stellt sich mithin nicht als klassisch richterliche Aufgabe dar. Es wäre daher entweder eine Überlastung der Richter durch diese für sie teilweise sachfremde Aufgabe oder aber eine Reduktion der Prüfung auf eine Kontrolle möglicher Rechtsverstöße zu befürchten. Beides aber wären keine sinnvollen Ergebnisse der Reformbemühungen.

bb. Zeitproblem

Hinzu kommt, dass die Beteiligung des externen Kontrollgremiums erst nach Abschluss der Vorbereitungsarbeiten, somit zu einem relativ späten Zeitpunkt, erfolgen soll. Auch in der französischen Debatte um den Conseil d'État wird die Sorge geäußert, aufgrund der späten Beteiligung bestehe die Gefahr einer nur eingeschränkten Bereitschaft zur Aufgabe mühevoll ausgehandelter Kompromisse. Dies muss nicht unbedingt im Widerspruch zu den vorausgegangenen Ausführungen zur hohen Akzeptanz der Stellungnahmen des Conseil d'État stehen. Da die zuständigen Berichterstatter des Staatsrates im Rahmen des Kontrollverfahrens mit den Vertretern der Ministerien zusammenarbeiten, ist anzunehmen, dass der Conseil d'État vielfach Vorschläge, bei denen ersichtlich ist, dass sie ohnehin nicht auf fruchtbaren Boden fallen werden, gar nicht erst ausarbeitet. Hinzu kommt, dass bei einer Kontrolle erst am Ende der Vorbereitungs-phase häufig bereits ein Zeitplan zur Verabschiedung des Vorschlags besteht, so dass dann nur noch wenig Zeit für die Prüfung zur Verfügung steht. Auch in Frankreich besteht daher das Problem, dass in der Kürze der Zeit grundsätzliche Überarbeitungen eines Entwurfs meist nicht möglich sind und der Conseil d'État nur selten von der Möglichkeit Gebrauch macht, einen Entwurf gänzlich zu-rückzuweisen.

3. Prüfungs- und Beratungsumfang bei der Beteiligung von Gesetzgebungs-diensten

Steht damit fest, dass einem internen Gesetzgebungsdienst der Vorzug zu geben ist, so ist des Weiteren noch die Frage zu beantworten, in welchem Umfang die-ser die Rechtsetzungsvorschläge prüfen sollte. Hier hat vor allem die deutsche Erfahrung gezeigt, dass es unrealistisch ist, von einer juristischen Kontrollein-heit Erfolge im Hinblick auf die Eindämmung der sog. „Normenflut" zu erwar-ten. Hierbei handelt es sich um eine politische Frage, die entweder von höherer Ebene vorgegeben oder durch Befragung von Interessengruppen und Verbänden ermittelt wurde und die mit rechtlichen Mitteln kaum angreifbar ist. Das selbe gilt auch für die Prüfung der Erforderlichkeit einer europaweiten Regelung im Rahmen des Verhältnismäßigkeits- und des Subsidiaritätsprinzips. Die Klärung dieser Frage erfolgt über die Vorabstimmung mit den Vertretern der Interessen und der Mitgliedstaaten in den verschiedensten Gremien und Foren und ist dort auch besser angesiedelt als in einem juristischen Kontrollgremium. Es ist nicht sinnvoll, einem Gesetzgebungsdienst Aufgaben zu übertragen, mit deren Bewäl-tigung er schlicht überfordert wäre.

Anders verhält es sich mit der Prüfung der Erforderlichkeit und Verhältnismä-ßigkeit einzelner Regelungen. Hier ist es durchaus adäquat, mit juristischem Sachverstand zu prüfen, ob nicht bestimmte Normen überflüssig sind, da sie be-reits an anderer Stelle bestehen oder sich die vermeintliche Neuregelung bereits aus allgemeinen Grundsätzen ergibt. Auch die Frage der Verhältnismäßigkeit kann insofern eine rechtstechnische sein, als zu prüfen ist, ob nicht mildere rechtliche Mittel - etwa eine Erlaubnis mit Genehmigungsvorbehalt anstelle ei-nes Verbots mit Erlaubnisvorbehalt - zur Verfügung stehen. Ebenfalls in die Prüfungskompetenz des Gesetzgebungsdienstes sollten die Fragen nach der Ein-passung einer Neuregelung in das bestehende Rechtssystem, der systematische Aufbau der Normen und die sprachliche Klarheit fallen.

4. Institutionelle Anbindung interner Gesetzgebungsdienste

Im Zusammenhang mit der institutionellen Anbindung eines internen Gesetz-gebungsdienstes wurden drei Modelle erörtert: der Ausbau des Juristischen Diens-tes oder des Generalsekretariats, die beide dem Kommissionspräsidenten zuge-ordnet sind sowie die Schaffung einer neuen Querschnittseinheit für Rechtset-zung unter Leitung eines Kommissars.

Am wenigsten geeignet erscheint der Ausbau des Generalsekretariats. Es mag sich hierbei zwar um ein wesentliches Koordinationsorgan der Kommission handeln, besondere Kompetenzen auf dem Gebiet der Rechtsetzung hat es jedoch nicht aufzuweisen. So kann eine Stärkung seiner Befugnisse zwar sinnvoll sein, um einen reibungslosen Ablauf der internen Entscheidungs- und Abstimmungsprozesse zu gewährleisten. Dies kann aber kein Ersatz für eine spezifisch rechtlich ausgerichtete Kontrolleinheit sein. Die Frage, ob eine Neuregelung sich in die allgemeine politische Planung der Kommission einfügt, muss nämlich nicht zwingend identisch sein mit der Prüfung, ob sie auch mit dem bestehenden Recht harmonisiert. Des weiteren erscheint es - auch wenn die aktuelle Entwicklung in diese Richtung zu gehen scheint - gerade angesichts der ohnehin knappen personellen Ressourcen der Kommission nicht sinnvoll, die juristische Koordination auf zwei Querschnittsdienste (das Generalsekretariat und den Juristischen Dienst) zu verteilen. Statt dessen ist eine Konzentration der rechtlichen Beratungs- und Kontrollaufgaben beim Juristischen Dienst zu bevorzugen.

Es bleibt die Frage, ob das Problem der Rechtssetzungsqualität eher dem Präsidenten zuzuordnen oder einem speziellen Kommissar zu übertragen ist. Dafür, die Qualitätssicherung im Verantwortungsbereich des Präsidenten zu belassen, spricht, dass ihm bereits nach den bisherigen Regelungen die Rolle als Koordinator innerhalb der Kommission zukommt. Er erscheint daher für ressortübergreifende Fragen, wie die vorliegende, prädestiniert. Zudem ist er auch jetzt schon für den Juristischen Dienst und damit auch für die Einhaltung der internen Rechtsetzungsrichtlinien zuständig. Gegen eine Übertragung der Normkontrollaufgaben auf den Präsidenten ist jedoch – abgesehen von der bisherigen Erfolglosigkeit dieses Modells – einzuwenden, dass dem Präsidenten so viele Aufgaben zukommen, dass der politisch weitgehend uninteressante Aspekt der besseren Rechtsetzung in den Hintergrund zu treten droht. Auch das Argument, dass der Präsident besonders geeignet sei, die eher politischen Fragen der Erforderlichkeit neuer Gesetze zu prüfen, überzeugt in diesem Zusammenhang nicht. Die Erkenntnis, dass es sich bei der Kontrolle des Subsidiaritäts- und Verhältnismäßigkeitsgrundsatzes weniger um ein rechtliches als um ein inhaltliches Problem handelt, kann nicht dazu führen, die gesamte Qualitätsprüfung von Gesetzen dem politischen Bereich zuzuordnen. Vielmehr ist - wie bereits oben bei der Frage des Prüfungs- und Beratungsumfangs dargelegt - zwischen der Erforderlichkeit der Normen und ihrer Rechtstechnik streng zu unterscheiden. Während der erste Aspekt beim Präsidenten und beim Generalsekretariat anzusiedeln ist, sollte der zweite Problemkreis dem Juristischen Dienst und einem hierfür zuständigen Kommissar zufallen.

Der große Vorteil der Schaffung einer eigenen Qualitätssicherungseinheit mit einem Kommissar an der Spitze läge dagegen darin, dass rechtlichen und rechtstechnischen Aspekten eine eigene Stimme im Kollegium der Kommissare verliehen und ein eigenes Budget zugestanden würde, um eine hinreichende personelle wie finanzielle Ausstattung im Bereich der Qualitätssicherung in der Gesetzgebung zu gewährleisten. Die unbeliebten rechtstechnischen Belange können nur dann gegenüber den politischen Vorgaben der Ressorts durchgesetzt werden, wenn Erstere eine gewichtige Unterstützung im Kollegium erfahren.[1264]

5. Geeignete Rechtsbereinigungs- und vereinfachungsmechanismen

Die Vorschläge der Kommission zur Ausweitung des vereinfachten Kodifizierungsvorhabens ebenso wie zur Schaffung eigener Rechtsbereinigungs- und vereinfachungseinheiten gehen zwar in die richtige Richtung, sind aber im Einzelnen wohl noch unausgereift.

a. Zur Ausweitung des verkürzten Verfahrens

Zuzustimmen ist der Idee, den Anwendungsbereich des vereinfachten Verfahrens im Rahmen der interinstitutionelle Vereinbarung auszuweiten, so dass auch inhaltliche Änderungen, die aufgrund der Zusammenfassung verschiedener Richtlinien oder Verordnungen erforderlich werden, wie etwa die Angleichung der Begrifflichkeiten oder die Umwandlung der Normstruktur, erfasst werden können. Auch die Abschaffung überflüssiger Normen könnte hier mit einbezogen werden, wenn und soweit sie im Zusammenhang mit der (europarechtlichen) Kodifikation von Normen steht. Eine allgemeine Ausweitung des vereinfachten Verfahrens auf die Vorschläge der SLIM-Arbeitsgruppen scheint jedoch eher bedenklich, da damit der Bereich der reinen Rechtstechnik verlassen wird. In der praktischen Umsetzung schwierig dürfte auch die Idee sein, zwischen Änderungen und Konsolidierungen zu trennen und sie verschiedenen Verfahren zu unterwerfen. Zum einen kann im Einzelfall nicht ausgeschlossen werden, dass eine Änderung auch Rückwirkungen auf den zu konsolidierenden Teil hat, so dass das neue Gesetz sinnvoller Weise nur einheitlich beraten werden sollte, zum anderen kann die neue Regelung jedenfalls nur einheitlich verabschiedet werden, so dass der gewünschte Beschleunigungszweck dann, wenn ein Teil das normale Verfahren durchläuft, möglicherweise nicht erreicht wird.

b. Zur Schaffung eigener Einheiten

Zwar verdient der Gedanke der Kommission, die Aufgaben der Vereinfachung, Kodifizierung und Konsolidation eigenen Einheiten zu übertragen, grundsätzlich Zustimmung, da damit dem Aspekt der Rechtsbereinigung ein eigenes Gewicht verliehen wird. Der Vorschlag einer Ad-hoc-Gruppe beim Rat erscheint jedoch eher ungeeignet. Die Vereinfachung und Systematisierung rechtlicher Regelungen ist kein einmaliges Projekt, sondern ein anhaltender Prozess.[1265] Diese Aufgabe muss daher auch einer dauerhaft eingerichteten Einheit und nicht einem

---

[1264] Ebenso allgemein: Stadler, Aufgaben eines Gesetzgebungsdienstes, S. 307 ff, 311 sowie für die Idee der Schaffung eines Rechtspflegeministeriums in Deutschland: Fricke, Modelle zur Institutionalisierung einer Gesetzeskontrolle, S. 152.

[1265] Mandelkern-Bericht, S. 38.

Einzelfall-bezogenen Ausschuss übertragen werden. Hinzu kommt, dass es sinnvoller sein dürfte, ein noch zu schaffendes Rechtsbereinigungsgremium bei der Kommission als beim Rat anzusiedeln, da erstere aufgrund ihres Vorbereitungsmonopols eher über die entsprechenden Fachkenntnisse und Ressourcen verfügt, um die Aufgabe der Überarbeitung des bestehenden Rechts zu bewältigen.

Bedenkenswert ist dagegen die Idee, den bislang von der SLIM-Initiative betreuten Bereich der Rechtsvereinfachung auf ein besonderes Gremium für „bessere Rechtsetzung" zu übertragen, das an die Generaldirektion für Binnenmarkt angegliedert sein soll. Die Frage der Abschaffung überflüssiger Regelungen ist keine technische, sondern eine inhaltliche Frage. Es ist daher richtig, sie nicht einer Rechtsbereinigungseinheit sondern dem jeweils zuständigen Ressort zuzuordnen, um die Rechtsvereinfachungsvorhaben so in die inhaltliche und strategische Planung mit einzubeziehen. Die Verortung der Rechtsvereinfachung beim beratenden Ausschuss für Binnenmarktfragen kann deshalb sinnvoll sein, weil es sich hierbei um ein interdisziplinär und multinational besetztes Gremium handelt. Dadurch kann eine fachübergreifende Planung der Vereinfachungsmaßnahmen ermöglicht werden. Auf diesen Aspekt verweist auch der *Mandelkern-Bericht*, der bei der Erstellung von Rechtsvereinfachungsprogrammen neben Juristen auch Ökonomen, Sprachwissenschaftler und Vertreter der öffentlichen Verwaltung einbeziehen will.[1266]

6. Fazit

Es kann festgehalten werden, dass von den bisher diskutierten Reformvorschlägen die Ideen zur Schaffung interner Rechtseinheiten in den Generaldirektionen sowie einer internen Kontroll- und Koordinationseinheit beim Juristischen Dienst unter Leitung eines für die Fragen der Gesetzestechnik zuständigen Kommissars am ehesten überzeugen können. Die juristische Prüfung solcher Kommissionsdienste oder –referate sollte sich auf rein gesetzestechnische Aspekte beschränken und die Fragen der Erforderlichkeit oder Verhältnismäßigkeit neuer Rechtsetzung den politisch Verantwortlichen und ihren Dienststellen überlassen. Im Bereich der Rechtsbereinigung sollte das verkürzte Verfahren auch auf die im Rahmen der Kodifizierung erforderlichen inhaltlichen Änderungen ausgeweitet und eine eigene Rechtsbereinigungseinheit geschaffen werden. Ergänzend hierzu könnte auf ein wissenschaftliches Gremium oder Institut zur Vorbereitung umfassenderer Kodifikationsvorhaben zurückgegriffen werden.

Auffällig ist an den bisher erörterten Ideen zur Reform der europäischen Gesetzesvorbereitung, dass sie sich vorrangig mit der Ausarbeitung neuer Gesetze und mit der Kontrolle im Rechtsetzungsverfahren befassen. Es fehlt sowohl an vertieften Überlegungen zur Rechtsbereinigung als auch an Vorschlägen, wie die

---

[1266] Ebd., S. 39.

Gesetzestechnik von Anfang an verbessert und damit der Kontrollbedarf reduziert werden kann. Völlig unbeachtet bleibt daher zum Beispiel das Problem der Aufgabenverteilung in der Kommission, obwohl es – wie oben gezeigt[1267] – zu den wesentlichen Ursachen der Rechtszersplitterung zu zählen ist.

[1267] Teil 4, I.5.

IV. Modellcharakter der nationalen Lösungen ?

Bevor in einem letzten Abschnitt ein eigener Vorschlag vorgestellt werden soll, ist zu überlegen, ob und inwieweit die im 2. Teil der Arbeit dargestellten nationalen Lösungen insgesamt oder in Teilbereichen als Modell für Europa dienen können. Bisher wurde dies auf europäischer Ebene nur für den Conseil d'État und dort auch nur unter dem Stichwort „externes Kontrollgremium" diskutiert. Aber auch die anderen Länder bieten interessante Lösungsansätze gerade auch für die Fragen, die in der bisherigen Reformdebatte offen gelassen wurden. So mindert die in allen drei Ländern bestehende Zuständigkeitskonzentration im Bereich des Privat-, Wirtschafts- und Handelsrechts den Koordinationsbedarf zwischen den Ressorts und vermeidet Kohärenzprobleme. Darüber hinaus haben die verschiedenen Regierungssysteme jeweils andere Ansätze zur Sicherung der Gesetzesqualität entwickelt.

1. England als Modell für Europa ?

Als Vorbild für europäische Reformen kommen vor allem die Einrichtung des Parliamentary Counsel und die Law Commission in Betracht. Zu überlegen wäre auch, ob die europäische interinstitutionelle Vereinbarung zur Kodifizierung nicht nach englischem Vorbild ausgeweitet werden könnte. Die Rolle des Lord Chancellors kann dagegen höchstens als Negativbeispiel dienen.

a. Vorbemerkung: Zur Wahl Englands als Vergleichsland

Es mag merkwürdig erscheinen, England auf seine Vorbildqualitäten für die europäische Rechtsetzung hin zu untersuchen, gilt das englische Recht mit seinem Nebeneinander von Gesetzen und Common-Law sowie dem Fehlen von Kodifikationen doch jedenfalls dem kontinentalen Juristen als ein Musterbeispiel mangelnder Systematik und Klarheit. Auch in England selbst stößt der vorherrschende Gesetzgebungsstil immer wieder auf Kritik.[1268] Es stellt sich jedoch die Frage, ob und inwieweit diese Rechtsetzungsprobleme mit der institutionellen Ausgestaltung der Gesetzesvorbereitung in Zusammenhang stehen. Oder etwas pointierter: Ist die Gesetzesqualität wegen oder trotz der getroffenen institutionellen Vorkehrungen mangelhaft ?

Wegen zunehmender Kritik an der britischen Rechtsetzung setzte die Regierung im Jahr 1973 eine Kommission unter dem Vorsitz von *Sir David Renton* ein, die die Qualität der Rechtsetzung unter formalen Gesichtspunkten untersuchen sollte und eine ganze Reihe gravierender Mängeln feststellte.[1269] Die Ergebnisse des Renton-Reports wurden später von einer vielbeachteten vergleichenden Unter-

---

[1268] Dale, Legislative Drafting, S. 331 f; Hansard-Society-Report, Rn. 207 ff; Renton-Report, Rn.6.3.

[1269] Renton-Report, Rn. 6.2.

suchung von *Sir William Dale* aus dem Jahre 1977[1270] und dem Anfang der 90er Jahre erstellten *Hansard-Society-Report* bestätigt.[1271]

aa. Zusammenhang von Rechtsetzungsstil und Auslegungsmethodik

Einer der Gründe für die Unterschiede zwischen kontinentaler und englischer Gesetzgebung liegt in der jeweiligen Zielsetzung der Entwurfsverfasser, die man mit den Worten von *J.A. Clarence Smith* (freilich modellhaft verkürzt) wie folgt beschreiben kann: *"the civilian's preference for generality over particularity; his desire to be understood as opposed to the common law draftman's anxiety not to be misunderstood."*[1272] Diese Angst des englischen Gesetzgebers vor Missverständnissen aber beruht auf der Art und Weise, in der Richter die Gesetze auslegen.[1273] Auch wenn die Auslegung nach Sinn und Zweck einer Norm wohl mittlerweile auf dem Vormarsch ist,[1274] gibt es immer noch viele Gerichte, die die Gesetze in traditioneller Weise allein aufgrund ihres Wortlaut interpretieren.[1275] Da aber die Grundsätze des Case-Law nicht nur für die Auslegung ungeschriebenen Rechts sondern auch für jene des Gesetzesrechts gelten, stellt jede richterliche Interpretation einen Präzedenzfall dar, der so lange bindend ist, bis er entweder in der Berufungsinstanz aufgehoben oder „overruled" ist.[1276] Eine weitere Möglichkeit wäre eine Änderung bzw. Präzisierung des – möglicherweise missverstandenen – Gesetzes.[1277] Dies ist jedoch nur dann möglich, wenn sich für ein neues Gesetz der entsprechende Platz im parlamentarischen Zeitplan findet – eine Voraussetzung, die nicht immer leicht zu erfüllen ist (s.u.). Vor diesem Hintergrund wird die Neigung von Beamten, Draftsmen, Ministern und Parlamentariern, möglichst alle Eventualitäten in einem Gesetz im Voraus abzudecken und den Richtern damit so wenig Entscheidungsspielraum wie möglich zu lassen, verständlich.[1278] Das Ergebnis dieses Gesetzgebungsstils sind Normen, die auch in England selbst als sprachlich unklar, übermäßig detailversessen und in sich unstrukturiert kritisiert werden.[1279]

[1270] Sir William Dale, Legislative Drafting, S. 331 f.

[1271] Hansard-Society-Report, Rn. 207 ff.

[1272] Smith, Stat.L.R. 1980, S. 14 ff, 14.

[1273] Miers/Page, Legislation , S. 198.

[1274] Hansard-Society-Report, Rn. 226; Miers/Page, Legislation , S. 199 f.

[1275] Hansard-Society-Report, Rn. 224; Lawson, S. 879 ff, 881.

[1276] Lawson, The Art of Drafting Statutes, S. 879 ff, 880.

[1277] Ebd.

[1278] Hansard-Society-Report, Rn. 225.

[1279] Dale, Legislative Drafting, S. 332; vgl. auch Nachweise der an die Hansard-Society-Commission herangetragenen Kritikpunkte in Hansard-Society-Report, Rn. 208, 230; Renton-Report, Rn. 9.14.

bb. Zusammenhang von Gesetzesmängeln und Diskontinuität

Eine weitere wesentliche Ursache für Mängel im Bereich der Gesetzesqualität ist die englische Regelung zur sachlichen Diskontinuität (s.o.) und der daraus resultierende immense Zeitdruck für die an der Gesetzgebung Beteiligten.[1280] Eine Folge der knapp bemessenen Zeit ist, dass viele Gesetze nur halb fertig („half-baked") ins Parlament eingebracht werden[1281] und daher während der parlamentarischen Phase zahlreiche Änderungen vorgenommen werden müssen.[1282] So wurden etwa zwischen 1987 und 1989 im Schnitt 2.688 Änderungen pro Sitzungsperiode an den rund 67 verabschiedeten Gesetzen vorgenommen. Dabei fand teilweise eine Verdoppelung des Umfangs der Gesetze statt.[1283] Dies aber führt zu einer zunehmenden Komplexität und Unklarheit von Gesetzen.[1284] Insbesondere komplizierte Neuregelungen können auf diese Weise überhaupt nicht zufriedenstellend ausgearbeitet werden.[1285] Eine weitere Konsequenz ist, dass die Ministerien dann, wenn sie einmal einen Platz im legislativen Programm für ein Gesetz belegt haben, versuchen, so viel wie möglich in dem Gesetz unterzubringen - unabhängig davon, ob zwischen den verschiedenen Regelungsmaterien ein Zusammenhang besteht oder nicht.[1286] Da der Bedarf an Gesetzen wächst, hat dies zur Folge, dass die Gesetze immer länger und inkohärenter werden.[1287] Schließlich führt der Zeitdruck auch dazu, dass kaum eine Möglichkeit besteht, bei der späteren Änderung von Gesetzen Überlegungen zu einer grundsätzlicheren Überarbeitung der Gesetzesstruktur anzustellen. So werden Änderungen in aller Regel eher in einer Art Flickschusterei angefügt, als sinnvoll in das bestehende System eingepasst.[1288] Es spricht somit einiges dafür, dass Fragen, die die Form eines Gesetzes betreffen, im Gesetzgebungszeitplan keinen Raum finden. Das Ziel, ein bestimmtes Vorhaben innerhalb der gegeben Zeit durchs Parlament zu bringen, hat Vorrang vor allen rechtstechnischen Erwägungen. Dies brachte schon der erste Parliamentary Counsel, *Lord Thring*, mit seinem viel zitierten Satz *„Bills are made to pass as razors are made to sell."*[1289]

[1280] Hansard-Society-Report, Rn. 481.

[1281] Hansard-Society-Report, Rn. 173, 484.

[1282] Engle, Stat.L.R. 1983, S. 7 ff, 14; First Report of the Select Committee on Modernisation of the House of Commons, 1997, Quelle: www.publications.parliament.uk/pa/cm/modern.htm, Punkt 10; Hansard-Society-Report, Rn. 174, 177.

[1283] Hansard-Society-Report, Rn. 174.

[1284] Bates, United Kingdom, S. 455; Hansard-Society-Report, Rn. 177; Miers/Page, Legislation , S. 202.

[1285] Engle, Stat.L.R. 1983, S. 7 ff, 14; Hansard-Society-Report, Rn. 482.

[1286] Engle, Stat.L.R. 1983, S. 7 ff, 13 mit Beispielen.

[1287] Bates, United Kingdom, S. 429 ff, 453.

[1288] Engle, Stat.L.R. 1983, S. 7 ff, 15.

[1289] Sir Henry Thring, Simplification of the Law, London 1875, S. 13, zit. nach Engle, Stat.L.R. 1983, S. 7 ff, 8.

anschaulich zum Ausdruck. Er spielte dabei auf ein Gedicht an, in dem der Straßenverkäufer die Untauglichkeit seiner Rasierklingen damit rechtfertigt, dass sie schließlich auch nicht zum Rasieren, sondern zum Verkaufen da seien.[1290] Übertragen auf die Gesetzgebung bedeutet dies: Englische Gesetze sind nicht für den Gebrauch durch den Rechtsanwender gemacht, sondern allein zu dem Zweck, möglichst schnell ihren Weg über die parlamentarische Hürde zu nehmen.

Gleichzeitig ergibt sich aus dem Gesagten aber auch, dass die immer wieder kritisierten Gesetzgebungsmängel nicht oder jedenfalls nicht nur auf der institutionellen Ausgestaltung der Gesetzesvorbereitung beruhen – oder um die Ausgangsfrage zu beantworten: Es besteht jedenfalls die Möglichkeit, dass die englische Gesetzesqualität nicht wegen sondern trotz der getroffenen institutionellen Vorkehrungen mangelhaft ist. Es kann daher durchaus sinnvoll sein, Entwurfsverfassungs- und Rechtsbereinigungsmechanismen in England auch daraufhin zu untersuchen, ob sie als Modell für Europa tauglich sein könnten. Da auf europäischer Ebene weder eine entsprechende Regelung zum Verfall von Gesetzesentwürfen existiert noch der EuGH sich einer vorrangig am Wortlaut der Richtlinien und Verordnungen orientierten Auslegungsmethode bedient,[1291] müsste die Übertragung englischer Lösungsansätze hier nicht notwendig zu vergleichbaren Ergebnissen führen.

b. Draftsmen als Modell ?

Die Trennung der Ausarbeitung politischer Zielvorgaben und der Erstellung von Gesetzestexten ist gerade vor dem Hintergrund der vielfältigen und heterogenen Einflüsse, die in die europäische Rechtsetzung hineinspielen, von Interesse. Als noch junge, aus verschiedensten nationalen Traditionen gespeiste Rechtsordnung hat sie einen besonderen Bedarf an Kontinuität und Einheitlichkeit. Die heutigen Probleme auf europäischer Ebene sind vergleichbar mit der historischen Situation in England, die zur Entstehung des Parliamentary Counsel führte. In Europa fehlt es ebenso wie im Großbritannien des 19. Jahrhunderts an einem einheitlichen Gesetzgebungsstil, da zu viele verschiedene Autoren an der Abfassung der Entwürfe beteiligt sind. Die Beteiligung von Gremien und Verbänden an der Vorbereitung der Kommissionsvorschläge mag zur Informationsbeschaffung unerlässlich sein. Der Einfluss dieser externen Akteure auf die rechtstechnische Ausgestaltung der Normen sollte jedoch nach Möglichkeit zugunsten einer einheitlichen europäischen Rechtsetzung zurückgedrängt werden. Die Einrichtung eines juristischen Expertengremiums kann hierbei hilfreich sein.

Wie die englischen Erfahrungen zeigen, kann die Beteiligung spezieller Draftsmen jedoch nur dann zum Erfolg führen, wenn sie personell gut ausgestattet sind

---

[1290] Engle, Stat.L.R. 1983, S. 7 ff, 9.

[1291] Zu Interpretationsmethode und Stil des EuGH vgl. Streinz, Europarecht, Rn. 498 ff.

und über hinreichend Zeit zur Erstellung ihrer Vorschläge verfügen. Zudem bedarf es auch in den Ressorts juristischer Einheiten, die für eine erste Beratung bei der Abfassung der politischen Zielvorgaben zur Verfügung stehen (um beispielsweise bei evident verfassungs- oder auf europäischer Ebene primärrechtswidrigen Vorhaben von vorneherein abzuraten) und die Kommunikation mit den Draftsmen über die Instructions erleichtern. Geregelt werden müssten auch die Fragen der Rekrutierung und Spezialisierung der Entwurfsverfasser.

Schließlich wäre noch die Frage zu klären, ob und wie auf europäischer Ebene das in England im Zusammenhang mit dem Parliamentary Counsel beklagte Kontrolldefizit behoben werden kann, d.h. ob sie durch ein externes Gremium nach dem Vorbild des Conseil d'État überprüft werden sollten oder ob eine interne Kontrolle zum Beispiel durch einen verantwortlichen Kommissar oder den Juristischen Dienst genügen würde.

c. Law Commission als Modell ?

Der Vorteil der Schaffung einer gesonderten Kommission für Rechtsbereinigung auch auf europäischer Ebene läge darin, dass diesem Aspekt der Gesetzgebungsarbeit damit ein eigenständiges Gewicht verliehen würde. Ein außerhalb des politischen Alltagsgeschäfts agierendes Gremium könnte zudem für ein größeres Maß an Kontinuität bei der Überarbeitung des bestehenden Rechts sorgen. Gleichzeitig aber zeigt die englische Praxis, dass gerade diese fehlende politische Einbindung zu Problemen bei der praktischen Realisierung der Vorschläge der Law Commission führt. Die Kommission hängt letztlich zwischen allen Stühlen: Sie ist weder ein vollkommen unabhängiges wissenschaftliches Gremium, das in seiner Arbeit und seinen Vorschlägen frei agieren kann, noch so fest in der Regierungsbürokratie integriert, dass sie auch die Macht hätte, ihre Vorschläge im Einzelfall gegenüber den anderen Ressorts durchzusetzen. Die offensichtlich unter britischen Juristen weit verbreitete Argumentation, die Ineffizienz der Kommissionsarbeit sei nicht auf Mängel der Institution als solcher, sondern auf die Blockadehaltung der Ministerien zurückzuführen, greift hier zu kurz. Sie übersieht, dass die mangelnde Kooperation der Ressorts eine Folge der fehlenden Einbindung der Law Commission in die Regierungsabläufe, mithin ihrer institutionellen Ausgestaltung ist. Die Kommission mag inhaltlich hervorragende Arbeit leisten; ihre Stellung außerhalb des Regierungsgefüges bringt es jedoch mit sich, dass sie immer mit Umsetzungsschwierigkeiten zu kämpfen haben wird. So schließt auch *Michael Kerr* seine Betrachtungen über die Law Commission mit der eher pessimistischen Feststellung, die Verweigerungshaltung der Ministerien bringe es mit sich, dass ein Großteil der Kommissionsarbeit schließlich nur zu „*wastage and frustration*" führe.[1292]

[1292] Kerr, Law Quarterly Review 1980, S. 515 ff, 531.

Auch ist ihre Arbeit weniger dauerhaft, als es in der Regel etwa bei einer externen wissenschaftlichen Beratungseinheit wäre, da die Law Commissioner meist nicht länger als fünf Jahre im Amt bleiben. Zudem verlieren die Kommissare viel Zeit durch Rechtsberatung in Alltagsfragen. Es ist wohl auch kein Zufall, dass das einzig bislang ernsthaft verfolgte Kodifikationsvorhaben in England - der Criminal Code - nicht auf einen Entwurf der Law Commission zurückgeht, sondern von Wissenschaftlern initiiert wurde. Nennenswerte Erfolge hat die Kommission daher auch vor allem auf dem eher bürokratischen und nicht ganz so langwierigen Feld der Konsolidierung und der Statute Law Revision vorzuweisen. Es stellt sich jedoch die Frage, ob diese weitgehend technische Arbeit tatsächlich einer eigenen, hochkarätig besetzten Kommission bedarf oder ob sie nicht genau so gut - nach einer entsprechenden personellen Aufstockung - vom Parliamentary Counsel mit bearbeitet werden könnte. Dass diese Aufgabe eher in ihren Sachbereich fällt, zeigt auch der Umstand, dass innerhalb der Law Commission die meisten Konsolidierungsvorschläge auf die dort vertretenen Senior Draftsmen zurückgehen.[1293] Eine wichtige Erkenntnis jedenfalls kann man aus dem englischen Beispiel der Law Commission ziehen: Das beste Expertengremium bleibt weitgehend wirkungslos, wenn es keinen mächtigen Verbündeten innerhalb der Regierung hat – hieran aber fehlt es in England, da der Lord Chancellor mit seinem Sammelsurium an Aufgaben nicht genügend Gewicht in die Waagschale werfen kann, um Bedenken oder Konkurrenzprojekte aus anderen Ressorts zu überwiegen.

d. Konsolidierungsverfahren als Modell ?

Zwar existiert auf europäischer Ebene bereits ein verkürztes Verfahren zur Zusammenfassung bisher verstreuter Regelungen (Kodifikation im europäischen Begriffssinne), das offensichtlich dem englischen Vorbild nachgebildet ist. Sein Anwendungsbereich ist jedoch sehr begrenzt, da die interinstitutionelle Vereinbarung von 1994 nur dann greift, wenn keinerlei inhaltliche Änderungen an den zu kodifizierenden Normen vorgenommen werden. Es wäre daher sinnvoll, das Übereinkommen zwischen den drei europäischen Institutionen entsprechend der in England von der Law Commission eingeführten Praxis dahingehend auszuweiten, dass auch Korrekturen an den Gesetzen möglich sind, wenn und soweit sie erforderlich sind, um eine zufriedenstellende Kodifizierung auf einem bestimmten Gebiet zu erreichen. Ebenso wie im englischen Konsolidierungsgesetz aus dem Jahr 1949 könnte man diese Fälle dahingehend präzisieren, dass solche Änderungen zulässig sein sollen, deren Zweck darauf beschränkt ist, Mehrdeutigkeiten oder Zweifel zu beseitigen, Form oder Stil des Gesetzes zu verbessern, obsolete Vorschriften in Einklang mit der modernen Rechtspraxis zu bringen oder unnötige Vorschriften aufzuheben. Des weiteren sollte es zulässig sein, die Übergangsvorschriften, die möglicherweise infolge der genannten Änderungen erforderlich wurden, einzufügen.

[1293] Miers/Page, Legislation , S. 146.

2. Frankreich als Modell für Europa ?

Als Modell für Europa kommen vor allem die Commission Supérieure de Codification und der Conseil d´État in Betracht. Ein Erlass von Kodifizierungs- oder Konsolidierungsarbeiten unter Umgehung von Rat und Parlament nach dem Vorbild des Ordonnanzen-Verfahrens dagegen erscheint weder gegenüber den (dann von der Entscheidung ausgeschlossenen) Mitgliedstaaten durchsetzbar noch vor dem Hintergrund der Tendenz, das Parlament auf- und nicht abzuwerten, sinnvoll. Interessant ist dieser französische Weg allerdings insofern, als er zeigt, dass offensichtlich nicht nur in England und Europa ein Bedürfnis an verfahrensmäßigen Erleichterungen zur Durchsetzung der politisch unattraktiven Rechtsbereinigungsgesetze besteht.

a. Die Ausgestaltung der Kontrollabteilung des Conseil d´État als Modell ?

Für den Conseil d´État wurde die Frage seiner Modellwirkung zwar im Zusammenhang mit der bisherigen europäischen Debatte um die Schaffung eines externen Kontrollgremiums diskutiert. Selbst wenn man eine Reform nach französischem Vorbild aufgrund der oben geschilderten Akzeptanz- und Zeitproblem allgemein nicht für sinnvoll hält, so ist doch darauf hinzuweisen, dass hier eine gute Lösung für das Problem der Spezialisierung der Mitarbeiter des Conseil d´État gefunden wurde. Anders als bei den Draftsmen in England können sich die Berichterstatter des Staatsrates in den jeweiligen Abteilungen ein gewisses Fachwissen aneignen, so dass sie für die Auseinandersetzung mit den Ressortbeamten gewappnet sind. Durch das Rotationsprinzip wird jedoch gleichzeitig erreicht, dass sie den Blick für das „große Ganze" nicht verlieren. Auch die ausführliche Prüfung der Vorhaben in der alle Abteilungen umfassenden Generalversammlung trägt zur Ausweitung des Blickwinkels bei.

b. Die Studienabteilung des Conseil d´État als Modell ?

Die Abteilung „du rapport et des études" des Conseil d´État hat eine weitaus bessere Realisierungsquote als die englische Law Commission aufzuweisen. Dieser Erfolg der Studienabteilung des französischen Staatsrates beruht darauf, dass sie - ebenso wie die Kontrollabteilung (s.o.) - von dem guten und engen Verhältnis zur Regierung profitiert. Im Gegensatz zur Law Commission, die gerade bei politisch interessanten Themen in ein Konkurrenzverhältnis zu den Reformausschüssen der Regierung tritt und sich daher den eher unpopulären Grundsatzarbeiten widmet, wird die Studienabteilung des Conseil d´État überhaupt nur dann tätig, wenn die Regierung an einem bestimmten Thema ein besonderes Interesse hat und es sich um aktuelle und/oder heikle Fragen handelt. Mit dieser Anbindung an die tagespolitischen Debatten aber verliert der Conseil d´État gleichzeitig die Möglichkeit, sich wirklich dauerhaft und systematisch den Problemen der französischen Rechtsordnung zu widmen. Als Vorbild für die europäische Union, die einer solchen Grundsatzarbeit dringend bedürfte, scheint die Studienabteilung des französischen Staatsrates daher eher ungeeignet. Übertragen werden kann allein die Erkenntnis, dass es sinnvoll ist, die Vorbereitung von inhaltlichen wie rechtstechnischen Reformen einer gesonderten, nicht der Ressortabgrenzung unterliegenden und nicht mit Alltagsfragen belasteten Einheit zu übertragen.

c. Die Commission Supérieure de Codification als Modell ?

Ein Vorbildcharakter der Arbeit der Commission Supérieure de Codification für europäische Reformen kommt in zweierlei Hinsicht in Betracht: Zum einen kann die Methode der Codification à droit constant, die weit über die Kodifikationsarbeiten im Rahmen der interinstitutionellen Vereinbarung von 1994 hinausgeht, jedenfalls als erster Schritt zu einer umfassenderen Systematisierung im Sinne der klassischen Kodifikationen herangezogen werden. Zum anderen wäre der ressortübergreifende Ansatz der Commission Supérieure de Codification, der eine stärkere Kohärenz und Einheitlichkeit der Rechtsetzung gewährleisten soll, eine geeignete Antwort auf die im Zusammenhang mit der Abschottung der Generaldirektionen stehenden Probleme. Bedenkenswert ist auch, dass die französische Kodifikationskommission im Gegensatz zur englischen Law-Commission weitaus enger mit der Regierung verwoben ist. Sowohl die ständige Vertretung einiger Ministerien in der Kommission als auch die Übernahme des Vorsitzes durch den Premierminister zeigen nicht nur den Stellenwert, der dieser Arbeit zugewiesen wird, sondern erhöhen grundsätzlich auch die Realisierungschancen der Kommissionsvorschläge. Kontinuität und Effizienz ihrer Arbeit werden dadurch gewährleistet, dass jedenfalls ein Teil der Mitglieder dauerhaft vertreten ist und bislang kein Wechsel an der Spitze der Kommission stattfand. Hinzu kommt, dass die französische Kommission allein mit der Koordination und Kontrolle der Kodifikationsarbeiten betraut ist und daneben keine rechtliche Beratung im Alltagsgeschäft der Regierung leisten muss.

3. Deutschland als Modell für Europa ?

Wie gesehen besteht die wesentliche Besonderheit des deutschen Systems in der zentralen Rolle des Bundesjustizministeriums. Es ist zu überlegen, ob und inwieweit diese Institution auf die Situation in der europäischen Kommission übertragbar ist.

Fraglich ist, ob die besondere Stellung des Bundesjustizministeriums als Ministerium für Gesetzgebung und Rechtspolitik in vergleichbarer Weise in der Kommission realisiert werden könnte. Hierzu müsste zum einen die Gesetzgebungsarbeit in den wesentlichen, für die gesamte Rechtsordnung stilbildenden Sachgebieten in einer Generaldirektion gebündelt werden. Dies ist insofern problematisch, als es bislang eben an solchen systemprägenden Normen, wie sie die klassischen Kodifikationen darstellen, fehlt. Auch die historische Entwicklung des Bundesjustizministeriums zeigt ja, dass sein Vorgänger seine Daseinsberechtigung eigentlich erst mit den Kodifikationsarbeiten zum BGB erhielt. Des weiteren wäre in diesem Zusammenhang zu berücksichtigen, dass eine Kompetenzbündelung bei einer Generaldirektion, die sowohl rechtstechnische als auch inhaltliche Fragen bündeln würde, politisch keinesfalls durchsetzbar wäre, da sie automatisch eine Bevorzugung des Mitgliedstaates, der den für die Generaldirektion verantwortlichen Kommissar stellt, bedeuten würde.

Die deutsche Lösung bietet jedoch zwei Vorteile, die bei der Entwicklung von Reformvorschlägen für die Kommission zu berücksichtigen sein werden: die Vertretung rechtstechnischer Aspekte durch einen im Kabinett vertretenen Minister und die regelmäßig frühzeitige Beteiligung juristischen Sachverstands. Hierdurch kann im Grundsatz dem Problem begegnet werden, dass rechtliche Erwägungen erst zu spät in den Entscheidungsprozess eingeführt werden und sich dann nicht mehr gegenüber den zu diesem Zeitpunkt bereits getroffenen politischen Kompromissen durchsetzen können. Die Zuordnung der Rechtsförmlichkeitskontrolle zu einer Einheit, an deren Spitze ein Minister steht, dem aufgrund der Bedeutung seines Ressort nicht unerhebliches Gewicht in der Kabinettsabstimmung zukommt, verleiht den Fragen der Normqualität sowie möglichen Reformbestrebungen ein besonderes Gewicht. Dies ist deshalb von besonderer Bedeutung, weil davon auszugehen ist, das rechtstechnische Fragen als politisch uninteressant gelten und daher meist im Entscheidungsprozess hintan stehen müssen. Die beste Kontrolle ist sinnlos, wenn es nicht gelingt, dem Prüfergebnis auch Eingang in die Gesetzgebungsentscheidungen zu verschaffen.

V. Eigener Vorschlag

Die bisherige Debatte zeichnet sich dadurch aus, dass sie meist nicht zwischen der Schaffung neuen Rechts einerseits und der Überarbeitung bestehenden Rechts andererseits unterscheidet. Diese beiden Aufgaben der Gesetzesvorbereitung unterscheiden sich jedoch grundlegend, so dass auch jeweils unterschiedliche institutionelle Lösungen zu suchen sind. Ein weiteres Merkmal der vorgestellten Reformdiskussion ist, dass ihr Schwerpunkt eindeutig auf Koordinations- und Kontrollproblemen liegt, die Frage, wie der Koordinations- und Kontrollbedarf von vorneherein verringert werden kann, jedoch kaum Berücksichtigung findet. Sinnvoller erscheint es dagegen, nach Lösungen zu suchen, die Rechtsetzungsprobleme bereits zu Beginn der Entwurfserstellung vermeiden, anstatt sie nachträglich zu korrigieren. Der folgende Vorschlag soll versuchen, die erkannten Defizite der bis dato präsentierten Ideen auszugleichen.

1. Neue Rechtsetzung

Zur Verbesserung des Verfahrens zur Schaffung neuen Rechts bietet es sich an, auf die englischen Erfahrungen mit den Draftsmen zurückzugreifen, d.h. die Ausgestaltung von Form und Inhalt der Gesetze institutionell zu trennen. Gleichzeitig sollten die auf dem Gebiet des Gemeinschaftsprivatrechts bestehenden Kompetenzen innerhalb der Kommission gebündelt werden. Zu denken wäre hier an eine Zusammenfassung der Rechtsvereinheitlichungsfragen bei der Generaldirektion Binnenmarkt.

a. Schaffung einer speziellen Gesetzgebungseinheit

Interessanterweise wurde die Idee einer Art Parliamentary Counsel in der Kommission bislang nicht ernsthaft diskutiert. *Edward Caldwell,* der selbst Draftsman ist, betont lediglich die Notwendigkeit, dass Rechtstexte auch von erfahrenen Juristen verfasst werden und dass politische Inhaltsbestimmung und technische Entwurfserstellung möglichst lange voneinander getrennt bleiben sollten, vollzieht jedoch nicht den Schritt, einen europäischen Parliamentary Counsel vorzuschlagen.[1294] *Eduard L. H. de Wilde* geht zwar gedanklich noch einen Schritt weiter, indem er die Idee formuliert, die legislative Funktion insgesamt - d.h. sowohl die inhaltliche als auch die rechtstechnische Entwurfserstellung - beim Juristischen Dienst zu konzentrieren.[1295] Er verwirft diesen Gedanken jedoch sofort wieder als zu radikale Maßnahme, die zum einen den Juristischen Dienst hoffnungslos überfordern und zum anderen bei den Generaldirektionen, die damit bei der Einbringung von Rechtsetzungsvorschlägen von einer zentralen Gesetzgebungseinheit abhängig wären, kaum auf Gegenliebe stoßen würde.[1296] Während eine vollständige Konzentration der Rechtssetzungstätigkeiten

---

[1294] Caldwell, Comment, S. 79 ff, 82.

[1295] De Wilde, European Journal of Law Reform 2000, S. 293 ff, 314.

[1296] Ebd.

wohl tatsächlich zu weit gehen würde, lohnt es sich, den von *Caldwell* nur ange-
deuteten Weg einmal zu Ende zu denken:

aa. Trennung von Form und Inhalt

Erinnert man sich daran, dass das Office of Parliamentary Counsel in England
im 19. Jahrhundert geschaffen wurde, um die Einheit der Rechtsordnung zu sichern und die Mängel zu beheben, die dadurch entstanden, dass jeweils unterschiedliche Initiatoren die Gesetzesentwürfe verfassten, so zeigt sich, dass die
britische Situation wichtige Parallelen zum heutigen Rechtssetzungsverfahren
innerhalb der Kommission aufweist. Auch hier besteht eines der wesentlichen
Probleme darin, dass zu viele Entwurfsverfasser, die in zu vielen unterschiedlichen Rechtstraditionen verwurzelt sind, nicht nur am Inhalt sondern auch an den
Texten der Entwürfe mitwirken. Juristische Einheiten, die bereits im Anfangsstadium an der Vorschlagstätigkeit beteiligt wären und für Kohärenz sorgen
könnten, gibt es bislang kaum. Hinzukommt, dass man selbst dann, wenn – wie
vorgeschlagen – die Rechtseinheiten auf alle Generaldirektionen ausgeweitet
würden, vor dem Problem stünde, dass auch die dort beschäftigten Juristen keine
spezifisch europarechtliche Ausbildung haben, sondern durch die Rechtssysteme
der Mitgliedstaaten geprägt sind. Sie könnten und würden sich zwar möglicherweise schnell in das jeweilige Rechtsgebiet ihres Zuständigkeitsbereichs einarbeiten. Es darf jedoch bezweifelt werden, ob dies genügen würde, um den erforderlichen Überblick und das Verständnis für Systemzusammenhänge der
Rechtsordnung zu fördern. Es spricht daher viel dafür, dass die Schaffung einer
hochqualifizierten, speziell auf die Probleme europäischer Rechtsetzung ge-
schulten zentralen Gesetzgebungseinheit innerhalb der Kommission ein gutes
Mittel wäre, um dem Problem der Rechtszersplitterung zu begegnen. Eine neue
Einheit für Rechtsetzung könnte zudem als Verbindungsstelle für rechtswissenschaftliche Forschungseinrichtungen oder juristische Statusverbände (Anwalts-
vereine und Richterverbände) dienen und damit auch insoweit für eine stärkere
Einbindung juristischen Sachverstands in die europäische Gesetzgebung sorgen.

Der insbesondere von *Sir William Dale* formulierte Einwand, dass eine zu starke
Spezialisierung einer gesonderten Entwurfeinheit Unklarheiten in der Gesetzessprache eher fördere als beseitige, kann im Ergebnis nicht überzeugen. *Dales*
Vorstellungen von der größeren Volksnähe kontinentaleuropäischer Gesetze beruhen offensichtlich auf einer idealisierten Wahrnehmung sowohl der Entwurfsverfasser als auch der Rechtsanwender außerhalb Englands. Zum einen ist davon
auszugehen, dass auch dort ein Großteil der Referenten in den Ministerien eine
juristische Ausbildung haben und daher keinesfalls mit dem von *Dale* unterstell-
ten unvoreingenommenen Laienblick an die Abfassung der Rechtstexte heran-
gehen. Zum anderen sind auch die Formulierungen deutscher oder französischer
Gesetze weder unmittelbar an den Laien adressiert noch für ihn immer verständlich. Es wäre zudem gerade angesichts der heutigen Masse an Gesetzen sowie
ihrem Grad an Ausdifferenziertheit ein falsch verstandenes, da vollkommen un-

realistisches Ziel, zu verlangen, dass alle Gesetze dem Bürger bekannt und begreiflich sein sollten.[1297] Auch in den von *Dale* zum Vergleich herangezogenen Ländern ist davon auszugehen, dass Gesetze in der Regel von Juristen gemacht und an Juristen adressiert sind. Nur so lässt sich das dort vorherrschende Maß an Abstraktion beibehalten. Es ist daher nicht nur hinzunehmen, sondern auch sinnvoll, dass die Aufgabe der rechtstechnischen Abfassung von Normen in die Hände von Spezialisten gelegt wird. Hinzu kommt, dass auch dort, wo bewusst Laienverstand in den Gesetzgebungsprozess einbezogen wurde, wie in Frankreich mit den externen Mitgliedern des Conseil d'État oder in Deutschland mit der Gesellschaft für deutsche Sprache, keine signifikanten Verbesserungen hinsichtlich der Verständlichkeit der Normen festzustellen sind. Der deutschen Sprachgesellschaft wird ausdrücklich keinerlei Bedeutung zugeschrieben (s.o.). Für Frankreich fehlt es dagegen an einer Bewertung der Arbeit der Laienmitglieder des Staatsrates. Es steht jedoch zu vermuten, dass sie mit dem selben Problem wie die Gesellschaft für deutsche Sprache zu kämpfen haben, nämlich dass es ihnen mangels Spezialkenntnissen nicht gelingt, sich gegenüber juristischen Argumenten durchzusetzen.

bb. Institutionelle Anbindung der europäischen Draftsmen
Auf europäischer Ebene könnte eine dem Parliamentary Counsel vergleichbare Einheit bei dem bereits als Querschnittseinheit bestehenden Juristischen Dienst angesiedelt werden. Um dem bislang in Großbritannien zu beobachtenden Problem zu entgehen, dass die Draftsmen mangels Spezialkenntnissen auf bestimmten Rechtsgebieten teilweise den Beamten der Ressorts unterlegen sind,[1298] sollten die Entwurfsverfasser des Juristischen Dienstes die Möglichkeit erhalten, sich in gewissem Umfang zu spezialisieren. Dabei sollten sich die Gruppen der Dienststelle - anders als bisher - an den Ressortgrenzen der Generaldirektionen orientieren, um die Kommunikation mit den Verfassern der politischen Vorgaben zu erleichtern. Um gleichzeitig den Generalistenblick der Mitarbeiter des Juristischen Dienstes zu erhalten, sollten sie (wie die Berichterstatter des französischen Conseil d'État) in bestimmten Abständen zwischen den Abteilungen rotieren und alle Entwürfe in einer ebenfalls am französischen Staatsrat orientierten Generalversammlung der Direktionen des Juristischen Dienstes diskutiert werden. Voraussetzung einer effektiven Arbeit der „Draftsmen" wäre aber, dass dem Juristischen Dienst ausreichend personelle Mittel zur Verfügung gestellt würden und er hinreichend Zeit zur Erarbeitung seiner Vorschläge erhielte. Letzteres sollte jedoch in der Kommission nicht so problematisch sein wie in der englischen Regierung, da hier kein zeitlicher Verfall der Vorschläge droht. Schließlich sollte einerseits zur Stärkung seiner Position gegenüber den anderen Generaldirektionen und andererseits aber auch zur Vermeidung der in England

---

[1297] Schmidt, Die Zukunft der Kodifikationsidee, S. 37 f.

[1298] Schneider, Gesetzgebung, § 5 Rn. 97, der deshalb eine Übertragung des englischen Modells auf Deutschland ablehnt.

beim Parliamentary Counsel beklagten Abkapselungstendenzen ein Kommissar an die Spitze des Juristischen Dienstes gestellt werden. Als Kontaktstelle zwischen Generaldirektionen und den Draftsmen des Juristischen Dienstes sollten in allen Ressorts eigene Rechtsstäbe eingerichtet werden. Ihnen könnte neben der grundsätzlichen juristischen Beratung v.a. die Aufgabe zukommen, die „Instructions" an die Mitarbeiter des Juristischen Dienstes zu erteilen.

b. Schaffung einer Generaldirektion für „Rechtsangleichung im Binnenmarkt"
Da als eine der Ursachen der Rechtszersplitterung in der Kommission die übermäßig ausdifferenzierte Aufgabenverteilung zwischen den Generaldirektionen erkannt wurde, liegt es an sich nahe, nicht nur über die Schaffung von Koordinations- und Kontrolleinheiten, sondern zunächst einmal über eine Verringerung des Abstimmungsbedarfs durch eine Neugliederung der Ressorts nachzudenken. Dies würde auch einer allgemeinen, nicht speziell an die Europäische Union adressierten Empfehlung des OECD-Reports aus dem Jahr 1997 entsprechen, wonach zur Verbesserung der Rechtsetzungsqualität sich überschneidende oder doppelte Zuständigkeiten zwischen Rechtsetzungseinheiten und verschiedenen Regierungsebenen vermieden werden sollten.[1299] Auf dem Gebiet des Privatrechts könnte dabei eine Aufgabenbündelung in der Generaldirektion Binnenmarkt stattfinden, wie dies in den 70er Jahren wohl bereits einmal angedacht, aber nie weiter verfolgt worden war.

aa. Allgemeines zur Neugliederung der Kommissions-Dienststellen
Die Idee einer Neuordnung der Zuständigkeitsverteilung ist nicht neu. Sie wurde vielmehr im Zusammenhang mit allgemeinen Erwägungen zur Verbesserung der Entscheidungsprozesse in der Kommission immer wieder erörtert, allerdings nicht auf die europäische Debatte zur Rechtsetzungsqualität übertragen.

So sollte die Anzahl der Generaldirektionen insgesamt auf ca. 12 - 16 reduziert werden, wobei zusammengehörende Aufgaben ein und desselben Politikfeldes zu bündeln wären.[1300] Dies könnte dazu dienen, die Themenzersplitterung zu vermeiden.[1301] Gleichzeitig würde auch die Unsitte verschwinden, einem Kommissar mehrere Generaldirektionen zuzuordnen.[1302] Eine Reduktion der Zahl der Generaldirektionen hätte aber in jedem Falle Auswirkungen auf die Besetzung

---

[1299] OECD-Report (1997), Annex II, 1. Empfehlung.

[1300] Borchgrave, Adaptations organisationnelles, S. 156 ff, 173; Ludlow, The European Commission, S. 85 ff, 127; Martin, Die Kommission muss durchgreifend reformiert werden, S. 46 ff, 52; Poullet/Deprez, Struktur und Macht der EG-Kommission, S. 71; ein Vorschlag für eine Kompetenzverteilung mit 10 Ressorts von Sir Leon Brittan findet sich bei Dehousse, Europe: The Impossible Status Quo, S. 128.

[1301] Martin, Die Kommission muss durchgreifend reformiert werden, S. 46 ff, 52.

[1302] Zur Forderung, diese Doppelzuständigkeiten abzuschaffen Ludlow, The European Commission, S. 85 ff, 127.

der Kommissarsposten. Entweder müsste konsequenterweise auch die Zahl der Kommissare verringert werden - was ohnehin schon lange gefordert wurde -[1303] oder es gäbe Kommissare ohne eigenes Ressort. Letzteres könnte jedoch dadurch ausgeglichen werden, dass den Kommissaren teilweise Querschnitts- oder Koordinationsaufgaben übertragen[1304] oder dass sie – nach britischem Vorbild[1305] – als Junior-Kommissare in den bedeutenderen Generaldirektionen eingesetzt würden.[1306] Als Querschnittsaufgaben, die der Verantwortung eines Kommissars zugeordnet werden könnten, sind insbesondere die Bereiche Juristischer Dienst sowie Personal und Verwaltung in Betracht zu ziehen. Dass derartige Überlegungen der bisherigen Kommissionsstruktur nicht fremd sind, zeigt der Bereich Haushalt und Finanzkontrolle, der – obwohl er als Querschnittsaufgabe gilt[1307] – von *Michele Schreyer* als Kommissarin verwaltet wird. Auch in der Santer-Kommission gab es Kommissare mit reinen Querschnittsaufgaben (*Erkki Liikanen* mit dem Aufgabenbereich Haushalt, Personal und Verwaltung, Übersetzungsdienst und Datenverarbeitung).[1308] Schließlich wäre es wünschenswert, dass auf Dauer mit einer endgültigen Festlegung der Zahl der Kommissare, die unabhängig von möglichen Erweiterungen der Gemeinschaft bestehen bleiben sollte, eine größere Stabilität bei der Aufgabendefinition der einzelnen Generaldirektionen erreicht würde, um nicht jeweils nach kurzer Zeit möglicherweise eingespielte horizontale Kommunikationsverbindungen wieder zu zerstören.

bb. Auswirkungen der Aufgabenbündelung

Es ist davon auszugehen, dass nachträgliche Interessenabstimmungen mit Reibungsverlusten verbunden sind, die vermieden werden können, wenn die Kompetenzen eines Sachgebiets bereits von vorneherein gebündelt wurden. Andererseits kann man nicht generell sagen, dass eine Reduktion der Ressorts automatisch zu einer Verringerung von Koordinationsproblemen führt.[1309] Es lohnt sich daher, zunächst einige grundsätzliche Überlegungen zur Bedeutung der Aufgabenverteilung zwischen Ministerien oder Generaldirektionen anzustellen. Untersuchungen zu Auswirkungen horizontaler Spezialisierung in Regierungsbürokra-

---

[1303] Borchgrave, Adaptations organisationnelles, S. 156 ff, 172; Dewost, La Commission ou comment s'en débarrasser ?, S. 181 ff, 189; Grabitz/Hilf-Hummer, EGV, Art. 157 Rn. 7; Ludlow, The European Commis-sion, S. 85 ff, 127; Noël, Auf dem Weg zu einem neuen Gleichgewicht der Institutionen, S. 62 ff, 66 f.

[1304] Borchgrave, Adaptations organisationnelles, S. 156 ff, 173.

[1305] Hummer sieht hier fälschlicherweise die deutschen parlamentarischen Staatssekretäre als Vorbilder, vgl. Grabitz/Hilf-Hummer, EGV, Art. 157 Rn. 9.

[1306] Dewost, La Commission ou comment s'en débarrasser ?, S. 181 ff, 190; Grabitz/Hilf-Hummer, EGV, Art. 157 Rn. 9; Ludlow, The European Commission, S. 85 ff, 127.

[1307] Vgl. Geiger, EUV/EGV, Art. 213 Rn. 11.

[1308] Schmitt von Sydow, EGV, Art. 162 Rn. 10, Fn. 18 ff.

[1309] Derlien, VerwArch 1996, S. 548 ff, 550.

tien haben ergeben, dass Informationsflüsse tendenziell an Organisationsgrenzen abnehmen,[1310] so dass dann, wenn ein an sich einheitlich zu regelndes Sachgebiet organisatorisch aufgeteilt ist, die Abstimmung bzgl. ressortübergreifender Fragen erschwert wird. Gleichzeitig ist aber auch zu berücksichtigen, dass Kompetenzbündelungen möglicherweise dazu führen können, dass verschiedene, auch gegenläufige Interessen in einer Einheit vertreten sind. Die Konflikte werden dadurch nicht beseitigt, sondern lediglich internalisiert - d.h. sie werden von einer interministeriellen zu einer ressortinternen Auseinandersetzung.[1311] Die Rivalitäten der verschiedenen Interessen werden um so größer, je mehr verschiedene Themenkreise in einem Ministerium zusammengefasst sind.[1312]

Diese Konfliktverlagerung hat Dreierlei zur Folge: Zum einen finden Debatten dann in aller Regel auf einer unteren Ebene zwischen Beamten statt und werden nicht bis an die Spitze der Hierarchie herangetragen.[1313] Zum anderen besteht – anders als bei der Abstimmung zwischen den Ressorts – die Möglichkeit, Konflikte hierarchisch zu lösen,[1314] um sodann eine einheitliche Sicht „des Hauses" nach außen zu präsentieren.[1315] Damit werden zwar Interessenvielfalt und politische Optionen reduziert, aber Kohärenz und umfassendere Lösungen gefördert.[1316] Ein Beispiel für die Unterdrückung bestimmter Richtungen innerhalb eines großen Ressorts wären etwa die Entscheidungen innerhalb des englischen Ministeriums für Landwirtschaft, Fischerei und Ernährung, in dem Landwirtschaftsinteressen stets Vorrang vor Ernährungs-, Umwelt- und Verbraucherschutzinteressen genießen.[1317] Für den Zusammenhang zwischen einer an umfassenderen Lösungen interessierten Gesetzgebung und dem Ressortzuschnitt kann beispielsweise auf die Ausweitung der Zuständigkeiten des deutschen Bundesbauministeriums hingewiesen werden. Erst als neben dem Wohnungsbaurecht dort auch die anderen Bereiche der Raumordnung und des Bauwesens vereint wurden, konnten 1960 das zu den wenigen Kodifikationen der Nachkriegszeit zählende Bundes-Baugesetzbuch und 1970 das Städtebauförderungsgesetz ausgearbeitet werden.[1318]

[1310] Egeberg, Public Administration 1999, S. 155 ff, 162 f

[1311] Allgemein Derlien, VerwArch 1996, S. 548 ff, 567; Egeberg, Public Administration 1999, S. 155 ff, 164; zu entspr. Erfahrungen aus den Mitgliedstaaten: Andrews, Organisation und Verfahren der Entwurfsausarbeitung, S. 50 ff, 51 f; Hugger, Gesetze, S. 59; Leonhardt, Organisation und Verfahren der Entwurfsausarbeitung, S. 58 ff, 62; Smith/March/Richards, Central Government, S. 38 ff, 51.

[1312] Smith/March/Richards, Central Government, S. 38 ff, 51 f.

[1313] Egeberg, Public Administration 1999, S. 155 ff, 164.

[1314] Derlien, VerwArch 1996, S. 548 ff, 570.

[1315] Smith/March/Richards, Central Government, S. 38 ff, 52.

[1316] Derlien, VerwArch 1996, S. 548 ff, 570; Smith/March/Richards, a.a.O.

[1317] Smith/March/Richards, a.a.O., S. 51.

[1318] Von Beyme, Der Gesetzgeber, S. 141.

Schließlich verändern sich auch die Beziehungen zu externen Interessenvertretern. Da in einer verschmolzenen Einheit in aller Regel mehr Interessen berücksichtigt werden müssen, können die Netzwerkbeziehungen nicht mehr so ausdifferenziert wie vor der Kompetenzbündelung sein, Partikularinteressen etwa einzelner Industriezweige können weniger Einfluss gewinnen.[1319] Dies erklärt auch, wieso Verbände und Lobbyisten immer ein großes Interesse an der Schaffung neuer Ressorts, die gerade auf ihre Interessenlage zugeschnitten sind, haben.[1320] So verstärkte sich etwa der Einfluss der Umweltverbände auf die politischen Entscheidungen, nachdem das Umweltressort aus dem Bereich des Innenministeriums ausgegliedert wurde.[1321] Bedenken, dass bei einer Kompetenzneuordnung innerhalb der Kommission zu große Generaldirektionen entstünden,[1322] können daher nicht generell von der Hand gewiesen werden, sind jedoch zu undifferenziert. Zum einen kommt es nicht allein auf die Größe, sondern vielmehr auf die Anzahl und Ausrichtung der dort vertretenen Interessen an. Zum anderen weisen bereits die jetzigen Generaldirektionen große Unterschiede hinsichtlich ihrer Größe auf. Bei einer Neuordnung müssten daher nicht zwingend größere Einheiten entstehen. Man könnte vielmehr versuchen, die bestehenden Ungleichgewichte zwischen den Generaldirektionen abzubauen.[1323]

cc. Schaffung einer „Justizgeneraldirektion"?

Jedenfalls aus deutscher und französischer Sicht läge es nahe, auch der europäischen Kommission die Einrichtung einer „Justizgeneraldirektion" mit einer umfassenden Zuständigkeit auf dem Gebiet des Zivilrechts zu empfehlen. Die Einrichtung einer solchen Kommissionsdienststelle ist jedoch weder realistisch noch sinnvoll, da es in der europäischen Union – anders als in den Mitgliedstaaten – gerade keine umfassende Kompetenz zur Rechtsetzung auf dem Gebiet des Privatrechts gibt. Eine solche, an einem bestimmten Rechtsgebiet orientierte Zuständigkeit würde auch dem Prinzip der begrenzten Einzelermächtigung sowie der funktionalen Ausrichtung der Verträge widersprechen. Hinzu käme, dass es kaum möglich sein dürfte, eine für alle Mitgliedstaaten gleichermaßen akzeptable und verständliche Definition dafür zu finden, welche Fragen dem Privatrecht und welche dem öffentlichen oder dem Strafrecht zuzuordnen sind. Schließlich fehlt es auch an dem in den genannten Ländern bestehenden Zusammenhang mit Aufgaben der Justizverwaltung. Unmittelbare Kompetenzen stehen der Gemeinschaft hier nicht zu. Sie kann allenfalls die Zusammenarbeit der Mitgliedstaaten in diesem Bereich fördern.

[1319] Egeberg, Public Administration 1999, S. 155 ff, 164.

[1320] So zum Beispiel für Frankreich Sadran, Le système administratif français, S. 22.

[1321] Derlien, VerwArch 1996, S. 548 ff, 575; von Beyme, Der Gesetzgeber, S. 142.

[1322] So Neville-Jones, Kommentar, S. 178 ff, 181.

[1323] Borchgrave, Adaptations organisationnelles, S. 156 ff, 173; Poullet/Deprez, Struktur und Macht der EG-Kommission, S. 72.

Auch die Generaldirektion für „Justiz und Inneres" wäre - trotz ihres für konti-nentale Ohren vertraut klingenden Namens - als Keimzelle eines künftigen eu-ropäischen Justizministeriums nach nationalem Vorbild ungeeignet. Hierfür ist die Bedeutung dieser Generaldirektion für die Rechtsetzung im Bereich des Zi-vilrechts viel zu gering. Zum einen ist sie entsprechend der funktionalen Aufga-benverteilung in der Kommission vorrangig für Maßnahmen auf der Grundlage von Art. 65 EGV, mithin - wie im Einleitungsteil bereits ausgeführt - allein für verfahrens- und kollisionsrechtliche Regelungen zuständig.[1324] Ihre Arbeit um-fasst somit nur einen Bruchteil der Aufgaben, die den nationalen Justizministe-rien zukommen. Zum anderen befasst sich von den neun Referaten der General-direktion nur eines (Referat A 3) mit der justitiellen Zusammenarbeit in Zivilsa-chen und damit auch mit der Vorbereitung einschlägiger Gesetzesinitiativen. Die Zuständigkeit der übrigen Referate erstreckt sich vorrangig auf Gebiete, die auf nationaler Ebene eher beim Innenministerium angesiedelt wären (z.B. Asyl und Einwanderung, Drogenbekämpfung, Rassismus und Fremdenfeindlichkeit, Be-kämpfung organisierter Kriminalität usw.). Ein Blick auf das Arbeitsprogramm der Kommission und die geplanten Vorschläge im Bereich Justiz und Inneres[1325] zeigen ebenfalls deutlich, dass der Schwerpunkt der Arbeit auf den Gebieten der Kriminalitätsbekämpfung sowie der Ausländer- und Asylpolitik liegt. So bezie-hen sich beispielsweise von den 41 bzw. 61 Seiten der Mitteilung der Kommis-sion an den Rat und das Europäische Parlament „Anzeiger der Fortschritte bei der Schaffung eines „Raumes der Freiheit, der Sicherheit und des Rechts" in der Europäischen Union für das 1. und 2. Halbjahr 2001 gerade einmal 2-3 Seiten auf die Bereiche „Gegenseitige Anerkennung gerichtlicher Entscheidungen" und „Größere Konvergenz im Bereich des Zivilrechts".[1326] Dies entspricht auch der Entstehungsgeschichte dieses Ressorts. Der Bereich Justiz und Inneres wurde erst mit dem Vertrag von Amsterdam weitgehend vergemeinschaftet.[1327] Vo-rausgegangen war eine seit Mitte der 70er Jahre intensivierte Zusammenarbeit

---

[1324] Grabitz/Hilf-Röben, EGV, Art. 65 Rn. 9.

[1325] Mitteilung der Kommission an den Rat und das Europäische Parlament, Anzeiger der Fortschritte bei der Schaffung eines „Raumes der Freiheit, der Sicherheit und des Rechts" in der Europäischen Union (Stand 2. Halbjahr 2000) vom 30.11.2000, KOM (00) 782 endg., S. 19 f; Mitteilung der Kommission an den Rat und das Europäische Parlament, Anzeiger der Fortschritte bei der Schaffung eines „Raumes der Freiheit, der Sicherheit und des Rechts" in der Europäischen Union (Stand 1. Halbjahr 2001) vom 23.05.2001, KOM (01) 278 endg., S. 18 f; Mitteilung der Kommission an den Rat und das Europäi-sche Parlament, Anzeiger der Fortschritte bei der Schaffung eines „Raumes der Freiheit, der Sicherheit und des Rechts" in der Europäischen Union (Stand 2. Halbjahr 2001) vom 30.10.2001, KOM (01) 628 endg., S. 33 f; Arbeitsprogramm der Kommission für 2001, KOM (01) 28 endg., Annex 1, Vorschläge 77 – 96.

[1326] Mitteilung der Kommission an den Rat und das Europäische Parlament „Anzeiger der Fortschritte bei der Schaffung eines „Raumes der Freiheit, der Sicherheit und des Rechts" in der Europäischen Union (Stand 1. Halbjahr 2001) vom 23.05.2001, KOM (01) 278 endg., S. 18 f.

[1327] De Lobkowitz, Der «dritte Pfeiler» des Unionsvertrages, S. 41 ff, 43.

der Mitgliedstaaten auf dem Gebiet der Terrorismusbekämpfung, der Polizeiarbeit, der Bekämpfung der organisierten Kriminalität, der Einwanderung und Drogenbekämpfung[1328] - nicht aber des Zivilrechts.

dd. Generaldirektion für „Rechtsangleichung im Binnenmarkt"

Eine Neuordnung der Kompetenzen muss sich an den vom EGV vorgegebenen Zielen und Politiken und nicht allein am Vorbild nationaler Ministerien orientieren. Die systemprägende Rolle, die die Justizministerien in den kontinentaleuropäischen Mitgliedstaaten mit ihrer Kompetenz für das Zivilrecht und die klassischen Kodifikationen spielen, kann in der europäischen Gemeinschaft am ehesten der Generaldirektion Binnenmarkt zukommen, die um einige weitere Referate aus anderen Generaldirektionen ergänzt werden müsste. Dies dürfte auch der Wahrnehmung in der Kommission selbst entsprechen. So stammte der bereits erwähnte Vorschlag aus den 70er Jahren, eine allgemeine Generaldirektion für Rechtsvereinheitlichung einzuführen, nicht ohne Grund aus der Generaldirektion Binnenmarkt,[1329] und auch das von der Kommission im Rahmen der SLIM-Initiative angedachte besondere Gremium für „bessere Rechtsetzung" sollte bei einem beratenden Ausschuss der Generaldirektion Binnenmarkt angesiedelt werden.[1330] Für die besondere Rolle dieser Generaldirektion sprechen auch die für das Gemeinschaftsprivatrecht einschlägigen Kompetenzregelungen des EGV, die alle entweder unmittelbar (wie Art. 65, 94, 95 EGV) oder mittelbar durch Verweisung (wie Art. 153, 157 EGV, s.o.) an die „Binnenmarkterforderlichkeit" anknüpfen.

Um die jetzige Generaldirektion für Binnenmarkt zu einer Dienststelle für Rechtsvereinheitlichung auszubauen, sollten ihr folgende Bereiche zugeschlagen werden, die bislang in einzelnen Referaten anderer Generaldirektionen angesiedelt sind:

- Fragen des Verbraucherschutzrechts, soweit es dabei um allgemeine Fragen geht und nicht um Gesundheit und Lebensmittelrecht;
- Fragen des Urheberrechts, die bislang sowohl bei der Generaldirektion Binnenmarkt als auch bei der Generaldirektion Informationsgesellschaft angesiedelt sind;
- Fragen des E-Commerce, für die jetzt neben der Generaldirektion Binnenmarkt auch die Generaldirektionen für Informationsgesellschaft, Unternehmen und Verbraucherschutz zuständig sind;

[1328] Ebd.; Emmert, Europarecht, S. 53 f; Nugent, Government and Politics of the European Union, S. 282.

[1329] Remien, ZfRV 1995, S. 116 ff, 123; Taschner, Privatrechtsvereinheitlichung durch die Europäische Gemeinschaft, S. 225 ff, 230.

[1330] Bericht „Rahmenbedingungen für die Rechtsetzung", KOM (01), 130 endg., Anlage IV.

- Justitielle Zusammenarbeit in Zivilsachen (Zivilprozess- und Kollisionsrecht), das bislang einem Referat der Generaldirektion für Justiz und Inneres zugeordnet ist.

Diese Aufgabenumverteilung müsste auch für die dergestalt „beschnittenen" Generaldirektionen hinnehmbar sein. So würde die Generaldirektion für Gesundheit und Verbraucherschutz nur eine der sechs mit inhaltlichen Aufgaben betrauten Abteilungen verlieren, nämlich die für Verbraucherangelegenheiten. Die Generaldirektion Justiz und Inneres würde nicht einmal eine ganze Abteilung, sondern lediglich ein Referat von neun verlieren. Der verbleibende Bereich ist im Wesentlichen der Innenpolitik zuzuordnen,[1331] so dass die Generaldirektion ebenfalls durch die Ausgliederung einen Gewinn an Einheitlichkeit hätte. Da – wie oben gezeigt – der Schwerpunkt europäischer Arbeit im Ressort Justiz- und Inneres ohnehin auf den Gebieten der Verbrechensbekämpfung sowie der Einwanderungspolitik liegt, könnte die Ausgliederung der justitiellen Zusammenarbeit in Zivilsachen auch eine Aufwertung dieses Bereichs, der bislang innerhalb der Generaldirektion wohl hinter anderen Fragen zurücktreten musste, bedeuten. Die Trennung von Straf- und Zivilrecht schließlich, die für ein Justizministerium kontinentalen Stils eher untypisch wäre, ist auf europäischer Ebene ebenfalls eine angemessene Lösung, da im Bereich des Strafrechts ohnehin keine Gesetzgebungskompetenzen der Gemeinschaft bestehen und auch jedenfalls in naher Zukunft wohl nicht geschaffen werden. Die Generaldirektionen Unternehmen und Informationsgesellschaft schließlich hätten ohnehin nur geringe Zuständigkeitsverluste zu verzeichnen: Erstere würde ein Referat (E-Business) und zweitere ungefähr anderthalb Referate (E-Commerce ganz sowie Datensicherheit und geistiges Eigentum teilweise) verlieren, was bei der Größe der beiden Dienststellen kaum ins Gewicht fällt. Beide Generaldirektionen zeichnen sich im Übrigen dadurch aus, dass ihr Aufgabenbereich nicht besonders klar definiert ist und Überschneidungen mit vielen anderen Ressorts aufweist. Im Wesentlichen dürfte es sich hier um „Andockstellen" für Lobbyinteressen handeln. Bei einer größeren Umstrukturierung der Kommission spricht daher jedenfalls unter dem Aspekt einer klareren Kompetenzverteilung einiges dafür, diese beiden Generaldirektionen vollständig aufzulösen und ihre Aufgaben auf andere Dienststellen zu verteilen.

Nicht in den Zuständigkeitsbereich der Generaldirektion Binnenmarkt sollte dagegen das bislang bei der Generaldirektion Wettbewerb angesiedelte Kartellrecht fallen. Zum einen bildet das europäische Wettbewerbsrecht einen in sich

---

[1331] Referate für: Freizügigkeit, Außengrenzen, Visumpolitik; Einwanderung und Asyl; Koordination der Drogenbekämpfung; Unionsbürgerschaft, Grundrechte und Programm gegen Rassismus und Fremdenfeindlichkeit; Polizei und Zollzusammenarbeit, allgemeine Verbrechensverhütung; Bekämpfung der organisierten Kriminalität; justitielle Zusammenarbeit in Strafsachen; Außenbeziehungen und Erweiterungen

relativ homogenen Bereich, zum anderen können ihm nur geringere systemprägende Wirkungen für das allgemeine Zivilrecht zugeschrieben werden.[1332] Auch in den hier zum Vergleich herangezogenen Mitgliedstaaten ist das Kartell- und Vergaberecht daher nicht den handelsrechtlichen Abteilungen der Justizministerien, sondern den Wirtschafts- sowie den Bau- und Verkehrsministerien zugeordnet.[1333] Zu überlegen wäre vielmehr, ob nicht auch das Vergaberecht von der Generaldirektion Binnenmarkt zur sachnäheren Generaldirektion Wettbewerb verschoben werden könnte. Da die neue Generaldirektion für Rechtsvereinheitlichung damit um eine Direktion mit vier Referaten beschnitten würde, könnte dieser Aufgabentransfer auch im Hinblick auf das Gleichgewicht der Dienststellen sinnvoll sein.

Bedenken gegen die vorgeschlagene neue Kompetenzverteilung im Bereich „Rechtsvereinheitlichung im Binnenmarkt" könnten allenfalls aus Sicht der Verbraucherverbände bestehen, da sie befürchten müssten, dass ihr Einfluss mit der Eingliederung des Referats Verbraucherangelegenheiten in die Generaldirektion Binnenmarkt abnehmen würde. Dies ist aber letztlich eine unvermeidbare und notwendige Konsequenz, wenn man berücksichtigt, dass gerade die oftmals allzu verbraucherspezifischen europäischen Regelungen einen Teil der beklagten Rechtszersplitterung darstellen.

2. Rechtsbereinigung und Reform

In dem nunmehr vorgeschlagenen Modell fehlt es – ebenso wie in England – an einer in den alltäglichen Entwurfsprozess integrierten Kontrolleinheit. Hierauf kann aber dann verzichtet werden, wenn die Ausarbeitung der Texte einer Spezialeinheit übertragen ist, die bereits bei der Entwurfserstellung eine Prüfung rechtlicher Auswirkungen des Vorschlags vornimmt. Auch die Draftsmen des Juristischen Dienstes können natürlich kein Ersatz für eine dauerhafte Überarbeitung und Kontrolle der bestehenden Normen sein. Zum einen würde auch nach ihrer Einrichtung eine große Menge „alten" Rechts mit den bekannten Problemen fortbestehen, zum anderen entstehen auch bei der erforderlichen dauernden Anpassung neuen Rechts systematische und begriffliche Ungereimthei-

---

[1332] Vgl. „Europäische Vertragsrechts-Mitteilung", Anhang I „Wichtige Regelungen des Acquis Communautaire im Privatrecht" S. 48 ff; im Anhang III „Grundzüge des Gemeinschaftlichen Besitzstandes und der einschlägigen verbindlichen internationalen Verträge" wird das Vergaberecht allerdings nicht mehr genannt, was auf seine eher geringe systemprägende Wirkung hindeutet.

[1333] Deutschland: Bundesministerium für Wirtschaft und Technologie und Bundesministerium für Verkehr, Bau- und Wohnungswesen; Frankreich: Ministère de l'Économie, des Finances et de l'Industrie und Minsitère du l'Équipement, du Logement et des Transports; Großbritannien: Department of Trade and Industry; Depart-ment of Transport, vgl. hierzu: Aufstellung aller zuständigen nationalen Ministerien und Behörden auf der Internet-Seite der Generaldirektion Wettbewerb, www.europa.eu.int/comm/competition/national_authorities, Stand: 02.02.02.

ten oder überflüssige Regelungen, die der Rechtsbereinigung bedürfen. Es sind daher noch interne oder externe Einheiten erforderlich, die sich der rechtstechnischen ebenso wie der grundlegenden inhaltlichen Überarbeitung des bestehenden Rechts widmen.

a. Ausbau der Arbeit der Gruppe Kodifizierung des Juristischen Dienstes
Wie der Blick auf die englische Law-Commission gezeigt hat, bringt die Einrichtung eines gesonderten Gremiums eher Probleme als Effektivitätsgewinne mit sich, da Vorschläge ausgearbeitet werden, an deren Realisierung die zuständigen Minister kein Interesse haben, und gleichzeitig durch den Wahlturnus der Kommissare der erforderliche lange Atem für die Verfolgung von Reformprojekten fehlt. Es empfiehlt sich daher eher, die kontinuierliche Rechtsbereinigung einer internen Regierungseinheit zu übertragen, die bei aufwendigen (echten) Kodifikationsarbeiten gesonderte Kommissionen einsetzen oder sich von wissenschaftlichen Einrichtungen beraten lassen kann.

Konsolidierungs- und Kodifikationsarbeiten sollten weiterhin bei der Kodifizierungsgruppe des Juristischen Dienstes angesiedelt sein. Ihre Aufgabe müsste dabei jedoch über die Koordination und Kontrolle der von anderer Seite initiierten Vorschläge hinausgehen. Insbesondere sollte sie - ebenso wie die Commission Supérieure de Codification - dafür zuständig sein, einen „Kodifikationsplan" zu entwerfen, die Rechtsbereinigung mithin aktiv zu fördern und zu steuern. Reine Konsolidierungsarbeiten ohne größere inhaltliche Änderungen könnten vom Juristischen Dienst, der nach dem hier vorgeschlagenen Modell ohnehin mit Gesetzgebungsfachleuten besetzt wäre, im eigenen Hause erledigt werden. Der Aufgabenbereich der Kodifikationsgruppe müsste über die bisherige Form der Kodifikation hinausgehen und nach dem französischen Vorbild der Codification à droit constant auch inhaltliche Änderungen, die sich bei der Zusammenfassung mehrerer Normen zwingend ergeben, umfassen. Bei größeren Vorhaben, d.h. jedenfalls bei der Planung von Kodifikationen nach klassischem Vorbild, sollte der Juristische Dienst – ebenso wie es in Deutschland und Frankreich der Fall ist – kompetent besetzte Kommissionen oder Sachverständigenräte mit der Vorbereitung betrauen. Die Auswahl der Mitglieder ebenso wie die Begleitung ihrer Arbeit müssten dabei ebenfalls zu seinen Aufgaben gehören. Ergänzt werden sollte der Ausbau des Juristischen Dienstes auf diesem Gebiet durch eine Erweiterung des Anwendungsbereichs der interinstitutionellen Vereinbarung von 1994 entsprechend der englischen Regelung des vereinfachten Konsolidierungsverfahrens. Ebenso wie in England sollten alle im Rahmen der Konsolidierung erforderlichen und von der Kodifizierungsgruppe des Juristischen Dienstes befürworteten Änderungen das verkürzte Verfahren in Rat und Parlament durchlaufen können.

b. Schaffung einer europäischen wissenschaftlichen Einrichtung

Sinnvoll wäre es ferner, die Gesetzgebungsarbeit der Kommission wissenschaftlich zu begleiten, da insbesondere die erforderliche rechtsvergleichende Arbeit
während des laufenden Alltagsgeschäfts kaum zu leisten ist. Das neu zu schaf-
fende Forschungsinstitut sollte unabhängig von konkreten Gesetzesvorhaben
Grundsatzarbeit leisten und nicht - wie die englische Law Commission - als allgemeine Rechtsberatungseinheit der Kommission fungieren oder sich – wie die
Studienabteilung des französischen Conseil d'État – im Wesentlichen mit tages-
politisch aktuellen Themen beschäftigen. Seine Ergänzungsfunktion zum Juristischen Dienst kann das Institut nur dann sinnvoll wahrnehmen, wenn es ihm
möglich ist, sich mit der erforderlichen Kontinuität größeren Reformvorhaben
zu widmen.[1334] Seine Aufgabe würde voraussichtlich v.a. im Bereich der Überarbeitung und Reform bestehenden Rechts liegen, da hier eher als bei der Schaffung neuer Regelungen die Zeit besteht, sich mit den anstehenden Rechtsfragen
grundsätzlich auseinander zu setzen.

Seine Unabhängigkeit sollte das Institut dadurch wahren, dass sich die Auswahl
seiner Mitglieder allein an fachlichen Kriterien orientieren darf. Es sollten zwar
nach Möglichkeit Vertreter aller nationalen Rechtsordnungen präsent sein, um
das erforderliche rechtsvergleichende Wissen einzubringen. Dies könnte durch
die Festlegung von Nationalitätenquoten in einer Satzung des Instituts festgehalten werden. Vermieden werden sollte jedoch in jedem Falle ein Vorschlagsrecht
nationaler Regierungen oder europäischer Institutionen, um die Arbeit des Instituts nicht in Interessenkonflikte zu verwickeln. Am sinnvollsten wäre es, wenn
die Mitglieder des Instituts selbst, auf Vorschlag eines eigenen Wahlausschus-
ses, den oder die Nachfolger für ausgeschiedene Mitglieder bestimmen würden.
Dieses Verfahren kann jedoch bei der erstmaligen Stellenbesetzung nicht greifen.

Hier hängt es davon ab, wer Träger des neu zu schaffenden Instituts sein sollte.
Der insbesondere von *Christoph Schmid* aufgebrachte Gedanke, Gründer und
Leiter sollten am besten Wissenschaftler, europäische berufsständische Organisationen und nationale Justizministerien sein, mag im Hinblick auf die Legitimität der Arbeit des wissenschaftlichen Gremiums reizvoll sein. Angesichts der
eher geringen Bedeutung der europäischen Organisationen praktizierender Juristen ist jedoch zweifelhaft, ob ihre Unterstützung ausreichen kann, um dem Institut die erforderliche Kontinuität zu verleihen. Es darf an dieser Stelle auch noch
einmal auf die obigen allgemeinen Ausführungen zur fehlenden Schlagkraft europäischer Verbände, die eher Sammelbecken der verschiedensten nationalen
und partikularen Ideen als effektive Interessenvertreter sind, verwiesen werden.
Insbesondere dann, wenn ein mögliches europäisches Rechtsinstitut auch finan-

---

[1334] Ebenso allgemein für Gesetzgebungsdienste: Stadler, Aufgaben eines Gesetzgebungsdienstes, S. 307 ff, 312.

ziell von den berufsständischen Organisationen abhängig wäre, stünde zu be-
fürchten, dass es hier weder verlässliche, noch zahlungskräftige Partner hätte.
Gegen die Beteiligung nationaler Justizministerien sprechen hingegen die selben
Argumente wie gegen ein Vorschlagsrecht der mitgliedstaatlichen Regierungen.
Auch die Vertreter der Justizressorts sehen sich als Teil der Regierung stets dem
Verdacht ausgesetzt, nationale Interessen zu verfolgen. Vertreter von Bürokratie
und Statusverbänden nicht zu Trägern des Instituts zu machen, bedeutet schließlich auch nicht, sie vollständig von der Gesetzgebungsarbeit auszuschließen.
Zum einen besteht schon heute die Möglichkeit, über die Vielzahl von Beratungsgremien am europäischen Rechtsetzungsprozess teilzuhaben, zum anderen
könnte auch bei Rechtsbereinigungs- und Reformvorhaben im Einzelfall auf Ad-
hoc-Gremien, die auch Praktiker enthalten, zurückgegriffen werden. Die Auswahl der ersten Institutsmitglieder ebenso wie die Finanzierung der Einrichtung
sollte daher am besten von einer europäischen Stiftung übernommen werden. So
könnte am ehesten die finanzielle wie organisatorische Unabhängigkeit der Einrichtung gesichert werden.

Die Erwartungen an unmittelbare, schnell und konkret sichtbare Erfolge der Arbeit eines europäischen rechtswissenschaftlichen Instituts sollten jedoch nicht
allzu hoch sein. Es ist zu bedenken, dass Rechtsbereinigungsarbeiten politisch
unattraktiv sind und dass die Unabhängigkeit eines Gesetzgebungsdienstes stets
auch mit einem Mangel an politischem Einfluss verbunden ist.

3. Realisierungschancen und Ausblick
Zum Schluss bleibt noch die Frage, ob der hier entworfene Vorschlag für eine
bessere Rechtsetzung Chancen hat, jemals realisiert zu werden.

Was den Vorschlag der Schaffung europäischer Draftsmen angeht, so gefährdet
bereits der Umstand, dass er auf einem englischen Vorbild beruht, seine Umsetzung in die Praxis, da England immer im Verdacht steht, vor allem an einer Ver-
langsamung des Integrationsprozesses interessiert zu sein. Hoffnung für diese
Idee könnte es daher nur dann geben, wenn sie von weiteren einflussreichen
Mitgliedstaaten, d.h. insbesondere von Frankreich und Deutschland, unterstützt
würde.

Die Ausweitung der Rechtsbereinigungs- und Reformeinheiten muss dagegen
weniger mit Widerstand als vielmehr mit Desinteresse rechnen. Der Wille zur
Verbesserung der Rechtsetzungsqualität wird zwar häufig öffentlich bekundet,
ist in der Praxis aber meist nur schwach ausgeprägt.[1335]
Auch die angedachte Kompetenzbündelung bei der Generaldirektion Binnenmarkt, die optimalerweise natürlich mit einer kompletten Aufgabenneuordnung

---

[1335] Mitteilung, Vereinfachung und Verbesserung des Regelungsumfelds, KOM (01) 726
endg., S. 2.

in der Kommission verbunden würde, ist nicht ohne politische Fallstricke. Zwar würden die angedachten Umgestaltungen der Kommissionsbürokratie keine Änderung des EGV erfordern. Dennoch sind Aufgabenneuverteilungen oder – neubewertungen innerhalb der Kommission keine rein technischen Vorgänge, sondern Fragen politischer Macht. Besonders deutlich wird dies bei der Idee, die Zahl der Generaldirektionen zu reduzieren, ihre Aufgaben zu bündeln und die Generaldirektionen – wie nationale Ministerien – jeweils nur in die Verantwortung eines einzelnen Kommissars zu stellen. Alle solche Überlegungen sind letztlich zum Scheitern verurteilt, wenn die Zahl der Kommissare mit jeder Erweiterungsrunde wächst und man sich nicht auf Rotations- oder Junior-Kommissar-Modelle einigt. So lange nämlich müssen jedes Mal neue Ressorts geschaffen und die bestehenden umstrukturiert werden. Es bleibt zu hoffen, dass der Erweiterungsdruck hier trotz des diesbezüglichen Scheiterns der Verhandlungen von Nizza (s.o.) auf Dauer zu einer sinnvollen Lösung führt.

Des weiteren werden die Verbände und Interessengruppen versuchen, ihren Einfluss geltend zu machen, und sich für den Erhalt der ihnen gewogenen Generaldirektion oder Abteilungen einsetzen.[1336] Schließlich stellt die innerhalb der Kommission zu berücksichtigende Nationalitätenquote ein nicht zu verachtendes Reformhindernis dar, da jede Neuverteilung von Kompetenzen und Personal die Gefahr mit sich bringt, das ausgeklügelte Gleichgewicht zu stören.[1337] Andererseits könnte die bisherige Flexibilität der Kommissionsstrukturen mit ihrer regelmäßigen Aufgabenneuverteilung hier von Vorteil sein, da sich weniger starre Ressortegoismen herausgebildet haben, die nun einer Veränderung entgegenstehen könnten.

Man muss sich zudem darüber im Klaren sein, dass ein deutliches Bekenntnis zum Ressortprinzip, möglicherweise noch verbunden mit einer Orientierung an der Aufgabenverteilung nationaler Regierungen, keine „unschuldige" Verwaltungsreform mehr wäre,[1338] sondern eindeutig auch ein politisches Signal dafür, die europäische Kommission in Richtung auf eine europäische Regierung weiterzuentwickeln.[1339] Auch hierüber ist die Debatte jedoch noch längst nicht abgeschlossen, da neben der Kommission jedenfalls grundsätzlich auch der Rat

---

[1336] Sadran, Le système administratif français, S. 22 hält diesen Umstand zum Beispiel in Frankreich für den Grund, wieso Zuständigkeitsreformen in der Regierung zum Scheitern verurteilt seien.

[1337] Borchgrave, Adaptations organisationnelles, S. 166; Coombes, Politics and Bureaucracy, S. 309; Poullet/Deprez, Struktur und Macht der EG-Kommission, S. 46.

[1338] So schon zum Vorschlag der Spierenburg-Kommission, sich zum Ressortprinzip zu bekennen: Berlin, Organisation de la Commission, S. 44; Grabitz/Hilf-Hummer, EGV, Art. 157 Rn. 9.

[1339] Ebenso Mehde, ZEuS 2001, S. 403 ff, 448.

Potential hätte, zu einer europäischen Regierung ausgebaut zu werden.[1340] Letztlich aber würde auch erst die Entscheidung, der europäischen Kommission tatsächlich die Machtmittel einer Regierung zur Verfügung zu stellen, ihr die politische Schlagkraft verleihen, die die Realisierung größerer und umfassenderer Rechtsetzungsvorhaben erfordert. Ohne diese politische Einbindung nämlich wird die Kommission auch in Zukunft nur eine Rechtsetzung in kleinen Schritten initiieren. Alle internen Reformen – so ausgereift sie auch sein mögen – werden die Leiden der europäischen Rechtsetzung deshalb wohl nur lindern, nicht aber heilen können.

[1340] Vgl. hierzu Rede von Bundesaußenminister Fischer vom 12.05.2000 an der Humboldt Universität Berlin, SZ vom 13./14.2000, S. 1, der beide Varianten für möglich hält; zur möglichen Regierungsqualität der Kommission auch: Lamers, Politische und institutionelle Vertiefung, S. 35 ff, 41, Ludlow, The European Commission, S. 85 ff, 122; a.M. zum Beispiel: Vibert, „Entflechtung" der Kommission, S. 73 ff, 82 ff.

VI. Thesen

1. Die Frage der Rechtsklarheit, zu der insbesondere auch diejenige der Kodifikation gehört, ist kein reines „Juristenproblem", sondern steht in engem Zusammenhang mit dem allgemeinen Grundsatz der Rechtssicherheit. Zudem ergeben sich auch Auswirkungen auf die Wettbewerbsfähigkeit der Union, da Rechtsunklarheiten Kosten im Markt verursachen.

2. Das Bemühen der Gemeinschaft um Rechtsvereinheitlichung in Europa trägt - jedenfalls im Bereich des Gemeinschaftsprivatrechts - teilweise eher zu Rechtszersplitterung und –unklarheit als zur Schaffung einer einheitlichen europäischen Rechtsordnung bei.

3. Das europäische Schuldrecht hat zwar inzwischen einen Stand erreicht, der eine Kodifikation möglich und sinnvoll machen würde, es fehlt jedoch an einer Kompetenzgrundlage im Vertrag, die auch politisch tragfähig wäre. Es ist davon auszugehen, dass ein derart umfangreiches und tiefgreifendes Gesetzgebungsprojekt nicht auf der umstrittenen Grundlage des Art. 95 EGV durchgeführt wird, sondern dass es hierfür einer eindeutigen politischen Willensbekundung der europäischen Regierungsvertreter bedarf, die sich in der Schaffung einer eigenen Kompetenzgrundlage niederschlagen wird.

4. Die Normvorbereitung in der europäischen Kommission kann trotz des supranationalen Charakters der Union mit den Entscheidungsprozessen der nationalen Regierungen verglichen und mit den selben Fragestellungen wie die Rechtsetzung der Mitgliedstaaten analysiert werden.

5. Die formale Qualität eines Gesetzes entscheidet sich im Rahmen der Vorbereitung der Normsetzung in der Gubernative.

6. Trotz der unterschiedlichen institutionellen Ausgestaltung der Vorbereitungsphase in der Rechtsetzung der Mitgliedstaaten lassen sich folgende Gemeinsamkeiten ableiten:

   • Bei der Formulierung der Gesetzestexte bedarf es juristischen Sachverstands.
   • Man braucht zentrale Einheiten, die die unterschiedlichen Vorschläge aus den verschiedenen Ressorts im Hinblick auf ihre Übereinstimmung untereinander und mit dem bestehenden Recht kontrollieren und so zur Einheit der Rechtsordnung beitragen. Es muss durch institutionelle Vorkehrungen gewährleistet sein, dass die Entscheidungen dieses Organs von den anderen am Rechtsetzungsprozess Beteiligten auch akzeptiert werden.

- Die rechtliche Beratung und Kontrolle darf nicht erst dann einsetzen, wenn der Gesetzesvorschlag bereits ausformuliert ist und in einzelnen Punkten mit Verbänden, Interessengruppen und den anderen Ressorts bereits Kompromisse hinsichtlich der Wortwahl ausgehandelt werden.
- Legistische Richtlinien zeitigen nur dann Erfolge, wenn ihre Einhaltung institutionell abgesichert ist. Ihre Auswirkungen sind jedoch auf das Gebiet der Rechtstechnik beschränkt. Die Prüfung der Erforderlichkeit ganzer Gesetze dahingegen kann weder über solche Checklisten noch über gesonderte Normprüfungsausschüsse erfolgen, da es sich hierbei um eine primär politische Entscheidung handelt.
- Rechtsbereinigung kann nur dann effektiv betrieben werden, wenn sie hinreichende politische Unterstützung erhält. Dies erweist sich jedoch häufig als schwierig, da es sich um eine technische und langwierige Aufgabe handelt, bei der keine kurzfristigen politischen Erfolge zu erringen sind.

7. In der europäischen Kommission ist der Koordinations- und der Kontrollbedarf im Rahmen der Rechtsetzung besonders groß, da die Entscheidungsprozesse stark fragmentiert sind und eine Vielzahl von Akteuren Vorstellungen aus den verschiedensten Rechtsordnungen einbringen.

8. Gleichzeitig fehlt es aber an effektiven Steuerungs- und Beratungseinheiten, die die Kohärenz der Rechtsordnung bei der Schaffung neuen Rechts sichern könnten ebenso wie an effektiven Rechtsbereinigungsmechanismen.

9. Die bisherigen Reformvorschläge zur Verbesserung der Gesetzesvorbereitung in der Kommission greifen zu kurz, da sie sich v.a. auf die Schaffung interner oder externer Kontroll- und Beratungsgremien beziehen und nicht hinreichend zwischen der Schaffung neuen und der Überarbeitung bestehenden Rechts differenzieren. Vernachlässigt wird dabei auch der Gedanke, Rechtszersplitterung nicht erst durch nachträgliche Kontrolle zu beseitigen, sondern von Anfang an durch eine effizientere Aufgabenverteilung zu vermeiden.

10. Eine solche Verbesserung der Aufgabenverteilung zwischen den Generaldirektionen der Kommission müsste mit einer Reduktion der Anzahl der Generaldirektionen einher gehen. Im Bereich des Gemeinschaftsprivatrechts sollten die Befugnisse für die Vorbreitung neuen Rechts ebenso wie die Abschaffung überflüssiger alter Regelungen bei der Generaldirektion Binnenmarkt gebündelt werden.

11. Abzulehnen sind die Vorschläge, die sich auf die Schaffung externer Kontrollgremien nach dem Vorbild des französischen Conseil d'État und der niederländischen CTW beziehen. Eine direkte Einbeziehung solcher Einheiten in den Rechtsetzungsprozess würde aller Voraussicht nach zu Akzeptanzproblemen führen. Zudem würden Koordination und Kontrolle erst zu spät greifen.

12. Interne Koordinations- und Kontrolleinheiten, die für Rechtseinheit und Rechtsklarheit sorgen, sollten nicht beim Generalsekretariat, sondern beim Juristischen Dienst angesiedelt werden. Dem Generalsekretariat kommt zwar eine politische Steuerungsfunktion zu, ihm fehlt es aber am erforderlichen juristischen Know-how.

13. An der Spitze des Juristischen Dienstes sollte ein eigener Kommissar stehen, um dieser Querschnittseinheit mehr Autorität und den Belangen der Gesetzestechnik ein eigenständigeres Gewicht zu verleihen.

14. Der Juristische Dienst sollte in Zukunft eine dem englischen Parliamentary Counsel vergleichbare Rolle einnehmen. In der europäische Kommission müssten dazu, ebenso wie in England, inhaltliche und juristische Erarbeitung der Vorschläge getrennt werden. Dies hätte den Vorteil, dass trotz der Vielzahl der beteiligten Akteure die eigentliche Formulierung der Texte einem zentralen Gremium zugewiesen wäre und dadurch eine einheitliche Begriffs- und Systembildung gefördert werden könnte. Zwingende Voraussetzung wäre allerdings, dass der Juristische Dienst personell wie finanziell hinreichend ausgestattet würde, um diese Aufgabe bewältigen zu können.

15. Die Rechtsbereinigungsaufgaben sollten weiterhin bei der Kodifizierungsgruppe des Juristischen Dienstes angesiedelt sein, da er als interner Querschnittsdienst am ehesten für die erforderliche Kontinuität sorgen kann. Auch die Erarbeitung von Kodifizierungs- und Konsolidierungsprogrammen sowie Arbeitsrichtlinien sollte diesem Gremium obliegen. Bei größeren Vorhaben mit weitreichenden systematischen Auswirkungen sollte die Kodifizierungsgruppe multinational zusammengesetzte Kommissionen einsetzen. Solche Arbeiten könnten zudem durch ein neu zu schaffendes europäisches wissenschaftliches Institut unterstützt werden, dessen Aufgabe es sein sollte, sich grundlegenden Fragen der europäischen Rechtsentwicklung zu widmen.

16. Kommissionsinterne Reformen können das Rechtszersplitterungs-Problem nur lindern, nicht aber beseitigen. Sie sind weder ein Ersatz für den politischen Willen zu einer besseren Rechtsetzung noch für eine

durchgreifendere Stärkung der Steuerungsfähigkeit der europäischen Institutionen.

Abkürzungsverzeichnis

Abl.	= Amtsblatt der Europäischen Gemeinschaften
AcP	= Archiv für die civilistische Praxis
a.f.	= alte Fassung
a.m.	= anderer Meinung
a.a.o.	= am angegebenen Ort
AstV	= Ausschuss der Ständigen Vertreter im Rat
BEST	= Business Environment Simplification Task Force
BGB	= Bürgerliches Gesetzbuch
BGBl.	= Bundesgesetzblatt
BMJ	= Bundesministerium der Justiz
BVerfG	= Bundesverfassungsgericht
CML Rev.	= Common Law Market Review
Const.	= Constitution (= französische Verfassung von 1958)
DG	= direction générale (Generaldirektion der Kommission)
DÖV	= Die öffentliche Verwaltung (Zeitschrift)
DVBl	= Deutsche Zeitschrift für Verwaltungsrecht
Ebd.	= Ebenda
EEA	= einheitliche Europäische Akte
EGV	= Vertrag über die Europäische Gemeinschaft
ENA	= École Nationale d'Administration (französische Elite-Schule)
Endg.	= endgültig
EuGH	= Europäischer Gerichtshof
EUV	= Vertrag über die Europäische Union
EuZW	= Europäische Zeitschrift für Wirtschaftsrecht
EWS	= Europäisches Wirtschafts- und Steuerrecht (Zeitschrift)
GASP	= Gemeinsame Außen- und Sicherheitspolitik der europäischen Gemeinschaft
GG	= Grundgesetz
GO EP	= Geschäftsordnung des Europäischen Parlaments
GO Komm.	= Geschäftsordnung der Kommission
GGO II	= Gemeinsame Geschäftsordnung der Bundesministerien
HSVE	= Europarechtliche Entscheidungssammlung von Hummer/ Simma/Vedder
JO	= Journal Officiel (Gesetz- und Verordnungsblatt für Frankreich)
KOM	= Kommissionsdokumente
mwN	= mit weiteren Nachweisen
n.F.	= neue Fassung
OECD	= Organisation for Economic Cooperation and Development
PVS	= Politische Vierteljahresschrift
Rfap	= Revue française d'administration politique
Rfsp	= Revue française de science publique
RFD adm.	= Revue française de droit administratif

Rs.	= Rechtssache (beim EuGH)
RTD eur.	= Revue trimestrielle de droit européen
SEW	= Sociaal Economische Wetgeving
Slg.	= Sammlung (Entsheidungssammlung des EuGH)
Stat.L.R.	= Statute Law Review
SZ	= Süddeutsche Zeitung
UNICE	= Union of Industrial and Employer's Confederation of Europe
VerwArch	= Verwaltungsarchiv
WEP	= West European Politics
WP	= Wahlperiode
ZEuP	= Zeitschrift für Europäisches Privatrecht
ZEuS	= Zeitschrift für Europarechtliche Studien
ZfRV	= Zeitschrift für Rechtsvergleichung
ZG	= Zeitschrift für Gesetzgebung
ZRP	= Zeitschrift für Rechtspolitik

Literatur

- Abélès, Marc/Bellier, Irène, La Commission européenne du compromis culturel à la culture politique du compromis, Rfsp 1996, S. 431 ff.

- Academy of European Private Lawyers, European Contract Code – Preliminary Draft, Pavia 2001.

- Algieri, Franco/Rometsch, Dietrich, Europäische Kommission und organisierte Interessen: Die Rolle des Ausschußwesens und Ansätze für einen strukturierten Dialog, in: Eichener, Volker/Voelzkow, Helmut (Hrsg.), Europäische Integration und verbandliche Interessenvermittlung, Marburg 1994, S. 131 ff.

- Allen, Sir Carleton Kemp, Law in the Making, Oxford 1964.

- Andrews, Ewald, Organisation und Verfahren der Entwurfsausarbeitung. Organisatorische und informationelle Schwierigkeiten, in: Böhret, Carl (Hrsg.), Gesetzgebungspraxis und Gesetzgebungslehre. Ein Erfahrungsaustausch über die Verbesserung von Rechtsnormen, Speyrer Forschungsbereichte Nr. 13, Speyer 1980, S. 50 ff und Aussprache zu seinem Referat, S. 67 ff.

- Ardant, Philipe, Les institutions de la Ve République, Paris 1993.

- Ayberk, Ural/Schenker, François-Pierrre, Des lobbies européens entre pluralisme et clientélisme, Rfsp 1998, S. 725 ff.

- Bach, Maurizio, Transnationale Institutionenpolitik: Kooperatives Regieren im politisch-administrativen System der Europäischen Union, in: König, Thomas/Rieger, Elmar/ Schmitt, Hermann (Hrsg.), Europäische Institutionenpolitik, Frankfurt/New York 1997, S. 178 ff.

- Bach, Maurizio, Transnationale Integration und institutionelle Differenzierung, Tendenzen der europäischen Staatswerdung, in: Eichener, Volker/Voelzkow, Helmut (Hrsg.), Europäische Integration und verbandliche Interessenvermittlung, Marburg 1994, S. 109 ff.

- Ballantine, Bruce, Regulatory Impact Analysis: Improving the Quality of EU Regulatory Activity, European Policy Centre Occasional Paper, Sept. 2001.

- Basedow, Jürgen, A Common Contract Law for the Common Market, CMLR 1996, S. 1169 ff.

- Basedow, Jürgen, Das BGB im künftigen europäischen Privatrecht: Der hybride Kodex. Systemsuche zwischen nationaler Kodifikation und Rechtsangleichung, AcP 2000, S. 445 ff.

- Basedow, Jürgen, Europäisches Vertragsrecht für europäische Märkte, Referat im Rahmen der Vortragsreihe „Europa vor der Regierungskonferenz 1996", Bonn 11. Dezember 1995, Bonn 1996.

- Basedow, Jürgen, Über Privatrechtsvereinheitlichung und Marktintegration, in: Festschrift für Ernst-Joachim Mestmäcker, Baden-Baden 1996, S. 347 ff.

- Bates, St. John, The Drafting of European Legislation, Stat.L.R. 1983, S. 24 ff.

- Bates, St. John, United Kingdom, in: Karpen, Ulrich (Hrsg.), Legislation in European Countries, Baden-Baden 1996, S. 429 ff.

- Bayerisches Staatsministeriums der Justiz, Stellungnahme zur Mitteilung der Kommission über ein europäisches Vertragsrecht vom 15.10.2001, Gz. 3420-I-7125/2001, S. 4, Quelle: www.europa.eu.int/comm/consumers/policy/ developments/contract-law/comments.

- Bécane, Jean-Claude/Couderc, Michel, La Loi, Paris 1994.

- Behrens, Christian, Die Bedeutung des administrativen Binnenbereichs für die Entstehung von Normen - untersucht am Beispiel des Bundes-Bodenschutzgesetzes, DVBl 2001, S. 438 ff.

- Behrens, Hans-Jörg, Das Amt des Lord Chancellors in England, ZEuP 1996, S. 283 ff.

- Bellier, Irène, Une culture de la Commission européenne ? De la rencontre des cultures et du multilinguisme des fonctionnaires, in: Mény, Yves/Muller, Pierre/Quermonne, Jean-Louis (Hrsg.), Politiques Publiques en Europe, Paris 1995, S. 49 ff.

- Bennion, Francis A. R., Book Review, Legislative Drafting: A New Approach. Sir William Dale, Stat.L.R. 1980, S. 61 ff.

- Bennion, Francis A. R., On Statute Law, 3. Aufl. London 1990.

- Benz, Arthur, Politikverflechtung ohne Politikverflechtungsfalle – Koordination und Strukturdynamik im europäischen Mehrebenensystem, PVS 1998, S. 558 ff.

- Benzner, Bodo, Ministerialbürokratie und Interessengruppen, Baden-Baden 1989.

- Berlin, Dominique, Organisation de la Commission, in: dies./Bourtembourg, Cathérine/Pag, Sabine/Cassese, Sabino, The European Administration, Brüssel 1987, S. 23 ff.

- Bischoff, Friedrich/Bischoff, Michael, Parlament und Ministerialverwaltung, in: Schneider, Hans-Peter/Zeh, Wolfgang (Hrsg.), Handbuch für Parlamentsrecht und Parlamentspraxis in der Bundesrepublik Deutschland, Berlin/New York 1989, S. 1457 ff.

- Blanchet, Thérèse, Le Traité d'Amsterdam – Transparence et qualité de la législation, RTD eur. 1997, S. 915 ff.

- Bodiguel, Jean-Luc, Conseils restreints, comités interministériels et réunions interministérielles, in: de Baecque, Francis/Quermonne, Jean-Louis (Hrsg.), Administration et politique sous la Cinquième République, Paris 1982, S. 139 ff.

- Borchgrave, Robert, Adaptations organisationnelles aux tâches futures de la Commission, in: Jamar, Joseph/Wessels, Wolfgang (Hrsg.), Community Bureaucracy at the Crossroads, Brüssel 1985, S. 156 ff.

- Bradley, Kieran St. C., Institutional Design in the Treaty of Nice, CML Rev. 2001, S. 1095 ff.

- Braibant, Guy, Codification. Entretien avec le Président Braibant, RFD adm. 2000, S. 493 ff.

- Braibant, Guy, Codifier: Pourqoui ? Comment ? Rfap 1995, S. 127 ff.

- Braibant, Guy, La Problématique de la Codification, Rfap 1997, S. 165 ff.

- Brooke, Mr. Justice, The Role of the Law Commission in Simplifying Statute Law, Stat.L.R. 1995, S. 1 ff.

- Bryde, Brun-Otto, Stationen, Entscheidungen und Beteiligte im Gesetzgebungsverfahren, in: Schneider, Hans-Peter/Zeh, Wolfgang (Hrsg.), Handbuch für Parlamentsrecht und Parlamentspraxis in der Bundesrepublik Deutschland, Berlin/New York 1989, S. 858 ff.

- Bundesministerium der Justiz (Hrsg.), Abschlussbericht der Kommission zur Überarbeitung des Schuldrechts, Bonn 1992.

- Bundesministerium der Justiz (Hrsg.), Handbuch der Rechtsförmlichkeit, 2. Aufl. Köln 1999.

- Bundesministerium der Justiz (Hrsg.), Kongreß und Messe „Schlanker Staat", Bundesanzeiger vom 12.02.1997, S. 10.

- Bundesministerium für Umwelt, Naturschutz und Reaktorsicherheit (Hrsg.), Umweltgesetzbuch: Entwurf der Unabhängigen Sachverständigenkommission zum Umweltgesetzbuch beim Bundesministerium für Umwelt, Naturschutz und Reaktorsicherheit, Berlin 1998.

- Burch, Martin/Holliday, Ian, The British Cabinet System, London/New York u.a. 1996.

- Busse, Volker, Gesetzgebungsarbeit der Bundesregierung – Politik und Planung, in: Schreckenberger, Waldemar/Merten, Detlef (Hrsg.), Grundfragen der Gesetzgebungslehre, Berlin 2000, S. 47 ff.

- Busse, Volker, Regierungs- und Verwaltungsreform auf Bundesebene: Veränderungen auf dem Weg zum „schlanken Staat", Staatswissenschaften und Staatspraxis 1997, S. 401 ff.

- Cabinet Office, The Better Regulation Guide and Regulatory Impact Assessment, London 1999.

- Caldwell, Edward, Comment, in: Kellermann, Alfred E./Azzi, Giuseppe Chiavarini/Jacobs, Scott H./Deighton-Smith, Rex (Hrsg.), Improving the Quality of Legislation in Europe, The Hague/Boston/London 1998, S. 79 ff.

- Cassese, Sabino, Des Codes à la Codification, Rfap 1997, S. 184 ff.

- Cassese, Sabino, Divided Powers, European Adminstration and National Bureaucracies, in: Berlin, Dominique/Bourtembourg, Cathérine/Pag, Sabine/Cassese, Sabino, The European Administration, Brüssel 1987, S. 5 ff.

- Cassese, Sabino, Thereotical Sketch of the Cooperative and Multidimensional Nature of Community Bureaucracy, in: Jamar, Joseph/Wessels, Wolfgang (Hrsg.), Community Bureaucracy at the Crossroads, Brüssel 1985, S. 39 ff.

- Chagnollaud, Dominique/Quermonne, Jean-Louis, Le gouvernement de la France sous la Ve République, 2. Aufl. Paris 1996.

- Cini, Michelle, La Commission européenne, lieu d´émergence de cultures administratives, l´exemple de la DG IV et de la DG XI, Rfsp 1996, S. 457 ff.

- Cini, Michelle, The European Commission – Leadership, Organisation and Culture in the EU Administration, Manchester 1996.

- Clariana, Gregorio Garzòn, Comment, in: Kellermann, Alfred E./Azzi, Giuseppe Chiavarini/Jacobs, Scott H./Deighton-Smith, Rex (Hrsg.), Improving the Quality of Legislation in Europe, The Hague/Boston/London 1998, S. 60 ff.

- Conseil d'État, Considérations générales sur le droit communautaire, Conseil d'État (Hrsg.), Rapport Public 1992, Études et Documents No. 44, Paris 1993, S. 15 ff.

- Coombes, David, Politics and Bureaucracy in the European Community: A Portrait of the Commission of the E.E.C., London 1970.

- Costa, Jean-Paul, Le Conseil d'Etat dans la société contemporaine, Paris 1993.

- Cram, Laura, The European Commission as a Multi-Organization: Social Policy and IT Policy in the EU, Journal of European Public Policy 1994, S. 195 ff.

- Cretney, Stephen, The Politics of Law Reform – A View from Inside, Modern Law Review 1985, S. 493 ff.

- Crossland, H. Gérald, La Codification du droit européen par les institutions de l'Union, Rfap 1997, S. 257 ff.

- Dale, Sir William, Legislative Drafting: A New Approach – Reviewing the Reviewers, Stat.L.R. 1981, S. 69 ff.

- Dale, Sir William, Legislative Drafting: A New Approach, London 1977.

- Davignon, Etienne, Die Herausforderungen, vor denen die Kommission steht, in: The Philip Morris Institute for Public Policy Research (Hrsg.), Wie sieht die Zukunft der europäischen Kommission aus ? Brüssel 1995, S. 12 ff.

- De Baecque, Francis, Le Conseil d'État, Conseil du gouvernement, in: de Baecque, Francis/Quermonne, Jean-Louis (Hrsg.), Administration et politique sous la Cinquième République, Paris 1982, S. 129 ff.

- De Lobkowitz, Wenceslas, Der "dritte Pfeiler" des Unionsvertrages in der Perspektive der Regierungskonferenz 1996, in: Müller-Graff, Peter-Christian (Hrsg.), Europäische Zusammenarbeit in den Bereichen Justiz und Inneres, Baden-Baden 1996, S. 41 ff.

- De Wilde, Eduard L.H., Deficient European Legislation is in Nobody's Interest, European Journal of Law Reform 2000, S. 293 ff.

- Dehousse, Renaud, Europe: The Impossible Status Quo, Florenz 1997.

- Deregulierungskommission, Gutachten „Marktöffnung und Wettbewerb", Bonn 1991.

244

- Derlien, Hans-Ulrich, Regierungsorganisation – institutionelle Restriktion des Regierens ? in: Hartwich, Hans-Hermann /Wewer, Göttrick (Hrsg.), Regieren in der Bundesrepublik Bd. 1, Opladen 1990, S. 91 ff.

- Derlien, Hans-Ulrich, Zur Logik und Politik des Ressortzuschnittes, Verwaltungsarchiv 1996, S. 548 ff.

- Dethier, Robert, De la légalité à l'éfficacité: question de sociologie de l'organisation, in: Jamar, Joseph/Wessels, Wolfgang (Hrsg.), Community Bureaucracy at the Crossroads, Brüssel 1985, S. 139 ff.

- Dewost, Jean-Louis, La Commission ou comment s'en débarrasser ? in: Europe et le droit, Mélanges en hommage à Jean Boulouis (Festschrift für Jean Boulouis), Paris 1991, S. 181 ff.

- Donnelly, Martin, The Structure of the European Commission and the Policy Formation Process, in: Mazey, Sonia/Richardson, Jeremy (Hrsg.), Lobbying in the European Community, Oxford 1993, S. 74 ff.

- Donnelly, Martin/Ritchie, Ella, The Collegue of Commissioners and their Cabinets, in: Edwards, Geoffrey/Spence, David (Hrsg.), The European Commission, London 1994, S. 31 ff.

- Egeberg, Morton, Organisation and Nationality in the European Commission Services, Public Administration 1996, S. 721 ff.

- Egeberg, Morton, The Impact of Bureaucratic Structure on Policy Making, Public Administration 1999, S. 155 ff.

- Eichener, Volker, Das Entscheidungssystem der Europäischen Union, Institutionelle Analyse und demokratietheoretische Bewertung, Opladen 2000.

- Emmert, Frank, Europarecht, München 1996.

- Engel, Arno Johannes, Ein Europäisches Zivilrechtsbuch ? Zukunftsperspektiven aus dem Blickwinkel der Gemeinschaftskompetenz, ZfRV 1999, S. 121 ff.

- Engle, Georg, "Bills are Made to Pass as Razors are Made to Sell": Practical Constraints in the Preparation of Legislation, Stat.L.R. 1983, S. 7 ff.

- Europäische Kommission (Hrsg.), Der Binnenmarkt nach 1992: Die Herausforderung annehmen: Bericht der hochrangigen „Beratergruppe Binnenmarkt" an die Kommission der Europäischen Gemeinschaften, Brüssel 1992 – sog. Sutherland-Report.

- Europäische Kommission (Hrsg.), Gesamtbericht über die Tätigkeit der europäischen Union 2000, Brüssel/Luxemburg 2001

- European Commission, General Budget of the European Union for the Financial Year 2001 – The Figures, Brüssel/Luxemburg, 2001.

- Figueiredo Lopes, Antonio de, CEE: La specificité de la fonction publique communautaire. L´exemple de la commission, Rfap 1990, S. 497 ff.

- Fliedner, Ortlieb, Ministerialbürokratie und Gesetzgebung, in: Görlitz, Axel/Voigt, Rüdiger (Hrsg.), Rechtspolitologie und Rechtspolitik, Jahresschrift für Rechtspolitologie, Pfaffenweiler 1989, S. 165 ff.

- Fliedner, Ortlieb, Vorprüfung von Gesetzesentwürfen. Eine Bilanz der Anwendung der Blauen Prüffragen, ZG 1991, S. 40 ff.

- Fournier, Jacques, Le travail gouvernemental, Paris 1987.

- Fournier, Jaques, Le Secrétariat général du gouvernement, in: Institut français des sciences administratives (Hrsg.), Le secrétariat général du gouvernement, Paris 1986, S. 33 ff.

- Fricke, Peter, Modelle zur Institutionalisierung einer Gesetzeskontrolle. Darstellung und vergleichende Bewertung, Frankfurt a.M. 1983.

- Geiger, Rudolf, EUV/EGV Kommentar, 3. Aufl. München 2000.

- Glaisdale, Right. Hon. Lord Simon of, The Renton Report – Ten Years on, Stat.L.R. 1985, S. 133 ff.

- Göbel, Ludwig, Probleme der Regelungsform und der Institutionalisierung, in: Böhret, Carl (Hrsg.), Gesetzgebungspraxis und Gesetzgebungslehre. Ein Erfahrungsaustausch über die Verbesserung von Rechtsnormen, Speyrer Forschungsbereichte Nr. 13, Speyer 1980, S. 75 ff und Aussprache zu seinem Referat, S. 88 ff.

- Grabitz, Eberhard/Hilf, Meinhard (Hrsg.), Das Recht der Europäischen Union, Loseblatt-Sammlung, München, Band I, 17. EL Januar 2000; Band I-alt, 15. EL Januar 2000; Band II-alt 14. EL Oktober 1999.

- Grams, Hartmut A., Zur Gesetzgebung der europäischen Union. Eine vergleichende Strukturanalyse aus staatsorganisatorischer Sicht, Neuwied 1998.

- Grawert, Rolf, Gesetzgebung zwischen Politik und Bürokratie, ZG 1991, S. 97 ff.

- Griffith, J.A.G., Parliamentary Scrutiny of Government Bills, Oxford 1974.

- Grote, J.R., Steuerungsprobleme in transnationalen Beratungsgremien: über soziale Kosten unkoordinierter Regelung in der EG, in: Ellwein, Thomas/Hesse, Joachim Jens/Mayntz, Renate/Scharpf, Fritz W. (Hrsg.), Jahrbuch für Staats- und Verwaltungswissenschaften, Baden-Baden, 1990, S. 227 ff.

- Grote, Rainer, Das Regierungssystem der V. französischen Republik. Verfassungstheorie und -praxis, Baden-Baden 1995.

- Gündisch, Jürgen/Mathijsen, Petrus S. R. F. (Hrsg.), Rechtsetzung und Interessenvertretung in der Europäischen Union, Stuttgart/München 1999.

- Hansard Society, Making the Law, The Report of the Hansard Society Commission on the Legislative Process. Chairman: Rt. Hon, Lord Rippon of Hexham, London 1993.

- Hartkamp, Arthur S. u.a. (Hrsg.), Towards a European Civil Code, 2. Aufl. Nijmegen 1998.

- Hattenhauer, Hans, Vom Reichsjustizamt zum Bundesministerium der Justiz, Stellung und Einfluß der obersten deutschen Justizbehörde in ihrer 100jährigen Geschichte, in: Bundesministerium der Justiz (Hrsg.), Vom Reichsjustizamt zum Bundesministerium der Justiz, Festschrift zum 100jährigen Gründungstag des Reichsjustizamtes am 01. Januar 1877, Köln 1977, S. 9 ff.

- Hay, Richard, Die EG-Kommission und die Verwaltung der Gemeinschaft, Luxemburg 1989.

- Hayder, Roberto, Kommentar, in: Müller-Graff, Peter-Christian (Hrsg.), Gemeinsames Privatrecht in der Europäischen Gemeinschaft, 2. Aufl. Baden-Baden 1999, S. 237 ff.

- Helmrich, Herbert, Politische Grundsatzdiskussion oder Verbesserung der Regelungstechnik als Aufgabe der Bundestagsausschüsse, in: Hill, Hermann (Hrsg.), Zustand und Perspektiven der Gesetzgebung, Berlin 1989, S. 149 ff.

- Herber, Rolf, Die Vorbereitung eines Gesetzentwurfs innerhalb der Bundesregierung, in: Maihofer, Werner/Lindencrona, Gustav/Herber, Rolf u.a. (Hrsg.), Theorie und Methoden der Gesetzgebung, Frankfurt a.M. 1983, S. 31 ff.

- Héritier, Adrienne, Die Koordination von Interessenvielfalt im Europäischen Entscheidungsprozeß: Regulative Politik als „Patchwork", in: Benz, Arthur/Seibel, Wolfgang (Hrsg.), Theorieentwicklung in der Politikwissenschaft – eine Zwischenbilanz, Baden-Baden 1997, S. 261 ff.

- Hill, Hermann, Bemühungen zur Verbesserung der Gesetzgebung, ZG 1993, S. 1 ff.

- Hill, Hermann, Einführung in die Gesetzgebungslehre, Heidelberg 1982.

- Hitzler, Gerhard/Poth-Mögele, Angelika, Europahandbuch 1998, Köln, Berlin u.a. 1998.

- Hix, Simon, The Study of the European Community: The Challenge to Comparative Politics, WEP1994, S. 1 ff.

- Hondius, Ewoud, Towards a European Civil Code, in: Hartkamp, Arthur S. u.a. (Hrsg.), Towards a European Civil Code, 2. Aufl. Nijmegen 1998, S. 1 ff.

- Hrbek, Rudolf, Relations of Community Bureaucray with the Socio-Political Environment, in: Jamar, Joseph/Wessels, Wolfgang (Hrsg.), Community Bureaucracy at the Crossroads, Brüssel 1985, S. 105 ff.

- Hübner, Ulrich, Der Verbrauchsgüterkauf: Ein weiterer Schritt in Richtung Europäisierung des Privatrechts, EuZW 1999, S. 481.

- Hugger, Werner, Gesetze – Ihre Vorbereitung, Abfassung und Prüfung, Baden-Baden 1983.

- Hull, R., Lobbying Brussels: A View From Within, in: Mazey, Sonia/Richardson, James (Hrsg.), Lobbying in the European Community, Oxford 1993, S. 82 ff.

- Hummer, Waldemar/Simma, Bruno/Vedder, Christoph, Europarecht in Fällen, 3. Aufl. Baden-Baden 1999.

- Hurrell, Andrew/Menon, Arnand, Politics like any Other ? Comparative Politics, International Relations and the Study of the EU, WEP 1996, S. 386 ff.

- Jacobs, Scott H., La Codification, Facteur de Croissance Économique, Rfap 1997, S. 291 ff.

- Jamieson, N.J., Would a Parliamentary Counsel by Any other Name be More of a Law Draftsman ? Stat.L.R. 1982, S. 13 ff.

- Jann, Werner, Parlamente und Gesetzgebung, Akteure und Ressourcen der parlamentarischen Gesetzgebung, Opladen 1996.

- Karpen, Ulrich, Current Problems of Legislation and the Development of Legislative Theory in Germany, in: ders. (Hrsg.) Legislation in European Countries, Baden-Baden 1996, S. 197 ff.

- Karpen, Ulrich, Less Quantity – More Quality. Some Comparative Aspects and Results of the Symposium, in: ders. (Hrsg.), Legislation in European Countries, Baden-Baden 1996, S. 479 ff.

- Kassim, Hussein, Policy Networks, Networks and European Union Policy Making: A Sceptical View, WEP 1994, S. 15 ff.

- Kerr, Michael, Law Reform in Changing Times, Law Quarterly Review 1980, S. 515 ff.

- Kieninger, Eva-Maria/Leible, Stefan, Plädoyer für einen „Europäischen wissen-schaftlichen Ausschuß für Privatrecht", EuZW 1999, S. 37 ff.

- Kohler-Koch, Beate, Interessen und Integration. Die Rolle organisierter Interessen im westeuropäischen Integrationsprozeß, in: Kreile, Michael (Hrsg.), Die Integration Europas, PVS-Sonderheft 23/1992, Opladen 1992, S. 81 ff.

- Kolts, Geoffrey, Observations on the Proposed New Approach to Legislative Drafting in Common Law Countries, Stat.L.R. 1980, S. 144 ff.

- König, Klaus, Gesetzgebungsvorhaben im Verfahren der Ministerialverwaltung, in: Blümel, Willi/Merten, Detlef/Quaritsch, Helmut (Hrsg.), Verwaltung im Rechtsstaat, Festschrift für Carl Hermann Ule, Köln/Berlin/Bonn 1987, S. 121 ff.

- Koopmans, Thijmen, Regulations, Directives, Measures, in: Due, Ole/Lutter, Marcus/Schwarze, Jürgen (Hrsg.), Festschrift für Ulrich Everling, Hrsg., Band I, Baden-Baden 1995, S. 691 ff.

- Kortmann, C.A.J.M., Goede raad over Gemeenschapsrecht (Nederland), SEW 1996, S. 38 ff.

- Lamers, Karl, Politische und institutionelle Vertiefung notwendig, in: The Philip Morris Institute for Public Policy Research (Hrsg.), Wie sieht die Zukunft der europäischen Kommission aus ? Brüssel 1995, S. 35 ff.

- Lando, Ole/Beale, Hugh (Hrsg.), Principles of European Contract Law Parts I and II, Nijmegen 2000.

- Lawson, F.H., The Art of Drafting Statutes – The English Style, in: Bernstein, Herbert/Droburg, Ulrich/Kötz, Hein (Hrsg.), Festschrift für Konrad Zweigert zum 70., Tübingen 1981, S. 879 ff.

- Legrand, Pierre, Sens et Non-Sens d'une Codification réformatrice du droit européen, Rfap 1997, S. 227 ff.

- Leible, Stefan, Die Mitteilung der Kommission zum Europäischen Vertragsrecht – Startschuss für die Schaffung eines Europäischen Vertragsgesetzbuchs ? EWS 2001, S. 471 ff.

- Leonhardt, Klaus, Organisation und Verfahren der Entwurfsausarbeitung. Leistungsreichweite und Handhabung der GGO, in: Böhret, Carl (Hrsg.), Gesetzgebungspraxis und Gesetzgebungslehre. Ein Erfahrungsaustausch über die Verbesserung von Rechtsnormen, Speyrer Forschungsberichte Nr. 13, Speyer 1980, S. 58 ff und Aussprache zu seinem Referat, S. 67 ff.

- Lequesne, Christian, La Commission européenne entre autnomie et dépendance, Rfsp 1996, S. 389 ff.

- Lequesne, Christian, La Commission européenne entre autonomie et dépendance, Rfsp 1996, S. 389 ff.

- Leruez, Jacques, Gouvernement et politique en Grande-Bretagne, Paris 1989.

- Loewenstein, Karl, Staatsrecht und Staatspraxis von Großbritannien, Bd. 1, Berlin/Heidelberg/New York 1967.

- Lüderitz, Alexander von, Kodifikation des bürgerlichen Rechts in Deutschland 1873 bis 1977: Entstehung, Entwicklung und Aufgabe, in: Bundesministerium der Justiz (Hrsg.), Vom Reichsjustizamt zum Bundesministerium der Justiz, Festschrift zum 100jährigen Gründungstag des Reichsjustizamtes am 01. Januar 1877, Köln 1977, S. 213 ff.

- Ludlow, Peter, The European Commission, in: Keohane, Robert O./ Hofmann, Stanley (Hrsg.), The New European Community: Decisionmaking and Institutional Change, Boulder/San Francisco/Oxford 1991, S. 85 ff.

- Maas, Sabine/Kuhlmann, Kirsten, Die Konferenz „The Quality of European and National Legislation and the Internal Market" vom 23. - 25. April 1997 in Den Haag, ZG 1997, S. 277 ff.

- Majone, Giandomenico, Regulating Europe: Problems and Prospects, in: Ellwein, Thomas/Hesse, Joachim Jens/Mayntz, Renate/Scharpf, Fritz W. (Hrsg.), Jahrbuch zur Staats- und Verwaltungswissenschaft, Baden-Baden 1989, S. 159 ff.

- Malaurie, Philippe, Peut-on définir la codification ? Éléments communs et élements divers, Rfap 1997, S. 177 ff.

- Mandelkern-Group on Better Regulation – Final Report, 13. Nov. 2001

- March, James G./Olsen, Johan P., Rediscovering Institutions. The Organisational Basis of Politics. New York/London 1989.

- Marsh, David/Read, Melvyn, Private Member Bills, Cambridge/New York u.a. 1988.

- Martin, David, Die Kommission muß durchgreifend reformiert werden, in: The Philip Morris Institute for Public Policy Research (Hrsg.), Wie sieht die Zukunft der europäischen Kommission aus ? Brüssel 1995, S. 46 ff.

- Massot, Jean/Girardot, Thierry, Le Conseil d'Etat, Paris 1999.

- Maunz, Theodor/Dürig, Günter, Grundgesetz, Kommentar, Bd. IV, 39. EL., Stand: Juli 2001.

- Maurer, Hartmut, Die Mitwirkung der Exekutive bei der Gesetzgebung, in: Bauer, Hartmut/Hendler, Reinhard u.a. (Hrsg.), Entwicklungstendenzen des Allgemeinen Verwaltungsrechts und des Städtebaurechts, Stuttgart u.a. 1999, S. 109 ff.

- Maus, Didier (Hrsg.), Les grands textes de la pratique constitutionnelle de la Ve République. Paris 1998.

- Mayntz, Renate, Soziologie der öffentlichen Verwaltung, Heidelberg 1978.

- Mazey Sonia/Richardson, Jeremy, Conclusion: A European Policy Style ? in: dies. (Hrsg.), Lobbying in the European Community, Oxford 1993, S. 246 ff.

- Mazey, Sonia/Richardson, Jeremy J., La Commission européenne - une bourse pour les idées et les intérêts, Rfsp 1996, S. 409 ff.

- Mazey, Sonia/Richardson, Jeremy, The Commission and the Lobby, in: Edwards, Geoffrey/Spence, David (Hrsg.), The European Commission, London 1994, S. 169 ff.

- Mehde, Veith, Verwaltungsreformen in der Europäischen Kommission, ZEuS 2001, S. 403 ff.

- Mengel, Hans-Joachim, Gesetzgebung und Verfahren: Ein Beitrag zur Empirie und Theorie des Gesetzgebungsprozesses im föderalen Verfassungsstaat, Berlin 1997.

- Mensching, Christian, Der neue Komitologie-Beschluss des Rates, EuZW 2000, S. 268 ff.

- Meny, Yves, Le système politique français, Paris 1991.

- Meyer, Hans, Aufgaben und Stellung des Bundesministeriums der Justiz nach dem Auftrag des Grundgesetzes, in: Bundesministerium der Justiz (Hrsg.), Vom Reichsjustizamt zum Bundesministerium der Justiz, Festschrift zum 100jährigen Gründungstag des Reichsjustizamtes am 01. Januar 1877, Köln 1977, S. 443 ff.

- Meyer-Teschendorf, Klaus G./Hofmann, Hans, Zwischenergebnisse des Sachverständigenrates „schlanker Staat", DÖV 1997, S. 268 ff.

- Michelmann, Hans J., Organisational Effectiveness in a Multinational Bureaucracy, Westmead/Farnborough 1978.

- Micklitz, Hans W., Die Verbrauchsgüterkaufrichtlinie, EuZW 1999, S. 485 ff.

- Micklitz, Hans W., Fernabsatz und E-Commerce im Schuldrechtsmodernisierungsgesetz, EuZW 2001, S. 133 ff.

- Miers, David/Page, Alan C., Legislation, 2. Aufl. London 1990.

- Ministerie van Justitie (Hrsg.), De Kwaliteit van EG-Regelgeving. Andaachtspunten en voorstellen. Rapport van de Werkgroep kwaliteit van EG-regelgeving, voorzitter T. Koopmans, Den Haag 1995 (unveröffentlichtes Arbeitspapier).

- Müller-Graff, Peter-Christian, Europäisches Gemeinschaftsrecht und Privatrecht, NJW 1993, S. 13 ff.

- Müller-Graff, Peter-Christian, Privatrecht und Europäisches Gemeinschaftsrecht – Gemeinschaftsprivatrecht, in: Müller-Graff, Peter-Christian (Hrsg.), Gemeinsames Privatrecht in der Europäischen Gemeinschaft, 2. Aufl. Baden-Baden 1999, S. 267 ff.

- Müller-Graff, Peter-Christian, The Quality of European and National Legislation. The German Experiences and Initiatives, in: Kellermann, Alfred E./Azzi, Giuseppe Chiavarini/Jacobs, Scott H./Deighton-Smith, Rex (Hrsg.), Improving the Quality of Legislation in Europe, The Hague/Boston/London 1998, S. 111 ff.

- Murswieck, Axel, Regierung in: Nohlen, Dieter (Hrsg.), Wörterbuch Staat und Politik, Bonn 1991, S. 573 ff.

- Neville-Jones, Pauline, Kommentar, in: Jamar, Joseph/Wessels, Wolfgang (Hrsg.), Community Bureaucracy at the Crossroads, Brüssel 1985, S. 178 ff.

- Noël, Emile, Auf dem Weg zu einem neuen Gleichgewicht der Institutionen, in: The Philip Morris Institute for Public Policy Research, Wie sieht die Zukunft der europäischen Kommission aus ? Brüssel 1995, S. 62 ff.

- Noll, Peter, Gesetzgebungslehre, Hamburg 1973.

- North, P.M., Law Reform: Process and Problems, Law Quarterly Review 1985, S. 338 ff.

- North, Peter, Is Law Reform Too Important to be Left to Lawyers ? Legal Studies 1985, S. 119 ff, S. 125 f.

- Nugent, Neill, The Government and Politics of the European Union, 3. Aufl. Durham 1994.

- Oberreuter, Heinrich, Das Parlament als Gesetzgeber und Repräsentativorgan, in: Gabriel, Oskar W./Brettschneider. Frank (Hrsg.), Die EU-Staaten im Vergleich - Strukturen, Prozesse, Politikinhalte, 2. Aufl. Opladen 1992, S. 307 ff.

- Oberreuter, Heinrich, Entmachtung des Bundestags durch Vorentscheider auf höchster politischer Ebene ? in: Hill, Hermann (Hrsg.), Zustand und Perspektiven der Gesetzgebung, Berlin 1989, S. 121 ff.

- OECD Report on Regulatory Reform, Summary – June 1997, abgedruckt in: Kellermann, Alfred E. u.a. (Hrsg), Improving the Quality of Legislation in Europe. Den Haag/Boston/London 1998, Annex II, S. 323 ff.

- Oerton, R.T., The Law Commission: In Need of Support, New Law Journal 1986, 1071.

- Pag, Sabine, The Relation between the Commission and National Bureaucracies, in: Berlin, Dominique/Bourtembourg, Cathérine/Pag, Sabine/ Cassese, Sabino, The European Administration, Brüssel 1987, S. 445 ff.

- Page, Edward C./Wouters, Linda, Bureaucratic politics and political leadership in Brussels, Public Administration 1994, S. 445 ff.

- Pedler, R.H., Conclusions. Some Lessons from EU Lobby Cases, in: ders./ van Schendelen, M.P.C.M. (Hrsg.), Lobbying the European Union - Companies, Trade Associations and Issue Groups, Dartmouth 1994, S. 303 ff.

- Peters, B. Guy, Agenda-setting in the European Community, Journal of European Public Policy 1994, S. 9 ff.

- Peters, B. Guy, Bureaucratic Politics and the Institutions of the European Community, in: Sbragia, Alberta (Hrsg.), Euro-Politics, Institutions and Policy-making in the "New" European Community, Washington 1992, S. 75 ff.

- Peters, B. Guy, Escaping the Joint-Decision Trap, WEP 1997, S. 22 ff.

- Peterson, John, Decision-making in the European Union: Towards a Framework for Analysis, Journal of European Public Policy 1995, S. 69 ff.

- Peterson, John, Policy Networks and European Union Policy Making: A Reply to Kassim, WEP 1995, S. 389 ff.

- Piris, Jean-Claude, The Quality of Community Legislation: The Viewpoint of the Council Legal Service, in: Kellermann, Alfred E./Azzi, Giuseppe Chiavarini/Jacobs, Scott H./Deighton-Smith, Rex (Hrsg.), Improving the Quality of Legislation in Europe, The Hague/Boston/London 1998, S. 25 ff.

- Poullet, Edouard/Deprez, Gérard, Struktur und Macht der EG-Kommission, Bonn 1976.

- Püttner, Günter, La Codification en Allemagne, Instrument de Construction de l'Etat du Reich à l'État fédéral, Rfap 1997, S. 299 ff.

- Quermonne, Jean-Louis, La coordination du travail gouvernemental, in: Institut français des sciences administratives (Hrsg.), Le secrétariat général du gouvernement, Paris 1986, S. 49 ff.

- Rabe, Hans-Jürgen, Europäische Gesetzgebung – das unbekannte Wesen, NJW 1993, S. 1 ff.

- Raworth, Philipp, The Legislative Process in the European Community, Deventer/Boston 1993.

- Rehbinder, Manfred, Einführung in die Rechtswissenschaft, 5. Aufl. 1983, S. 195 f.

- Remien, Olivier, Denationalisierung des Privatrechts in der Europäischen Union? – Legislative und gerichtliche Wege, ZfRV 1995, S. 116 ff.

- Renton-Committee, The Preparation of Legislation. Report of a Committee Appointed by the Lord President of the Council, Chairman: The Rt. Hon. Sir David Renton, London 1975.

- Rhodes, R.A.W., Policy Networks. A British Perspective, Journal of Thoretical Politics 1990, S. 293 ff.

- Riebel, Jochen, Was leistet eine Normprüfungskommission? Notwendigkeit, Zweckmäßigkeit, Kostenwirksamkeit und Vollzugseignung von Vorschriften, ZRP 2002, S. 61 ff.

- Robineau, Yves, Les structures françaises: la Commission supérieure de Codification, Rfap 1997, S. 263 ff.

- Robineau, Yves/Truchet, Didier, Le Conseil d'Etat, Paris 1994.

- Rödig, Jürgen (Hrsg.), Studien zu einer Theorie der Gesetzgebung, Berlin 1976.

- Rometsch, Dietrich/Wessels, Wolfgang, The Commission and the Council of Ministers, in: Edwards, Geoffrey/Spence, David (Hrsg.), The European Commission, London 1994, S. 202 ff.

- Sachverständigenrat „schlanker Staat" (Hrsg.), Abschlußbericht (Vorsitzender Rupert Scholz), 2. unveränd. Aufl. Bonn 1998.

254

- Sadran, Pierre, Le système administratif français, Paris 1992.

- Samuel, Geoffrey, Existe-t-il une procédure de Codification du droit anglais, Rfap 1997, S. 209 ff.

- Samuels, Alec, The Law Commission – Do We Really Need It ? New Law Journal 1986, S. 747 ff.

- Sandrock, Otto, Das Privatrecht am Ausgang des 20. Jahrhunderts: Deutschland – Europa – und die Welt, JZ 1996, S. 1 ff.

- Sbragia, Alberta, Introduction, in: dies. (Hrsg.), Euro-Politics, Institutions and Policy-making in the "New" European Community, Washington 1992, S. 1 ff.

- Sbragia, Alberta, Thinking about the European Future: The Uses of Comparison, in: dies. (Hrsg.), Euro-Politics, Institutions and Policy-making in the "New" European Community, Washington 1992, S. 257 ff.

- Scharpf, Fritz W., Die Politikverflechtungsfalle: Europäische Integration und deutscher Föderalismus im Vergleich, PVS 1985, S. 323 ff.

- Scharpf, Fritz W., Optionen des Föderalismus in Deutschland und Europa. Frankfurt/New York 1994.

- Schindler, Peter, Datenhandbuch zur Geschichte des deutschen Bundestags, 1949 – 1999, Baden-Baden 2000.

- Schmid, Christoph, Legitimitätsbedingungen eines Europäischen Zivilgesetzbuchs, JZ 2001, S. 674 ff.

- Schmidt, Karsten, Die Zukunft der Kodifikationsidee, Rechtsprechung, Wissenschaft und Gesetzgebung vor den Gesetzesvorhaben des geltenden Rechts, Heidelberg 1985.

- Schmidt, Susanne K., Die Einflussmöglichkeiten der Europäischen Kommission auf die Europäische Politik, PVS 2001, S. 173 ff.

- Schneider, Hans, Gesetzgebung, 2. Aufl. Heidelberg 1991.

- Scholz, Rupert/Meyer-Teschendorf, Klaus G., Reduzierung der Normenflut durch qualifizierte Bedürfnisprüfung, ZRP 1996, S. 404 ff.

- Schrameck, Olivier, Les cabinets ministériels, Paris 1995.

- Schröder, Heinrich Josef, Gesetzgebung und Verbände. Ein Beitrag zur Institutionalisierung der Verbandsbeteiligung an der Gesetzgebung, Berlin 1976.

- Schulte-Nölke, Hans, Das Reichsjustizamt und die Entstehung des Bürgerlichen Gesetzbuchs, Frankfurt a.M. 1995.

- Schulte-Nölke, Hans, Ein Vertragsgesetzbuch für Europa? JZ 2001, S. 917 ff.

- Schulze-Fielitz, Helmuth, Der politische Kompromiß als Chance und Gefahr für die Rationalität der Gesetzgebung, in: Grimm, Dieter/Maihofer, Werner (Hrsg.), Gesetzgebungstheorie und Rechtspolitik, Jahrbuch für Rechtssoziologie und Rechtstheorie, Band 13, Opladen 1988, S. 290 ff.

- Schulze-Fielitz, Helmuth, Theorie und Praxis parlamentarischer Gesetzgebung, besonders des 9. Deutschen Bundestages (1980 – 1983), Berlin 1988.

- Schumann, Volker, Das politische System der EU als Rahmen für Verbandsaktivitäten, in: Eichener, Volker/Voelzkow, Helmut (Hrsg.), Europäische Integration und verbandliche Interessenvermittlung, Marburg 1994, S. 71 ff.

- Schwarze, Jürgen/Bieber, Roland (Hrsg.), Gesetzgebung in der Europäischen Gemeinschaft, Baden-Baden 1985.

- Ségur, Philippe, La Ve République, Paris 1999.

- Select Committee on Modernisation of the House of Commons, First Report, The Legislative Process, 29.07.1997.

- Smeddinck, Ulrich/Tils, Ralf, Die informalen Rechtsmacher – Gesetzesproduktion im administrativen Binnenbereich, in: Hill, Hermann/Hof, Hagen (Hrsg.), Wirkungsforschungen zum Recht, Bd. 2, Verwaltung als Adressat und Akteur, Baden-Baden 2000, S. 53 ff.

- Smith, J.A. Clarence, Legislative Drafting: English and Continental, Stat.L.R. 1980, S. 14 ff.

- Smith, Martin J./Marsh, David/Richards, David, Central Government and the Policy Process, in: Rhodes, R.A.W./Dunleavy, Patrick (Hrsg.), Prime Minister, Cabinet and Core Executive, New York 1995, S. 38 ff.

- Sommermann, Karl-Peter, Codification: Examples and Limits, in: Siedentopf, Heinrich/Hauschild, Christoph/Sommermann, Karl-Peter (Hrsg.), Law Reform and Law Drafting, Speyer 1993, S. 47 ff.

- Sommermann, Karl-Peter, Legislative Process and Rationality, in: Siedentopf, Heinrich/Hauschild, Christoph/Sommermann, Karl-Peter (Hrsg.), Law Reform and Law Drafting, Speyer 1993, S. 35 ff.

- Sonnenberger, Hans, Der Ruf unserer Zeit nach einer europäischen Ordnung des Zivilrechts, JZ 1998, S. 982 ff.

- Speich, Günther, Methoden und Techniken zur Entwurfsentwicklung und - prüfung. Entwurfsentwicklung und Testerfahrung, in: Böhret, Carl (Hrsg.), Gesetzgebungspraxis und Gesetzgebungslehre. Ein Erfahrungsaustausch über die Verbesserung von Rechtsnormen, Speyrer Forschungsberichte Nr. 13, Speyer 1980, S. 17 ff mit Aussprache zu seinem Referat, S. 36 ff.

- Spence, David, Structure, Function and Procedures in the Commission, in: Edwards, Geoffrey/Spence, David (Hrsg.), The European Commission, London 1994, S. 97 ff.

- Spierenburg, Dirk u.a., Europäische Union. Bericht des Beratungsausschusses Europäische Union, Bonn 1976.

- Spierenburg, Dirk, Vorschläge für eine Reform der Kommission der Europäischen Gemeinschaften und ihrer Dienststellen, Brüssel 1979.

- Stadler, Gerhard, Aufgaben eines Gesetzgebungsdienstes, in: Schäffer, Heinz/Triffterer, Otto (Hrsg.), Rationalisierung der Gesetzgebung, Baden-Baden 1984, S. 307 ff.

- Staudenmayer, Dirk, Die Mitteilung der Kommission zum Europäischen Vertragsrecht, EuZW 2001, S. 485 ff.

- Stirn, Bernard, Le Conseil d'Etat: son rôle, sa jurisprudence, Paris 1991.

- Streinz, Rudolf, Europarecht, 4. Aufl. Heidelberg 1999.

- Taschner, Hans Claudius, Privatrechtsvereinheitlichung durch die Europäische Gemeinschaft in: Müller-Graff, Peter-Christian (Hrsg.), Gemeinsames Privatrecht in der Europäischen Gemeinschaft, 2. Aufl. Baden-Baden 1999, S. 225 ff.

- Taupitz, Jochen, Europäische Rechtsvereinheitlichung heute und morgen, Tübingen 1993.

- Thornton, Garth C., Legislative Drafting, 3. Aufl. London 1987.

- Tilmann, Winfried, Eine Privatrechtskodifikation für die Europäische Gemeinschaft ? in: Müller-Graff, Peter-Christian (Hrsg.), Gemeinsames Privatrecht in der Europäischen Gemeinschaft, 2. Aufl. Baden-Baden 1999, S. 579 ff.

- Tilmann, Winfried, Zweiter Kodifikationsbeschluß des Europäischen Parlaments, ZEuP 1995, S. 533 ff.

- Timmermans, Christaan W.A., How to Improve the Quality of Community Legislation: the Viewpoint of the European Commission, in: Kellermann, Alfred E./Azzi, Giuseppe Chiavarini/Jacobs, Scott H./Deighton-Smith, Rex (Hrsg.), Improving the Quality of Legislation in Europe, The Hague/Boston/ London 1998, S. 39 ff.

- Timmermans, Christiaan W.A., How can one improve the Quality of Community Legislation ? CML Rev. 1997, S. 1229 ff.

- Timmermans, Christiaan W.A., Probleme der EG-Rechtsetzung, in: Schäffer, Heinz (Hrsg.), Europäische Integration und Gesetzgebung, Bd. 2, Wien 1992, S. 21 ff.

- Torreblanca, José I., Overlapping Games and Cross-Cutting Coalitions in the European Union, WEP 1998, S. 134 ff.

- Trnka, Hervé, The Law in Theory and Practice in France Today, in: Karpen, Ulrich (Hrsg.), Legislation in European Countries, Baden-Baden 1996, S. 162 ff.

- UNICE-Report 1995 Releasing Europe's Potential Through Target Regulatory Reform, Brüssel 1995.

- Usher, John A., Community Law and Private Law – A View from the United Kingdom, in: Müller-Graff, Peter-Christian (Hrsg.), Gemeinsames Privatrecht in der Europäischen Gemeinschaft, 2. Aufl. Baden-Baden 1999, S. 241 ff.

- Usher, John A., The Commission and the Law, in: Edwards, Geoffrey/ Spence, David (Hrsg.), The European Commission, London 1994,   S. 146 ff.

- Van den Hende, W.R.J., Kommentar, in: Kellermann, Alfred E./Azzi, Giuseppe Chiavarini/Jacobs, Scott H./Deighton-Smith, Rex (Hrsg.), Improving the Quality of Legislation in Europe, The Hague/Boston/London 1998, S. 67 ff.

- Van Kreveld, Jan H., The Main Elements of a General Policy on Legislative Quality: Dutch Experiences, in: Kellermann, Alfred E./Azzi, Giuseppe Chiavarini/Jacobs, Scott H./Deighton-Smith, Rex (Hrsg.), Improving the Quality of Legislation in Europe, The Hague/Boston/London 1998, S. 85 ff.

- Vibert, Frank, Für eine „Entflechtung" der Kommission, in: The Philip Morris Institute for Public Policy Research (Hrsg.), Wie sieht die Zukunft der Europäischen Kommission aus ? Brüssel 1995, S. 72 ff.

- Vigouroux, Christian, Alice au pays de la Codification à droit constant, Rfap 1997, S. 187 ff.

- Von Beyme, Klaus, Der Gesetzgeber. Der Bundestag als Entscheidungszentrum, Opladen 1997.

- Von Beyme, Klaus, Die politischen Theorien der Gegenwart, 7. Aufl. Opladen 1992.

- Von Bogdandy, Armin, Gubernative Rechtsetzung. Eine Neubestimmung der Rechtsetzung und des Regierungssystems unter dem Grundgesetz in der Perspektive gemeineuropäischer Dogmatik, Tübingen 2000.

- Von Borries, Reimer, Rechtsetzung in der Europäischen Gemeinschaft: Der Jahresbericht 2000, ZG 2001, S. 79 ff.

- Von der Groeben, Hans/Thiesing, Jochen/Ehlermann, Claus-Dieter, Kommentar zum EU-/EG-Vertrag, Baden-Baden, Bd. 2 II, 5. Aufl. 1999, Bd. 3, 5. Aufl. 1997, Bd. 4, 5. Aufl. 1999.

- Wagner, Frido, Die Organisation der Führung in den Ministerien, in: Hochschule Speyer (Hrsg.), Aktuelle Probleme der Ministerialorganisation. Referate und Diskussionsbeiträge der internationalen verwaltungswissenschaftlichen Arbeitstagung der Hochschule für Verwaltungswissenschaften Speyer, Berlin 1972, S. 27 ff.

- Weber, Max, Wirtschaft und Gesellschaft. Grundrisse der verstehenden Soziologie, 5. Aufl. Tübingen 1972.

- Wessels, Wolfgang, Community Bureaucracy in a Changing Environment: Criticism, Trends, Questions, in: Jamar, Joseph/Wessels, Wolfgang (Hrsg.), Community Bureaucracy at the Crossroads, Brüssel 1985, S. 8 ff.

- Westlake, Martin, The Commission and the Parliament, in: Edwards, Geoffrey/Spence, David (Hrsg.), The European Commission, London 1994, S. 225 ff.

- Wiener, Céline, Les divers systèmes de coordination du travail gouvernemental, in: Institut français des sciences administratives (Hrsg.), Le secrétariat général du gouvernement, Paris 1986, S. 75 ff.

- Xanthaki, Helen, The problem of Quality in the EU Legislation: What on Earth is really wrong ? CML Rev. 2001, S. 651 ff.

- Zander, Michael, The Law-Making Process, 5. Aufl. London u.a. 1999.

- Zeh, Wolfgang, Impulse und Initiativen zur Gesetzgebung, in: Schreckenberger, Waldemar/Merten, Detlef (Hrsg.), Grundfragen der Gesetzgebungslehre, Berlin 2000, S. 33 ff.

- Ziller, Jaques, Administrations comparées. Les systèmes politico-administratifs de l'Europe des Douzes, Paris 1993.

Dokumente Europäischer Institutionen

- Arbeitsprogramm der Kommission 2000 vom 09.02.2000, KOM (00) 155 endg.
- Arbeitsprogramm der Kommission 2001 vom 31.01.2001 KOM (01) 28 endg.
- Bericht der "Business Environment Simplification Task Force" (BEST), KOM (98) 222 endg.
- Bericht der Gruppe unabhängiger Experten für die Vereinfachung der Rechts- und Verwaltungsvorschriften vom 21.06.1995 („Molitor-Report"), KOM (95) 288 endg.
- Bericht der Kommission an den Europäischen Rat „Eine bessere Rechtsetzung" – 1996, KOM (96) 7 endg.
- Bericht der Kommission an den Europäischen Rat „Eine bessere Rechtsetzung – 1997", KOM (97) 626 endg.
- Bericht der Kommission an den Europäischen Rat „Eine bessere Rechtsetzung: Gemeinsam Verantwortung übernehmen" (1998), KOM (98) 715 endg.
- Bericht der Kommission an den Europäischen Rat „Eine bessere Rechtsetzung: 1999", KOM (99) 562 endg.
- Bericht der Kommission an den Europäischen Rat „Eine bessere Rechtsetzung - 2000", KOM (00) 772 endg.
- Bericht der Kommission über die Anwendung der Handelsvertreterrichtlinie vom 23.07.1996, KOM (96) 346 endg.
- Beschluss 87/373/EWG des Rates vom 13.07.1987 über die Einzelheiten der Ausübung der der Kommission übertragenen Durchführungsbefugnisse, Abl. 1987 Nr. L 197, S. 33 ff, in der Fassung des Beschlusses 99/84/EG vom 28.06.1999, Abl. 1999 Nr. L 184, S. 23 ff.
- Binnenmarktanzeiger der Europäischen Kommission, Nr. 9, November 2001.
- Entschließung des Europäischen Parlaments zu den Bemühungen um eine Angleichung des Privatrechts in den Mitgliedstaaten vom 26.05.1989, Abl. 1989 Nr. C 158 vom 28.06.1989, S. 400, abgedruckt in: ZEuP 1993, S. 613 ff.
- Entschließung des Europäischen Parlaments zur Angleichung bestimmter Bereiche des Privatrechts der Mitgliedstaaten vom 06.05.1994, Abl. 1994 Nr. C 205 vom 25.07.1994, S. 518, abgedruckt in ZEuP 1995, S. 669.

- Entschließung des Rates vom 08.06.1993 über die Qualität der Gemein-schaftsrechtsetzung, Abl. 1993 Nr. C 166 S. 1.

- Erklärung zu Art. 100 a EWG in der Schlussakte der Regierungskonferenz vom 28.02.1986, Abl. 1987 Nr. L 169, S. 2.

- Erklärung zu Organisation und Arbeitsweise der Kommission in der Schluss-akte der Amsterdamer Konferenz vom 02.10.1997, Sart. II, Nr. 147 a, Erklä-rung Nr. 32.

- Erklärung zur redaktionellen Qualität gemeinschaftsrechtlicher Rechtsvor-schriften in der Schlussakte der Amsterdamer Konferenz vom 02.10.1997, Sart. II, Nr. 147 a, Erklärung Nr. 39.

- Erklärung der Generaldirektion Binnenmarkt vom 19.12.2000, Die Europäi-sche Aktiengesellschaft (SE) – Häufig gestellte Fragen, Punkt 11.: Wieso hat es bis zur Annahme des Vorschlags 30 Jahre gedauert? veröffentlicht unter www.europa.eu.int/comm/internal_market/de/company/company/news/ecom panyfaq.htm, Stand: 10.10.2001.

- Europäischer Rat von Tampere vom 15./16.10. 1999, Schlussfolgerungen des Vorsitzes, SI (1999) 800.

- Europäischer Rat von Laeken vom 15.12.2001, Schlussfolgerungen des Vor-sitzes, SN 300/1/01 REV 1.

- Geschäftsordnung der Kommission vom 18.09.1999, Abl. 1999 Nr. L 252, S. 41, EuZW 2000, S. 243 f.

- Geschäftsordnung der Kommission vom 29.11.2000, Abl. 2000 Nr. L 308, S. 26.

- Grünbuch über die zivilrechtliche Haftung für fehlerhafte Produkte, KOM (99) 396 endg.

- Interinstitutionelle Vereinbarung vom 20.12.1994 über ein beschleunigtes Arbeitsverfahren für die amtliche Kodifizierung von Rechtstexten, Abl. Nr. C 102 vom 04.04.1996, S. 2 f.

- Interinstitutionelle Vereinbarung vom 22.12.1998 über gemeinsame Leitli-nien für die redaktionelle Qualität der gemeinschaftlichen Rechtsvorschrif-ten, Abl. 1999 Nr. C 73,   S. 1 f.

- Internes Kommissionspapier, Stärkung der internen Koordinierung, Quelle: www.europa.eu.int/comm/reform/operation/coordin_de.pdf, Stand 18.01.02.

- Internes Kommissionspapier, Verhaltenskodex für Kommissionsmitglieder, Quelle: www.europa.eu.int/comm/reform/formation/commiss_de.pdf, Stand 18.01.02.

- Internes Kommissionspapier, Zusammensetzung der Gruppen von Kommissionsmitgliedern, Quelle: www.europa.eu.int/comm/reform/operation/composition_de.pdf, Stand 18.01.02.

- Internes Kommissionspapier, Kommissionsmitglieder und ihre Dienststellen, www.europa.eu.int/comm/reform/formation/commdep_de.pdf, Stand 18.01.02.

- Mitteilung der Kommission zu Folgemaßnahmen zum Sutherland Bericht, Legislative Konsolidierung zur Verstärkung der Transparenz des Gemeinschaftsrechts im Binnenmarkt vom 16.12.1993, KOM (93) 361 endg.

- Mitteilung der Kommission an den Rat und das Europäische Parlament „Vereinfachung der Rechtsvorschriften im Binnenmarkt (SLIM): Ein Pilotprojekt" KOM (96) 204 endg. und (96) 559 endg.

- Mitteilung der Kommission an den Rat, das Europäische Parlament, den Wirtschafts- und Sozialausschuss und den Ausschuss der Regionen, „Förderung von unternehmerischer Initiative und Wettbewerbsfähigkeit" – Die Antwort der Kommission auf den Bericht der Task Force BEST und ihre Empfehlungen vom 30.9.1998, KOM (98) 550 endg.

- Mitteilung der Kommission an den Rat und das Europäische Parlament vom 30.11.2000, Anzeiger der Fortschritte bei der Schaffung eines „Raumes der Freiheit, der Sicherheit und des Rechts" in der Europäischen Union, KOM (00) 782 endg.

- Mitteilung der Kommission an den Rat und das Europäische Parlament vom 23.05.2001, Anzeiger der Fortschritte bei der Schaffung eines „Raumes der Freiheit, der Sicherheit und des Rechts" in der Europäischen Union, 1. Halbjahr 2001, KOM (01) 278 endg.

- Mitteilung der Kommission an den Rat und das Europäische Parlament über ein europäisches Vertragsrecht vom 11.07.2001, KOM (01) 398 endg.

- Mitteilung der Kommission an den Rat und das Europäische Parlament vom 30.10.2001, Anzeiger der Fortschritte bei der Schaffung eines „Raumes der Freiheit, der Sicherheit und des Rechts" in der Europäischen Union, 2. Halbjahr 2001, KOM (01) 628 endg.

- Mitteilung der Kommission an den Europäischen Rat von Laeken, Vereinfachung und Verbesserung des Regelungsumfelds vom 05.12.01, KOM (01) 726 endg.

- Protokoll vom 02.10.1997 über die Anwendung der Grundsätze der Subsidiarität und Verhältnismäßigkeit, Sartorius II, Nr. 151, Protokoll Nr. 30.

- Studie des Europäischen Parlaments „Vergleichende Untersuchung der Privatrechtsordnungen der Mitgliedstaaten der EU im Hinblick auf Diskriminierungen und die Schaffung eines Europäischen Zivilgesetzbuchs, PE 168.511.

- Weißbuch zur Reform der Kommission vom 05.04.2000, Teil II, Aktionsplan, KOM (00), 200 endg./2.

- Zwischenbericht der Kommission an den Europäischen Rat von Stockholm, Verbesserung und Vereinfachung der Rahmenbedingungen für die Rechtsetzung vom 07.03.2001, KOM (01) 130 endg.

Michael Axmann

Genese europäischer Rechtsetzungsverfahren

Frankfurt/M., Berlin, Bern, Bruxelles, New York, Oxford, Wien, 2001.
303 S., 5 Graf.
Rechts- und Sozialwissenschaftliche Reihe.
Herausgegeben von Wilhelm Brauneder. Bd. 28
ISBN 3-631-38608-7 · br. € 52,–*

Die Europäische Gemeinschaft kennt mehr als 20 verschiedene Verfahren, die zur Rechtsetzung führen. Von der Gründung der EGKS 1951 ausgehend bis zu den letzten Änderungen durch den Vertrag von Nizza 2000 zeichnet diese Studie die Rechtsentwicklung der verschiedenen Verfahren nach. Von Beginn der Gemeinschaften an gab es Initiativen, die Rechtsetzungsverfahren zu reformieren. Dabei standen vor allem demokratiepolitische und verfahrensökonomische Überlegungen im Zentrum der Reformbestrebungen, wobei deren Umsetzung oftmals ein Spiegel der politischen Gegebenheiten und des Integrationswillens waren und sind.

Aus dem Inhalt: Sammlung zahlreicher Vorschläge zur Reform der Rechtsetzungsverfahren der EG · Rechtsentwicklung der Verfahren der Rechtsetzung

Frankfurt/M · Berlin · Bern · Bruxelles · New York · Oxford · Wien
Auslieferung: Verlag Peter Lang AG
Jupiterstr. 15, CH-3000 Bern 15
Telefax (004131) 9402131

*inklusive der in Deutschland gültigen Mehrwertsteuer
Preisänderungen vorbehalten
Homepage http://www.peterlang.de

Peter Lang · Europäischer Verlag der Wissenschaften